U0462891

集人文社科之思　刊专业学术之声

集 刊 名：中国经济学
主管单位：中国社会科学院
主办单位：中国社会科学院数量经济与技术经济研究所

JOURNAL OF CHINA ECONOMICS

2023年第4辑（总第8辑）

集刊序列号：PIJ-2022-449
中国集刊网：www.jikan.com.cn／中国经济学
集刊投约稿平台：www.iedol.cn

创刊时间：2022 年 1 月

封面题字：郭沫若书法集字

社会科学文献出版社"CNI 名录集刊"及"优秀集刊"(2023)

社会科学文献出版社"优秀新创集刊"(2022)

中国人文社会科学学术集刊 AMI 综合评价期刊报告 (2022)"入库"期刊

中國經濟學

JOURNAL OF CHINA ECONOMICS

2023 年第 4 辑（总第 8 辑）

中国社会科学院　主管

中国社会科学院数量经济与技术经济研究所　主办

社会科学文献出版社
SOCIAL SCIENCES ACADEMIC PRESS (CHINA)

中国经济学　2023 年第 4 辑（总第 8 辑）

Journal of China Economics

2023 年 11 月出版

数字经济红利能否惠及农村？

——农村电商对农民收入的影响

高文静　杨　佳　施新政　王雨晴

摘　要： 在数字经济时代，乡村振兴需要数字技术提供引擎和发展动力。农村电商作为数字经济融入中国农村的重要形式，对农民收入的影响如何？本文采用2012~2018年的地级市面板数据，利用淘宝村出现的时空差异构建双重差分模型评估农村电商对农民收入的影响。研究发现，"地级市内有无淘宝村""地级市内淘宝村数量"均具有显著的增收效应。对于一个淘宝村数量处于平均数（18个）的地级市来说，其农民年均可支配收入比没有淘宝村的地级市高642元，相当于农民年均可支配收入平均值的5%；此外，淘宝村使得农民消费支出提高315元，相当于农民年均可支配收入平均值的2.4%，有利于推动经济内循环。异质性分析发现，淘宝村对初始农业生产率低、城镇潜在市场大的地区的影响更大。机制检验发现，淘宝村的增收效应主要源于对创业的拉动作用。本文结论表明农村电商可以激发农村地区的经济活力和内生增长动力，是全面推进乡村振兴的重要抓手。

关键词： 农村电商　淘宝村　乡村振兴　农民收入

---

* 高文静，副教授，杭州师范大学经济学院，邮箱：gaowenjing18@icloud.com；杨佳（通讯作者），博士研究生，清华大学经济管理学院，邮箱：yangj5.18@sem.tsinghua.edu.cn；施新政，副教授，清华大学经济管理学院，邮箱：shixzh@sem.tsinghua.edu.cn；王雨晴，硕士研究生，中国财政科学研究院研究生院，邮箱：yq_wang17@163.com。本文获得国家自然科学基金青年项目（72103179）、国家社会科学基金重大项目（21&ZD076）、浙江省自然科学基金青年项目（LQ22G030016）、清华大学自主科研计划（2021THZWJC14）的资助。感谢匿名审稿专家的宝贵意见，文责自负。

一　引言

数字经济改变了资源组合的形态、市场的运行方式和生产组织的结构（江小涓，2017；王康等，2023；王天夫，2021），为经济的高质量发展提供了机遇（荆文君和孙宝文，2019；赵涛等，2020）。农村地区能否抓住数字经济红利实现跨越式发展，是关系到我国约 6 亿农民福利、实现乡村振兴和共同富裕的重要课题。①近年来，电子商务在农村地区的发展基础不断增强，规模稳步扩大。《中国电子商务报告（2020）》的数据显示，2020 年农村网络零售额占全国网络零售总额的 15.3%，2016~2020 年农村网络零售额的年均增长率高达 19.1%，而同期全国电子商务交易额的年均增长率仅为 9.3%。②党中央和国务院对农村电商高度重视，认为其在帮助农民脱贫致富、推动乡村振兴上大有可为。③但是，农村电商在多大程度上发挥了增收效应，其是否能够激发农村发展的内生动力，现有文献尚未进行科学检验。本文利用"淘宝村"在不同年份、不同地级市出现的时空差异制定实证识别策略，评估了农村电商对农民收入的影响。

淘宝村作为农村电商发展的缩影和典型代表，其数量是与全国电子商务交易额同步增长的。④2014 年全国仅 196 个淘宝村，分布在浙江、广东、福建等 10 个省份；2018 年增加至 2701 个，覆盖全国 24 个省份，占全国行政村总数的 0.5%（见图 1）。对淘宝村增收效应的论述多次出现在

---

① 第七次全国人口普查主要数据显示，目前我国有 5.979 亿人居住在乡村，占总人口的 36.11%。

② 详见商务部电子商务和信息化司，2021，《中国电子商务报告（2020）》，http：//dzsws. mofcom.gov.cn/article/ztxx/ndbg/202109/20210903199156.shtml。

③ 习近平总书记 2020 年 4 月 20 日在陕西柞水县考察时强调，"电商不仅可以帮助群众脱贫致富，而且还能助推乡村振兴"。

④ 阿里研究院将"淘宝村"定义为，大量网商聚集在某个村落，以淘宝为主要交易平台，以淘宝电商生态系统为依托，形成规模和协同效应的网络商业群聚现象。具体参见《中国淘宝村研究报告（2014）》。

案例分析和研究报告中，例如江苏省徐州市睢宁县的东风村、浙江省丽水市缙云县的北山村、河北省邢台市清河县的柳林村等都是著名的淘宝村，它们抓住数字经济和电子商务发展的机遇，实现了经济跨越式发展。这些案例是个别现象还是具有推广意义，需要基于经验数据进行学术评估。①

从机制上看，淘宝村的增收效应可能源于其释放了农村地区的创业需求。首先，淘宝村作为一种线上的产业集群，可以促进知识外溢和基础设施共享（范剑勇，2006）、生产合作和交易（盖文启和朱华晟，2001），从而带动农民创业。其次，淘宝村提供了新的发展平台，有利于吸引外出务工人员返乡创业。外出务工人员往往受教育水平更高（赵耀辉，1997），具有更高的创业概率（周广肃等，2017）。淘宝村的出现提高了返乡创业的吸引力，也为外出务工人员提供了新的发展平台。

为了直观地展示淘宝村对农民收入的影响，图1绘制了全国淘宝村数量和农民年均可支配收入的散点图，可以发现淘宝村数量越多的地级市，农民年均可支配收入越高，两者呈现显著正相关关系。这反映淘宝村可能对农民收入具有普遍的促进效应，是潜在的推动乡村振兴的抓手，但这种相关性会受到反向因果以及遗漏变量等因素的影响，如何准确识别淘宝村对农民收入的影响需要运用科学的实证分析方法进行检验。淘宝村在不同年份、不同地级市出现的时空差异是一个外生的变量，为识别其增收效应提供了契机。

本文采用2012~2018年的地级市面板数据，利用淘宝村在不同年份、不同地级市出现的时空差异构建双重差分模型，探索农村电商的发展与农民收入之间的关系。实证结果表明，"地级市内有无淘宝村""地级市内淘宝村数量"均对当地农民年均可支配收入有显著的正向影响。对于

---

① 例如，河北省邢台市清河县的柳林村是全国著名的淘宝村，该县的电子商务发展活跃度在全国排名第二，同时在本市县域经济排名中列前三（财新网2017年9月25日的报道，详见 https://china.caixin.com/2017-09-25/101149952.html）。《中国电子商务报告》《中国淘宝村研究报告》《中国淘宝村发展报告》等报告经常提及淘宝村对农民收入和农村地区发展的促进作用。

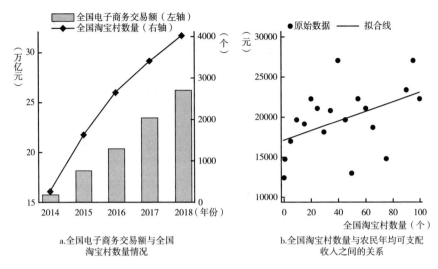

a.全国电子商务交易额与全国
淘宝村数量情况

b.全国淘宝村数量与农民年均可支配
收入之间的关系

图1 2014~2018年农村电商发展情况及其与农民收入的关系

一个淘宝村数量处于平均数（18个）的地级市来说，其农民年均可支配收入比没有淘宝村的地级市高642元，相当于农民年均可支配收入平均值的5%。①这一结论在考虑多期倍差法的异质性处理效应和基于匹配样本进行估计、安慰剂检验等一系列稳健性检验后依然成立。淘宝村的出现不仅提高了农民年均可支配收入，还提高了当地消费水平，有利于推动经济内循环。对于一个淘宝村数量处于平均数（18个）的地级市来说，农民消费支出比没有淘宝村的地级市高315元，相当于农民年均可支配收入平均值的2.4%。②本文的机制分析表明，淘宝村的增收效应主要源于对创业的带动作用，对于一个人口数量处于平均数（670万人）的地级

① 该数值为使用省级消费价格指数调整到2018年水平的数值。根据基准回归结果，"地级市内有无淘宝村"对农民年均可支配收入的估计系数为250.775，"地级市内淘宝村数量"对农民年均可支配收入的估计系数为21.741，因此对于一个淘宝村数量处于平均数（18个）的地级市来说，其农民年均可支配收入比没有淘宝村的地级市高642元（250.775+18×21.741=642元），相当于农民年均可支配收入平均值的5%（642/12998×100%=5%）。

② 根据表5第（1）列的回归结果，"地级市内有无淘宝村"对农民消费的估计系数为82.137，"地级市内淘宝村数量"对农民消费的估计系数为12.922，因此对于一个淘宝村数量处于平均数（18个）的地级市来说，其农民消费支出比没有淘宝村的地级市高315元（82.137+18×12.922=315元），相当于农民年均可支配收入平均值的2.4%（316/12998×100%=2.4%）。

市来说，淘宝村出现的第1年新增注册企业数量为327家，在第4年增加至2127家。[①]本文的异质性检验发现，淘宝村对农民收入的影响在不同地区存在差异，淘宝村对初始农业生产率较低的地区、城镇潜在市场更大的地区的影响更大。

本文的边际贡献主要体现在三个方面。第一，从农村发展内生动力角度，分析了农村电商对农民收入的影响。现有研究更多关注公共政策和制度环境对农民收入的影响，如公共转移支付（都阳和Albert Park，2007；樊丽明和解垩，2014）、社会保险政策（杨晶和邓悦，2020）、贸易自由化（郭熙保和罗知，2008）、金融发展水平（崔艳娟和孙刚，2012；李建军和韩珣，2019；张栋浩和尹志超，2018；周亚虹等，2023）等对农民收入的影响。这些因素固然重要，但忽略了农民在脱贫致富过程中的自主性。部分研究关注互联网使用对农民收入的影响（刘生龙等，2021）。本文聚焦农村电商的增收效应，将农村人口看作待开发的人力资源，对激发农村地区的创新活力、激活乡村振兴的内生增长动力具有启示作用。

第二，电子商务作为新业态，创新了交易方式，改变了消费模式，带动了经济发展，农村地区能否从数字经济的发展中受益尚未有明确的证据，本文填补了这一领域的研究空白。现有文献对淘宝村增收效应的识别受到众多因素的干扰，无法识别因果效应。本文采用2012~2018年的地级市面板数据，利用淘宝村在不同年份、不同地级市出现的时空差异构建双重差分模型，探索农村电商的增收效应，规避了上述研究不足。

第三，农村电商的增收效应源于其对创业的拉动，这说明农村电商有助于农村现有资源的高效整合，为农村发展注入持久动力。2022年中共中央、国务院发布的《关于做好2022年全面推进乡村振兴重点工作的意见》指出，要牢牢守住不发生规模性返贫的底线。创业是经济增长的内生动力，有助于推动经济高质量发展（赵涛等，2020）。创业行为有助于缩小家庭间消费支出差距（徐佳和韦欣，2021）。农民创业是其参与乡村振兴、改善自身状况的表现（黄少安，2018）。农村电商有助于我国牢牢守住不发生规模

---

① 本文机制分析结果表明，"淘宝村出现后1年"对人均新增企业注册数量的估计系数为0.488，"淘宝村出现后4年"的估计系数为3.175。

性返贫的底线。

本文余下内容安排如下：第二部分介绍制度背景及影响机制，第三部分为研究设计、变量界定和相应的数据说明，第四部分报告农村电商的增收效应估计结果，第五部分分析农村电商对农民收入的异质性影响，第六部分探究农村电商的增收效应背后的机制，第七部分进一步分析农村电商发展对农民消费支出和政府税收收入的影响，第八部分对全文进行总结并提出政策建议。

二 制度背景及影响机制分析

（一）制度背景

农村电商是数字经济在农村地区的应用，近年来，我国农村电商发展基础不断夯实，规模稳步扩大，实现了跨越式发展。商务部电子商务和信息化司发布的《中国电子商务报告（2020）》显示，2020 年农村网络零售额占全国网络零售总额的 15.3%，2016~2020 年农村网络零售额的年均增长率高达 19.1%（全国电子商务交易额的年均增长率为9.3%）。

党中央和国务院对农村电商高度重视，认为电商作为新兴业态在帮助农民脱贫致富、推动乡村振兴上是大有可为的。2014 年国务院扶贫办正式将电商扶贫纳入"精准扶贫十大工程"，2015 年国务院办公厅发布的《关于促进农村电子商务加快发展的指导意见》将农村电子商务作为转变农业发展方式的重要手段，2016 年农业部办公厅印发的《农业电子商务试点方案》提出开展农业电子商务试点。"农村电商"更是多次出现在中央一号文件中，如 2019 年中共中央、国务院发布《关于坚持农业农村优先发展 做好"三农"工作的若干意见》，提出"实施'互联网+'农产品出村进城工程"；2021 年中共中央、国务院印发《关于全面推进乡村振兴加快农业农村现代化的意见》，强调要深入推进电子商务进农村和农产品出村进城，推动城乡生产与消费的有效对接。

农村电商最典型的代表是"淘宝村"，它是民间自发产生、政府电商扶贫工程和阿里巴巴"村淘计划"多方结合的产物，是农村电商发展的缩影。"淘宝村"概念是由阿里研究院提出的，其明确定义出现于2013年。淘宝村的认定原则主要包括：一是对交易场所的认定，经营场所在农村地区，以行政村为单元；二是对交易规模的认定，电子商务年交易额达到1000万元以上；三是对电商规模的认定，本村活跃网店数量达到100家以上，或活跃网店数量占当地家庭户数的10%以上。

淘宝村发展迅速，2014年全国仅196个，分布在浙江、广东、福建等10个省份；2018年增加至2701个，增长了约13倍，覆盖全国24个省份，占全国行政村总数的0.5%。因此，利用"淘宝村"能够较准确地度量农村电商发展状况。

（二）影响机制分析

淘宝村作为农村电商发展的缩影和典型代表，一直受到广泛关注，早期研究聚焦"淘宝村"这一新业态本身，或者剖析淘宝村的演化规律（崔凯和冯献，2018；刘亚军和储新民，2017），或者关注淘宝村的商务模式分类（郭承龙，2015），或者探讨影响淘宝村发展的因素（崔丽丽等，2014），仅有少数研究关注淘宝村的经济影响。

现有文献对淘宝村增收效应的识别受到众多因素的干扰，无法表示因果效应。Luo和Niu（2019）基于问卷调查数据发现，参与电商的农村家庭收入更高，但参与电商的农村家庭并不是随机的，户主更年轻、受教育水平更高，即这一结论无法排除样本自选择问题的影响。Couture等（2021）基于田野实验的证据发现，农村电商并未提高家庭收入，仅降低了部分农村家庭的成本，由于样本仅覆盖三个省份，这一结论在全国范围内是否适用需要进一步检验。Peng等（2021）利用横截面数据发现"电子商务进农村"项目提高了农民收入，但是这一结论无法排除个体固定效应的影响。

淘宝村的增收效应可能源于淘宝村释放了农村地区的创业需求。农村具有天然的成本优势，以数字技术为基础的淘宝村降低了创业成本、拓宽了市场边界。如果农民能结合当地优势产业发展生产和加强合作（盖文启和朱华晟，2001），可以实现增收。例如湖北省的郧阳区、郧西县和竹山县是绿松石产地，当地人具有丰富的矿石开采和分拣知识，熟悉选料、加工和销售过程。淘宝村的出现带动了当地年轻人的网络创业，促进了地区经济快速增长。此外，淘宝村作为一种线上的产业集群，可以促进知识外溢和基础设施共享（范剑勇，2006），在一定程度上可以推动集群创业。

淘宝村不仅对于农村的存量人力资源创业具有吸引力，也有利于吸引外出务工人员返乡创业（周广肃等，2017）。从人力资本角度来看，外出务工人员往往更年轻、受教育水平更高（赵耀辉，1997），同时他们的外出务工经历也会内化为人力资本，使得他们回流后的就业选择面扩大、习得新技能的能力提高（石智雷和杨云彦，2011）、创业概率增加（周广肃等，2017）。数字技术所提供的本地创业机会有助于吸引外出务工人员返乡创业。例如，江苏省徐州市睢宁县是以家具产业闻名的淘宝村，其发展吸引了大量的农民工返乡创业。

三　研究设计、变量界定和数据说明

（一）研究设计

本文借助淘宝村在不同年份、不同地级市出现的时空差异，使用基于双重固定效应的多期双重差分模型识别农村电商的增收效应，计量模型如下：

$$RIncome_{ct} = \beta ECommerce_{ct} + \theta_c + W_{c,2012}\lambda_t + \varepsilon_{ct} \tag{1}$$

其中，c 表示地级市，t 表示年份。被解释变量 $RIncome_{ct}$ 为地级市 c 在 t 年的农民年均可支配收入。$ECommerce_{ct}$ 是衡量地级市农村电商发展水平的指标，用"地级市有无淘宝村"和"地级市淘宝村数量"衡量。前者为虚拟变量，若地级市 c 在 t 年出现淘宝村则取值为 1，反之则取值为 0；后者为连续变量，是地级市 c 在 t 年淘宝村的数量。β 为感兴趣的参数，表示地级市农村电商发展水平对农民年均可支配收入的影响，如果 β 为正，则说明农村电商可以拉动农民收入增长；如果 β 为负，则表示农村电商会减少农民收入。θ_c为地级市固定效应,可以吸收地级市层面不随时间推移而变化的因素对结果的影响。$W_{c,2012}$为地级市c在2012年的特征变量,λ_t为年份固定效应,考虑到不同地级市淘宝村出现的时间可能存在内生性,在模型中加入地级市初始特征和年份固定效应的交乘项,即允许农民年均可支配收入的变化在初始特征不同的地级市之间存在差异。此时无须再对年份固定效应进行控制。

具体而言,$W_{c,2012}$包括可能会影响淘宝村形成的地级市初始特征。根据阿里研究院对"淘宝村"的定义,需要满足"活跃网店数量占当地家庭户数的10%以上或者本村活跃网店数量达到100家以上;电子商务年交易额达到1000万元以上"。这就意味着淘宝村的出现一定程度上会受到地级市特征的影响。例如,网络普及度更高的地级市基于对互联网新业态持更加积极的态度,淘宝村更易出现,若网络普及度会同时影响当地农民年均可支配收入,那么对淘宝村效应的估计就会因存在遗漏变量而出现偏误。

阿里巴巴"村淘计划"的主要措施为仓储物流的改善和服务网点的建设,而当地政府多是采取电商扶持措施,因此,关于地级市控制变量,选取经济发展水平、政府规模、人力资本水平、物流发展水平、互联网发展水平、批发零售业水平。其中,经济发展水平用人均国内生产总值的对数、第一产业增加值与地区生产总值之比衡量,政府规模用一般预算支出与地区生产总值之比衡量,人力资本水平用每百人中学生在校人数衡量,物流发展水平用市内道路总面积的对数衡量,互联网发展水平用国际互联网用户数与年均人口之比衡量,批发零售业水平用限额以上批发零售业商品销售总额与地区生产总值之比衡量。为避免随年份变化的控制变量影响淘宝村的估计结果,本文采取2012年控制变量和时间虚拟变量的乘积进行控制(Angrist和Pischke,2009)。

(二)变量界定和数据说明

1.农民年均可支配收入

本文使用2012~2018年中国大陆22个省份256个地级市的面板数据考察

农村电商发展水平的增收效应。①地级市层面的"农民年均可支配收入"数据来源于分省份统计年鉴。这一变量在2013年前为"农村居民全年纯收入"，之后为"农村居民年均可支配收入"，下文统称"农民年均可支配收入"。部分变量缺失的地级市使用《中国县域统计年鉴》中的农民年均可支配收入的平均值进行补充。②

表1中的Panel A报告了农民年均可支配收入的描述性统计量，均值为12998元、标准差为4697元。其中甘肃省陇南市的农民年均可支配收入最低，为3464元；浙江省嘉兴市的最高，为34279元。

2.农村电商发展水平

《中国淘宝村研究报告》列示了地级市层面的淘宝村名单，为本文提供了基础数据支持。阿里研究院对淘宝村的明确定义出现于2013年，为确保数据的准确性，本文将2014年作为淘宝村数据的起始年份，手工收集了2014~2018年淘宝村数据进行实证分析。

本文用"地级市内有无淘宝村"和"地级市内淘宝村数量"来衡量地级市的农村电商发展水平（郭承龙，2015；刘俊杰等，2020），前者表示地级市是否出现淘宝村，若有则取值为1，若无则取值为0；后者表示地级市内淘宝村数量。

表1中的Panel B报告了淘宝村的描述性统计，在256个地级市中，有101个地级市在2014~2018年出现了淘宝村，占样本地级市总量的39.5%。淘宝村出现年份的均值在2015年。在出现淘宝村的地级市中，淘宝村数量的平均值为18，数量最少的为1个，数量最多的为254个。

---

① 考虑到行政级别的一致性和数据的可得性，本研究剔除了4个直辖市、宁夏回族自治区、西藏自治区、青海省、海南省和内蒙古自治区样本。

② 分省份统计年鉴中的地级市农民年均可支配收入和依据县域统计年鉴数据求得的地级市平均值之间的差异很小，来源于各省份统计年鉴中的"农民年均可支配收入"的均值为12998元、标准差为4697元；根据县级数据计算的"农民年均可支配收入"的均值为12926元、标准差为4887元。此处数据为使用省级消费价格指数调整到2018年价格水平的数值。为了检验这一处理的稳健性，在后文报告了仅使用来源于省级统计年鉴的农民年均可支配收入估计模型的结果。

3.控制变量

本文的控制变量包括人均国内生产总值、第一产业增加值与地区
生产总值之比、一般预算支出与地区生产总值之比、每百人中学生在
校人数、市内道路总面积、国际互联网用户数与年均人口之比、限额
以上批发零售业商品销售总额与地区生产总值之比。为避免随年份变
化的控制变量影响淘宝村估计结果，本文的回归模型使用这些控制变
量在2012年的取值。表1中的Panel C报告了这些变量2012年的描述性
统计量。

表1　描述性统计

变量	均值	标准差	最小值	最大值
Panel A 被解释变量				
农民年均可支配收入（元）	12998	4697	3464	34279
Panel B 淘宝村				
地级市内有无淘宝村	0.395	0.490	0	1
淘宝村出现年份	2015	1.369	2014	2018
地级市内淘宝村数量（个）	18	36	1	254
Panel C 地级市初始年份特征				
人均国内生产总值的对数	10.600	0.644	9.096	13.174
第一产业增加值与地区生产总值之比（%）	12.771	7.717	0.050	49.890
一般预算支出与地区生产总值之比（%）	17.555	8.537	4.523	66.588
每百人中学生在校人数（人）	0.146	0.119	0.021	1.094
市内道路总面积的对数	7.109	1.159	4.304	10.795
国际互联网用户数与年均人口之比（%）	5.363	1.420	2.264	12.945
限额以上批发零售业商品销售总额与地区生产总值之比（%）	38.968	29.094	8.781	174.001

注：样本包含256个地级市，共1772个观察值，其中在2014~2018年出现淘宝村的地级市数量
为101个。地级市特征为淘宝村出现之前——2012年的情况。农民年均可支配收入、人均国内生产
总值均为使用省级消费价格指数调整到2018年价格水平的数值。

四 农村电商的增收效应估计

（一）农村电商的平均增收效应估计

表2报告了农村电商对农民年均可支配收入的影响的估计结果。表2第（1）列中使用"地级市内有无淘宝村"的虚拟变量衡量农村电商发展水平，仅对地级市固定效应和年份固定效应加以控制。结果表明，"地级市内有无淘宝村"对农民年均可支配收入有显著的正向影响。相较于没有淘宝村的地级市，有淘宝村的地级市在淘宝村出现后农民年均可支配收入会增加约632元。

不同地级市淘宝村的数量存在差异，农村电商的增收效应是否会随着地级市淘宝村数量的增加而增强呢？为对此进行检验，表2第（2）列报告了同时加入"地级市内有无淘宝村"和"地级市内淘宝村数量"的估计结果。两者的估计系数均在1%的显著性水平上显著为正，说明淘宝村的出现会提高农民年均可支配收入，并且淘宝村的影响存在规模效应，地级市内淘宝村数量越多，农民年均可支配收入越高。具体数值上，"地级市内淘宝村数量"位于平均值（18个）的地级市相较于没有淘宝村的地级市农民年均可支配收入会增加819元（375.869+18×24.637=819元），约占农民年均可支配收入平均值的6%（819/12998×100%=6%）。

由于淘宝村出现与否有可能受到地区特征的影响，若这些地区特征同时影响了农民年均可支配收入则会导致对农村电商的效果估计出现偏误。表2中的第（3）~（4）列报告了控制"地级市初始特征"与"年份固定效应"的交乘项的估计结果，此时无须再控制年份固定效应。第（3）列结果表明，"地级市内有无淘宝村"对农民年均可支配收入依然有显著的正向影响，数值相比于第（1）列的结果略有降低。第（4）列结果表明地级市内淘宝村数量越多，农民年均可支配收入越高。根据第（4）列的估计结果，对于一个淘宝村数量处于平均数（18个）的地级市来说，其农民年均可支配收入比没有淘宝村的地级市高642元（250.775+18×21.741=642元），相当于农民年均可支配收入平均值的5%（642/12998×100%=5%）。

值得注意的是，本文的基准回归结果可能会低估淘宝村的增收效应。淘宝村的出现对邻近地区产生何种影响会影响到本文估计系数的偏向性。如果淘宝村带动了邻近地区的发展，即对邻近地区产生正向溢出效应，会低估淘宝村的增收效应；反之，如果淘宝村吸收了邻近地区的资源，即产生虹吸效应，会高估淘宝村的增收效应。现有研究表明，"淘宝村"在空间分布上呈现聚集态势，淘宝村会提升邻近地区出现淘宝村的概率（吴一平等，2022），这说明淘宝村会产生正向溢出效应，本文的结果可能存在低估，淘宝村的增收效应实际更高。

表2　农村电商的增收效应估计

因变量：农民年均可支配收入	（1）	（2）	（3）	（4）
地级市内有无淘宝村	631.844***	375.869***	426.788***	250.775***
	(107.763)	(96.756)	(103.222)	(95.043)
地级市内淘宝村数量		24.637***		21.741***
		(2.605)		(2.539)
地级市固定效应	是	是	是	是
年份固定效应	是	是	不需要	不需要
地级市初始特征×年份固定效应	否	否	是	是
地级市个数	256	256	256	256
样本量	1772	1772	1772	1772
R^2值	0.968	0.971	0.974	0.974

注：表中报告了农村电商增收效应的估计结果。地级市初始特征为2012年地级市的人均国内生产总值的对数、第一产业增加值与地区生产总值之比、一般预算支出与地区生产总值之比、每百人中学生在校人数、市内道路总面积的对数、国际互联网用户数与年均人口之比、限额以上批发零售业商品销售总额与地区生产总值之比。括号内为稳健标准误，*、**、***分别表示在10%、5%和1%水平下显著。

（二）平行趋势检验

对农村电商增收效应的估计所依赖的前提条件是假若没有淘宝村的出现，不同地级市之间的农民年均可支配收入不存在明显差异，即平行趋势假设。为了验证有淘宝村和没有淘宝村的地级市之间是否可比，将式（1）中的"地级市内有无淘宝村"替换为一系列"淘宝村出现的相对年份"的虚拟变量，将淘宝村出现前一年作为参照组，具体模型如下：

$$Y_{ct} = \sum_{s \neq -1} \beta_s ECommerce_{cs} + \theta_c + W_{c,\,2012}\lambda_t + \varepsilon_{ct} \qquad (2)$$

其中，β_s 为研究关心的参数，反映了淘宝村出现的相对年份对农民年均可支配收入的影响。如果在淘宝村出现之前 β_s 的系数接近于 0，就可以说明有淘宝村的地级市和没有淘宝村的地级市的农民年均可支配收入不存在显著差异，从而验证平行趋势假设。淘宝村出现之后 β_s 的系数表明有淘宝村的地级市相对于没有淘宝村的地级市农民年均可支配收入的差异，如果差异显著，则说明淘宝村的出现对农民年均可支配收入有实质的影响。本文预期淘宝村出现之前，β_s 的系数接近于 0，但淘宝村出现之后，β_s 呈现显著为正的结果。

图 2 绘制了 β_s 的估计系数及其 95% 的置信区间。在淘宝村出现之前，回归系数均不显著，即有淘宝村的地级市和无淘宝村的地级市之间的农民年均可支配收入没有显著的差异，数据满足平行趋势假设。在淘宝村出现之后，回归系数显著为正，并且随着淘宝村出现的时间的推移而增加，说明淘宝村在提高农民收入方面具有正向的、持续的效果。

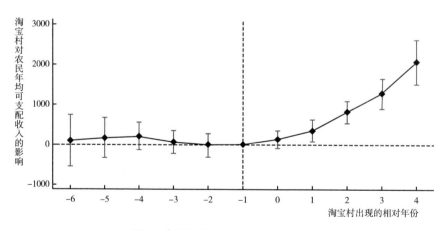

图 2 农村电商效应的动态估计结果

注：图中绘制了 $Y_{ct} = \sum_{s \neq -1} \beta_s ECommerce_{cs} + \theta_c + W_{c,\,2012}\lambda_t + \varepsilon_{ct}$ 中的动态改革效果 β_s 的估计值及其 95% 的置信区间。横轴为淘宝村出现的相对年份，纵轴为淘宝村对农民年均可支配收入的影响的估计值，数值参考线表示淘宝村出现前一年。

（三）稳健性检验

1.农村电商对城镇居民年均可支配收入的影响

淘宝村是数字电商这一新业态在农村的发展形式，是农民创业的集中体现，主要利好农村居民，而对城市居民年均可支配收入无显著影响。[①]因此，可以将城镇居民年均可支配收入作为因变量，对农村电商的效果进行安慰剂检验。具体地，将式（2）中的因变量"农民年均可支配收入"替换为"城镇居民年均可支配收入"进行安慰剂检验。

图3绘制了淘宝村出现的相对年份对城镇居民年均可支配收入的影响。结果表明，无论在淘宝村出现前还是在淘宝村出现后，回归系数在统计上均不显著异于0，即有淘宝村的地级市与没有淘宝村的地级市的城镇居民年均可支配收入始终不存在显著差异。此外，这一结论也排除了地级市内其他可能会同时影响农村居民和城镇居民收入的政策对本文结果的混淆。

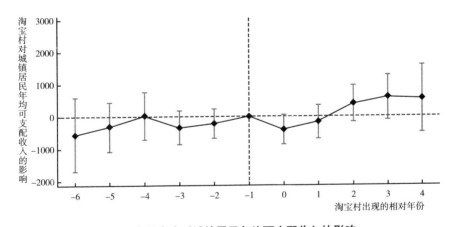

图3　农村电商对城镇居民年均可支配收入的影响

注：图中绘制了以"城镇居民年均可支配收入"作为 $Y_{ct} = \sum_{s \neq -1} \beta_s ECommerce_{cs} + \theta_c + W_{c,\,2012} \lambda_t + \varepsilon_{ct}$ 的因变量时，动态改革效果 β_s 的估计值及其95%的置信区间。横轴为淘宝村出现的相对年份，纵轴为淘宝村对城镇居民年均可支配收入的影响的估计值，数值参考线表示淘宝村出现前一年。

---

① 淘宝村的发展壮大可能存在对城市的溢出效应，但考虑到农村地区的大量存量剩余劳动力（蔡昉，2007；约翰·奈特等，2011），这种可能性比较小。

2.检验处理效应异质性对估计结果的影响

本文利用淘宝村在不同年份、不同地级市出现的时空差异识别其对地区的影响，对于处理效应存在异质性的多期倍差法，使用双向固定效应估计可能会存在偏误（Baker 等，2022；Borusyak 和 Jaravel，2018；Callaway 和 Sant'Anna，2021；De Chaisemartin 和 D'Haultfoeuille，2020，2021；Sun 和 Abraham，2020）。为了说明估计偏误的原因，考虑一种仅包含 3 个地级市的简化情形，地级市 A 在 2014 年出现淘宝村，地级市 B 在 2016 年出现淘宝村，地级市 C 没有出现淘宝村，使用 2012~2018 年地级市的面板数据估计淘宝村的效应。使用双向固定效应模型得到的系数估计是四组对比加权平均的结果（Goodman-Bacon，2021）。

（1）A 与 C 的农民年均可支配收入在 2014~2018 年的平均差异与 2012~2013 年的平均差异的差，即 $(Y_A^{2014-2018} - Y_C^{2014-2018}) - (Y_A^{2012-2013} - Y_C^{2012-2013})$。

（2）A 与 B 的农民年均可支配收入在 2014~2015 年（B 出现淘宝村之前的样本作为 A 的对照组）的平均差异与 2012~2013 年的平均差异的差，即 $(Y_A^{2014-2015} - Y_B^{2014-2015}) - (Y_A^{2012-2013} - Y_B^{2012-2013})$。

（3）B 与 C 的农民年均可支配收入在 2016~2018 年的平均差异与 2012~2015 年的平均差异的差，即 $(Y_B^{2016-2018} - Y_C^{2016-2018}) - (Y_B^{2012-2015} - Y_C^{2012-2015})$。

（4）B 与 A 的农民年均可支配收入在 2016~2018 年的平均差异与 2014-2015 年（A 出现淘宝村之后的样本作为 B 的对照组）的平均差异的差，即 $(Y_B^{2016-2018} - Y_A^{2016-2018}) - (Y_B^{2014-2015} - Y_A^{2014-2015})$。

偏误产生的原因是在进行第（4）组对比的时候使用的是 A 在淘宝村出现之后的数据，如果处理效应随着时间的推移而增加，那么在真实处理效应为正的情况下，第（4）组的对比却会得到负的处理效应，从而导致估计偏误。

为了检验本文结论的稳健性，本文使用 De Chaisemartin 和 D'Haultfoeuille（2020，2021）提出的方法估计了淘宝村的效应。这一方法估计处理效应时仅将目标时期内处理状态从未发生变化的地级市作为对照，也即该方法在计算处理效应时并未使用第（4）组对比，从而避免了估计偏误。本文使用 Stata 软件中的 did_multiplegt 命令进行估计，淘宝村出现之后的估计结果是由选项 dynamic（#）得到，淘宝村出现之前的估计结果是由选项 placebo（#）得到。图4的结果表明淘宝村出现时间不同的地级市之间的农民年均可支配收入在淘宝村出现前是可比的。淘宝村的出现会显著提高农民年均可支配收入，并且这种效应会逐年增加，因此我们进一步验证了农村电商的增收效应。

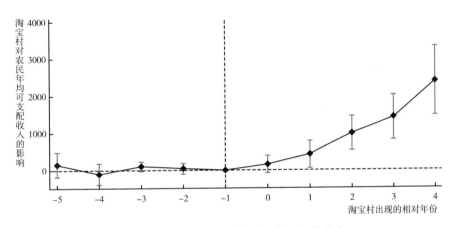

图4　检验处理效应异质性对估计结果的影响

注：图中报告了使用De Chaisemartin和D'Haultfoeuille（2020，2021）提出的方法估计淘宝村效应的结果，该方法将目标时期内处理状态未发生变化的地级市作为对照，因此在处理效应存在异质性的情况下依然稳健。图中结果是使用Stata软件中的did_multiplegt命令估计得到的，淘宝村出现之后的估计结果是由选项dynamic（#）得到，淘宝村出现之前的估计结果是由选项placebo（#）得到。

3.排除精准扶贫政策对估计结果的影响

习近平总书记在2013年11月湖南湘西考察时首次提出了"精准扶贫"：扶贫要实事求是、因地制宜。随之，中共中央办公厅、国务院办公厅印发《关于创新机制扎实推进农村扶贫开发工作的意见》，国务院扶贫开发领导小组等出台《关于印发〈建立精准扶贫工作机制实施方案〉的通知》，国务院扶贫办等出台《关于印发〈扶贫开发建档立卡工作方案〉的通知》，对精准扶贫工作模式的顶层设计、总体布局和工作机制等都做了详尽规划。此后，国家出台了一系列政策扶持贫困县的发展。如果贫困县的分布恰好与淘宝村的分布类似，那么本文估计结果就混杂了淘宝村的影响和扶贫政策的影响。

为了排除精准扶贫政策对本文估计结果的影响，本文根据2011年的国家扶贫开发工作重点县和集中连片特困地区县的认定名单中包含的832个县，[①]计算了国家级贫困县在地级市的分布数量，并将该变量与时间虚拟变量的交乘项加入模型中以分离扶贫政策对淘宝村效果估计的影响。表4中的第（1）列报告了估计结果，"地级市内有无淘宝村""地级市内淘宝村数量"依然对农民年均可支配收入有显著的正向影响，对于一个淘宝村数量处于平均数（18个）的地级市来说，其农民年均可支配收入比没有淘宝村的地级市高615元（235.913+18×21.078=615元），这一结果与基准回归结果（642元）基本一致。

4.利用匹配样本估计农村电商的增收效应

地级市之间的特征差异可能会影响有淘宝村的地级市和无淘宝村的地级市的农民年均可支配收入的差异，虽然在基准模型中对影响淘宝村出现的地级市特征进行了控制并且验证了平行趋势假设，但是为了进一步检验结果的稳健性，报告了基于匹配样本估计的淘宝村对农民年均可支配收入的影响。本文首先采用倾向匹配得分法进行样本筛选，然后基于匹配后的样本采用双重差分法来检验淘宝村的效应。具体地，本文将有淘宝村的地级市定义为实验组，将无淘宝村的地级市定义为控制组，利用地级市2012年的特征估计倾向得分，并利用倾向得分对实验组和控制组样本进行邻近一对一匹配，匹配后的样本包含142个地级市、982个观察值。表3报告了匹配变量的平衡性检验，结果表明匹配后的样本在地级市初始特征上无显著差异，说明利用该样本估计淘宝村的效果时，结果并不会受到地级市初始特征差异的影响。表4中第（2）列报告了基于匹配样本的处理效应估计结果，结果表明，"地级市内有无淘宝村""地级市内淘宝村数量"依然对农民年均可支配收入有显著的正向影响，对于一个淘宝村数量处于平均数（18个）的地级市来说，其农民年均可支配收入比没有淘宝村的地级市高690元（302.729+18×21.521=690元），这一结果与基准回归结果（642元）基本一致。

---

① 名单详见 https://nrra.gov.cn/art/2014/12/23/art_343_981.html。

表3　匹配变量平衡性检验

指标	匹配前样本			匹配后样本		
	地级市内有淘宝村	地级市内无淘宝村	差异	地级市内有淘宝村	地级市内无淘宝村	差异
人均国内生产总值的对数	10.819	10.440	0.379*** (0.000)	10.823	10.809	0.014 (0.667)
第一产业增加值与地区生产总值之比	10.258	14.594	−4.336*** (0.000)	10.250	10.069	0.181 (0.587)
一般预算支出与地区生产总值之比	0.140	0.200	−0.060*** (0.000)	0.140	0.142	−0.002 (0.455)
每百人中学生在校人数	5.279	5.401	−0.122* (0.077)	5.275	5.199	0.076 (0.316)
市内道路总面积的对数	7.534	6.826	0.709*** (0.000)	7.531	7.638	−0.107 (0.102)
国际互联网用户数与年均人口之比	0.185	0.120	0.065*** (0.000)	0.173	0.163	0.010 (0.133)

注：表中报告了"地级市内有淘宝村"与"地级市内无淘宝村"的地级市2012年特征在匹配前和匹配后的差异及其显著性检验。括号内报告了差异的p值，*、**、***分别表示10%、5%和1%水平下显著。

5.删除了用县级平均的方法计算农民年均可支配收入的地区

为了尽可能避免缺失样本对估计结果带来的影响，本文在计算地级市农民年均可支配收入时，对于分省份统计年鉴中缺失的样本采取了用县级市平均值填补的方法进行处理。对分省份统计年鉴中的地级市农民年均可支配收入和依据县域统计年鉴数据求得的地级市平均值进行描述性分析可以发现，两者之间的差异很小。来源于分省份统计年鉴中的"农民年均可支配收入"的均值为12998元，标准差为4697元；根据县级数据计算的"农民年均可支配收入"的均值为12926元，标准差为4887元。为了检验数据来源一致性对估计结果的影响，剔除了利用县域统计年鉴进行填补的样本，仅保留了分省份统计年鉴中包含的数据估计基准模型，表4中第（3）列报告了估计结果，根据"地级市内有无淘宝村""地级市内淘宝村数量"的估计系数可以计算得到，对于一个淘宝村数量处于平均数（18个）的地级市来说，其农民年均可支配收入比没有淘宝村的地级市高670元（266.975+18×22.409=670元），与基准回归结果的估计值（642元）类似。

6.删除2014年成批出现淘宝村的地级市样本

本文利用淘宝村数据衡量地级市的农村电商发展水平，淘宝村的明确定义出现在2013年，淘宝村的统计数据首次出现在2014年，因此本文将2014年作为淘宝村的起始年份。但是某些地级市的淘宝村可能在2014年前就已经出现，如果使用2014年作为淘宝村出现的起始年份，会导致淘宝村时间出现测量误差，从而带来估计偏误。但这一误差应该不会影响本文的基本结论，原因如下：一方面，基于淘宝村的动态效果估计，在淘宝村出现前，有淘宝村的地级市和无淘宝村的地级市之间的农民年均可支配收入并不存在显著差异，这增强了我们对结果的信心；另一方面，假设存在这样的地区，由于2014年晚于这些地级市出现淘宝村的时间，即将本应位于实验组的样本误认作控制组，会低估淘宝村的处理效应。为了进一步检验本文结论的稳健性，将2014年地级市内淘宝村数量大于6的样本删除并重新估计了处理效应。[①]表4第（4）列中的估计结果表明，正如预期的，基准回归结果低估了淘宝村对农民年均可支配收入的影响。在剔除2014年淘宝村数量大于6的地级市样本后，根据估计结果，对于一个淘宝村数量处于平均数（18个）的地级市来说，其农民年均可支配收入比没有淘宝村的地级市高875元（192.305+18×37.917=875元），这一影响比基准回归结果中淘宝村对农民年均可支配收入的影响更大。

7.使用年均可支配收入的对数值衡量农民收入

在基准回归结果中，本文用农民年均可支配收入的绝对值来衡量农民收入。使用这一指标的原因在于：一方面，关注的是淘宝村对农民年均可支配收入的影响；另一方面，地级市层面的农民年均可支配收入的分布是较对称的，无须为了调整分布的偏度而进行对数转换。但是，为了检验结论的稳健性，使用农民年均可支配收入的对数值作为因变量重新估计了模型。表4中第（5）列的结果表明，"地级市内淘宝村数量"对农民年均可支配收入依然有显著的正向影响，这验证了淘宝村的增收效应。

[①] 之所以选择剔除地级市内淘宝村数量大于6的样本是因为统计了2015年首次出现淘宝村的地级市的淘宝村数量，发现其最大值为6，因此认为2014年地级市内淘宝村数量大于6的样本可能在淘宝村定义出现之前就已经存在，即对这部分地级市的农村电商发展水平的度量可能存在偏误。

表4　稳健性检验

因变量：农民年均可支配收入	（1）控制精准扶贫政策的影响	（2）使用匹配样本	（3）删除使用县级平均值填补的样本	（4）删除2014年成批出现淘宝村的地级市	（5）使用农民年均可支配收入对数作为因变量
地级市内有无淘宝村	235.913**	302.729**	266.975***	192.305**	−0.683
	(95.170)	(118.809)	(100.819)	(97.121)	(0.605)
地级市内淘宝村数量	21.078***	21.521***	22.409***	37.917***	0.030***
	(2.518)	(2.677)	(2.665)	(5.959)	(0.010)
地级市固定效应	是	是	是	是	是
地级市初始特征×年份固定效应	是	是	是	是	是
地级市个数	256	142	256	243	256
样本量	1772	982	1687	1702	1772
R^2值	0.975	0.969	0.974	0.973	0.978

注：表中报告了农村电商对农民年均可支配收入的稳健性检验。第（1）列为控制精准扶贫政策的影响之后的估计结果，在地级市初始特征中加入了地级市内2011年贫困县个数；第（2）列为基于匹配样本的估计结果；第（3）列为删除使用县级平均值计算的农民年均可支配收入的样本的估计结果；第（4）列为删除2014年成批出现淘宝村的样本的估计结果；第（5）列为用农民年均可支配收入对数作为因变量的估计结果，为了便于阅读，将回归系数乘以100，以表示百分比的变化。地级市初始特征为2012年地级市的人均国内生产总值的对数、第一产业增加值与地区生产总值之比、一般预算支出与地区生产总值之比、每百人中学生在校人数、市内道路总面积的对数、国际互联网用户数与年均人口之比、限额以上批发零售业商品销售总额与地区生产总值之比。括号内为稳健标准误，*、**、***分别表示10%、5%和1%水平下显著。

五　农村电商的异质性效应分析

本文的基准估计结果表明，农村电商对农民年均可支配收入有显著的促进作用，但是并没有揭示农村电商这种促进作用是否会随着不同地区初始特征的差异而呈现出异质性。为了对此进行说明，本文考察了农业生产率、城镇居民年均可支配收入不同的地级市的农村电商对农民年均可支配收入的异质性影响，前者可以说明农村电商带动了哪些地区的发展，后者可以从需求的角度说明农村电商对市场容量不同的地区的影响程度。

（一）农村电商对农业生产率不同地区的异质性影响

农村电商为各类生产要素的优化重组提供了一个机遇，可以激活农村的内生发展动力。农业生产率是衡量各地生产要素组合效率的重要指标，如果淘宝村可以帮助促进生产要素优化重组，那么预期淘宝村对农业生产率较低的地区的影响更大。参照徐建国和张勋（2016）的做法，本文使用人均粮食产量衡量地区农业生产率。为了保障分组变量不受淘宝村是否出现的影响，本文使用样本初始年份（2012年）的地级市数据，按照人均粮食产量的中位数将样本分为两组，并分别估计农村电商对农民年均可支配收入的动态影响。

图5绘制了使用人均粮食产量低于中位数和高于中位数的两组样本估计的淘宝村的动态效果。结果表明，在淘宝村出现前，两组样本的估计系数均不显著异于0，说明数据满足平行趋势假设。在淘宝村出现后，对于人均粮食产量高于中位数的地区来说，淘宝村的出现对当地农民年均可支配收入有促进作用；对于人均粮食产量低于中位数的地区来说，淘宝村显著提高了当地农民年均可支配收入。对比淘宝村对两组样本的估计系数可以发现，淘宝村对人均粮食产量高于中位数的地区的影响更大。淘宝村在这个意义上具有普惠的性质，可以推动农业生产率较低的地区实现跨越式发展。

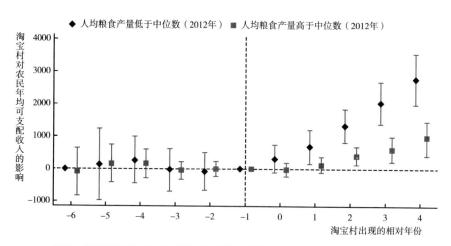

图5　农村电商对农民年均可支配收入的影响：按人均粮食产量分组

注：图中绘制了使用"人均粮食产量低于中位数（2012年）""人均粮食产量高于中位数（2012年）"的样本估计 $Y_{ct} = \sum_{s \neq -1} \beta_s ECommerce_{cs} + \theta_c + W_{c, 2012}\lambda_t + \varepsilon_{ct}$ 时，动态改革效果 β_s 的估计值及其95%的置信区间。横轴为淘宝村出现的相对年份，纵轴为淘宝村对农民年均可支配收入的影响的估计值，数值参考线表示淘宝村出现前一年。

（二）农村电商对城镇潜在市场规模不同的地区的异质性影响

农村电商提供了在线市场，为农村与城镇市场的有效对接提供了条件，扩大了农村产品的市场边界（Parker等，2016）。现有文献表明，可支配收入是影响消费的重要因素（方福前，2009）。为了分析淘宝村对城镇潜在市场规模的异质性影响，本文使用样本初始年份（2012年）的地级市数据，按照城镇居民年均可支配收入的中位数将样本分为两组，并分别估计农村电商对农民年均可支配收入的动态影响。

图6绘制了使用城镇居民可支配收入高于中位数和低于中位数的两组样本估计的淘宝村的动态效果。首先，在淘宝村出现前，淘宝村的估计系数均不显著异于0，两组样本均满足平行趋势假设。其次，淘宝村对两组样本的影响存在异质性，对于城镇居民年均可支配收入低于中位数的地区来说，淘宝村的出现并未改变当地农民年均可支配收入；而对于城镇居民年均可支配收入高于中位数的地区来说，淘宝村的出现显著提高了当地农民年均可支配收入。淘宝村的增收效果在消费能力更强的地区得到了更大的释放。

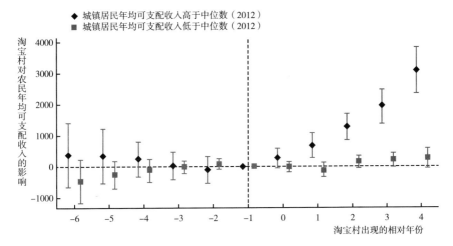

图6 农村电商对农民年均可支配收入的影响：按城镇居民年均可支配收入分组

注：图中绘制了使用"城镇居民年均可支配收入高于中位数（2012年）""城镇居民年均可支配收入低于中位数（2012年）"的样本估计 $Y_{ct} = \sum_{s \neq -1} \beta_s ECommerce_{cs} + \theta_c + W_{c,2012}\lambda_t + \varepsilon_{ct}$ 时，动态改革效果 β_s 的估计值及其95%的置信区间。横轴为淘宝村出现的相对年份，纵轴为淘宝村对农民年均可支配收入的影响的估计值，数值参考线表示淘宝村出现前一年。

六 机制检验

农村电商对农民年均可支配收入的影响可能是通过提高农民的创业比例来实现的。已有文献表明，农村电商对创业可能有潜在的促进作用。首先，淘宝村作为一种线上的产业集群，会促进知识外溢和基础设施共享（范剑勇，2006）、生产合作和交易（盖文启和朱华晟，2001），从而拉动农村存量人力资源从事创业活动；其次，淘宝村的出现提供了新的发展平台，有利于吸引外出务工人员返乡创业。外出务工人员往往有更高的受教育水平（赵耀辉，1997）和人力资本水平（石智雷和杨云彦，2011），具有更高的创业概率（周广肃等，2017）。淘宝村的出现提高了外出务工人员返乡创业的吸引力，也为外出务工人员提供了新的发展平台。

对农村电商通过促进创业进而提高农民收入的机制进行检验的直接做法是测算淘宝村对农民创业概率的影响，然而现有宏观统计数据和微观调查数据都难以支撑这一检验。宏观统计数据可以从总量上反映地区内的创业状况，但是现有地区层面的统计数据如《中国城市统计年鉴》等并没有针对企业总量的统计，而仅报告了规模以上工业企业数量。①调查显示，淘宝卖家往往有网店规模小、经营规模小、总体投入小的特点，②淘宝村往往难以在短短几年内增加当地规模以上工业企业数量，因此这一变量并不适用于检验淘宝村的创业机制。③另一种检验淘宝村创业机制的方法是使用微观调查数据分析淘宝村对个体创业概率的影响，但是这种做法的问题在于：首先，微观调查数据往往样本量小，当对农村地区和创业人群进行筛选时，难以保证有足够的样本量；其次，如果淘宝村对创业具有溢出效应，使用个人层面数据难以进行估计，使用地区层面数据则可以规避这个问题。

---

① 在本文的样本区间内，规模以上工业企业是指主营业务收入超过 2000 万元的工业企业。

② 参见北京大学中国社会与发展研究中心和阿里研究院的报告《谁在开网店》。

③ 估计"地级市内有无淘宝村""地级市内淘宝村数量"对"规模以上工业企业数量"的影响，结果显示两者的系数均不显著。

为了检验农村电商能否推动当地的创业行为，本文利用锐思数据的工商信息数据库，使用2012~2018年的工商注册数据进行分析。这一做法的合理性体现在两个方面：一方面，工商注册数据涵盖所有在工商部门注册的企业样本，包含企业名称、成立时间、注册地址等信息，可以提供全景式的地区创业图景；另一方面，工商注册数据不包含企业家的背景信息，导致无法区分农民创立的企业和非农民创立的企业，但根据前文结论，农村电商对城镇居民年均可支配收入没有显著影响，同时现有文献表明创业会伴随着收入的提高（张博等，2015），因此可以推测农村电商对创业的影响主要是由农村地区创业行为的变化导致的。

具体地，本文根据企业的注册地址计算了地级市层面每年的新注册企业数量，考虑到不同地级市人口规模的差异，使用人口数量对每年新增企业数量进行标准化。本文将人均新增企业数量（家每万人）作为解释变量估计了淘宝村出现的相对年份对其的动态影响。工商注册数据显示不同地级市的企业注册数量存在很大差异，以2012年为例，新增注册企业数量最多的4个城市是上海市、北京市、重庆市、深圳市，分别为13.66万家、10.08万家、8.48万家、8.45万家；新增企业数量最少的四个地级市为海南省三沙市、青海省海东市、安徽省巢湖市、西藏自治区那曲市，分别为1家、2家、22家、23家。[1]

图7绘制了当将人均新增企业注册数量作为因变量时，淘宝村出现的相对年份对人均新增企业注册数量的动态影响。可以得到两个结论：首先，淘宝村出现时间不同的地级市内的人均新增企业注册数量满足平行趋势假设，在淘宝村出现前，有淘宝村的地级市和没有淘宝村的地级市的人均新增企业注册数量不具有显著差异。其次，在淘宝村出现后，有淘宝村的地级市内的人均新增企业注册数量显著高于没有淘宝村的地级市，并且这一效果会随着淘宝村出现时间的推移而增强。动态来看，在淘宝村出现后的第1年，有淘宝村的地级市人均新增企业注册数量比没有淘宝村的地级市高0.488家每万人，在淘宝村出现后的第4年，这一差异扩大至3.175家每万人。这意味着，对于一

---

[1] 此处的新增企业数量是根据微观企业注册信息加总而得，部分企业数据不完整会导致加总数值与真实数据略微存在差异。

个年均人口数量处于平均数（670万人）的地级市来说，淘宝村出现第1年，新增企业注册数量为327家；在淘宝村出现后第4年，会增加至2127家。

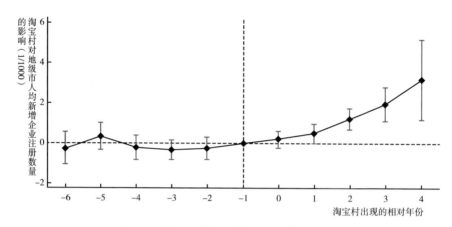

图7 农村电商对地级市人均新增企业注册数量的影响

注：图中绘制了以"地级市人均新增企业注册数量"作为 $Y_{ct} = \sum_{s \neq -1} \beta_s ECommerce_{cs} + \theta_c +$ $W_{c, 2012}\lambda_t + \varepsilon_{ct}$ 中的因变量时，动态改革效果 β_s 的估计值及其95%的置信区间。横轴为淘宝村出现的相对年份，纵轴为淘宝村对地级市人均新增企业注册数量的影响的估计值，数值参考线表示淘宝村出现前一年。

考虑到淘宝村主要出现在村镇地区，其对村镇的创业拉动作用应该更大。本文根据企业的注册地是否位于村、乡或镇，将所有新增企业分为两类——注册在村镇的企业和注册在非村镇的企业。图8绘制了当将人均新增注册在村镇的企业数量、人均新增注册在非村镇的企业数量作为因变量时，淘宝村出现的相对年份对其的动态影响，可以得到两个结论：首先，从淘宝村的作用时点来看，注册在村镇的企业数量在淘宝村出现第1年就表现出显著的增加趋势，而注册在非村镇的企业数量在淘宝村出现后第2年才表现出与没有淘宝村的地级市的显著差别。其次，从淘宝村的作用强度来看，淘宝村的出现对注册在村镇的企业数量的影响更大。具体来看，在淘宝村出现后第2年，有淘宝村的地级市人均新增注册在村镇的企业数量比没有淘宝村的地级市高0.726家每万人，而有淘宝村的地级市人均新增注册在非乡镇的企业数量比没有淘宝村的地级市仅高0.510家每万人，前者约是后者的

1.424倍。这一证据进一步说明了淘宝村对于当地创业的拉动作用，特别是注册在村镇的企业数量明显增加。

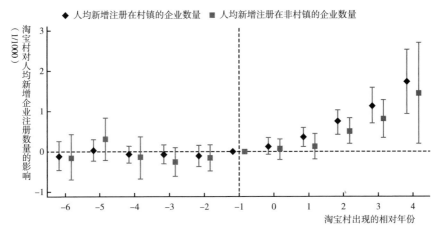

图8　农村电商对地级市人均新增注册在村镇的企业数量和注册在非村镇的企业数量的影响

七　拓展性分析

（一）农村电商对农民消费的影响

农村电商发展显著提高了农民年均可支配收入，那么是否会进一步转化为消费的增加呢？对这一问题的探索具有重要意义。首先，第七次全国人口普查数据显示，我国有约6亿人居住在乡村，占总人口的36.11%，其消费关系到内需的释放和国内大循环市场的畅通；其次，收入和消费是不可分割的，收入是消费的前提，对于农民来说，收入是制约消费的主要因素（方福前，2009）。如果农村电商发展在提高农民年均可支配收入的同时也提高其消费水平，那么对这个事实的揭示可以反过来支持本文结论。

表5中的第（1）列报告了使用"农民消费"作为因变量时的估计结果，如我们所预料，淘宝村不仅提高了农民年均可支配收入，还对农民消费有正向影响。相较于"地级市内有无淘宝村"，"地级市内淘宝村数量"对农

民消费的拉动作用更大。从数值上看，"地级市内淘宝村数量"位于平均值（18个）的地级市相较于没有淘宝村的地级市，农民消费水平提高约为315元（82.137+18×12.922=315元），相当于农民年均可支配收入平均值的2.4%（315/12998×100%=2.4%）。

（二）农村电商对涉企财政收入的影响

企业的经营活动需要缴纳税收，对于农村电商通过拉动创业而提高农民年均可支配收入的机制，可以利用地级市财政收入的变化进一步予以验证。如果地级市确实因农村电商发展而催生了更多的企业，那么应该观察到地级市财政收入中来源于企业的税收收入会相应上升。分税种来看，增值税、企业所得税是企业层面最重要的两个税种，[①]因此分别检验农村电商对地级市增值税收入和所得税收入的影响。此外，本文还检验了农村电商是否会降低地级市的预算赤字。

表5中的第（2）列报告了当因变量为"增值税占一般预算收入比重"时的估计结果，发现有淘宝村的地级市在淘宝村出现之后增值税占比较没有淘宝村的地级市上升得更快，从数值来看增值税占比会提高0.830个百分点。第（3）列报告了当因变量为"企业所得税占一般预算收入比重"时的估计结果，发现地级市内有无淘宝村对企业所得税占比影响不显著，但地级市内淘宝村数量对企业所得税占比有显著的正向影响。淘宝村对增值税和企业所得税的影响存在差异的可能原因是，增值税是对增值额进行征税，只要企业创造增值额，则无论企业是否盈利都要缴纳；而企业所得税是对企业利润进行征税的税种，只有企业盈利时才会产生企业所得税。因此，地级市的增值税收入取决于是否有淘宝村，企业所得税收入更取决于淘宝村的数量，当淘宝村数量较多时存活的企业更可能是盈利的，这部分企业贡献了更多的企业所得税收入。

表5中的第（4）列报告了淘宝村对地级市财政赤字的影响，使用"一般预算支出与一般预算收入之比"作为因变量进行估计。结果表明淘宝村的出现可以显著降低地级市的预算赤字，相较于没有淘宝村的地级市，有淘宝村的地

---

① 2018年国内增值税收入占税收收入的比重为39%，企业所得税收入占税收收入的比重为23%，是占比最高的两种税收收入。

级市在淘宝村出现后预算赤字会多降低约35%。淘宝村数量越多的地级市，财政赤字越低，对于一个淘宝村数量处于平均数（18个）的地级市来说，其财政赤字比没有淘宝村的地级市低48%。

表5　农村电商对消费和涉企财政收入的影响

变量	（1）农民消费	（2）增值税占一般预算收入比重	（3）企业所得税占一般预算收入比重	（4）一般预算支出与一般预算收入之比
地级市内有无淘宝村	82.137	0.830*	−0.028	−0.354***
	(108.367)	(0.460)	(0.185)	(0.124)
地级市内淘宝村数量	12.922***	0.015	0.014**	−0.007***
	(3.214)	(0.014)	(0.006)	(0.002)
地级市固定效应	是	是	是	是
地级市初始特征×年份固定效应	是	是	是	是
地级市个数	226	252	252	252
样本量	1021	1464	1419	1686
R^2值	0.971	0.774	0.752	0.886

注：表中报告了农村电商对农民消费和涉企财政收入的影响。地级市初始特征为2012年地级市的人均国内生产总值的对数、第一产业增加值与地区生产总值之比、一般预算支出与地区生产总值之比、每百人中学生在校人数、市内道路总面积的对数、国际互联网用户数与年均人口之比、限额以上批发零售业商品销售总额与地区生产总值之比。括号内为稳健标准误，*、**、***分别表示10%、5%和1%的显著性水平。

八　结论与政策建议

（一）结论

数字经济为经济发展提供了新的机遇，数字经济红利能否为乡村振兴提供引擎和发展动力是值得研究的重要问题。淘宝村作为农村电商发展的典型代表，是农村电商的缩影，其数量在2014~2018年增长了近12倍，然而对于淘宝村如何影响农民收入这一问题现有文献并未作出科学的论证。

本文采用2012~2018年的地级市面板数据，利用淘宝村在不同年份、不同地级市出现的时空差异构建双重差分模型，探索农村电商发展与农民增收的关系。

实证结果表明，"地级市内有无淘宝村""地级市内淘宝村数量"均对农民年均可支配收入有显著的正向影响。对于一个淘宝村数量处于平均数（18个）的地级市来说，其农民年均可支配收入比没有淘宝村的地级市高642元，相当于农民年均可支配收入平均值的5%。这一结论在考虑多期倍差法的异质性处理效应和基于匹配样本进行估计、安慰剂检验等一系列稳健性检验后依然成立。淘宝村不仅提高了农民年均可支配收入，还提高了农民消费支出，有利于推动经济内循环。对于上述两个地级市来说，农民消费支出提高315元，相当于农民年均可支配收入平均值的2.4%。淘宝村的增收效应主要源于其对创业的拉动效应，对于一个年均人口数量处于平均数（670万人）的地级市来说，淘宝村出现第1年，新增注册企业数量为327家，在淘宝村出现后第4年，会增加至2127家。淘宝村在帮助农民增收的同时还具有普惠性质，异质性分析表明淘宝村对于初始农业生产率较低的地区、城镇潜在市场更大的地区的影响更大。

（二）政策建议

本文结论说明农村电商可以激发农村地区的经济活力和内生增长动力，是全面推进乡村振兴的重要抓手。为了更好地发挥农村电商对乡村振兴的推动作用，本文提出以下政策建议。

第一，对于电商基础薄弱的地区，当地政府应合理扬长补短，依托农村电商实现跨越式发展。农村电商对于农民年均可支配收入、消费水平有显著的提升作用，说明电商基础薄弱的地区可以依托农村电商实现跨越式发展。首先，良好的交通条件、通信设施、现代物流体系是农村电商发展的基本保障，当地政府应重视电商基础设施建设，加快补齐相关短板；其次，农民是农村电商的主体，当地政府应重视提高农民素质，针对电商知识欠缺的人群，组织开展电商技能、营销策略等相关培训，帮助农民提高认知水平、熟悉电商模式。此外，我国农村有着"熟人社会"的鲜明特征，是先进经验推广和传播的天然土壤，当地政府应重视对先进经验的总结和分享，利用分享会、交流会等形式，依托人际网络，宣传、推广先进经验，实现先富带动后富。

第二，发挥本地特色，利用产业优势，整合资源实现快速发展。异质性分析表明，农村电商在农业生产率较低的地区、城镇潜在市场更大的地区的增收效应更强，这意味着不同地区在借助农村电商推动乡村振兴时应结合本地特色。我国农业同质化程度非常高，政府首先要进行合理的产业布局和资源配置，避免同质化竞争、同质化投资和重复建设；其次，应引导农村电商抱团发展，推动农产品标准化生产，提高品控能力，保证产品质量和供应链稳定；最后，应重视打造特色农产品品牌，提高产品知名度和附加值，推进农产品品牌化、特色化、优质化发展。此外，为了使农村电商助力乡村振兴，要确保当地电商发展的可持续性，不断创新思路，提高服务水平，走上高质量发展、绿色发展、可持续发展的道路。

第三，农村电商促进农民增收的主要渠道是拉动创业，地方政府应为返乡创业人员创造良好的营商环境，培育乡村振兴新动能。地方政府应重点关注具有电商从业经验的返乡者、返乡高校毕业生、大学生村官、退伍军人等群体，发挥他们的带头作用和示范作用，鼓励他们通过短视频、直播等方式创业，积极创新农村创业模式。

第四，农民增收和政府治理能力提升相互促进，形成农村电商持续推动乡村振兴的良性循环。农村电商不仅能促进农民增收，还能为当地政府创造税源，缓解地方财政压力。地方政府不仅要在农村电商的起步阶段予以引导和扶持，还应在农村电商发展到一定规模后基于其对当地经济的带动作用，持续完善政策，提高治理能力，营造良好的营商环境，为农村电商保持持续的生命力提供保障。

参考文献

［1］蔡昉，2007，《破解农村剩余劳动力之谜》，《中国人口科学》第2期。

［2］崔凯、冯献，2018，《演化视角下农村电商"上下并行"的逻辑与趋势》，《中国农

村经济》第 3 期。

［3］崔丽丽、王骊静、王井泉，2014，《社会创新因素促进"淘宝村"电子商务发展的实证分析——以浙江丽水为例》，《中国农村经济》第 12 期。

［4］崔艳娟、孙刚，2012，《金融发展是贫困减缓的原因吗？——来自中国的证据》，《金融研究》第 11 期。

［5］都阳、Albert Park，2007，《中国的城市贫困：社会救助及其效应》，《经济研究》第 12 期。

［6］樊丽明、解垩，2014，《公共转移支付减少了贫困脆弱性吗?》，《经济研究》第 8 期。

［7］范剑勇，2006，《产业集聚与地区间劳动生产率差异》，《经济研究》第 11 期。

［8］方福前，2009，《中国居民消费需求不足原因研究——基于中国城乡分省数据》，《中国社会科学》第 2 期。

［9］盖文启、朱华晟，2001，《产业的柔性集聚及其区域竞争力》，《经济理论与经济管理》第 10 期。

［10］郭承龙，2015，《农村电子商务模式探析——基于淘宝村的调研》，《经济体制改革》第 5 期。

［11］郭熙保、罗知，2008，《贸易自由化、经济增长与减轻贫困——基于中国省际数据的经验研究》，《管理世界》第 2 期。

［12］黄少安，2018，《改革开放 40 年中国农村发展战略的阶段性演变及其理论总结》，《经济研究》第 12 期。

［13］江小涓，2017，《高度联通社会中的资源重组与服务业增长》，《经济研究》第 3 期。

［14］荆文君、孙宝文，2019，《数字经济促进经济高质量发展：一个理论分析框架》，《经济学家》第 2 期。

［15］李建军、韩珣，2019，《普惠金融、收入分配和贫困减缓——推进效率和公平的政策框架选择》，《金融研究》第 3 期。

［16］刘俊杰、李超伟、韩思敏等，2020，《农村电商发展与农户数字信贷行为——来自江苏"淘宝村"的微观证据》，《中国农村经济》第 11 期。

［17］刘生龙、张晓明、杨竺松，2021，《互联网使用对农村居民收入的影响》，《数量经济技术经济研究》第 4 期。

［18］刘亚军、储新民，2017，《中国"淘宝村"的产业演化研究》，《中国软科学》第 2 期。

［19］石智雷、杨云彦，2011，《外出务工对农村劳动力能力发展的影响及政策含义》，《管理世界》第 12 期。

［20］王康、赵蕊、苏盖美，2023，《数字化如何助力全国统一大市场建设——基于企业资本跨地区流动视角》，《中国经济学》第 2 期。

［21］王天夫，2021，《数字时代的社会变迁与社会研究》，《中国社会科学》第12期。

［22］吴一平、杨芳、周彩，2022，《电子商务与财政能力：来自中国淘宝村的证据》，《世界经济》第3期。

［23］徐佳、韦欣，2021，《中国城镇创业与非创业家庭消费差异分析——基于微观调查数据的实证》，《数量经济技术经济研究》第1期。

［24］徐建国、张勋，2016，《农业生产率进步、劳动力转移与工农业联动发展》，《管理世界》第7期。

［25］杨晶、邓悦，2020，《中国农村养老保险制度对农户收入不平等影响研究》，《数量经济技术经济研究》第10期。

［26］约翰·奈特、邓曲恒、李实等，2011，《中国的民工荒与农村剩余劳动力》，《管理世界》第11期。

［27］张博、胡金焱、范辰辰，2015，《社会网络、信息获取与家庭创业收入——基于中国城乡差异视角的实证研究》，《经济评论》第2期。

［28］张栋浩、尹志超，2018，《金融普惠、风险应对与农村家庭贫困脆弱性》，《中国农村经济》第4期。

［29］赵涛、张智、梁上坤，2020，《数字经济、创业活跃度与高质量发展——来自中国城市的经验证据》，《管理世界》第10期。

［30］赵耀辉，1997，《中国农村劳动力流动及教育在其中的作用———以四川省为基础的研究》，《经济研究》第2期。

［31］周广肃、谭华清、李力行，2017，《外出务工经历有益于返乡农民工创业吗?》，《经济学（季刊）》第2期。

［32］周亚虹、邱子迅、任欣怡等，2023，《数字金融的发展提高了电商助农的效率吗?——基于电子商务进农村综合示范项目的分析》，《数量经济技术经济研究》第7期。

［33］ Angrist J. D., Pischke J. S. 2009. *Mostly Harmless Econometrics: An Empiricist's Companion*. Edition 1st Edition. Princeton： Princeton University Press.

［34］ Baker A.C., Larcker D.F., Wang C.C.Y. 2022. "How Much Should We Trust Staggered Difference-in-differences Estimates？" *Journal of Financial Economics* 144（2）：370-395.

［35］ Borusyak K., Jaravel X. 2018. "Revisiting Event Study Designs." *SSRN Electronic Journal*.

［36］ Callaway B., Sant'Anna P.H.C. 2021. "Difference-in-differences with Multiple Time Periods." *Journal of Econometrics* 225（2）：200-230.

［37］ Couture V., Faber B., Gu Y., et al. 2021. "Connecting the Countryside via E-commerce: Evidence from China." *American Economic Review: Insights* 3 （1）: 35–50.

［38］De Chaisemartin C., D'Haultfoeuille X. 2020. "Two-way Fixed Effects Estimators with Heterogeneous Treatment Effects." *American Economic Review* 110 （9）: 2964–2996.

［39］De Chaisemartin C., D'Haultfoeuille X.D. 2021. "Difference-in-differences Estimators of Intertemporal Treatment Effects." arXiv: 2007.04267.

［40］Goodman-Bacon A. 2021. "Difference-in-differences with Variation in Treatment Timing." *Journal of Econometrics* 225 （2）: 254–277.

［41］Luo X., Niu C. 2019. "E-commerce Participation and Household Income Growth in Taobao Villages." The World Bank, No. 8811.

［42］Parker C., Ramdas K., Savva N. 2016. "Is IT Enough? Evidence from a Natural Experiment in India's Agriculture Markets." *Management Science* 62 （9）: 2481–2503.

［43］Peng C., Ma B., Zhang C. 2021. "Poverty Alleviation through E-commerce: Village Involvement and Demonstration Policies in Rural China." *Journal of Integrative Agriculture* 20 （4）: 998–1011.

［44］Sun L., Abraham S. 2020. "Estimating Dynamic Treatment Effects in Event Studies with Heterogeneous Treatment Effects." *Journal of Econometrics* 225 （2）: 175–199.

［45］Luo X., Niu C. 2019. "E-commerce Participation and Household Income Growth in Taobao Villages." The World Bank, No. 8811.

（责任编辑：焦云霞）

经济政策不确定性对家庭消费的影响

——基于CFPS的经验证据

丁淑娟　　席昌明*

摘　要： 在当前经济政策不确定性不可避免且消费对我国经济发展愈发重要的背景下，急需厘清经济政策不确定性和消费之间的关系。本文基于2012年、2014年、2016年、2018年中国省级经济政策不确定性指数以及CFPS数据，分析了经济政策不确定性与居民消费之间的关系。研究表明：经济政策不确定性会明显抑制居民家庭消费，该结论在一系列稳健性检验后依旧成立；机制分析表明，经济政策不确定性通过降低家庭收入、造成收入的不确定性、延迟消费决策以及收紧流动性约束来降低家庭消费；异质性分析表明，经济政策不确定性对家庭消费的负向冲击在经济发展水平较高、金融发展水平较低、社会保障程度较低以及家庭人力资本水平较低样本中更加显著；进一步地，经济政策不确定性会显著降低基础型消费和发展型消费，但对享受型消费和整体消费结构的影响并不明显。本文的研究为政府在经济政策不确定性背景下实施精确的刺激消费政策提供了理论和现实依据。

关键词： 经济政策不确定性　家庭消费　消费行为

---

* 丁淑娟，教授，山东师范大学经济学院，电子邮箱：dingshujuan@sdnu.edu.cn；席昌明（通讯作者），硕士研究生，山东师范大学经济学院，电子邮箱：taboo12138@163.com。本文获得国家社会科学基金项目（22BJY007）的资助。感谢匿名审稿专家的宝贵意见，文责自负。

一　引言

"十四五"规划和 2035 年远景目标纲要明确提出要加快培育完整的内需体系。其中，增强消费对经济发展的基础性作用是重中之重。党的二十大报告明确指出构建高水平社会主义市场经济体制，要着力扩大内需。长期以来，居民消费不足是我国经济转型发展中的突出性问题。提高居民消费水平，推动居民消费升级，是转变经济增长方式、促进中国经济健康发展的必然选择。

当今世界正经历百年未有之大变局，世界经济形势日趋复杂，各国政府应对全球大变局的政策取向和具体举措充满了变数，尤以经济政策不确定性（Economic Policy Uncertainty，EPU）为甚。因此，学者们越来越关注经济政策不确定性的影响。在宏观层面，文献主要关注经济政策不确定性对产出、失业率、经济周期等的影响（Bloom，2009；Baker 等，2016）；在微观层面，文献关注对企业投资、创新、服务转型、资本结构调整等方面的影响（Julio 和 Yook，2012；Wang 等，2014；Gulen 和 Ion，2016；Dang 等，2019）。

随着研究领域的不断扩大以及消费对经济和人类生活的重要性提升，一些文献开始关注政策频繁调整背景下居民消费行为的变化，主流观点是经济政策不确定性会降低消费水平（Rolf 等，2017；Mumtaz 和 Surico，2018；Luttmer 和 Samwick，2018；Shafiullah 等，2021）。然而，一方面，许多研究是针对不同国家的，所使用的政策不确定性度量没有反映一国内不同区域（如省级）异质性；另一方面，已有文献也很少考虑经济政策不确定性影响消费的具体条件，因此经济政策不确定性对消费的影响研究仍有很大的空间。在经济政策频繁变动的背景下，居民的消费行为会发生什么样的变化，相应的作用机理是什么，值得进一步的思考。

有鉴于此，本文采用 2012 年、2014 年、2016 年和 2018 年 CFPS 数据构造四期的平衡面板数据，结合省级层面的经济政策不确定性指数，从宏微观结合的角度考察经济政策不确定性对家庭消费的影响效应及作用机制。本文可能的贡献如下：一方面，现有文献较少从微观家庭层面实证检验经济政策不确定性对家庭消费的影响及其作用机制，本文将从家庭收入减少、收入不确定性、延迟消费、流动性约束增加以及降低未来预期等角度分析经济政策不确定性影响家庭消费的机制路径，丰富了相关研究；另一方面，本文进一步就经济政策不确定性影响家庭消费的异质性进行了宏微观层面的讨论，为经济政策不确定性背景下稳定消费进而促进经济健康发展提供了更具针对性的政策建议。

二　文献回顾与理论假设

（一）文献综述

1.经济政策不确定性指标的测度

经济政策不确定性指标的测度在当前的研究中仍然未形成统一的定论。当前经济政策不确定性指标可以分为以下三类：集体意见分歧、新闻媒体信息、外生冲击。

首先是基于集体意见分歧的指标，当经济政策不确定性上升时，经济主体对未来的判断会出现较大的分歧。Bloom（2009）将SPF（美国发布的《专业预测调查》，是专家对于1968年以来经济指标数据的预测）作为经济政策不确定性的代理变量研究其对GDP的影响，Gulen和Ion（2016）同样选择了SPF数据，用专家预测的上下四分位之差来度量经济政策不确定性。

其次是基于新闻媒体信息的度量指标，新闻媒体作为大众获取信息的主要来源（Alexopoulos和Cohen，2016），经济政策变动这类新鲜或反常的情况更容易通过其实现更大范围的覆盖和传播。因此，基于新闻媒体的关键词测算可以在一定程度上反映经济政策不确定性。Baker等（2016）美国经济学家所构建的经济政策不确定性指数EPU（通过对各个国家代表性报纸一定时期内Economic、Uncertainty和Policy等关键词进行筛选整理）是目前较为常见的不确定性替代指标（Gulen和Ion，2016；Pastor和Veronesi，

2013），国内学者也多采用这一指标进行政策不确定性的相关研究（李凤羽和杨墨竹，2015；金雪军等，2014；张喜艳等，2020）。此外，GT指数（谷歌趋势）是基于谷歌搜索量整理的由8类政策184个搜索项组成的指数（Bontempi等，2016），以及根据《纽约时报》中有关经济、不确定性等相关词语构建的指数（Alexopoulou和Cohen，2016）也是较为常见的政策不确定性代理变量。

最后是基于外生冲击的指标，部分学者利用政府换届来衡量经济政策不确定性（Julio和Yook，2012），国内学者也利用该指标考察了地方政府换届对企业行为（陈艳艳和罗党论，2012；曹春方，2013；陈德球和陈运森，2018；陈德球等，2016）和经济增长的影响（杨海生等，2014）。此外，政治版图（Kim等，2012）和国际峰会（Kelly等，2016）等作为外生冲击也可在一定程度上用于衡量经济政策不确定性。

上述指标选择中，基于新闻媒体信息的度量指标具有更好的时间连续性且客观性更强等优势，多被用于经济政策不确定性的相关研究中。同样地，本文将Yu等（2021）构建的按省份和时间划分的中国省级经济政策不确定性指数作为经济政策不确定性的代理变量。

2.经济政策不确定性的效应研究

在宏观层面，经济政策不确定性会导致宏观经济变量和金融资产价值波动加剧，进而对经济周期产生重大影响（Bloom，2009），使得产出下降、失业率提高、出口下降、股市和房价剧烈波动，阻碍经济复苏（金雪军等，2014；Baker等，2016；陈国进等，2017）；经济政策不确定性呈现强烈逆周期性（Born和Pfeifer，2014；Jurado等，2016）。此外，有关经济政策不确定性对碳排放的影响也受到了众多学者的关注，短期内，经济政策不确定性对碳排放的影响具有显著的负相关作用，经济政策不确定性越高，碳排放越低，但这种影响在长期并不持续（Wang等，2023b；Wang等，2020），也有观点认为经济政策不确定性的提高会加剧收入不平等从而不利于碳中和目标的实现（Wang等，2023a）。

微观层面，经济政策不确定性提高会对微观企业的经营状况产生冲击。首先是企业投资方面，政策不确定性提高会导致企业对未来持悲观态度，从而影响企业的投资决策，抑制投资行为。李凤羽和杨墨竹（2015）利用Baker等测算的指数来代表中国经济政策不确定性，实证研究发现经济政策不确定性提高会显著抑制企业投资。除了总体影响研究外，异质性分析表明不同性质的企业受到政策不确定性冲击后对投资的反应是不同的，国有企业的政治约束使其在面对政策冲击时具有一定的信息优势，避免了信息不对称，减少了等待时间和成本（罗知和徐现祥，2017）。其次是企业人员规模方面，经济政策不确定性提高会显著降低企业的人员规模（Ghosal和Ye，2015；Baker等，2016）。最后是企业创新层面，关于经济政策不确定性对企业创新的影响还存在一定的争议。部分学者认为经济政策不确定性的提高会延缓企业研发投入决策，从而抑制企业创新（刘志远等，2015；郝威亚等，2016）。还有部分学者认为经济政策不确定性的提高会通过激励效应和选择效应促进企业创新（顾夏铭等，2018）。

（二）经济政策不确定性对消费的影响

相对而言，关于经济政策不确定性对居民消费的影响的研究有限。在为数不多的文献中，学术界倾向于认同经济政策不确定性对居民消费有抑制作用。当前，相关研究主要探讨收入或者耐用消费品价格的不确定性对居民消费的影响。预防性储蓄理论（Leland，1968）从收入不确定性出发，指出当未来收入面临更高的不确定性时，为了保证整个生命周期的消费稳定，理性消费者的预防性储蓄动机增强，倾向于减少当期消费、增加储蓄以应对未来收入下降所引起的消费下降（Carroll和Samwick，1992；Bansal和Yaron，2004）。我国学者也多将预防性储蓄动机视作不确定背景下中国高储蓄、低消费现象的合理解释（宋铮，1999；朱春燕、臧旭恒，2001；施建淮、朱海婷，2004；易行健等，2008；杨汝岱、陈斌开，2009；万广华等，2001）。实物期权理论将消费者购买耐用消费品的权利视为延迟期权，当未来耐用消费品价格的不确定性提高时，当前购买此类产品的机会成本增加，导致消费者更倾向于等待而不是立即消费（Bloom，2014）。部分学者还讨论了经济政策不确定性对消费结构的影响，认为经济政策不确定性短期会促进消费结构升级，长期则存在负向累积效应（张喜艳和刘莹，2020）。傅联英和吕重阳（2022）认为经济政策不确定性会通过预防性储蓄渠道抑制消费升级，同时通过机会型投资渠道促进消费升级，对消费升级的净效应为负。

根据以上文献回顾和讨论，经济政策不确定性会对居民当前消费产生抑制作用。基于此，本文提出：

假设 1：经济政策不确定性会显著抑制家庭当前消费。

无论是凯恩斯绝对收入理论还是生命周期—持久收入假说，收入均是决定居民消费最关键的变量（Aguiar 和 Bils，2015），家庭可支配收入的变化会对家庭的消费水平产生明显的影响，而经济政策不确定性提高会影响家庭可支配收入，具体表现为以下几个方面：一是经济政策不确定性提高会导致较高的失业风险，企业规模缩减，市场就业率下降（DiMaggio 和 Bonikowski，2008），工资性收入明显降低；二是经济政策不确定性提高时，出于规避风险动机，家庭可能会放弃现有创业机会，且由于信息不对称以及内外部环境难以预测等，初创企业的盈利水平下降甚至面临破产，从而影响经营净收入（伍先涛，2020）；三是从机会型投资的角度来看，当经济政策不确定性提高时，企业生产经营风险增大，股票市场波动加剧，个人投资预期收益率降低，再加上宏观环境下融资偏紧，理性经济人会降低金融市场参与度，减少机会型投资，从而影响家庭的财产净收入。基于以上分析，本文提出：

假设 2：经济政策不确定性会降低家庭收入进而对家庭消费产生负向冲击。

预防性储蓄理论强调风险厌恶的消费者为预防未来收入不确定性对消费的冲击会进行预防性储蓄（Leland，1968；Carroll，1994）。经济政策不确定性源于信息不对称引发的预期分化，预期到的经济政策变动会引导消费者沿着事前的消费计划按部就班地行动；未曾预期到的经济政策变动则是一种外生冲击，会对市场参与主体产生较大的影响，厂商会因不确定的市场环境而缩小生产和投资规模，这会进一步影响劳动者的就业状况，冲击家庭部门的劳动性收入，造成未来收入的不确定性提高。出于规避不确定性导致不利后果的预防性动机，居民可能会选择增加储蓄以应对临时的现金流短缺，使得收入的不确定性提高，从而影响既定消费决策，延迟消费。基于此，本文提出：

假设3：经济政策不确定性会提高收入的不确定性进而增强家庭的预防性储蓄动机，抑制家庭消费。

经济政策不确定性会通过延迟效应对企业投资、居民消费等产生抑制作用。根据实物期权理论，存在调整成本的家庭消费行为可被视作家庭持有的期权，尤其是耐用消费品，可被视作看涨期权。随着经济政策不确定性的提高，在购买可逆性较弱的情况下，消费者一旦现在购买耐用消费品就失去了未来以更低价格购买该产品的机会，即经济政策不确定性的提高使该看涨期权的价值增加，从而使得当期消费成本提高，延期消费的价值也相应提高，理性消费者会做出更加谨慎的决策，倾向于减少当前消费。基于此，本文提出：

假设4：经济政策不确定性会通过消费决策延迟效应抑制家庭消费。

流动性约束会导致预防性储蓄显著增加，进一步对消费产生负面影响，显著降低消费，并且难以通过借贷等途径实现整个生命周期内的最优消费（Deaton，1989；杨碧云等，2023；张浩等，2023）。经济政策不确定性加强了家庭面临的流动性约束，进一步抑制了家庭消费。首先，经济政策不确定性的提高往往意味着市场波动加剧，信息不对称程度提升。此时，市场上下游供应链难以保持稳定，银行等金融机构会面临更多的逆向选择问题。出于风险规避的动机，银行会触发自我保护机制，缩小信贷规模，提高信贷要求，延长贷款的批准时间，从而使得企业和个人面临严重的流动性约束，且借贷成本增加。其次，经济政策不确定性的提高往往伴随着经济衰退，就业环境紧张，由此造成的家庭收入减少是群体性的。在中国，民间借贷是家庭缓解信贷约束的重要手段之一（马光荣和杨恩艳，2011），经济政策不确定性会造成群体性收入减少，民间借贷的可贷资金也会减少，并且贷方为了保障自身资金安全以及消费需求，也会减少资金借出，从而收紧了家庭面临的流动性约束，抑制家庭消费。基于此，本文提出：

假设5：经济政策不确定性会通过收紧流动性约束进一步抑制家庭消费。

预期对居民消费意愿的影响已经被学者所证实（郑挺国等，2023）。对未来的悲观预期是我国消费动力不足的主要原因（任太增，2004）；对未来的乐观预期会增强居民的消费意愿（江林等，2016），促进消费。随着经济政策不确定性的提高，预期未来收入减少，收入不确定性增加以及流动性约束趋紧等使得居民偏于保守和悲观，储蓄意愿增强、消费意愿减弱，进一步抑制家庭消费。基于此，本文提出：

假设6：经济政策不确定性会通过降低家庭对未来的预期抑制家庭消费意愿。

三　研究设计

（一）实证模型与变量说明

（一）实证模型

本文的基准模型参考了经典凯恩斯消费理论，即收入与消费正相关。在此基础上，进一步引入经济政策不确定性的代理变量，考察不确定性对居民消费的影响。其中 C_{ijt} 表示第 i 个地区的第 j 个家庭第 t 期的消费支出，y_{ijt} 表示该家庭的可支配收入，UNC_{it} 表示第 i 个地区第 t 期的经济政策不确定性，x_{ijt} 表示一系列影响居民消费性支出的控制变量。根据豪斯曼检验的结果，本文采用固定效应模型进行回归分析，θ_i 表示家庭层面的固定效应，以控制不随时间推移而变化的家庭差异对消费的影响；δ_t 为时间固定效应项，控制不随个体变化的时间差异对消费的影响；u_{ijt} 为随机扰动项。同时，为了克服扰动项可能存在的相关性问题，本文控制省级层面的聚类稳健标准误。可得如下实证模型：

$$C_{ijt}=\beta_0 + \beta_1 y_{ijt} + \beta_2 UNC_{it}+\varepsilon x_{ijt}+\theta_i+\delta_t+u_{ijt} \tag{1}$$

模型（1）主要考察经济政策不确定性对家庭消费性支出的影响，β_2 衡量了不确定性对家庭消费性支出的效应。

（二）变量说明

被解释变量：居民消费性支出。该数据来源于2012年、2014年、2016年和2018年的中国家庭追踪调查数据（CFPS）。对数据的处理如下：删除了各级编码无法识别的样本，删除了变量缺失的样本，删除了为异常值的样本。

解释变量：地区经济政策不确定性指数。本文将Yu等（2021）构建的省级经济政策不确定性指数作为政策不确定性的代理变量。由于经济政策不确定性存在一定的时滞性（张龙和刘金全，2019；芦丽静等，2016），本文采取滞后一期的数据代替当年的省级不确定性指数。

控制变量：采用常规做法，对控制变量进行户主层面、家庭层面和地区层面的控制。其中，在户主层面，本文控制了户主的年龄、是否健康（1=健康）、学历状况（1~8代表从文盲到博士）、户口（农业户口=1）、性别（男=1；女=2）；在家庭层面，进一步控制了家庭规模、少儿抚养比（16岁及以下人口占家庭劳动力的比重）、老年扶养比（60岁及以上人口占家庭劳动力的比重）、家庭是否有私人借贷或银行借贷（有=1）；在地区层面，本文将地区GDP（以2011年为基期）和一般性财政支出作为区域经济发展的衡量指标，同时将地区CPI（上年为100）作为物价的衡量指标，将市辖区人均公路面积作为区域基础设施建设的衡量指标。该部分数据均来自中国家庭追踪调查数据（CFPS）和《中国统计年鉴》以及相关公开资料。

在此基础上，将上述数据按照地区和时间两个维度进行匹配，最终选定地区为中国除港澳台之外的31个省、自治区和直辖市，最终选择的时间维度为2012年、2014年、2016年和2018年。借鉴易行健等（2018）的做法，依据家庭所在地区的消费物价指数将所有的价值变量调整为以2011年为基期的实际值。此外，由于样本量较大，为了规避异常值对研究结果的影响，对核心解释变量居民消费性支出进行1%的异常值剔除。主要变量的统计性描述见表1。

表 1 描述性统计

变量	观测值	平均值	标准差	最小值	最大值
家庭总消费（千元）	27205	53.94	53.07	4.842	324.32
经济政策不确定性指数	27205	21.13	13.34	0.33	76.48
家庭总收入（千元）	27205	20.07	45.43	0.01	2051.67
户主年龄（岁）	27205	46.17	10.29	16	65
户主户口类型（农业户口=1；非农业户口=0）	27205	0.26	0.44	0	1
户主受教育程度（1~8分别代表从文盲到博士）	27205	2.82	1.28	1	8
户主健康状况（健康=1；非健康=0）	27205	0.49	0.62	0	1
户主性别（男=1；女=2）	27205	1.62	0.49	1	2
家庭规模（人）	27205	4.07	1.72	1	16
少儿抚养比	27205	0.30	0.33	0	1
老年扶养比	27205	0.19	0.32	0	1
家庭负债状况（有负债=1；无负债=0）	27205	1.75	0.43	0	1
CPI	27205	102.10	0.47	101.10	103.80
地区 GDP（万亿元）	27205	3.01	2.20	0.07	9.99
一般性财政支出（万亿元）	27205	0.58	0.29	0.09	1.57
市辖区人均公路面积（平方米）	27205	14.81	4.26	4.08	25.77

四 基准回归结果

根据模型（1），将家庭总消费作为被解释变量，以省级层面的经济政策不确定性指数为核心解释变量进行最小二乘 OLS 回归，逐步在回归中加入了家庭层面的控制变量、户主层面的控制变量以及地区层面的控制变量，并控制了地区固定效应，以观察估计结果的可信度，结果如表 2 第（1）~（4）列所示。其中，表 2 的基准回归结果表明经济政策不确定性提高对家庭当期总消费具有显著的负向冲击。与预期相符，外部经济政策不确定性提高会导致消费显著下降（沈坤荣和谢勇，2012），即不确定性与居民消费呈负相关，高不确定性会抑制居民消费。在引入不同维度的控制变量后核心解释变量的系数依然在1%的统计水平上显著。具体来看，经济政策不确定性每提高1个单位，家庭总消费会降低0.088个单位。这验证了假设1的成立。相关控制变量的系数也基本符合预期：户主层面，户主年龄越大，消费性支出水平越低，相比之下青少年的消费水平较高。学历水平也会在一定程度上影响消费，一般而言，学历水平与居民消费性支出呈正相关。家庭层面的变量对于消费性支出也具有较强的解释能力，其中，与大多数研究结论相同，家庭收入与消费呈正相关，符合持久性收入假说，是影响消费的主要因素。家庭规模越大，人口越多，消费能力越强，消费性支出就越大，这可能与家庭人数的规模效应有关（陈斌开和杨汝岱，2013），负债也会在一定程度上降低居民消费性支出。地区层面，代表地区发展水平的GDP和基础设施建设（市辖区人均公路面积）较为显著地促进了居民消费性支出增加。

表2　基准回归：经济政策不确定性与居民消费

变量	家庭总消费			
	(1)	(2)	(3)	(4)
经济政策不确定性指数	−0.132***	−0.130***	−0.112***	−0.088**
	(−3.97)	(−3.93)	(−3.41)	(−2.39)
户主年龄		−0.361***	−0.403***	−0.391***
		(−6.64)	(−7.45)	(−7.24)
户主户口类型		1.200	1.418	1.450
		(0.60)	(0.72)	(0.74)
户主受教育程度		2.855***	2.708***	2.738***
		(5.16)	(4.97)	(5.03)
户主健康状况		1.573**	1.455**	1.390*
		(2.15)	(2.00)	(1.91)
户主性别		0.916	0.615	0.536
		(1.13)	(0.77)	(0.67)
家庭总收入			0.124***	0.122***
			(5.11)	(5.11)

续表

变量	家庭总消费			
	(1)	(2)	(3)	(4)
家庭规模			4.867***	4.922***
			(13.42)	(13.58)
少儿抚养比			−1.942	−2.092
			(−1.34)	(−1.44)
老年扶养比			−3.963***	−3.796**
			(−2.67)	(−2.56)
家庭负债状况			−8.980***	−9.033***
			(−11.38)	(−11.46)
CPI				−0.852
				(−0.83)
地区 GDP				4.956***
				(3.24)
一般性财政支出				−9.680
				(−1.03)
市辖区人均公路面积				0.002
				(0.01)
个体固定效应	是	是	是	是
时间固定效应	是	是	是	是
观测值	27205	27205	27205	27205
R^2 值	0.113	0.082	0.112	0.115

注：括号内为 t 统计量；*、**、***分别表示在 10%、5%、1%的水平上显著。

五 内生性与稳健性检验

（一）内生性问题讨论

尽管基准模型使用了家庭和年份双向固定模型，且在回归过程中尽可能多地纳入了户主层面、家庭层面及地区层面的控制变量，但依然可能存在由遗漏变量或者经济政策不确定性测算误差所产生的内生性问题。此外，尽管解释变量是省级层面的经济政策不确定性指数，而被解释变量是微观家庭层面的消费，但无法完全排除微观相对于宏观的反向因果关系。为此，本文进一步使用工具变量两阶段回归方法，对基准模型的结果进行了相应检验。本文整理了相邻省份的经济政策不确定性指数，进一步计算得到同一年份相邻省份所在区域（七大区域为华东、华南、华北、华中、西南、西北、东北）经济政策不确定性指数的均值并将其作为工具变量。该工具变量的合理性在于：就相关性而言，经济政策不确定性具有空间溢出效应，相邻省份在政策制定和执行过程中存在相互学习、相互借鉴现象，因此工具变量满足相关性标准；就排他性而言，省级经济政策的适用范围及其波动效应局限于本省，不会直接影响相邻省份的居民消费。

表3第（1）列报告了第一阶段的回归结果，检验工具变量和经济政策不确定性之间的相关性。结果显示工具变量与不确定性呈正相关，符合预期。表3第（2）列报告了两阶段最小二乘法中第二阶段的回归结果，经济政策不确定性对家庭消费有显著的抑制作用。对弱工具变量问题进行检验，F统计量大于10，可以认为该模型不存在弱工具变量问题。此外，两阶段最小二乘回归与基准回归结果基本一致，进一步说明在考虑了内生性问题后，经济政策不确定性与居民消费仍呈显著负相关，这说明回归结果的稳健与可靠，进一步支持结论。

表3　内生性处理：工具变量法

变量	第一阶段回归结果 (1)	第二阶段回归结果 (2)
经济政策不确定性指数	0.999*** (597.73)	−0.087*** (−2.58)
控制变量	是	是
个体固定效应	是	是
时间固定效应	是	是
观测值	25290	25290
R²值	—	0.1107
第一阶段F统计量	—	121.35
内生性检验（P值）	—	0.8151

注：括号内为t统计量；*、**、***分别表示在10%、5%、1%的水平上显著。

（二）稳健性检验

1.更换被解释变量

本文对被解释变量家庭消费进行替换，与基准回归中对各变量进行单位统一不同，不对原始数据进行单位换算，此时各变量之间的差异比较大，回归系数难以表示。为了在实现数据可比的同时缓解异方差问题，对家庭消费、收入、经济政策不确定性以及 GDP、财政等宏观变量进行取对数处理，结果如表4第（1）列所示，在对被解释变量等进行取对数处理后，经济政策不确定性依旧对家庭消费产生了显著的负向冲击，这证明，前文基准回归结果是稳健与可靠的。

表4　其他稳健性检验

变量	ln家庭总消费	缩尾处理	CHFS	增加家庭层面不确定性指标
	（1）	（2）	（3）	（4）
经济政策不确定性指数	−0.010*	−0.087***	−3.487*	−0.039**
	(1.67)	(2.59)	(−1.78)	(−1.96)
控制变量	是	是	是	是
个体固定效应	是	是	是	是
时间固定效应	是	是	是	是
观测值	27205	27205	40011	18105
R^2值	0.116	0.145	0.108	0.116

注：括号内为t统计量；*、**、***分别表示在10%、5%、1%的水平上显著。

2.其他稳健性检验

首先，除了对核心解释变量和被解释变量进行替换外，本文还采用缩尾的方式进行稳健性检验。对核心被解释变量和被解释变量进行前后1%的缩尾来缓解调查数据可能存在的测量误差问题，并重新对模型（1）进行估计，结果如表4第（2）列所示。其次，更换数据集对基准回归进行稳健性检验。选择2017年中国家庭金融调查（CHFS）数据作为替代样本，该数据同样包含户主和家庭层面的相似特征，并且可以进行宏微观层面的匹配。因此，CHFS也是本文的理想数据，将其作为对本文结论的补充和辅证。回归结果如表4第（3）列所示。最后，通过增加微观家庭层面的政策不确定性指标进行稳健性检验。前述分析考察了宏观层面经济政策不确定性对消费结构的影响，可能会忽略微观层面固有的不确定性冲击对消费结构的影响。为此，本部分额外控制了家庭成员可能面临的疾病、失业等不确定性，进一步检验基准模型结果的稳健性。具体地，在回归模型中额外引入了工作状况（有工作=1，失业=0）、有无养老保险以及有无医疗保险（参保=1，非参保=0）等控制变量（0~3，取值越大越好），控制失业、疾病等微观层面的意外冲击。结果如表4第（4）列所示。如表4第（2）~（4）列所示，无论是缩尾、更换样本还是添加微观层面不确定性指标，经济政策不确定性均显著地抑制了家庭消费，说明基准模型的结论具有良好的稳健性。

六　机制分析

（一）基于家庭收入减少的机制检验

根据前文分析，本部分将考察经济政策不确定性提高是否会降低家庭的工资性收入、经营净收入以及财产净收入，进一步对家庭消费产生抑制作用。本文借鉴已有做法[①]，仅仅检验经济政策不确定性对中介变量的影响，不再研究中介变量和被解释变量之间的因果关系。结果如表5第（1）~（3）列所示，经济政策不确定性提高对于家庭的工资性收入、经营净收入和财产净收入均有显著的负向影响。经典消费理论凯恩斯绝对收入假说、生命周期假说与持久收入假说均论证了收入对消费的重要性，收入越多，消费就越多。因此，以上结果表明，经济政策不确定性

---

① 江艇（2022）认为社会学家和心理学家提出的对中介效应检验的逐步回归方法在经济学的应用中存在缺陷，因此比较可行的做法是，提出一个或几个中介变量，这些变量和被解释变量之间的因果关系在理论上比较直观，在逻辑和时空上关系都比较接近，因此不需要采用正式的因果推断手段来研究中介变量与被解释变量的因果关系，仅仅分析解释变量和中介变量的关系即可。

的提高会降低家庭收入，进而对家庭消费产生抑制作用，假设 2 得到
验证。

表5　基于家庭收入减少的机制检验

变量	工资性收入 （1）	经营净收入 （2）	财产净收入 （3）
经济政策不确定性指数	−0.152*** （−4.43）	−0.574** （−3.05）	−0.271** （−1.97）
户主层面控制变量	是	是	是
家庭层面控制变量	是	是	是
地区层面控制变量	是	是	是
个体固定效应	是	是	是
时间固定效应	是	是	是
观测值	17392	17397	17213
R²值	0.1191	0.1287	0.0827

注：括号内为t统计量；*、**、***分别表示在10%、5%、1%的水平上显著。

（二）基于收入不确定性的机制检验

本部分继续讨论经济政策不确定性提高是否会通过提高家庭收入的不确定性进而对家庭消费产生抑制作用，以验证假设 3 是否成立。由于收入的不确定性难以被直接观测到，本文借鉴杨碧云等（2023）的做法，采用间接测度方式获取收入不确定性的代理变量。一是暂时性收入的平方（罗楚亮，2004）；二是组内收入方差（樊潇彦等，2007）。回归结果如表6第（1）和（2）列所示，经济政策不确定性提高能够显著提高家庭收入的不确定性。预防性储蓄理论指出，家庭收入不确定性的提高会导致家庭消费减少。从收入不确定性的角度出发能在一定程度上解释经济政策不确定性对家庭消费的抑制效果。这表明经济政策不确定性会提高收入不确定性，增强家庭的预防性储蓄动机，进一步减少家庭消费，假设 3 得到验证。

表6 基于收入不确定性的机制检验

变量	暂时性收入的平方 （1）	组内收入方差 （2）
经济政策不确定性指数	0.172*** (3.14)	0.201** (2.35)
户主层面控制变量	是	是
家庭层面控制变量	是	是
地区层面控制变量	是	是
个体固定效应	是	是
时间固定效应	是	是
观测值	27205	27205
R^2值	0.0757	0.1063

注：括号内为t统计量；*、**、***分别表示在10%、5%、1%的水平上显著。

（三）基于延迟消费的机制检验

本部分将重点探讨经济政策不确定性是否通过延迟消费决策来抑制家庭消费，以验证假设4是否成立。延迟消费指标难以被度量，而实物期权理论中谨慎消费所导致的消费决策延迟主要是针对耐用品消费。因此，为考察延迟消费这一机制的存在，本文将耐用品消费作为延迟消费的代理变量。实证结果如表7所示，经济政策不确定性提高对耐用品消费具有明显的抑制作用。当购买可逆性较弱时，理性消费者会谨慎做出决策，尤其是针对耐用品消费，这会减少家庭当前消费。由此，假设4得到验证。

表7 基于延迟消费的机制检验

变量	耐用品消费
经济政策不确定性指数	−0.172*** (−3.14)
户主层面控制变量	是
家庭层面控制变量	是
地区层面控制变量	是
个体固定效应	是
时间固定效应	是
观测值	27205
R^2值	0.0757

注：括号内为t统计量；*、**、***分别表示在10%、5%、1%的水平上显著。

（四）基于流动性约束的机制检验

本部分将检验经济政策不确定性是否通过收紧家庭面临的流动性约束来降低家庭消费，以验证假设 5 是否成立。为了较好地识别流动性约束，本文借鉴杨碧云等（2023）的做法，采取两种方式来衡量家庭所面临的流动性约束：一是家庭的金融资产总值与两个月永久性收入的差值，构造 0-1 虚拟变量，小于 0 时即家庭面临流动性约束，记为 1，否则为 0（Zeldes，1989；甘犁等，2018）；二是判断家庭的高流动性资产[①]与一半的年收入的差值，构造 0-1 虚拟变量，小于 0 时即家庭面临流动性约束，记为 1，否则为 0（Kaplan 等，2014；臧旭恒和张欣，2018）。回归结果如表 8 第（1）和（2）列所示，在两种不同的流动性代理变量下，经济政策不确定性均能显著提高家庭面临的流动性约束的概率。而流动性约束不利于家庭利用金融市场和金融产品来缓解收入问题，进而难以实现消费平滑。而经济政策不确定性提高会增强家庭所面临的流动性约束，因此家庭最优消费决策难以实现，这验证了假设 5。

表 8 基于流动性约束的机制检验

变量	金融资产与收入差值 (1)	高流动性资产与收入差值 (2)
经济政策不确定性指数	0.156*** (2.84)	0.127* (1.81)
户主层面控制变量	是	是
家庭层面控制变量	是	是
地区层面控制变量	是	是
个体固定效应	是	是
时间固定效应	是	是
观测值	10184	10184
R^2 值	0.1136	0.1141

注：括号内为 t 统计量；*、**、***分别表示在 10%、5%、1%的水平上显著。

---

① 高流动性资产用金融资产净值衡量，即金融资产与非住房负债之差。

（五）基于未来预期的机制检验

进一步地，本部分重点检验经济政策不确定性是否通过降低家庭对未来的预期和消费意愿而抑制家庭消费，以验证假设6是否成立。关于对未来预期指标的选择，本文使用CFPS调查数据中"您对自己未来的信心程度"指标作为对未来预期的代理变量（1~5依次代表从很没信心到很有信心）。表9的结果表明，经济政策不确定性会使家庭对未来产生悲观情绪。当家庭对未来的预期悲观时，会将更多收入用于子女上学、医疗和养老等方面，预防性储蓄会进一步增加，当期消费意愿会减弱。因此，经济政策不确定性提高会通过影响家庭的未来预期减弱家庭消费意愿，这验证了假设6。

表9　基于未来预期的机制检验

变量	未来预期
经济政策不确定性指数	−0.244***
	（−5.11）
户主层面控制变量	是
家庭层面控制变量	是
地区层面控制变量	是
个体固定效应	是
时间固定效应	是
观测值	27205
R^2值	0.1387

注：括号内为t统计量；*、**、***分别表示在10%、5%、1%的水平上显著。

七　异质性分析

（一）宏观地区层面的异质性分析

1.区域经济发展水平的异质性分析

我国地域辽阔、区域经济发展不平衡，由于资源禀赋和发展程度的差异，不同地区在面对经济政策不确定性冲击时可能会有不同的表现。为了识别经济政策不确定性的消费抑制效应是否存在异质性，本文首先将总体样本分为东部地区和中西部地区两个子样本，分别进行回归，结果如表 10 第（1）~（2）列所示，经济政策不确定性对东部地区家庭的消费抑制作用更加明显，可能的原因在于：东部地区较早进行改革开放，对政策及信息的敏感度较高。拥有更多的中小微企业，由于缺乏必要的融资手段可能会面临较高的破产风险，并对家庭就业及收入造成冲击，进一步影响家庭消费。此外，相较于中西部地区，东部地区的消费水平较高，对经济政策不确定性的反应也较强烈。为进一步验证上述结论，本文根据樊纲的市场化指数，根据中位数将总体样本划分为高市场化地区和低市场化地区两个子样本，根据表 10 第（3）~（4）列的实证结果，依然可以得出经济政策不确定性对高市场化地区的家庭消费的负向冲击显著，而这一冲击在低市场化地区并不明显。

进一步考虑城乡层面的异质性，将总体样本分为城镇地区和农村地区两个子样本，分别进行回归，结果如表 10 第（5）~（6）列所示。不难看出，经济政策不确定性对农村地区的家庭消费具有明显的抑制作用，但对城镇地区的家庭消费的抑制作用并不明显。对此，可能的解释是：首先，城镇地区家庭一般具有良好的金融素养和长久的消费规划，且城镇地区相对农村地区社会保障更为完善，收入来源更加多元。因此，城镇地区家庭能够依靠金融工具和社会保障减缓经济政策不确定性带来的冲击，长久可靠的消费规划则进一步平滑了政策不确定性冲击时的家庭消费；其次，农村地区金融基础设施不够完备，且农村居民通常缺乏必要的金融素养，难以利用金融工具平滑经济政策不确定性的冲击，更多的是减少当前消费、增加预防性储蓄，因此农村家庭的消费对经济政策不确定性有更强烈的反应。

综上所述，经济政策不确定性提高对家庭消费的抑制作用会受到地区经济发展水平的影响。

表10　区域经济发展水平的异质性分析

变量	东部地区 (1)	中西部地区 (2)	低市场化地区 (3)	高市场化地区 (4)	农村地区 (5)	城镇地区 (6)
经济政策不确定性指数	−0.127** (−2.16)	−0.068 (−1.38)	−0.057 (−1.27)	−0.115** (−2.05)	−0.095* (−1.65)	−0.040 (−0.80)
控制变量	是	是	是	是	是	是
个体固定效应	是	是	是	是	是	是
时间固定效应	是	是	是	是	是	是
观测值	10883	16332	13080	14125	14525	12680
R^2值	0.1234	0.1128	0.0845	0.1259	0.0774	0.1310

注：括号内为t统计量；*、**、***分别表示在10%、5%、1%的水平上显著。

2.区域金融发展水平的异质性分析

金融作为现代经济的核心，是消费市场的重要支撑。现有研究认为金融发展可以通过增加收入、缓解流动性约束、平滑消费及降低预防性储蓄等途径促进消费，而这与经济政策不确定性影响家庭消费的路径相吻合，因此金融发展水平的不同会使经济政策不确定性的消费抑制作用不同。为了识别金融发展水平层面的异质性是否存在，本文借鉴易行健（2018）的做法，将家庭所在地区金融机构人民币贷款余额与GDP之比作为金融发展水平的代理变量，并根据中位数将总样本划分为高和低金融发展水平组进行回归分析。结果如表11第（1）~（2）列所示，可以看到，经济政策不确定性对低金融发展水平地区的家庭消费具有明显的抑制作用，而对高金融发展水平地区的家庭消费负向冲击并不明显。这进一步验证了金融发展水平对经济政策不确定性冲击的调节作用。

表11　区域金融发展水平的异质性分析

变量	高金融发展水平地区 (1)	低金融发展水平地区 (2)
经济政策不确定性指数	−0.105 (−1.07)	−0.081* (−1.75)
控制变量	是	是

续表

变量	高金融发展水平地区 （1）	低金融发展水平地区 （2）
个体固定效应	是	是
时间固定效应	是	是
观测值	13080	14125
R^2值	0.1191	0.1023

注：括号内为t统计量；*、**、***分别表示在10%、5%、1%的水平上显著。

3. 区域社会保障水平的异质性分析

社会保障会通过影响居民对未来收入的预期从而对预防性储蓄产生影响，进一步对家庭消费行为产生影响（Chamon 和 Prasad，2010；杨碧云等，2023）。当经济政策不确定性提高时，如果社会保障体系相对完善，则能够为居民提供更多的就业机会和失业保障，稳定家庭收入。此外，社会保障体系完善能够给予居民更多的信心，使之对未来更加乐观，这在一定程度上也会降低家庭为应对未来冲击而进行的预防性储蓄，从而增加消费。因此，不同的社会保障水平可能会导致经济政策不确定性对家庭消费产生异质性影响。为考察是否存在社会保障水平层面的异质性，将家庭所在地区的社会保障和就业支出占地方总财政支出的比重作为地区社会保障水平的代理变量。同样地，根据中位数将总样本划分为高和低社会保障度地区组，进行回归分析。结果如表12第（1）~（2）列所示，低社会保障度地区经济政策不确定性对家庭消费的抑制作用更加明显。这可能是因为就业保障和社会保障可以在经济政策不确定性环境下保障家庭的基本收入，有利于增强家庭抵御风险的能力，从而有助于稳定家庭消费。

表12 区域社会保障水平的异质性分析

变量	高社会保障度地区 （1）	低社会保障度地区 （2）
经济政策不确定性指数	−0.162** （−2.01）	−0.377* （−1.84）

变量	高社会保障度地区 （1）	低社会保障度地区 （2）
控制变量	是	是
个体固定效应	是	是
时间固定效应	是	是
观测值	13080	14125
R^2值	0.0914	0.1234

注：括号内为 t 统计量；*、**、***分别表示在10%、5%、1%的水平上显著。

（二）微观家庭层面的异质性分析

关于人力资本对消费的影响的研究最早可以追溯到 Welch（1970），即教育通过"劳动力效应"和"分配效应"影响生产率，受教育水平高的个人知识储备更为丰富、管理技能更多样、收入更高、对新鲜事物的接受能力更强，其消费能力和消费意愿也更强。基于此，本文考察经济政策不确定性对家庭消费的抑制效果是否会受到家庭人力资本的影响。将总体样本按学历进行分组，高中以上学历定义为高人力资本组，高中及以下学历定义为低人力资本组。依据表13第（1）~（2）列的结果可以得出，经济政策不确定性对于家庭消费的抑制作用仅在低人力资本水平的家庭中显著。为进一步验证该异质性的结论，借鉴易行健（2018）的做法，选取 CFPS 中的户主认知能力作为家庭人力资本的代理变量，具体来说，通过"字词识别能力"对户主的认知能力进行测度，并对其进行标准化，根据中位数将总样本划分为高和低人力资本两组进行回归。表13第（3）~（4）列的结果表明，经济政策不确定性对家庭消费的抑制作用在低人力资本水平的家庭中显著，进一步说明经济政策不确定性对家庭消费的影响会受到人力资本水平的影响。对此可能的解释是高人力资本水平的家庭对经济形势的判断更加准确，能够对经济政策不确定性有较为合理的认知，并且由于掌握更多的金融等技能，能够充分利用保险、信贷等金融工具缓解经济政策不确定性对家庭消费的冲击。

表13　家庭人力资本异质性分析

变量	低人力资本组（高中及以下）	高人力资本组（高中以上）	低人力资本组（低认知能力）	高人力资本组（高认知能力）
	(1)	(2)	(3)	(4)
经济政策不确定性指数	−0.072*	−0.043	−0.083**	−0.013
	(−1.70)	(−0.58)	(−2.21)	(−0.10)
控制变量	是	是	是	是
个体固定效应	是	是	是	是
时间固定效应	是	是	是	是
观测值	21264	5941	6841	6841
R^2值	0.091	0.148	0.0914	0.1234

注：括号内为t统计量；*、**、***分别表示在10%、5%、1%的水平上显著。

八　进一步讨论

前文研究表明经济政策不确定性对家庭消费产生了明显的负向冲击，而是否会进一步对居民消费结构产生影响还需要进一步分析。本部分致力于分析经济政策不确定性对不同种类消费支出的影响，进而考察其对消费结构的影响。模型（1）中的C_{ijt}还可以表示不同类型的消费支出。居民消费性支出可细分为交通和通信支出、教育文化和娱乐支出、居住支出、生活用品及服务支出、食品和烟酒支出、衣着支出和医疗保健支出共七项。参考已有研究，本文借鉴罗能生、张梦迪（2017）的做法，进一步将七项消费支出分为基础型消费、享受型消费和发展型消费。基础型消费包括食品和烟酒支出、衣着支出、居住支出和生活用品及服务支出，享受型消费包括医疗保健支出、交通和通信支出，发展型消费包括教育文化和娱乐支出。因此，模型（1）可以进一步用来考察经济政策不确定性对居民消费结构的影响。表14第（1）~（3）列的结果表明，经济政策不确定性的提高会抑制基础型消费和发展型消费，其中对基础型消费的负向冲击更加明显，而对享受型消费的影响并不明显。这表明经济政策不确定性对居民消费中的基础型消费冲击最大，其次是发展型消费，而对享受型消费的冲击并不明显，这会在一定程度上影响家庭的消费结构。对此可能的解释是：首先，当经济政策不确定性提高时，家庭会通过增加预防性储蓄来应对风险，最先受到冲击的便是基础型消费，因此表14第（1）列的显著性系数最大；其次，随着经济政策不确定性的提高，未来与现在的净现值发生变化，导致享受型消费等短视行为增加，这也能够解释表14第（2）列系数为正；最后，教育投资是发展型消费的重要组成部分，一般回报周期较长，在未来不确定性的背景下，家庭可能会降低教育投资、增加预防性储蓄以预防风险冲击。

同样地，本文参考傅联英和吕重阳（2022）的做法，将享受型消费和发展型消费与基础型消费的比值作为消费结构的代理变量，即消费结构的升级表现为基础型消费比例降低或享受型消费和发展型消费的比例提高。结果如表14第（4）列所示，经济政策不确定性对消费结构的影响为正但并不显著。

因此，关于经济政策不确定性对家庭消费结构的影响还需更多的证据来验证。

表14　经济政策不确定性对消费结构的影响

变量	基础型消费 （1）	享受型消费 （2）	发展型消费 （3）	消费结构 （4）
经济政策不确定性指数	−0.116** (−2.57)	0.005 (0.53)	−0.029*** (−2.86)	0.010 (1.54)
控制变量	是	是	是	是
个体固定效应	是	是	是	是
时间固定效应	是	是	是	是
观测值	27205	27205	27205	27205
R²值	0.1554	0.1291	0.1362	0.1422

注：括号内为t统计量；*、**、***分别表示在10%、5%、1%的水平上显著。

九　结论与政策建议

本文利用2012年、2014年、2016年和2018年中国家庭追踪调查数据

（CFPS），结合省级经济政策不确定性指数，评估了经济政策不确定性对家庭消费的影响。研究发现：经济政策不确定性会对家庭消费产生明显的负向冲击，且主要通过降低家庭收入、提高家庭所面临的收入不确定性、延迟消费决策、收紧流动性约束以及影响未来预期等途径。进一步从宏观和微观层面的异质性分析发现，经济政策不确定性对居民家庭消费的抑制作用在经济发展水平较高、金融发展水平较低、社会保障度较低的地区以及人力资本水平更低的家庭和农村家庭中更明显，说明经济政策不确定性的消费抑制作用具有明显的异质性。基于上述研究结果，本文得出如下政策启示。

第一，从经济政策不确定性对消费的影响来看，经济政策不确定性会对家庭消费产生抑制作用，需要降低经济生活中家庭所面临的经济政策不确定性。政府应当及时评估经济政策的作用，注重政策的稳定性和连续性，在发挥政策作用的基础上，降低由政策频繁变动所带来的不确定性。

第二，从经济政策不确定性影响家庭消费渠道来看，要缓解经济政策不确定性对家庭收入减少、收入不确定性提高、延迟消费、收紧流动性约束以及影响未来预期等的冲击。保障居民多种形式的就业和创业机会，高度重视家庭收入安全，多样化收入来源，丰富风险分担机制，完善教育、医疗健康等社会保障，从而降低不确定性对家庭收入和收入不确定性的冲击。各金融机构要进一步加强对数字技术的应用，通过整合大量网络用户信息，整理碎片化、非结构化的信息以缓解借贷前的信息不对称问题，更好地满足在未来收入下降或支出增加时的融资和其他金融服务需求，从而减少居民因流动性约束增强而增加预防性储蓄的需求。与此同时，进一步发展移动支付，降低支付的透明度进而减缓支付疼痛（Soman，2003；王晓彦和胡德宝，2017），为家庭消费决策提供更多的可用信息并降低因政策不确定性而导致的过度谨慎问题，从而缓解经济政策不确定性对当前消费的负向影响；提高居民收入水平的同时，加强养老、教育和医疗等方面的保障，消除家庭的后顾之忧，增强其消费意愿。

第三，从经济政策不确定性对消费影响的异质性来看，在缓解经济政策不确定性对消费的负向冲击的过程中，要密切关注经济发展水平较高、金融发展水平较低、社会保障度较低等地区的家庭以及人力资本水平更低的家庭和农村家庭在不确定性环境下的消费抑制现象。地区层面，促进市场信息畅通，加快建设金融基础设施，建立健全社会保障体系，推动中小微企业健康发展，保障就业。家庭层面，加大家庭人力资本投入，提高其金融知识水平和金融素养，以便其充分利用金融产品来应对经济政策不确定性带来的冲击，平滑消费。

参考文献

［1］曹春方，2013，《政治权力转移与公司投资：中国的逻辑》，《管理世界》第1期。

［2］陈斌开、杨汝岱，2013，《土地供给、住房价格与中国城镇居民储蓄》，《经济研究》第1期。

［3］陈德球、陈运森，2018，《政策不确定性与上市公司盈余管理》，《经济研究》第6期。

［4］陈德球、陈运森、董志勇，2016，《政策不确定性、税收征管强度与企业税收规避》，《管理世界》第5期。

［5］陈国进、张润泽、赵向琴，2017，《政策不确定性、消费行为与股票资产定价》，《世界经济》第1期。

［6］陈艳艳、罗党论，2012，《地方官员更替与企业投资》，《经济研究》第2期。

［7］樊潇彦、袁志刚、万广华，2007，《收入风险对居民耐用品消费的影响》，《经济研究》第4期。

［8］甘犁、赵乃宝、孙永智，2018，《收入不平等、流动性约束与中国家庭储蓄率》，《经济研究》第12期。

［9］顾夏铭、陈勇民、潘士远，2018，《经济政策不确定性与创新——基于我国上市公司的实证分析》，《经济研究》第2期。

［10］杭斌、申春兰，2005，《潜在流动性约束与预防性储蓄行为——理论框架及实证研究》，《管理世界》第9期。

［11］郝威亚、魏玮、温军，2016，《经济政策不确定性如何影响企业创新？——实物期权理论作用机制的视角》，《经济管理》第10期。

［12］江艇，2022，《因果推断经验研究中的中介效应与调节效应》，《中国工业经济》第5期。

［13］姜百臣、马少华、孙明华，2010，《社会保障对农村居民消费行为的影响机制分析》，《中国农村经济》第11期。

［14］金雪军、钟意、王义中，2014，《政策不确定性的宏观经济后果》，《经济理论与经济管理》第5期。

［15］李凤羽、杨墨竹，2015，《经济政策不确定性会抑制企业投资吗？——基于中国经济政策不确定指数的实证研究》，《金融研究》第4期。

［16］芦丽静、朱炎亮、单海鹏，2016，《经济不确定性对最终消费影响的地区差异性研究——基于省级面板数据的比较分析》，《经济问题探索》第2期。

［17］罗楚亮，2004，《经济转轨、不确定性与城镇居民消费行为》，《经济研究》第4期。

［18］罗能生、张梦迪，2017，《人口规模、消费结构和环境效率》，《人口研究》第3期。

［19］施建淮、朱海婷，2004，《中国城市居民预防性储蓄及预防性动机强度：1999—2003》，《经济研究》第10期。

［20］宋铮，1999，《中国居民储蓄行为研究》，《金融研究》第6期。

［21］万广华、张茵、牛建高，2001，《流动性约束、不确定性与中国居民消费》，《经济研究》第11期。

［22］伍先涛，2020，《经济政策不确定性对家庭创业的影响》，暨南大学。

［23］杨汝岱、陈斌开，2009，《高等教育改革、预防性储蓄与居民消费行为》，《经济研究》第8期。

［24］易行健、王俊海、易君健，2008，《预防性储蓄动机强度的时序变化与地区差异——基于中国农村居民的实证研究》，《经济研究》第2期。

［25］易行健、周利，2018，《数字普惠金融发展是否显著影响了居民消费——来自中国家庭的微观证据》，《金融研究》第11期。

［26］臧旭恒、张欣，2018，《中国家庭资产配置与异质性消费者行为分析》，《经济研究》第3期。

［27］张浩、唐文佳、纪洋，2022，《数字普惠金融与中国家庭信贷约束——基于微观数据的实证分析》，《中国经济学》第4期。

［28］张喜艳、刘莹，2020，《经济政策不确定性与消费升级》，《经济学家》第11期。

［29］郑挺国、靳炜、方匡南等，2023，《媒体信息、预期冲击与经济周期波动——基于中文财经类报刊数据》，《数量经济技术经济研究》第2期。

［30］朱春燕、臧旭恒，2001，《预防性储蓄理论——储蓄（消费）函数的新进展》，《经济研究》第1期。

［31］Aguiar M., Bils M. 2015. "Has Consumption Inequality Mirrored Income Inequality?" *American Economic Review* 105(9):2725-56.

［32］Alexopoulos M., Cohen J. 2016. "The Media is the Measure: Technical Change and

Employment: 1909–1949." *Review of Economics and Statistics.* 98（4）: 793–810.

[33] Baker S. , Bloom N. , Davis S. 2016."Measuring Economic Policy Uncertainty."*Quarterly Journal of Economics* 131: 1593–1636.

[34] Bansal, R., Yaron, A. 2004. "Risks for the Long Run: A Potential Resolution of Asset Pricing Puzzles."*The Journal of Finance* 59(4):1481–1509.

[35] Bloom N. 2009."The Impact of Uncertainty Shocks." *Econometrica* 77:623–685.

[36] Bontempi M. E., Golinelli R., Squadrani M. 2016 "A New Index of Uncertainty Based on Internet Searches: A Friends or Foe of Other Indicators?" Bologna: University of Bologna.

[37] Carroll C.D., Samwick A. A. 1992."How Important is Precautionary Saving?"*The Review of Economics and Statistics* 80(3): 410–419.

[38] Chamon M. D.,Prasad E. S. 2010. "Why are Saving Rates of Urban Households in China Rising?"*American Economic Journal:Macroeconomics* 2(1):93–130.

[39] Dang D., Fang H., He M. 2019. "Economic Policy Uncertainty, Tax Quotas and Corporate Tax Burden: Evidence from China."*China Economic Review* 56.

[40] Deaton A. 1989. "Saving and Liquidity Constraints." National Bureau of Economic Research,w3196.

[41] DiMaggio P., Bonikowski B.2008."Make Money Surfing the Web? The Impact of Internet Use on the Earnings of US Workers."*American Sociological Review* 73(2):227–250.

[42] Gulen H., M. Ion. 2016. "Policy Uncertainty and Corporate Investment." *Review of Financial Studies* 29(3):523–564.

[43] Julio B., Yook Y. 2012. "Political Uncertainty and corporate Investment Cycles." *The Journal of Finance* 67（1）:45–84

[44] Julio B., Yook Y. 2012. "Political Uncertainty and Corporate Investment Cycles." *The Journal of Finance* 67(1):45–83.

[45] Kaplan G., Violante G. L., Weidner J. 2014."The Wealthy Hand–to–mouth."*Brookings Papers on Economic Activity* （1）: 77–138.

[46] Kelly B., PáStor L'., Veronesi P. 2016. "The Price of Political Uncertainty: Theory and Evidence from the Option Market. " *The Journal of Finance.* 71（5）: 2417–2480.

[47] Kim C., C. Pantzalis., J. C. Park. 2012. "Political Geography and Stock Returns: The Value and Risk Implications of Proximity to Political Power." *Journal of Financial Economics.*106: 196–228.

[48] Leland H. E. 1968. "Saving and Uncertainty: The Precautionary Demand for Saving." *Quarterly Journal of Economics* 82(3):465–473.

［49］Luttmer E. F. P., Samwick A. A. 2018."The Welfare Cost of Perceived Policy Uncertainty: Evidence from Social Security."*American Economic Review* 108(2):275-307.

［50］Mumtaz H., Surico P. 2018. "Policy Uncertainty and Aggregate Fluctuations." *Journal of Applied Econometrics* 33(3):319-331.

［51］Pastor L., P. Veronesi. 2013. "Political Uncertainty and Risk Premia." *Journal of Financial Economics*.110 (3): 520-545.

［52］Rolf A., Kai L., Yu Zh. 2017."Political Uncertainty and Household Savings."*Journal of Comparative Economics* 45(1):154-170.

［53］Shafiullah M., Miah M. D., Alam M. S., Atif M. 2021. "Does Economic Policy Uncertainty Affect Renewable Energy Consumption?" *Renewable Energy* 179:1500-1521.

［54］Soman D. 2013. "The Effect of Payment Transparency on Consumption: Quasi-experiments from the Field."*Marketing Letters* 14:173-183.

［55］Wang Y. Z., Chen C. R., Huang Y. S. 2014. "Economic Policy Uncertainty and Corporate Investment: Evidence from China."*Pacific-basin Finance Journal* 26: 227-243.

［56］Wang Q., Su M. 2020. "A Preliminary Assessment of the Impact of COVID-19 on Environment – A Case Study of China." *Science of the Total Environment* 728.

［57］Wanga Q., Yang T., Li R.R.2023a. "Does Income Inequality Reshape the Environmental Kuznets Curve（EKC）Hypothesis? A Nonlinear Panel Data Analysis."*Environmental Research* 2(1).

［58］Wang Q., Li L. J., Li R. R. 2023. "Uncovering the Impact of Income Inequality and Population Aging on Carbon Emission Efficiency: An Empirical Analysis of 139 Countries."*Science of the Total Environment* 2(20).

［59］Yu J., Shi X., Guo D., Yang L., 2021. "Economic Policy Uncertainty（EPU）and Firm Carbon Emissions: Evidence Using a China Provincial EPU Index."*Energy Economics* 94: 1-11.

［60］Zeldes S. P. 1989. "Consumption and Liquidity Constraints:An Empirical Investigation." *Journal of Political Economy* 97(2):305-346.

（责任编辑：唐跃桓）

三元悖论还是二元悖论

——为何非发达经济体政策目标更多？

路继业　胡森如　陈俪欢　周　正[*]

摘　要：本文在离散选择模型中引入状态依存，并利用新方法识别非线性计量模型中的间接影响机制，试图对非发达经济体在追求适度资本开放与保持货币政策自治的同时，更倾向于通过有限灵活性汇率安排实现汇率稳定的现象给出新的经验解释。研究发现：①真实状态依存、虚假状态依存、非状态依存因素中的直接影响机制和间接影响机制均能对非发达经济体的汇率稳定倾向作出基于不同视角的解释；②经济中存在的扭曲与摩擦是非发达经济体具有较强汇率稳定倾向的重要原因，并且发展中与新兴经济体通过不断累积外汇储备以实现资本账户开放过程中的汇率稳定目标；③能够稳定名义汇率水平的有限灵活性汇率制度并不必然具有危机倾向，经典汇率制度选择理论低估了能够稳定名义汇率水平的汇率安排具有的重塑宏观经济结构、促进宏观经济稳定的功能。同时，本文给出了有针对性

* 　路继业（通讯作者），经济学博士，教授，汕头大学商学院，广东省习近平新时代中国特色社会主义思想研究中心汕头大学研究基地特约研究员，电子邮箱：lujiye@126.com；胡森如，汕头市濠江区统计局，电子邮箱：husr5340@163.com；陈俪欢，西安交通大学经济与金融学院，博士研究生，电子邮箱：clhnla@163.com；周正，经济学博士，教授，哈尔滨商业大学经济学院，电子邮箱：zhouzheng@hrbcu.edu.cn。本文获国家自然科学基金面上项目（72173074）、广东省基础与应用基础研究基金自然科学基金面上项目（2021A1515011624，2022A1515010774）、广东省哲学社会科学规划项目（GD23WTD03-18）的资助。哈佛大学肯尼迪学院 Carmen M. Reinhart 教授提供了 Ilzetzki 等（2019）中的汇率制度分类数据；纽约大学斯特恩商学院 Aman Ullah 教授、加州大学河滨分校经济学系 William Greene 教授对模型技术性细节提供了富有建设性的重要意见和建议，在此表示感谢。感谢匿名审稿专家的宝贵意见，文责自负。

的启示与政策含义。

关键词：三元悖论 二元悖论 间接影响机制 汇率稳定倾向

一 引言

传统三元悖论主要关注汇率制度、资本流动与宏观经济政策有效性之间的内在联系。20 世纪 60 年代，早期的蒙代尔—弗莱明模型（Fleming，1962；Mundell，1963）主要研究不同汇率制度隔离冲击效果的差异性：在资本自由流动条件下，固定汇率制度能够提高财政政策有效性，并有效隔离外部名义冲击对国内产出的不利影响；而浮动汇率制度能够提高货币政策有效性，并有效吸收外部实际冲击对国内经济运行的不利影响。蒙代尔—弗莱明模型的主要思想和结论能够对汇率制度、资本流动与宏观经济政策有效性之间的内在联系提供明确解释，文献中称为蒙代尔—弗莱明"三元悖论"（Benigno 等，2022）。Krugman（1999）则在蒙代尔—弗莱明模型基础上进一步明确提出一国货币政策自治（Monetary Policy Autonomy）、汇率稳定与资本自由流动不能同时实现，最多只能同时实现两个目标。虽然三元悖论可对固定汇率与浮动汇率制度下政策传导机制进行明确解释，但对非发达经济体中广泛存在的中间汇率制度关注较少（路继业等，2020）。

最新出现的二元悖论被理论界认为极大地提升了三元悖论对现实经济运行与政策制定的解释力，并提出无论采用何种汇率制度，政策制定者只有限制资本流动才能维持货币政策的有效性。Rey（2015，2016）发现，在全球金融周期中，即使金融市场成熟稳健并具备实施通货膨胀目标制条件的经济体，浮动汇率制度也无法保证资本自由流动条件下能实现货币政策自治，因此，出现了资本自由流动与货币政策自治间的二元悖论。根据二元悖论的主要结论是，经济体无论是固定、浮动还是中间汇率制度，只有进行相应的资本管制，才能阻断美联储政策调整所引致的全球金融周期对本国实体经济和宏观政策的影响，并提高货币政策有效性。Han 和 Wei（2018）的经验研究进一步发现，当中心国家提高利率时，浮动汇率制度能够帮助新兴经济体在资本自由流动条件下实现一定程度的货币政策自治；但当中心国家执行低利率政策时，新兴经济体只有进行资本管制才能免受外部低利率政策的冲击。因此，Han和Wei（2018）认为货币政策国际传导机制处于三元悖论与二元悖论之间的某个状态。

最新事实与数据并不完全支持二元悖论的上述理论预测，而是认为汇率制度尤其是中间汇率制度的重要性被理论界严重低估。Ilzetzki等（2019）发现国际货币体系在过去70年呈现以下趋势：一是资本流动越来越自由；二是政策制定者越来越倾向于干预汇率波动，并通过采用"有限灵活性"（Less-flexible）的汇率安排实现稳定汇率目标；三是通过积累外汇储备来干预汇率的动机越来越强。后布雷顿森林体系时期，经济体由固定汇率制度转向浮动汇率制度的倾向被高估，有限灵活性的汇率安排仍占较大比重。因此，对上述现象提供新的理论解释仍是一个尚待解决的开放性问题（Ilzetzki等，2019）。路继业等（2020）发现软钉住汇率制度被发展中和新兴经济体广泛、长期采用，并获得较高的经济绩效，其可能的经济机制是当经济中存在大量摩擦和扭曲现象时，稳定名义汇率是保证其他宏观经济政策工具有效、保持宏观经济稳定的重要条件。何光辉和杨何灿（2022）研究发现人民汇率弹性仍处于较低水平，马振宇和高崧耀（2023）进一步指出应平衡好宏观经济稳定与金融市场开放之间的关系，适度资本管制仍是维持经济稳定的重要工具。

三元悖论与二元悖论主要是基于发达经济体经验观察所作出的理论预测，但非发达经济体在后布雷顿森林体系时期，尤其是20世纪90年代中期以来出现了资本账户逐步放松管制的同时，通过实行固定汇率或中间汇率制度以稳定名义汇率水平的现象，可见，稳定名义汇率仍是非发达经济体的重要政策目标。"害怕浮动理论"（Fear of Floating）认为由于汇率的穿透效应、负债美元化、国际交易的美元计价以及国内远期外汇套期保值市场的不成熟，这些经济体货币当局表面上采取浮动汇率制度，实际上执行某种软钉住（Soft Peg）汇率制度，并借此对汇率的大幅波动进行干预（Hausmann等，2001；Calvo和Reinhart，2002；Plümper和Troeger，2008）。但"害怕浮动理论"仍不能对发展中和新兴经济体在放松资本管制过程中稳定名义汇率的事实作出有说服力的解释。

为什么非发达经济体有更多的政策目标——在追求适度资本开放与保持货币政策自治的同时，非发达经济体更倾向于通过有限灵活性的汇率安排实现汇率稳定？"害怕浮动理论"并不能对上述现象作出明确解释，本文以 Rey（2015，2016）、Ilzetzki 等（2019，2021）和路继业等（2020）发现的汇率制度演进新事实为核心，基于汇率制度演进中呈现出的状态依存与间接影响机制的重要特征，提供基于多元离散选择模型能对上述特征进行有效识别的新方法，试图对非发达经济体倾向于同时实现稳定汇率、适度资本管制与货币政策自治的现象作出新解释。

二　文献综述

（一）汇率制度演进中的状态依存特征与 Halton Draws 设定

汇率制度选择的相关经验研究发现，经济体汇率制度选择在时间上有很强相关性，称为状态依存（Hagen 和 Zhou，2007）。经济体过去选择某种汇率制度，其未来就有较大概率继续选择该汇率制度，现实中大部分经济体汇率制度分类数据在时间上具有极强稳定性。Heckman（1981a）最早对上述制度演进中的时间相关性展开研究，并进一步指出"真实状态依存"（True State Dependence）和"虚假状态依存"（Spurious State Dependence）共同导致上述现象。如果过去的经历会对未来行为产生真实影响，而过去没有这一经历的相似个体在未来会有不同的行为，这种结构上的联系可称为真实状态依存。如果个体在未观测变量上存在异质性，这些未观测变量的异质性在时间上相关并且没有得到正确控制，导致未来和过去选择存在条件关系，可称为虚假状态依存（Heckman，1981a）。

在计量模型中准确识别真实状态依存和虚假状态依存对评价政策措施和宏观经济运行状况如何真实影响汇率制度的选择具有重要意义。Hagen 和 Zhou（2007）最早通过"面板随机效应模型"研究汇率制度选择中的异质性特征进而识别虚假状态依存，并利用动态多元离散选择随机效应面板 Logit 模型（Dynamic Multinomial Choice Random Effect Panel Logit Model）进一步考虑模型的"动态性"以识别真实状态依存。Berdiev等（2012）则利用"面板固定效应模型"研究汇率制度选择中的异质性特征进而识别虚假状态依存。Hagen和Zhou（2007）、Berdiev等（2012）在状态依存的识别上还存在如下不足：虽然Hagen和Zhou（2007）利用Random Draws方法识别虚假状态依存，但该方法收敛速度较慢，估计精度较低；Berdiev等（2012）虽然利用"组内均值差分"方法识别虚假状态依存，但该方法并不适用于多元离散选择这一非线性模型；Hagen和Zhou（2007）虽然通过引入"动态性"以识别真实状态依存，但没有明确给出解决动态模型中滞后因变量内生性的控制方法，因此，其参数估计结果的一致性仍需进一步考察。

Halton Draws方法对于准确识别汇率制度演进中的虚假状态依存特征而言非常重要，但现有相关文献对Halton Draws方法的讨论主要集中于随机参数Logit模型（Random Parameter Logit Model 或 Mixed Logit Model）的参数识别问题。随机参数Logit模型主要通过拟极大似然方法（Quasi Maximum Likelihood Simulation）识别参数，并且由于Stata提供了该方法的Random Draws与Halton Draws实现方法[1]，大量文献讨论Random Draws与Halton Draws对随机参数Logit模型的识别效果（Bhat，2001；Train，2002；Chiou，2005；Gong 和 Fan，2017；Taylor 等 ，2018；Czajkowski 和 Budzinski，2019）。这些研究的基本结论是Halton Draws方法要显著优于Random Draws方法，并且Halton Draws抽取次数并不是越多越好，最优抽取次数与样本量正相关。

文献中对如何利用Halton Draws方法识别虚假状态依存的讨论较少，但这对准确识别汇率制度演进而言十分重要。Hagen和Zhou（2007）利用Random Draws方法识别动态多元离散选择随机效应面板Logit模型中的面板随机效应，进而识别虚假状态依存。路继业等（2020）利用Halton Draws方法识别面板随机效应与虚假状态依存，并未就Halton Draws抽取次数设定与估计结果的统计性质进行深入讨论，然而，Halton Draws抽取次数设定与虚假状态依存的识别对汇率制度选择及其相关问题研究都具有重要价值。

---

① Stata中无法估计动态多元离散选择随机效应面板Logit模型。

（二）汇率制度演进中的直接影响机制与间接影响机制

汇率制度演进受经济、金融和政治条件的直接与间接影响，现有文献多关注直接影响机制及其经济解释。蒙代尔—弗莱明模型认为一国所遭受的名义冲击与实际冲击会直接影响其最优汇率制度选择（Boyer，1978；McKinnon，1981）。最优货币区理论认为贸易开放度（Mckinnon，1963；Frieden，2008）和贸易地理集中度（Kenen，1969；Heller，1978；Holden 等，1979）是汇率制度选择的重要影响因素。货币危机观点认为货币投机、政府举债能力与外汇储备是汇率制度演进的关键（Krugman，1979）。汇率制度选择的新政治经济学理论认为政策可信性（Giavazzi 和 Pagano，1988）、政治与经济制度（刘晓辉和张璟，2015）也会对汇率制度选择产生影响。汇率制度两极化观点认为资本流动对一国汇率制度选择具有重要的直接影响（Swoboda，1986；Obstfeld 和 Rogoff，1995；Eichengreen 和 Garcia，2006）。

不可能三角理论较早从理论上关注金融发展程度对汇率制度演进的潜在间接影响机制，但仍缺乏相关实证证据。不可能三角理论认为不仅资本是否自由流动是汇率制度选择的重要决定因素，金融发展程度也会对一国汇率制度选择产生直接影响和间接影响。直接影响是指金融发展程度较低的国家往往不能选择恰当市场工具进行公开市场操作（Markiewicz，2006）或是需要通过控制汇率波动以保护不成熟的银行部门免受汇率波动的影响（Hagen 和 Zhou，2007；Hossain，2009）。间接影响是指金融发展程度会影响资本管制的有效性，进而影响汇率制度选择。例如，若金融发展程度较高，经济主体可以低成本、高效率地绕过现有监管措施，实现较大规模资本跨境流动，这会导致资本管制的有效性降低（Levy-Yeyati 等，2010）。

状态依存特征引入汇率制度选择的经验研究后会显著降低各因素对汇率制度演进直接影响机制的统计显著性，进而凸显对汇率制度演进间接影响机制进行深入研究的重要性。Hagen 和 Zhou（2007）在多元离散选择模型中引入状态依存特征后，模型 32 个待估参数中仅有 9 个参数估计结果统计性显著，并且金融发展程度变量相关的 8 个待估参数中仅有 3 个估计结果统计性显著，路继业等（2020）也有类似发现。基于上述研究可以发现，没有引入状态依存特征的计量模型有高估各变量对汇率制度演进真实影响的潜在可能。更进一步，在多元离散选择模型中引入状态依存特征后，金融发展程度对汇率制度演进的直接影响被极大弱化，因此，深入研究汇率制度演进中的间接影响机制对正确解释金融发展程度的真实影响具有重要价值。

（三）非线性计量模型与间接影响机制识别方法

线性计量模型中，通过引入交乘项进而识别交互效应的方法简洁、直观，但在非线性模型中，尤其是在多元离散选择模型中如何恰当识别交互效应或间接影响机制存在一个耐人寻味的争论：有较少文献支持在非线性模型中引入交乘项以识别交互效应或间接影响机制（Nagler，1991；Rainey，2016；Mize，2019），有较多文献认为非线性模型本质上已经考虑了交互影响机制，因而不必引入交互项（Wolfinger 和 Rosenstone，1980；Ai 和 Norton，2003；Greene，2010，2012；Berry 等，2010；Karaca-Mandic 等，2012；Berry 等，2016）。但是，现有文献尤其是经济学相关经验研究仍较多地通过在非线性模型引入交互项以识别交互效应或间接影响机制。

部分文献从不同视角讨论了非线性模型应通过引入交乘项对交互效应或间接影响机制进行准确识别。Nagler（1991）较早指出只有在非线性模型中引入交乘项，才能准确识别交互效应。Rainey（2016）认为在某些特殊的参数估计下，非线性模型的二次交叉导数可能为0，相应地，以这种方式识别的交互效应就不存在，因此，非线性模型应引入交乘项以识别交互效应。Rainey（2016）提出非线性计量模型既要包含与理论预测一致的情况，也应包含与理论预测不一致的情况，引入交乘项的非线性模型能够体现以上两种理论情形。Mize（2019）利用引入交乘项和没有引入交乘项的模型对数据进行拟合，发现引入交乘项这一与真实模型不一致的设定没有显著改变估计结果，也不显著影响相关显著性推断。因此，Mize（2019）认为应引入交乘项以更好地识别交互效应。

部分文献认为非线性模型中不必引入交乘项，可以直接利用模型隐含结构识别间接影响机制。Wolfinger 和 Rosenstone（1980）指出基于 Logistic 回归模型 S 型曲线的性质就能识别交互效应，因而不需要引入交乘项。Ai 和 Norton（2003）发现非线性模型交互效应有如下被忽视的特点：一是即使交乘项参数估计结果为 0，非线性模型的交互效应或间接影响机制依然显著；二是非线性模型交互效应显著性检验不能简单通过对交乘项系数 t 检验获得；三是与线性模型不同，非线性模型交互效应还受外生协变量影响；四是非线性模型外生协变量值的变化会改变交互效应的正负号，因此，仅依靠交乘项系数的估计结果无法正确识别非线性模型中交互效应的真实影响。Greene（2010）也同意 Ai 与 Norton（2003）的观点，即交互效应受模型中所有协变量影响，Greene（2012）进一步提出在二元离散选择模型中引入交乘项后，其与线性模型中交乘项的含义完全不同，因此，还能否识别交互效应仍存疑问。Karaca-Mandic 等（2012）给出了在不引入交乘项的非线性模型中，如何通过交叉偏导获得交互效应估计值的理论方法，因此，对于非线性模型而言，没有必要通过引入交乘项估计交互效应。Berry 等（2010）证明了基于二元离散选择模型中的 S 型曲线识别的交互效应有实质性意义，并且变量之间若不存在交互作用，基于模型的性质也不能构造出交互效应。Berry 等（2016）进一步指出在非线性模型中，即便交乘项不存在统计上的显著性，也不能解释为模型中不存在交互作用。

（四）本文主要边际贡献

与现有文献相比，本文边际贡献如下：第一，完善了识别虚假状态依存的理论方法。本文在引入状态依存特征的动态多元离散选择随机效应面板 Logit 模型中首次明确讨论 Halton Draws 抽取次数与虚假状态依存识别问题，并且提出的将 Halton Draws 抽取次数设定为样本容量 10% 的结论能够为后续相关研究提供重要参考。第二，极大推进了非线性计量模型中交互效应或间接影响机制识别的理论方法。本文明确指出并严格证明在动态多元离散选择随机效应面板 Logit 这一非线性计量模型中，通过引入交乘项识别间接影响机制是不必要的技术设定，并且指出通过在非线性模型中求解交叉导数获得间接影响机制理论表达式的经济学含义不清晰，不易于做出常规解读。本文提出通过非线性计量模型的边际效应可以更为直接地获得相关变量间接影响机制的识别方法。第三，丰富并完善了非发达经济体具有较强汇率稳定动机的理论识别与经验解释。本文通过直接影响机制和间接影响机制两个角度对非发达经济体的汇率稳定动机进行研究，提出经济中存在的扭曲与摩擦现象是非发达经济体具有较强汇率稳定倾向的重要原因和理论机制，并且通过不断累积外汇储备有助于在资本账户开放程度不断提高的过程中实现汇率稳定的政策目标。

三 状态依存、间接影响机制与识别方法

（一）状态依存的含义

Heckman（1981a）最早对状态依存现象进行研究，并将其进一步分为真实状态依存（True State Dependence）和虚假状态依存（Spurious State Dependence）。真实状态依存是指过去的经历会对其行为产生真实影响，而过去没有这一经历的相似个体在未来会有不同的行为。关于虚假状态依存存在以下困难：一方面，个体在一些未观测到变量上存在异质性，这些异质性影响其经历某件事件的概率，但这一概率并不受该事件经历的影响；另一方面，如果这些未观测到变量在时间上相关并且没有在计量模型中得到正确控制，则前期经历是未来经历的唯一决定因素，因为过去的经历是这些未观测因素的良好代理变量。没有正确处理未观测变量异质性所导致的未来与过去选择存在条件关系的情况，可称为虚假状态依存。

在计量模型中识别真实状态依存和虚假状态依存对准确评价政策措施和宏观经济运行状况对汇率制度选择的影响具有重要意义。如果汇率制度选择具有真实状态依存特征，则导致选择某种汇率制度的政策行为或其他宏观经济冲击会对后期继续选择该种汇率制度产生持续性影响（Hagen和Zhou，2007）。更进一步，提高某一汇率制度可维持性的政策行为虽然在短期内成本较高，但长期会使其宏观经济条件更有利于前期选择的汇率制度。如果汇率制度选择具有虚假状态依存的特征，汇率制度选择则不受过去汇率制度选择和长期政策行为的影响（Berdiev等，2012；路继业等，2020）。

（二）状态依存的设定与识别方法

需要使用不同的计量技术才能识别真实状态依存和虚假状态依存。通

过在计量模型中引入滞后汇率制度选择变量作为解释变量的动态离散选择模型能够识别真实状态依存。通过在计量模型中引入国别误差项（Country-specific Error Component）作为不可观测国别异质性的代理变量可以识别虚假状态依存，但这会导致计量模型的误差项产生序列相关问题。总之，由于识别上述面板离散选择模型存在计算上的困难，尤其是数值积分所带来的沉重计算负担，文献中较少使用引入动态性和异质性的面板离散选择模型。本文基于 Hagen 和 Zhou（2007）、Berdiev 等（2012）、路继业等（2020），通过建立如下动态多元离散选择随机效应面板 Logit 模型用于识别真实状态依存和虚假状态依存。

$$P_{ijt} = Pr\left(U_{ijt} > U_{ikt}\right) \quad j, k = 0, 1, 2, 3; k \neq j \tag{1}$$

其中，U_{ijt} 表示经济体 i 在第 t 年选择 j 汇率制度所获得的不可观测效用；P_{ijt} 代表经济体 i 在第 t 年选择 j 汇率制度的概率；$j = 0$，1，2，3 分别代表经济体 i 在第 t 年选择浮动汇率、固定汇率制度、CPNCB 或 BBMF 汇率制度。本文假定不可观测随机效用 U_{ijt} 包含前定部分 V_{ijt}、被解释变量的滞后值 Z_{it} 和随机误差项 u_{ijt}，前定部分 V_{ijt} 是解释变量和控制变量向量 X_{it} 的线性函数，随机误差项 u_{ijt} 具有特定的结构，具体如下，

$$U_{ijt} = V_{ijt} + \gamma_j' Z_{it} + u_{ijt}, \quad V_{ijt} = \beta_j' X_{it}, \quad u_{ijt} = \alpha_{ij} + \varepsilon_{ijt} \quad t = 1, \cdots, T; j = 0, 1, 2, 3 \tag{2}$$

式（2）引入滞后状态虚拟变量（Lagged State Dummies，即 Z_{it}）作为解释变量，该设定用于识别汇率制度演进过程中真实结构影响，因而可用于识别真实状态依存；也引入了反映经济体 i 潜在的、不可观测且时间不变的异质性 α_{ij}，并以随机效应的形式进入效用函数，可用于识别虚假状态依存。[①] 本文进一步假定式（2）中的随机误差项 ε_{ijt}

---

① 由于只有效用差异会影响一国汇率制度选择，对于所有的 i 和 t，本文令 $U_{i0t} = 0$，即 $V_{i0t} = 0$，$\alpha_{i0} = 0$ 作为标准化设定。本文进一步假定异质性 α_{ij} 的均值为 0，协方差矩阵为 $(J+1) \times (J+1)$ 的 Σ。为使模型能够识别，必须将一个参数向量标准化为 0，因此，本文将下标为 0 的第一列参数标准化为 0。同时，本文允许剩余的随机效应存在相关性。本文通过上述设定，α_{ij} 使随机误差项 u_{ijt} 存在序列相关，因此，该随机效应设定可用于识别汇率制度选择过程中的动态联系，即识别汇率制度选择过程中的虚假状态依存。

服从极值 I 型（Gumbel）分布，并且 J 个随机误差项间独立。[①]因此，本文上述设定的动态多元离散选择随机效应面板 Logit 模型的条件选择概率形式为式（3）。基于上述假定，模型可设定为 Logit 形式，令 $P_{ijt}|\alpha_i$ 为在 V_{ijt} 和 α_i 给定下 $Y_{it} = j$ 的条件概率。因此，本文上述所设定的动态多元离散选择随机效应面板 Logit 模型的条件选择概率的具体形式为：

$$P_{ijt}|\alpha_{i1}, \cdots, \alpha_{iJ} = \frac{\exp\left(\beta_j' X_{it} + \gamma_j' Z_{it} + \alpha_{ij}\right)}{\sum_{j=0}^{J}\exp\left(\beta_j' X_{it} + \gamma_j' Z_{it} + \alpha_{ij}\right)} \quad (3)$$

$$t = 1, \cdots, T; j = 0, 1, 2, 3; J = 3, \forall i$$

本文根据 Heckman（1981a）、Gong 等（2004）与路继业等（2020）所使用的方法对式（3）中的真实状态依存进行估计和识别。由于 Z_{it} 为滞后因变量，Z_{it} 在式（3）中是内生变量，因此，使用传统极大似然估计方法估计这类模型时参数估计具有非一致性（Inconsistent）。Gong 等（2004）、Heckman（1981a）、路继业等（2020）的核心处理方法是将模型第一期视为均衡，并以此获得极大似然估计初始值，Heckman（1981b）报告的 Monte Carlo 结果表明上述处理过程对于动态面板二元选择模型是一个较好地近似。

本文利用拟蒙特卡洛方法（Quasi-Monte Carlo Method，QMC）中 Halton Draws 方法对式（3）中的虚假状态依存进行估计和识别。式（3）中由于引入随机效应 α_{ij}，通常需要利用积分的方法将条件概率模型转变为无条件概率模型，并相应获得仅受观测值影响的似然函数。基于模拟极大似然（Simulated Maximum Likelihood，SML）的随机抽取（Random Draws）方法可以将式（3）中随机效应 α_{ij} 积分掉，并相应地转化为无条件概率，Hagen 和 Zhou（2007）就是使用 Random Draws 方法识别随机效应并估计式（3）中的其他参数。基于拟蒙特卡洛方法中的 Halton Draws 方法也可以将式（3）中

---

① 并不是关于随机误差项 ε_{ijt} 的所有设定形式与效用最大化具有内在一致性，McFadden（1981）证明：服从独立同分布的极值 I 型（Gumbel）分布的随机误差项与效用最大化的概率选择模型具有内在一致性。

随机效应 α_{ij} 积分掉，并相应地转化为无条件概率。Greene（2001）提出 QMC 方法的精度更高、收敛速度更快、模拟方差更小，而 Halton Draws 作为 QMC 中的一种方法，其相对效能（Relative Efficiencies）是 Random Draws 的 10 倍甚至 20 倍。因此，本文使用 Halton Draws 方法对式（3）中的虚假状态依存进行估计和识别。

（三）非线性模型、交乘项与交互效应识别

实证研究中通常通过引入交乘项以推断某一解释变量对被解释变量的影响是否受计量模型中其他解释变量或控制变量的影响，这一方法在线性计量模型中能够准确识别交互效应。线性计量模型中对两个变量间交互效应系数的解读是直观的，例如，假定连续被解释变量 y 受两个外生变量（Independent Variable）x_1、x_2 以及交乘项的影响，如果外生变量 x_1、x_2 连续，则其交互效应可以通过对 y 的期望求 x_1、x_2 的交叉偏导获得，即 $\partial^2 \mathrm{E}\big[y\big|x_1,\ x_2,\ \mathbf{X}\big]\big/\partial x_1 \partial x_2 = \beta_{12}$。因此，线性计量模型中交乘项系数 β_{12} 能够准确识别解释变量 x_1 对被解释变量 y 的影响受解释变量 x_2 的影响程度，即准确识别交互效应。

部分研究认为对非线性模型中交乘项系数的解读存在偏差，Ai 和 Norton（2003）在 Probit 这一非线性模型中简要证明了上述发现。被解释变量 y 为虚拟变量，其条件均值为 $\mathrm{E}\big[y\big|x_1,\ x_2,\ \mathbf{X}\big] = \Phi\big(\beta_1 x_1 + \beta_2 x_2 + \beta_{12} x_1 x_2 + \mathbf{X}\beta\big) = \Phi(\cdot)$，$\Phi$ 为标准正态累积分布函数，并假定 x_1 和 x_2 为连续变量。因此，交互效应可以通过对 y 的期望求交叉导数获得，即 $\partial^2 \Phi(\cdot)/\partial x_1 \partial x_2 = \beta_{12}\Phi'(\cdot) + \big(\beta_1 + \beta_{12}x_2\big)\big(\beta_2 + \beta_{12}x_1\big)\Phi''(\cdot)$。[①] 由于主流统计软件（如 Stata）仅计算并报告 $\beta_{12}\Phi'(\cdot)$，该结果显然与上述 $\partial^2 \Phi(\cdot)/\partial x_1 \partial x_2$ 所给出交乘项边际效应并不相同。因此，部分实证研究并没有准确计算非线性模型中交互项的边际

---

① Ai 和 Norton（2003）进一步指出这一交叉导数求解结果对非线性模型有以下重要启示：第一，交互效应在 $\beta_{12} = 0$ 的条件下依然可能值为非零；第二，交互效应的显著性检验不能简单通过系数 β_{12} 的 t 检验获得；第三，非线性模型中的交互效应还受外生变量 x_1 和 x_2 取值的影响，这一点与线性模型非常不同；第四，协变量取值的变化会改变交互效应的正负号。因此，仅靠 β_{12} 无法正确估计非线性模型中交互效应的真实影响。

效应。

（四）状态依存、非线性模型与间接影响机制识别方法

在本文引入状态依存特征的动态多元离散选择随机效应面板 Logit 模型（3）中，通过引入交乘项也无法准确识别交互效应，这与 Ai 和 Norton（2003）发现的问题一致。因此，本文尝试利用式（3）这一非线性结构，试图通过不引入交乘项的方法识别汇率制度演进中的间接影响机制。为明确研究变量 x_{it2} 通过变量 x_{it1} 对汇率制度演进的间接影响机制，本文将式（3）调整为如下表达形式：

$$P_{ijt}|\alpha_{i1}, \cdots, \alpha_{iJ} = \frac{\exp\left(\beta_{j1} x_{it1} + \beta_{j2} x_{it2} + \tilde{\beta}_j' \tilde{X}_{it} + \gamma_j' Z_{it} + \alpha_{ij}\right)}{\sum_{j=0}^{J} \exp\left(\beta_{j1} x_{it1} + \beta_{j2} x_{it2} + \tilde{\beta}_j' \tilde{X}_{it} + \gamma_j' Z_{it} + \alpha_{ij}\right)} \tag{4}$$
$$t = 1, \cdots, T; j = 0, 1, 2, 3; J = 3, \forall i$$

令 $\tilde{P}_{ijt} = P_{ijt}|\alpha_{i1}, \cdots, \alpha_{iJ}$，$K_{ijt} = \beta_{j1} x_{it1} + \beta_{j2} x_{it2} + \tilde{\beta}_j' \tilde{X}_{it} + \gamma_j' Z_{it} + \alpha_{ij}$，$\tilde{\beta}_j' \tilde{X}_{it}$ 为剔除 $\beta_{j1} x_{it1}$ 和 $\beta_{j2} x_{it2}$ 后解释变量和控制变量向量所构成的矩阵。因此，式（4）可以进一步简化为，

$$\tilde{P}_{ijt} = \frac{e^{K_{ijt}}}{\sum_{j=0}^{J} e^{K_{ijt}}} \tag{5}$$
$$t = 1, \cdots, T; j = 0, 1, 2, 3; J = 3, \forall i$$

由式（5）可以求出变量 x_{it1} 的边际效应：

$$\frac{\partial \tilde{P}_{ijt}}{\partial x_{it1}} = PE_{j1} = \frac{\beta_{j1} e^{K_{ijt}} \sum_{j=0}^{J} e^{K_{ijt}} - \left[\beta_{j1} e^{K_{ijt}} + \beta_{m1} e^{K_{imt}} + \beta_{n1} e^{K_{int}}\right] e^{K_{ijt}}}{\left(\sum_{j=0}^{J} e^{K_{ijt}}\right)^2}$$

$$= \beta_{j1} \tilde{P}_{ijt} - \tilde{P}_{ijt} \sum_{j=0}^{J} \beta_{j1} \tilde{P}_{ijt} \tag{6}$$

由式（6）可进一步求出 $\tilde{P}_{ijt}$ 对 x_{it1} 和 x_{it2} 的交叉导数，即变量 x_{it2} 通过变量 x_{it1} 对汇率制度演进间接影响机制的理论表达式：

$$\frac{\partial^2\left(\tilde{P}_{ijt}\right)}{\partial x_{it1}\partial x_{it2}}=\frac{\partial PE_{j1}}{\partial x_{it2}}$$

$$=\beta_{j1}\beta_{j2}\tilde{P}_{ijt}-\frac{\beta_{j2}e^{K_{ijt}}\left(\beta_{j1}e^{K_{ijt}}+\beta_{m1}e^{K_{imt}}+\beta_{n1}e^{K_{int}}\right)}{\left(\sum_{j=0}^{J}e^{K_{ijt}}\right)^2}-\frac{\beta_{j1}e^{K_{ijt}}\left(\beta_{j2}e^{K_{ijt}}+\beta_{m2}e^{K_{imt}}+\beta_{n2}e^{K_{int}}\right)}{\left(\sum_{j=0}^{J}e^{K_{ijt}}\right)^2}$$

$$+\frac{2e^{K_{ijt}}\left(\beta_{j1}e^{K_{ijt}}+\beta_{m1}e^{K_{imt}}+\beta_{n1}e^{K_{int}}\right)\left(\beta_{j2}e^{K_{ijt}}+\beta_{m2}e^{K_{imt}}+\beta_{n2}e^{K_{int}}\right)}{\left(\sum_{j=0}^{J}e^{K_{ijt}}\right)^3}$$

$$-\frac{e^{K_{ijt}}\left(\beta_{j1}\beta_{j2}e^{K_{ijt}}+\beta_{m1}\beta_{m2}e^{K_{imt}}+\beta_{n1}\beta_{n2}e^{K_{int}}\right)}{\left(\sum_{j=0}^{J}e^{K_{ijt}}\right)^2}$$

$$=\tilde{P}_{ijt}\left(\beta_{j1}\beta_{j2}-\beta_{j2}\bar{\beta}_1-\beta_{j1}\bar{\beta}_2+2\bar{\beta}_1\bar{\beta}_2-\sum_{j=0}^{J}\beta_{j1}\beta_{j2}\tilde{P}_{ijt}\right)$$

$$(7)$$

式（7）中，$\bar{\beta}_1=\sum_{j=0}^{J}\beta_{j1}\tilde{P}_{ijt}$；$\bar{\beta}_2=\sum_{j=0}^{J}\beta_{j2}\tilde{P}_{ijt}$；$j=0,1,2,3$。$K_{ijt}=\beta_{j1}x_{it1}+\beta_{j2}x_{it2}+\tilde{\beta}'_j\tilde{X}_{it}+\gamma'_jZ_{it}+\alpha_{ij}$；$j=0,1,2,3$。$K_{imt}=\beta_{m1}x_{it1}+\beta_{m2}x_{it2}+\tilde{\beta}'_m\tilde{X}_{it}+\gamma'_mZ_{it}+\alpha_{im}$；$m=0,1,2,3$；$K_{int}=\beta_{n1}x_{it1}+\beta_{n2}x_{it2}+\tilde{\beta}'_n\tilde{X}_{it}+\gamma'_nZ_{it}+\alpha_{in}$；$n=0,1,2,3$。且 $j\neq m\neq n$。

式（7）明确给出了变量 x_2 通过变量 x_1 对汇率制度演进间接影响机制的理论表达式，这一结果在 Ai 和 Norton（2003）的研究基础上进一步证明本文在引入状态依存特征的动态多元离散选择随机效应面板 Logit 模型（3）中识别交互效应或间接影响机制具有如下重要启示：第一，式（7）的具体形式表明即使不引入交乘项，引入状态依存特征的动态多元离散选择随机效应面板 Logit 模型依然可以明确识别交互效应或间接影响机制；第二，引入交乘项的动态多元离散选择随机效应面板 Logit 模型将人为地在计量模型引入新的、无法给出理论解释的机制，导致该模型无法准确识别交互效应，这与 Ai 和 Norton（2003）的发现相似；第三，式（7）所给出的交互效应或间接影响机制具体表达式中包含 $\bar{\beta}_1$、$\bar{\beta}_2$ 和 $\tilde{P}_{ijt}$，说明变量 x_2 通过变量 x_1 对汇率制度演进的间接影响机制不仅受自身参数估计结果 β_{j1}、β_{j2} 的影响，还受 $\tilde{P}_{ijt}$，即其他所有参数估计结果和解释变量、控制变量取值的影响；第四，式（7）所给出的交互效应或间接影响机制的取值受所有参数估计结果和变量取值的影响，因此，如何正确解读式（7）所给出的引入状态依存特征的动态多元离散选择随机效应面板 Logit 模型的间接影响机制，还需要进一步深入研究。

（五）识别间接影响机制的新方法

对于本文引入状态依存特征的动态多元离散选择随机效应面板 Logit 这一非线性模型而言，通过式（7）这一交叉导数方法识别间接影响机制不必要且其经济学含义不清晰。本文通过式（7）这一求解交叉导数方法识别交互效应，目的是在 Ai 和 Norton（2003）的研究基础上进一步证明非线性模型不必通过引入交乘项以识别交互效应，非线性模型的结构本身就可以识别交互效应或间接影响机制。因此，通过在动态多元离散选择随机效应面板 Logit 这一非线性模型中引入交乘项进而识别间接影响机制是不必要的技术设定。更进一步，由于计量模型通常利用边际效应对各解释变量和控制变量的影响机制进行解读，但式（7）通过交叉导数获得间接影响机制的理论表达式实际上是二阶导数，基于式（7）估计结果的经济学含义不清晰，不易于做出常规解读。

本文认为对于引入状态依存特征的动态多元离散选择随机效应面板 Logit 这一非线性模型而言，通过式（6）这一变量 x_{it1} 的边际效应模型可以更为直接地获得变量 x_{it2} 间接影响机制的估计方法。Berry 等（2010）认为非线性模型本质上已经考虑了交互影响机制，不必引入交乘项并且其边际效应本身就蕴含着间接影响机制。Mize（2019）认为非线性模型中通过引入交乘项识别交互效应的收益大于损失，但也发现非线性模型中变量的边际效应也能识别交互效应。因此，本文基于式（6）这一变量 x_{it1} 边际效应，进一步计算变量 x_{it1} 的平均边际效应（Average Partial Effect），并识别变量 x_{it2} 的间接影响机制。

动态多元离散选择随机效应面板 Logit 模型（3）为一非线性计量模型，

其参数估计结果与边际效应①并不相同，而边际效应才真正给出了解释变量的边际变化对被解释变量的边际影响。理论上可以计算两种边际效应，即均值上的边际效应（Partial Effects at the Mean，PEA）、平均边际效应（Average Partial Effects，APE）②分别对应于式（8）和式（9）。但文献中认为平均边际效应更具参考意义（Wooldrige，2010）③，并通常报告这一结果：

$$PEA = P_j(\bar{X})(\beta_j - \bar{\beta}), \bar{\beta} = \sum_{j=0}^{J} P_j\beta_j \qquad j = 0, 1, 2, 3 \tag{8}$$

$$APE = \bar{P}_j(X)(\beta_j - \bar{\beta}), \bar{\beta} = \sum_{j=0}^{J} P_j\beta_j \qquad j = 0, 1, 2, 3 \tag{9}$$

本文基于式（6）和式（9），并根据 Greene（2012）中的计算方法，求出变量 x_{it1} 的平均边际效应 APE_{j1}。从式（10）的具体形式可以发现，变量 x_{it1} 的平均边际效应 APE_{j1} 不仅受自身参数估计结果 β_{j1} 的影响，还显著受 $\tilde{P}_{ijt}$ 取值的影响。根据式（4）给出的 $\tilde{P}_{ijt}$ 表达式，动态多元离散选择随机效应面板 Logit 模型（3）中所有参数估计结果和所有变量的取值均会影响 $\tilde{P}_{ijt}$ 的取值，并进一步影响变量 x_{it1} 的平均边际效应 APE_{j1} 的取值。因此，利用式（10）可以识别其他变量取值对变量 x_{it1} 平均边际效应的影响，进而能够识别其他变量通过影响变量 x_{it1} 对汇率制度演进产生的间接影响机制：④

---

① 在离散选择模型中，边际效应指的是在其他条件不变的条件下，解释变量一个单位的变化对被解释变量被选择概率的影响，具体参见 Hensher 等（2015）。

② 在离散选择模型中，平均边际效应指的是在其他条件不变条件下，解释变量一个单位的变化对被解释变量被选择概率的平均影响。

③ Wooldridge（2010）指出虽然 PEA 便于计算，但也存在如下明显缺陷：第一，PEA 不能准确反映边际效应。例如，对于非线性计量模型而言，计算 PEA 时取非线性函数的均值还是非线性函数在其自变量均值处的取值，对计算结果有很大影响；第二，若非线性计量模型中有多个解释变量，则 PEA 估计结果的准确含义不明确，对其做出明确解释比较困难；第三，对于包含离散解释变量的非线性计量模型，离散解释变量的均值可能并不在其定义域中；第四，计算 PEA 估计量的标准误会变得复杂且困难。

④ 方程（10）中 N_j 代表选择汇率制度 j 的样本个数。

$$APE_{j1}=\frac{1}{N_j}\sum_{i=1}^{N_j}\left(\beta_{j1}\tilde{P}_{ijt}-\tilde{P}_{ijt}\sum_{j=0}^{J}\beta_{j1}\tilde{P}_{ijt}\right)$$

$$=\beta_{j1}\bar{P}_j-\frac{1}{N_j}\left[\sum_{i=1}^{N_j}\tilde{P}_{ijt}\left(\beta_{01}\tilde{P}_{i0t}+\beta_{11}\tilde{P}_{i1t}+\beta_{21}\tilde{P}_{i2t}\right)\right] \quad (10)$$

$$\bar{P}_j=\frac{1}{N_j}\sum_{i=1}^{N_j}\tilde{P}_{ijt} \qquad j=0,1,2,3$$

四　数据与描述性统计

本文利用155个经济体1980~2016年的面板数据展开研究，数据来自Ilzetzki等（2019）、Chinn和Ito（2006）、Lane和Milesi-Ferretti（2018）、国际货币基金组织世界经济展望数据库（IMF WEO）、国际金融统计数据库（IMF IFS）、世界贸易方向统计数据库（IMF DOTS）、世界银行世界发展指标数据库（World Bank WDI）、系统和平中心数据库（Center for Systemic Peace）。

（一）样本、样本期与被解释变量

本文参照 Husain 等（2005）、刘晓辉和张璟（2015）的分类方法将155个样本分为发达经济体（29个）、新兴经济体（25个）和发展中经济体（101个）。[①]Ilzetzki等（2019）在 Reinhart 和 Rogoff（2004）的研究基础上，利用1940~2016年194个经济体月度汇率等相关数据，对事实分类法下的汇率安排、货币锚及外汇市场干预进行详细分析。Ilzetzki等（2019）的粗略分类和精细分类将汇率制度分别划分为6小类和15小类，本文进一步将其加总为固定、CPNCB、BBMF和浮动汇率

---

① 本文参照 Husain 等（2005）、刘晓辉和张璟（2015）将世界银行国家分类中的高收入国家划分为发达经济体，将 MSCI（Morgan Stanley Capital International Index）列入新兴市场指数（Emerging Markets Index）和新兴市场债券指数（Emerging Markets Bond Index Plus，EMBI+）中的经济体视为新兴经济体，将其他经济体视为发展中经济体。具体样本分组参见本文附录。本文附录详见《中国经济学》网站，下同。

制度。[①]

（二）解释变量与控制变量

1.解释变量

传统汇率制度选择理论（如蒙代尔—弗莱明模型、不可能三角理论）和汇率制度两极化观点都认为资本流动对一国汇率制度选择有重要影响，不可能三角理论还认为一国金融发展程度会对其汇率制度选择产生直接影响与间接影响。Ilzetzki 等（2019）发现过去 70 年汇率制度演进有一重要特征，即全球资本流动越来越自由的同时，各国货币当局通过不断积累外汇储备，将之用于干预汇率，并且各国干预汇率的动机越来越强。因此，本文将资本账户开放程度（*KAOPEN*）、外汇储备充足程度（*RESERVE*）、金融发展程度（*LDCPSGDP*）作为核心解释变量。

（1）资本账户开放程度（*KAOPEN*）

本文使用 Chinn 和 Ito（2006）的方法并基于更新至 2016 年的 Chinn-Ito 指数度量一国资本账户开放程度。Chinn-Ito 指数通过利用 IMF 汇率安排和汇率限制年度报告（AREAER）中跨境金融交易限制信息为基础构造，本文使用标准化后取值区间为 ［0，1］ 的 Chinn-Ito 指数（*KAOPEN*）度量样本经济体资本账户开放程度，该指标越接近于 1，经济体资本账户开放程度越高。

[①] 本文将 Ilzetzki 等（2019）粗略分类法中编号为 1 的处理为固定汇率制度，编号为 2 的处理为 Crawling Peg and Narrow Crawling Band（CPNCB），编号 3 的处理为 Broad Band and Managed Floating（BBMF），编号为 4、5、6 的合并处理为浮动汇率制度。Ilzetzki 等（2019）通常将粗略分类法中编号为 2 和 3 的汇率制度处理为软钉住（Soft Pegs）或中间汇率制度（Intermediate Exchange Rate Regime），但本文前期研究发现 CPNCB 和 BBMF 在名义汇率波动性以及在发展中经济体和新兴经济体中的演化事实存在显著差异，因此，本文采用四分类汇率制度，并将软钉住汇率制度进一步分为 CPNCB 和 BBMF。此外，由于选择浮动汇率制度、自由落体汇率制度和双重汇率制度的发展中经济体和新兴经济体非常少，为避免样本数量在不同汇率制度间分布过于不平衡，本文在后续研究中将自由落体汇率制度和双重汇率制度并入浮动汇率制度。因此，在后续研究中浮动汇率制度实际上也包含自由落体汇率制度和双重汇率制度。本文的研究重点是对发展中经济体、新兴经济体通过选择固定汇率制度或中间汇率制度以稳定名义汇率的特征事实进行解释，因此，将浮动汇率、自由落体和双重汇率制度合并处理的方法并不影响本文研究目标的实现。具体汇率制度分类与加总细节参见本文附录。

（2）外汇储备充足程度（*RESERVE*）

本文参照 Hagen 和 Zhou（2007）的研究，用非黄金外汇储备与广义货币之比衡量经济体外汇储备充足程度，该数据来自 IMF 国际金融统计数据库（IFS）。由于经济体发生货币危机时，如果其央行试图利用外汇储备干预外汇市场，则短期内能消耗外汇储备的主要金融资源就是经济体内广义货币的数量，为此，本文所构造的这一比值还可以测度经济体发生货币危机的风险。

（3）金融发展程度（*LDCPSGDP*）

不可能三角理论认为不仅资本是否流动是汇率制度选择的重要决定因素，经济体金融发展程度也会对经济体汇率制度选择产生直接影响和间接影响。直接影响是指，金融体系发展程度较低的经济体往往不能选择恰当的市场工具进行公开市场操作（Markiewicz，2006），或是需要通过控制汇率波动保护不成熟的银行部门免受汇率波动的影响（Hagen 和 Zhou，2007），因此更倾向于选择固定汇率制度。间接影响是指，金融发展程度会影响资本管制有效性，金融发展程度越高，资本管制有效性越低（Levy-Yeyati 等，2010）。基于上述原因，本文使用国内私人部门信贷总额占 GDP 比重（*LDCPSGDP*）作为金融发展程度的代理变量。

2.控制变量

根据汇率制度选择的相关理论研究和经验研究，本文引入以下潜在影响因素，即蒙代尔—弗莱明模型、最优货币区理论、汇率制度选择的新政治经济学理论、害怕浮动理论和货币危机理论。相应地，引入如下变量作为研究的控制变量。

（1）蒙代尔—弗莱明模型

根据蒙代尔—弗莱明模型，经济体所遭受的冲击直接影响其最优汇率制度选择（Boyer，1978；McKinnon，1981）。如果经济冲击是货币性因素，如价格水平上涨，那么就应选择固定汇率制度，因为所有商品和服务的价格成比例变动并不会改变其相对价格；如果经济冲击主要是实际因素，那么应偏向于灵活汇率制度，因为相对价格的频繁变动使得有必要使用汇率作为政策工具来调整经济以对实际干扰做出反应。因此，本文选取3个变量表示一国所遭受不同来源的冲击，分别为通货膨胀率（*CPINF*）、广义货币增长率（*NOMSHK*）、人均实际GDP增长率（*GDPPCG*）。

（2）最优货币区理论

最优货币区理论认为贸易开放度是汇率制度选择的重要影响因素（Mckinnon，1963）。Frieden（2008）认为全球经济一体化凸显了汇率制度重要性，例如，经济增长主要依赖出口的经济体更倾向于选择固定汇率制度，因为固定汇率制度能够减少名义汇率波动性。采用固定汇率制度的经济体能够营造一个稳定且可预期的交易环境，降低与其他经济体的交易成本（Broz和Frieden，2001）。因此，本文用进出口贸易总额占GDP比重（*OPEN*）度量经济体的贸易开放程度。

最优货币区理论认为贸易地理集中度也会对汇率制度选择产生重要影响。Kenen（1969）认为，出口分散化程度越高的经济体，越适宜加入货币区并实行固定汇率制度，但Heller（1978）和Holden等（1979）的研究发现，出口分散化程度越高的经济体越可能选择富有弹性的汇率制度。本文参照Hagen和Zhou（2007）的研究，用样本经济体前十大贸易伙伴贸易额占其总贸易额比重（*ZHOUGON*）度量经济体的贸易地理集中度。

最优货币区理论也提出经济规模在最优汇率制度选择中具有重要地位。Mckinnon（1963）认为规模较小经济体倾向于选择固定汇率制度以提高国际贸易参与度，Markiewicz（2006）的研究也证实了这一结论。因此，经济规模越小的国家越有可能选择缺乏弹性的汇率制度，本文用美元计价GDP的对数（*SIZE*）度量经济体的经济规模。

最优货币区理论提出经济发展程度同样对汇率制度选择产生重要影响，经济发展程度越高的经济体越有可能选择弹性更高的汇率制度。因此，本文用美元计价人均GDP的对数（*LEVEL*）度量经济发展程度。

（3）汇率制度选择的新政治经济学理论

汇率制度选择的新政治经济学理论的一个研究分支认为固定汇率制度能够为货币提供名义锚，帮助中央银行降低通胀预期并控制通货膨胀，而对于这类因素本文已通过通货膨胀率（*CPINF*）、广义货币增长率（*NOMSHK*）这两个变量加以控制和识别。汇率制度选择的新政治经济学理论的另一个研究分支认为政治和经济制度也会对汇率制度选择产生影响。制度不完善的经济体通常不能维持钉住汇率，而制度完善的经济体一部分倾向于浮动汇率，另一部分表现为"害怕浮动"。本文参照刘晓辉和张璟（2015）的研究，用 Center for Systemic Peace 发布的 MEPV（Major Episodes of Political Violence）数据库中 POLITY2 指标衡量政治体制的民主程度、*ACTOTAL* 指标衡量政治不稳定程度。民主程度（*POLITY2*）指标是衡量一国政治体制开放程度的总指数，通过将 polity 数据库中"民主"一项的得分减去"集权"的得分得到，该指数介于 -10~10 之间，数值越高，表示民主程度越高。政治不稳定程度（*ACTOTAL*）指标反映了经济体不同地区之间的冲突和暴力事件、国内的社会矛盾（如种族冲突等）、该经济体与其他经济体之间的冲突和战争等，该指数介于 0~18 之间，数值越高，表示政治不稳定程度越高。

（4）害怕浮动理论

"害怕浮动"相关理论认为负债美元化、货币错配是货币当局干预名义汇率波动的重要原因。经济体汇率制度选择与其以本币进行国际借贷的能力高度相关（Hausmann 等，2001），严重负债美元化国家更倾向于选择缺少弹性的汇率制度，以避免企业出现"资产负债表效应"（Calvo 和 Reinhart，2002）。Ganapolsky（2003）也发现货币错配程度与汇率制度的弹性之间存在负相关关系。

本文参照 Goldstein 和 Turner（2017）与 Lane 和 Milesi-Ferretti（2018）的方法、数据重新构造并计算本文用于测度货币错配的变量（*AECMLU*）。Goldstein 和 Turner（2017）认为恰当的货币错配度量方法应能反映经济体净收入现值与名义汇率变化间的敏感关系。相应地，Goldstein 和 Turner（2017）提出"总量有效货币错配"（Aggregate Effective Currency Mismatch，AECM）的度量方法。具体地，$AECM = (NFCA/XGS)(FC/TD)$，若 $AECM < 0$；$AECM = (NFCA/MGS)(FC/TD)$，若 $AECM > 0$。*NFCA* 为净外币资产（Net Foreign-currency Assets），*XGS* 或 *MGS* 为经济体产品和服务的出口量或进口量，*FC* 为经济体外币负债的数量，*TD* 为经济体总负债数量。

Lane 和 Milesi-Ferretti（2018）提供 1970~2017 年 211 个经济体的外币负债（Total Liabilities）和外币资产（Total Assets）数据，因此，本文根据这两个数据可获得 AECM 中净外币资产（*NFCA*）数据，即 *NFCA*= Total Assets− total Liabilities。XGS 和 MGS 数据来自国际货币基金组织世界经济展望数据库（IMF WEO）。经济体外币负债的数量（*FC*）可由 Lane 和 Milesi-Ferretti（2018）中外币负债（Total Liabilities）数据获得。但是，经济体总负债数量（*TD*）由于存在较为严重的数据缺失，本文在具体计算过程中用国内生产总值（*GDP*）替换经济体总负债数量（*TD*）。因此，本文的货币错配变量（*AECMLU*）的度量方法为：*AECMLU*=（*NFCA/XGS*）（*FC/GDP*），若 *AECM*<0；*AECMLU*=（*NFCA/MGS*）（*FC/GDP*），若 *AECM*>0。本文的货币错配度量方法（*AECMLU*）与 Goldstein 和 Turner（2017）的度量方法（AECM）有不同的数据取值范围，但具有相似的趋势，能够刻画相似的货币错配程度。

（5）货币危机理论

货币危机观点认为，那些选择将汇率固定的经济体经常会面临那些希望其货币贬值或者希望其转向浮动汇率进而从中获利的投机者攻击。关于投机攻击的研究始于 Krugman（1979），他认为基础因素不一致导致外汇储备稳定减少，直到放弃固定汇率制度。采用钉住汇率制度或中间汇率制度的经济体，需要有强大的举债能力和可动用的足够外汇储备，才能将汇率维持在预先给定的目标区间。当经济体遭受大规模货币投机攻击时，若政府的举债能力和外汇储备不能抵御，经济体将不可避免地发生货币危机。本文与 Hagen 和 Zhou（2007）的研究相似，用外汇储备（*RESERVE*）和经常账户状态（*CA*）度量经济体可能遭受货币投机攻击的风险[1]。

（三）统计性描述与相关系数检验

本文利用 155 个经济体 1980~2016 年面板数据，对样本统计性质进行初步研究，表 1 给出了 155 个样本经济体、15 个核心解释变量和控制变量的统计性描述。具体地，本文给出了 15 个相关变量在总体样本及其三种汇率制

---

① 本文引入的核心解释变量和控制变量见本文附录。

度下（固定、中间和浮动）的均值和标准差。由于本文更关注固定汇率制度与中间汇率制度在非发达经济体中长期存在的典型事实，因此，表1也给出"固定汇率制度相对于浮动汇率制度""中间汇率制度相对于浮动汇率制度"各变量的均值比较检验，即Z统计量，以检验各变量均值在不同汇率制度下是否存在显著差异。本文附录进一步给出发展中经济体、新兴经济体和发达经济体分组中各变量的统计性描述。从表1总体样本中核心解释变量的统计结果来看，有如下重要发现：①越是刚性汇率制度，其资本账户管制程度越低，这与经典理论预测不一致。具体地，固定汇率制度下资本账户开放程度最高，中间汇率制度次之，浮动汇率制度最低。上述结果表明在总体样本中，越是刚性汇率制度，其资本账户管制程度越低，并且Z检验发现上述差异在统计上显著。②选择刚性汇率制度的经济体通常有较高的外汇储备。具体地，选择固定汇率制度和中间汇率制度经济体的外汇储备充足度较高，而选择浮动汇率制度的经济体外汇储备充足度较低。Z检验发现固定汇率制度下的外汇储备大于浮动汇率制度下的外汇储备，中间汇率制度下的外汇储备大于浮动汇率制度下的外汇储备，并且上述结果均在统计上显著。③金融发展程度的差异并不具备统计学意义。具体地，浮动汇率制度下的金融发展程度相对最高，固定汇率制度下的金融发展程度略低，中间汇率制度下的金融发展程度最低，但Z检验发现上述差异在统计上并不显著。

表1　155个经济体总体样本统计性描述

变量	155个经济体		固定汇率		中间汇率		浮动汇率		Z统计量	
	均值	标准差	均值	标准差	均值	标准差	均值	标准差	固定—浮动	中间—浮动
KAOPEN	0.467	0.368	0.529	0.369	0.449	0.356	0.356	0.379	3.793***	2.125**
RESERVE	0.672	5.225	0.763	6.253	0.703	4.938	0.263	2.266	10.459***	9.620***
LDCPSGDP	0.433	0.402	0.459	0.406	0.409	0.355	0.463	0.559	−0.092	−1.186
CPINF	0.087	0.122	0.044	0.062	0.077	0.067	0.264	0.240	−4.784***	−4.221***
NOMSHK	0.140	0.148	0.100	0.114	0.133	0.101	0.288	0.269	−4.005***	−3.456***
GDPPCG	0.019	0.060	0.021	0.067	0.024	0.048	−0.011	0.073	0.695	0.807

续表

变量	155个经济体		固定汇率		中间汇率		浮动汇率		Z统计量	
	均值	标准差	均值	标准差	均值	标准差	均值	标准差	固定—浮动	中间—浮动
RGDPG	0.035	0.064	0.039	0.068	0.039	0.056	0.007	0.073	0.725	0.760
OPEN	0.821	0.549	0.985	0.606	0.770	0.509	0.548	0.348	9.796***	5.166***
ZHOUGON	0.758	0.108	0.760	0.114	0.757	0.102	0.755	0.110	0.118	0.047
SIZE	2.919	2.352	2.396	2.291	3.150	2.226	3.482	2.705	−24.594***	−7.833***
LEVEL	7.923	1.565	8.196	1.637	7.822	1.457	7.548	1.645	14.532***	6.376***
POLITY2	2.658	6.736	2.258	6.858	3.254	6.451	1.648	7.180	14.618***	39.728***
ACTOTAL	0.636	1.654	0.234	0.959	0.784	1.828	1.214	2.178	−23.521***	−10.633***
AECMLU	−1.780	24.707	−0.675	15.741	−1.274	23.583	−7.594	44.316	141.787***	134.953***
CA	−0.029	0.110	−0.027	0.129	−0.027	0.098	−0.044	0.099	0.368	0.382

注：①表中第2、3列给出了总体样本，即155个经济体相应变量的均值和标准差；第4~9列给出了155个经济体中分别为固定汇率制度、中间汇率制度和浮动汇率制度的相关变量观测值的均值与标准差；②表中第10、11列的Z统计量给出了均值比较检验（Mean-comparison Tests）的主要结果，其原假设为该变量均值在两组汇率制度之间相等，*、**、***分别表示在10%、5%、1%的水平上显著；③由于本文关注固定汇率制度与中间汇率制度，Z统计量给出了"固定汇率制度相对于浮动汇率制度""中间汇率制度相对于浮动汇率制度"相应变量的均值比较检验。例如，资本账户开放程度（KAOPEN）变量在固定汇率制度、中间汇率制度和浮动汇率制度下的均值分别为0.529、0.449、0.356。均值比较检验表明，固定汇率制度下的资本账户开放程度大于浮动汇率制度下资本账户开放程度，并且在统计上显著；中间汇率制度下的资本账户开放程度大于浮动汇率制度下的资本账户开放程度，并且在统计上显著。

本文附录给出了相关系数检验的基本结果，相关系数检验发现，人均实际GDP增长率（GDPPCG）与实际GDP增长率（RGDPG）的相关系数最高，为0.87，且统计上显著，因此，本文剔除实际GDP增长率（RGDPG），以避免严重多重共线性问题对估计结果的影响。经济发展程度（LEVEL）与经济规模（SIZE）、金融发展程度（LDCPSGDP）的相关系数分别为0.58、0.68，且在统计上显著，但这三个变量所刻画的经济体特征较为重要，并与汇率制度选择均有重要的内在联系，因此，本文在估计中保留了上述三个变量。此外，CPI增长率（CPINF）和广义货币增长率（NOMSHK）的相关系数为0.59且统计上显著，考虑到不同发展阶段经济体这两个指标会蕴含不同的重要信息，如发达经济体多通过泰勒规则或通货膨胀目标制控制通胀，新兴经济体和发展中经济体多通过数量规则控制通胀，因此，本文在估计中保留了CPI增长率（*CPINF*）和广义货币增长率（*NOMSHK*）两个变量。

五　状态依存、直接影响机制估计结果与解释

（一）状态依存与参数估计结果

本文通过式（3）所刻画的动态多元离散选择随机效应面板Logit模型（以下简称"DRE模型"）研究状态依存对汇率制度选择的影响。具体地，本文根据Heckman（1981a）、Gong等（2004）与路继业等（2020）所使用的方法对式（3）中的真实状态依存进行估计和识别，并利用Halton Draws方法对式（3）中的虚假状态依存进行估计和识别①。表2给出动态多元离散选择随机效应面板Logit模型参数估计结果，为进一步比较状态依存特征对估计结果的潜在影响，本文附录给出多元离散选择Logit混合回归模型（以下简称"PE模型"）估计结果。通过比较表2与附录中结果，有如下发现。

第一，真实状态依存能够对各个发展阶段经济体汇率制度演进产生显著影响。表2给出全样本、发展中经济体、新兴经济体和发达经济体4组估计结果，除发达经济体外，每组估计结果中至少有两个真实状态依存的估计结果显著，这表明真实状态依存是非发达经济体汇率制度演进的重要决定因素②。例如，

---

① 为避免估计过程中产生奇异矩阵（Singular Matrix）并导致无法获得有效估计结果，本研究在估计模型（3）时还做了如下设定：在全样本、新兴经济体和发达经济体估计过程中，本文将CPNCB汇率制度下的随机效用标准化为零，相应地，每次估计会获得三列参数估计结果，即固定汇率制度相对于CPNCB、BBMF相对于CPNCB、浮动汇率制度相对于CPNCB的估计结果；在发展中经济体估计过程中，本文将浮动汇率制度下的随机效用标准化为零，相应地，每次估计会获得如下三列参数估计结果，即固定汇率制度相对于浮动汇率制度、CPNCB相对于浮动汇率制度、BBMF相对于浮动汇率制度的估计结果。

② 为避免估计过程中产生奇异矩阵（Singular Matirx）并导致无法获得有效估计结果，本研究在估计模型（3）时还对真实状态依存做了如下设定：具体地，在估计全样本、发展中经济体、新兴经济体样本时，通过引入"滞后一期的CPNCB汇率制度"以识别真实状态依存；而在估计发达经济体样本时，则通过引入"滞后一期的BBMF汇率制度"以识别真实状态依存。

表2中发展中经济体真实状态依存（滞后一期的CPNCB汇率制度）估计结果为–1.107（固定汇率相对于浮动汇率）和4.641（CPNCB相对于浮动汇率），其含义为前一期选择CPNCB的发展中经济体，本期更倾向于选择浮动汇率制度（相对于固定汇率）或继续停留在CPNCB汇率制度（相对于浮动汇率）。表2中新兴经济体真实状态依存（滞后一期的CPNCB汇率制度）估计结果为–4.671（固定汇率相对于CPNCB）、–5.154（BBMF相对于CPNCB）和–3.133（浮动相对于CPNCB），其含义为前一期选择CPNCB的新兴经济体，本期无论面临何种选择，都更倾向于继续停留在CPNCB汇率制度。上述真实状态依存的大部分估计结果能够部分解释发展中经济体和新兴经济体广泛存在的汇率稳定倾向。

第二，虚假状态依存能够对发展中经济体和新兴经济体汇率制度演进产生显著影响。表2中随机效应估计结果[①]在全样本（如α_1、α_3）、发展中经济体（如α_2、α_3）、新兴经济体（如α_3）和发达经济体（如α_1）中显著。上述结果表明，发展中经济体和新兴经济体汇率制度选择在时间上的相关性是由真实状态依存和虚假状态依存共同决定的，而发达经济体汇率制度选择在时间上的相关性主要是由虚假状态依存决定的。具体地，发展中经济体随机效应估计结果为4.855（α_2，即CPNCB随机效应均值）、5.245（α_3，即BBMF随机效应均值），上述估计结果表明发展中经济体样本数据所蕴含不可观测的经济结构特征使其更倾向于选择CPNCB或BBMF汇率制度。新兴经济体随机效应估计结果为–12.735（α_3，即浮动汇率随机效应均值），其含义为新兴经济体样本数据所蕴含不可观测的经济结构特征使其更倾向于选择非浮动汇率制度，即固定汇率、CPNCB或BBMF汇率制度。发达经济体随机效应估计结果为–12.401（α_1，即固定汇率随机效应均值），其含义为发达经济体样本数据所蕴含不可观测的经济结构特征使其更倾向

① 在估计动态多元离散选择随机效应模型时，为使模型能够识别，必须将一个参数向量标准化为0，因此，本文将下标为0的第一列参数标准化为0。相应地，本文四分类汇率制度下随机效应值的估计结果仅剩3个，即表2中的α_1、α_2和α_3。随机效应均值的方差—协方差矩阵估计结果包括σ_{11}、σ_{22}、σ_{33}、σ_{12}、σ_{13}、σ_{23}，纽约大学斯特恩商学院 William Greene 教授认为随机效应的一阶性质更为重要，因此，本文表2中关于随机效应均值的二阶性质仅报告了σ_{11}、σ_{22}与σ_{33}。

于选择非固定汇率制度。

第三，状态依存特征的引入会降低参数估计结果统计性显著的数量，这一影响在不同发展阶段经济体间存在异质性，尤其是极大地改变了金融发展程度（*LDCPSGDP*）的参数估计结果。与附录中PE模型估计结果相比，表2中DRE模型由于引入状态依存，发展中经济体参数估计结果显著的数量减少6个，新兴经济体减少17个，发达经济体减少13个。更进一步，在DRE与PE模型设定下，*KAOPEN*和*RESERVE*在各样本分组中均能对汇率制度演进产生显著影响，但引入状态依存特征后，*LDCPSGDP*仅在全样本和发达经济体样本中显著，在发展中经济体和新兴经济体中*LDCPSGDP*的参数估计结果不显著。因此，在本文引入状态依存特征的DRE模型中，金融发展程度并不能对发展中经济体和新兴经济体汇率制度演进产生直接且显著的影响。

（二）Halton Draws 与虚假状态依存识别

状态依存特征的引入会较大程度的改变参数估计结果，本文进一步发现Halton Draws抽取次数也会改变虚假状态依存与参数估计结果。理论上，Halton Draws抽取次数越多，引入状态依存特征的动态多元离散选择随机效应面板Logit模型的样本覆盖和估计性质会更好（Train，2002），但表2中关于Halton Draws最优抽取次数的设定与理论预测并不一致。为进一步说明虚假状态依存的识别过程，为相关研究提供参考，本文将Halton Draws抽取次数的范围设定为50~800次，并将每次抽取所获式（3）的估计结果报告于图1。本文基于对数似然函数值最大化原则确定Halton Draws最优抽取次数，根据图1中的主要结果可以发现，Halton Draws抽取次数并非越多越好，最优抽取次数与样本容量正相关，总体上呈现出"大样本多抽取，小样本少抽取"的特点。具体地，全样本Halton Draws最优抽取次数为450次；发展中经济体、新兴经济体和发达经济体样本Halton Draws最优抽取次数分别为150次、50次和100次。

为恰当识别动态多元离散选择随机效应面板Logit模型，Halton Draws最优抽取次数应与样本容量相匹配，本文进一步发现将抽取次数设定为样本容量10%能获得较好的估计结果。随机参数Logit模型的相关研究发现，Halton Draws抽取次数并非越多越好（Bhat，2001；Train，

表 2 动态多元离散选择随机效应面板 Logit 模型估计结果

变量	全样本			发展中经济体			新兴经济体			发达经济体		
	固定	BBMF	浮动	固定	CPNCB	BBMF	固定	BBMF	浮动	固定	BBMF	浮动
KAOPEN	2.530*** (0.363)	-1.256*** (0.321)	-2.618*** (0.419)	3.741*** (0.656)	2.329*** (0.650)	2.162*** (0.506)	1.250 (2.041)	-3.078** (1.496)	-1.244 (1.892)	14.327*** (3.430)	-2.765 (5.128)	1.462 (17.318)
RESERVE	0.018 (0.014)	-0.321* (0.188)	-2.634*** (0.425)	2.840*** (0.533)	2.365*** (0.517)	2.109*** (0.509)	1.714 (4.100)	1.694 (2.040)	-2.126 (2.355)	0.097*** (0.027)	-0.075 (1.286)	0.243 (2.081)
LDCPSGDP	1.659*** (0.497)	1.694*** (0.468)	2.657*** (0.550)	0.166 (1.460)	1.004 (1.379)	0.550 (1.063)	1.599 (2.803)	1.061 (1.523)	0.804 (2.066)	12.555*** (3.122)	5.885 (3.819)	17.985*** (6.073)
CPINF	-5.007*** (1.617)	-2.535* (1.319)	3.109** (1.436)	-5.513*** (2.026)	-2.077 (1.821)	-2.551 (1.662)	-6.309 (23.924)	-4.886 (5.104)	4.374 (17.157)	-41.941** (16.906)	2.467 (30.770)	80.001 (68.052)
NOMSHK	-0.610 (1.240)	-2.703** (0.991)	-1.023 (1.194)	-0.782 (1.971)	1.102 (1.486)	-1.040 (1.491)	1.398 (17.287)	-3.668 (7.093)	0.554 (18.956)	①	—	—
GDPPCG	4.592* (2.348)	0.396 (2.363)	-0.466 (2.607)	6.466* (3.507)	3.079 (3.396)	4.261 (3.376)	3.959 (18.754)	-3.089 (7.963)	5.089 (20.559)	12.827 (11.061)	-6.962 (60.424)	63.666 (338.933)
OPEN	0.525* (0.305)	-0.005 (0.264)	-1.565*** (0.431)	1.821*** (0.565)	0.579 (0.578)	-0.154 (0.518)	0.492 (2.713)	0.150 (1.461)	-4.015 (4.014)	5.351* (2.157)	5.093* (2.708)	-49.000 (37.409)
ZHOUGON	-1.958 (1.395)	2.474** (1.126)	8.958*** (1.517)	-12.655*** (2.429)	-5.533** (2.454)	-1.700 (1.944)	6.681 (6.618)	-0.884 (4.001)	13.089 (8.932)	-16.694** (7.642)	-1.017 (13.780)	-15.195 (37.197)
SIZE	-0.715*** (0.105)	0.477*** (0.079)	0.371*** (0.114)	-2.053*** (0.251)	-0.319 (0.197)	0.307* (0.176)	0.629 (0.910)	-0.521 (0.339)	-0.826 (0.666)	—	—	—
LEVEL	0.820*** (0.144)	-0.352*** (0.118)	-0.089 (0.163)	1.867*** (0.305)	-0.288 (0.268)	-0.742*** (0.250)	-1.424 (1.411)	0.932** (0.415)	1.169* (0.673)	—	—	—
POLITY2	-0.040** (0.019)	0.001 (0.016)	-0.055*** (0.019)	0.115*** (0.034)	0.051* (0.029)	0.072*** (0.022)	-0.180* (0.104)	0.025 (0.060)	-0.016 (0.087)	—	—	—

续表

变量	全样本			发展中经济体			新兴经济体			发达经济体		
	固定	BBMF	浮动	固定	CPNCB	BBMF	固定	BBMF	浮动	固定	BBMF	浮动
ACTOTAL	0.017 (0.070)	-0.061 (0.060)	0.004 (0.068)	-0.114 (0.106)	0.038 (0.126)	0.027 (0.078)	0.239 (0.399)	-0.140 (0.159)	-0.204 (0.344)	—	—	—
AECMLU	-0.002 (0.013)	-0.005 (0.014)	0.002 (0.012)	0.008 (0.017)	0.018 (0.013)	0.017 (0.016)	—	—	—	0.331 (0.290)	-0.109 (0.413)	-0.208 (2.803)
CA	1.440 (1.543)	1.791 (1.602)	-4.013* (1.903)	2.467 (2.156)	3.093 (2.731)	2.862 (2.488)	5.115 (19.713)	2.526 (10.800)	-3.841 (22.755)	15.526** (6.057)	-20.674 (33.630)	20.721 (241.756)
滞后一期的 CPNCB 汇率制度	-5.628*** (0.334)	-5.126*** (0.227)	-4.353*** (0.377)	-1.107* (0.632)	4.641*** (0.564)	-0.634 (0.607)	-4.671*** (1.624)	-5.154*** (1.062)	-3.133* (1.682)	—	—	—
滞后一期的 BBMF 汇率制度	—	—	—	—	—	—	—	—	—	-1.890 (4.098)	3.387 (3.141)	-4.812 (6.499)
$\alpha_1$②		-3.847*** (1.474)			-1.176 (2.456)			0.528 (7.766)			-12.401* (6.816)	
α_2		0.858 (1.149)			4.855** (2.384)			-0.393 (3.371)			-11.864 (10.518)	
α_3		-6.068*** (1.568)			5.245** (2.094)			-12.735* (7.309)			4.743 (25.523)	
σ_{11}		35.740*** (0.000)			78.090*** (0.000)			8.405*** (0.003)			64.820*** (0.000)	
σ_{22}		6.117*** (0.000)			0.839*** (0.000)			3.545*** (0.000)			115.5*** (0.005)	
σ_{33}		4.928*** (0.000)			5.283*** (0.000)			5.415*** (0.001)			108.500 (0.367)	

续表

变量	全样本		发展中经济体		新兴经济体		发达经济体	
	固定	浮动 BBMF	固定	浮动 CPNCB BBMF	固定	浮动 BBMF	固定	浮动 BBMF
Halton Draws		450		150		50		100
Log-likelihood		-1468.552		-846.622		-373.884		-136.252
样本量		3816		2385		754		740

注：①通过在模型中逐步引入核心解释变量和控制变量发现，发达经济体样本中 $NOMSHK$、$SIZE$、$LEVEL$、$POLITY2$、$ACTOTAL$ 等变量的数据特征会导致极大似然估计所得的方差—协方差矩阵为奇异矩阵（Singular），因此，在估计发达经济体分组数据时剔除了 $NOMSHK$ 等变量。在此，特别感谢纽约大学斯特恩商学院 William Greene 教授对这一问题的无私帮助。下文同。②本文在全样本、新兴经济体和发达经济体样本中将四分类汇率制度设定为 0（固定汇率制度）、1（固定汇率制度）、2（BBMF）、3（浮动汇率制度）。因此，在上述各样本估计结果中，α_1 为固定汇率制度随机效应均值，α_2 为 BBMF 随机效应均值，α_3 为浮动汇率制度随机效应均值。相似地，本文将发展中经济体样本中四分类汇率制度设定为 0（浮动汇率制度）、1（固定汇率制度）、2（CPNCB）、3（BBMF），因此，在发展中经济体样本中，α_1 为固定汇率制度随机效应均值，α_2 为 CPNCB 随机效应均值，α_3 为 BBMF 随机效应均值。表中括号内数字为稳健标准误（Robust Standard Error），*、**、***分别表示在 10%、5%、1% 的水平上显著。α_1、α_2 和 α_3 为随机效应均值估计值，其参数估计结果括号中的数字为 p 值。σ_{11}、σ_{22} 和 σ_{33} 为随机效应方差—协方差矩阵估计值。

2002；Chiou，2005；Gong 和 Fan，2017；Taylor，2018；Czajkowski 和 Budzinski，2019），本文在识别虚假状态依存的动态多元离散选择随机效应面板 Logit 模型讨论中也有相似发现，并且进一步发现 Halton Draws 最优抽取次数与样本容量之比在全样本、发展中经济体、新兴经济体和发达经济体样本中分别为 11.8%、6.3%、6.6% 和 13.5%，图 1 中的结果表明进一步扩大上述比例并不能显著改善式（3）的整体估计效果。因此，本文认为抽取次数设定为样本容量的 10% 能基本保证式（3）的整体估计效果。

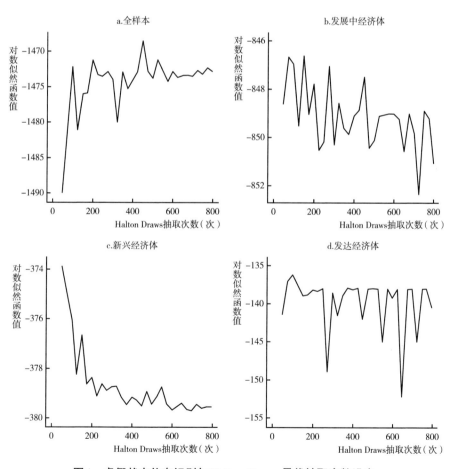

图1　虚假状态依存识别与 Halton Draws 最优抽取次数设定

（三）平均边际效应与直接影响机制估计结果

Logit 模型为一非线性计量模型，本文动态多元离散选择随机效应面板 Logit 模型，即式（3）具有非线性特征，因此，参数估计结果与其边际效应 （Partial Effects，PE）[①]并不相同，而边际效应真正反映解释变量的边际变化对被解释变量的边际影响。本文基于路继业等（2020）进一步计算式 （3）中所有解释变量和控制变量参数估计结果所对应的平均边际效应 （Average Partial Effects，APE）[②]。

平均边际效应与参数估计结果呈现较大差异，只有正确计算 APE 才能对汇率制度演进的影响机制做出准确识别与解释。表 3 给出了动态多元离散选择随机效应面板 Logit 模型参数估计所对应平均边际效应（APE）的估计结果，并且 APE 与参数估计间表现出以下差异：一是 APE 的数值大部分要小于参数估计的数值；二是部分 APE 估计结果与其参数估计结果的显著性水平发生变化。例如，资本账户开放程度（KAOPEN）在发展中经济体样本中 APE 估计结果为 0.001，但其参数估计结果为 2.329；外汇储备充足程度 （RESERVE）在全样本中 APE 估计结果为 0.041，而其参数估计结果为 0.018。因此，只有正确计算动态多元离散选择随机效应面板 Logit 模型中各变量参数估计结果所对应的平均边际效应，才能准确识别和解释汇率制度演进的内在机制。

表 3 中 APE 的估计结果能够对非发达经济体稳定汇率的动机作出初步解释，并且资本账户开放程度（KAOPEN）的估计结果与经典理论预测不一致。首先，资本账户开放程度（KAOPEN）能够对不同发展阶段经济体汇率制度演进产生显著影响。发展中经济体资本账户开放程度 （KAOPEN）的估计结果是 0.136，其含义为随着资本账户开放程度提高，发展中经济体更倾向于选择固定汇率制度（相对于浮动汇率制度）；新兴经济体资本账户开放程度（KAOPEN）的估计结果是 -0.254，其含义为随

[①] 在离散选择模型中，边际效应指的是在其他条件不变的条件下，解释变量 1 个单位的变化对被解释变量被选择概率的影响，具体参见 Hensher 等（2015）。

[②] 在离散选择模型中，平均边际效应（APE）是指在其他条件不变的情况下，解释变量 1 个单位的变化对被解释变量被选择概率的平均影响。

着资本账户开放程度提高，新兴经济体更倾向于选择 BBMF（相对于 CPNCB）；发达经济体资本账户开放程度（*KAOPEN*）的估计结果为 0.533、−0.096，其含义为随着资本账户开放程度提高，发达经济体更倾向于选择固定汇率制度（相对于 CPNCB），或继续维持 CPNCB（相对于 BBMF）。

其次，外汇储备充足程度（*RESERVE*）对不同发展阶段经济体汇率制度演进存在显著的差异性影响。发展中经济体外汇储备充足程度（*RESERVE*）的估计结果分别是 0.073 和 0.046，其含义为随着外汇储备充足程度提高，发展中经济体更倾向于选择固定汇率制度（相对于浮动汇率制度）或 BBMF（相对于浮动汇率制度）。这一估计结果表明发展中经济体通过不断累积外汇储备来稳定其名义汇率。但外汇储备充足程度（*RESERVE*）对新兴经济体和发达经济体汇率制度演进的影响不显著。

最后，金融发展程度（*LDCPSGDP*）仅在全样本、发达经济体样本中分别有一处估计结果显著，该变量不能对非发达经济体汇率制度演进产生显著的直接影响。表 3 中，全样本金融发展程度（*LDCPSGDP*）估计结果是 0.089，其含义为随金融发展程度提高，经济体更倾向于选择浮动汇率制度（相对于 CPNCB）。发达经济体金融发展程度（*LDCPSGDP*）的估计结果是 0.381，其含义为随着金融发展程度提高，发达经济体更倾向于选择固定汇率制度（相对于 CPNCB）。理论上，金融发展程度会对汇率制度选择产生直接影响，即金融体系发展程度较低的经济体往往不能选择恰当的市场工具进行公开市场操作（Markiewicz，2006）或是需要通过控制汇率波动保护不成熟的银行部门免受汇率波动的影响（Hagen 和 Zhou，2007），因此，金融发展程度较低的国家更倾向于选择固定汇率制度。但本文的估计结果并不支持上述理论预测，需做进一步研究以便对上述发现作出合理解释。

表3 动态多元离散选择随机效应面板 Logit 模型平均边际效应估计结果

变量	全样本			发展中经济体			新兴经济体			发达经济体		
	固定	BBMF	浮动	固定	CPNCB	BBMF	固定	BBMF	浮动	固定	BBMF	浮动
KAOPEN	0.282*** (0.026)	-0.159*** (0.025)	-0.142*** (0.021)	0.136*** (0.036)	0.001 (0.036)	0.033 (0.027)	0.074 (0.059)	-0.254** (0.119)	0.030 (0.078)	0.533*** (0.125)	-0.096** (0.046)	-0.033 (0.133)
RESERVE	0.041*** (0.010)	0.048* (0.022)	-0.148*** (0.026)	0.073*** (0.022)	0.036 (0.024)	0.046*** (0.020)	0.026 (0.100)	0.190 (0.153)	-0.147 (0.109)	0.003 (0.003)	-0.001 (0.014)	0.001 (0.012)
LDCPSGDP	0.036 (0.028)	0.032 (0.028)	0.089*** (0.020)	-0.034 (0.080)	0.059 (0.079)	0.014 (0.052)	0.027 (0.062)	0.051 (0.092)	0.004 (0.073)	0.381*** (0.080)	0.002 (0.045)	0.063 (0.117)
CPINF	-0.328*** (0.108)	-0.167 (0.106)	0.316*** (0.064)	-0.260** (0.129)	0.090 (0.147)	-0.033 (0.116)	-0.108 (0.587)	-0.479 (0.656)	0.347 (0.732)	-1.777*** (0.631)	0.219 (0.376)	0.564 (0.670)
NOMSHK	0.073 (0.093)	-0.238*** (0.090)	0.031 (0.062)	-0.072 (0.111)	0.137 (0.095)	-0.088 (0.088)	0.083 (0.431)	-0.360 (0.724)	0.129 (0.838)	—	—	—
GDPPCG	0.357** (0.165)	-0.133 (0.213)	-0.086 (0.128)	0.257 (0.189)	-0.085 (0.197)	0.118 (0.204)	0.137 (0.448)	-0.471 (0.802)	0.315 (0.902)	0.320 (1.132)	-0.135 (0.628)	0.316 (2.175)
OPEN	0.058*** (0.019)	0.027 (0.022)	-0.099*** (0.024)	0.109*** (0.026)	-0.014 (0.029)	-0.061** (0.027)	0.016 (0.061)	0.122 (0.111)	-0.188 (0.173)	0.313*** (0.103)	0.030 (0.046)	-0.287 (0.417)
ZHOUGON	-0.349*** (0.093)	0.068 (0.092)	0.477*** (0.071)	-0.652*** (0.136)	0.048 (0.140)	0.254** (0.109)	0.170 (0.180)	-0.540 (0.374)	0.613 (0.407)	-0.563* (0.314)	0.068 (0.152)	-0.036 (0.232)
SIZE	-0.081*** (0.006)	0.070*** (0.006)	0.014*** (0.005)	-0.137*** (0.010)	0.039*** (0.010)	0.071*** (0.009)	0.024 (0.025)	-0.031 (0.027)	-0.023 (0.032)	—	—	—
LEVEL	0.081*** (0.008)	-0.070*** (0.009)	-0.002 (0.008)	0.154*** (0.014)	-0.070*** (0.016)	-0.086*** (0.013)	-0.051 (0.040)	0.068* (0.036)	0.028 (0.030)	—	—	—

续表

变量	全样本			发展中经济体			新兴经济体			发达经济体		
	固定	BBMF	浮动	固定	CPNCB	BBMF	固定	BBMF	浮动	固定	BBMF	浮动
POLITY2	-0.003**	0.004**	-0.003***	0.005**	-0.002	0.002	-0.005***	0.005	-0.001	—	—	—
	(0.001)	(0.001)	(0.001)	(0.002)	(0.002)	(0.001)	(0.002)	(0.004)	(0.003)			
ACTOTAL	0.004	-0.007*	0.002	-0.010	0.006	0.003	0.008	-0.010	-0.006	—	—	—
	(0.004)	(0.005)	(0.003)	(0.006)	(0.008)	(0.005)	(0.009)	(0.014)	(0.015)			
AECMLU	0.00004	-0.001	0.0003	-0.0004	0.001	0.001	—	—	—	0.013	-0.003	-0.002
	(0.001)	(0.001)	(0.001)	(0.001)	(0.001)	(0.001)				(0.010)	(0.003)	(0.016)
CA	0.081	0.263*	-0.311***	0.007	0.088	0.092	0.106	0.269	-0.254	0.606	-0.289	0.071
	(0.094)	(0.136)	(0.096)	(0.116)	(0.161)	(0.143)	(0.455)	(0.790)	(0.885)	(0.785)	(0.399)	(1.457)
Log-likelihood		-1468.552			-846.622			-373.884			-136.252	
样本量		3816			2385			754			740	

注：*、**、***分别表示在10%、5%、1%的水平上显著。

99

（四）进一步讨论

1.非发达经济体稳定名义汇率的统计事实

汇率制度作为宏观经济政策框架的重要组成部分，对经济体宏观经济绩效有重要影响，非浮动汇率制度能够提升非发达经济体的宏观经济绩效，并且对于稳通胀有更显著的影响。附录给出了发展中经济体、新兴经济体和发达经济体的样本统计性描述，可以发现：第一，通货膨胀（$CPINF$）和经济增长（$RGDPG$）是两个衡量宏观经济绩效最重要的指标，汇率制度与通货膨胀有重要的内在联系。例如，选择固定汇率制度的发展中经济体年均通货膨胀率为4.9%，而选择浮动汇率制度的发展中经济体年均通货膨胀率为30.8%，选择中间汇率制度的发展中经济体年均通货膨胀率为8.6%。在新兴经济体样本中也有类似发现，并且通货膨胀在不同汇率制度间的差异在发展中经济体和新兴经济体样本中均统计意义上显著。因此，固定和中间汇率制度能有效降低非发达经济体通货膨胀（Husain等，2005；路继业和杜两省，2010；Davis等，2017）。第二，各组样本在不同汇率制度间的经济增长率差异虽不具有统计上的显著性，但选择固定和中间汇率制度的非发达经济体经济增长较快。例如，选择固定汇率制度的发展中经济体年均GDP增长率为4.2%，选择中间汇率制度的发展中经济体年均GDP增长率也高达4.0%，但选择浮动汇率制度的发展中经济体年均GDP增长率仅为0.3%。新兴经济体样本中也有类似发现，但发达经济体GDP增长率在不同汇率制度间差异较小。因此，固定和中间汇率制度能够帮助非发达经济体获得较高的经济增长速度，浮动汇率制度不利于其维持经济的稳定增长（Husain等，2005；路继业和杜两省，2010）。[1]

非发达经济体经济结构显著不同于发达经济体，这是发展中经济体和新兴经济体具有较强动机稳定名义汇率的潜在原因。不同发展阶段的经济体在资本账户开放程度（$KAOPEN$）、外汇储备充足程度（$RESERVE$）和金融发展程度（$LDCPSGDP$）上均存在显著差异。发达经济体资本账户开放程度较高，发展中经济体和新兴经济体资本账户开放程度较低且相似。发达

---

[1] 本文有关"状态依存"的参数估计结果与这一结论有内在一致性。

经济体外汇储备充足程度显著高于非发达经济体，并且发展中经济体外汇储备充足程度要高于新兴经济体。发达经济体金融发展程度最高，发展中经济体最低，新兴经济体居中。货币错配（*AECMLU*）在不同发展阶段的经济体间和不同汇率制度间存在显著差异性。总体上，发展中经济体货币错配最严重，发达经济体货币错配最不明显，新兴经济体货币错配居中。同时，固定汇率制度下货币错配程度较低，浮动汇率制度下货币错配程度最高，这一特征在发展中经济体中表现得最为显著，其固定汇率制度下货币错配为-1.187，但浮动汇率制度下货币错配为-12.643。

2. 非发达经济体稳定名义汇率的初步解释

本文在动态多元离散选择随机效应面板 Logit 模型中引入状态依存特征，主要估计结果表明真实状态依存、虚假状态依存和非状态依存因素均能对不同发展阶段的经济体的汇率制度选择产生差异性影响，并且主要估计结果能够对非发达经济体稳定名义汇率的事实作出新的解释。第一，真实状态依存的主要估计结果能够解释非发达经济体稳定名义汇率的事实。例如，表2发展中经济体真实状态依存的两处估计结果统计上显著，其中，4.641（CPNCB 相对于浮动汇率）的含义为前一期选择 CPNCB 的发展中经济体，本期更倾向于继续选择 CPNCB 汇率制度（相对于浮动汇率）。表2中新兴经济体真实状态依存有三处估计结果显著，其含义均为前一期选择 CPNCB 的新兴经济体，本期更倾向于继续选择 CPNCB 汇率制度。可见，CPNCB 汇率制度不仅能够稳定名义汇率水平，还能够对发展中经济体和新兴经济体产生持续性、结构性影响，并使发展中经济体和新兴经济体的经济结构和政策框架更适于稳定名义汇率的 CPNCB 制度。

第二，虚假状态依存的估计结果能够解释非发达经济体稳定名义汇率的事实。例如，发展中经济体随机效应估计结果为4.855（CPNCB 随机效应均值）和5.245（BBMF 随机效应均值），其含义为发展中经济体不可观测的经济结构特征使其更倾向于选择能够稳定名义汇率的 CPNCB 或 BBMF 汇率制度。新兴经济体随机效应估计结果为-12.735（浮动汇率随机效应均值），其含义为新兴经济体不可观测的经济结构特征使其更倾向于选择非浮动汇率制度，即固定汇率、CPNCB 或 BBMF 汇率制度。

第三，非状态依存的主要估计结果也能够对非发达经济体稳定名义汇率的事实给出进一步解释。表 3 中 APE 的估计结果能够对非发达经济体稳定汇率动机给出解释，具体如下：首先，资本账户开放程度能够对不同发展阶段的经济体的汇率制度演进产生显著影响。随着资本账户开放程度提高，发展中经济体更倾向于选择固定汇率制度（相对于浮动汇率制度），而新兴经济体更倾向于选择 BBMF（相对于 CPNCB）。其次，外汇储备充足程度对不同发展阶段的经济体的汇率制度演进存在显著的差异性影响。随着外汇储备充足程度提高，发展中经济体更倾向于选择固定汇率制度（相对于浮动汇率制度）或 BBMF（相对于浮动汇率制度），但外汇储备充足程度对新兴经济体和发达经济体汇率制度演进的影响不显著。最后，金融发展程度仅在全样本、发达经济体样本中分别有一处估计结果显著，该变量不能对非发达经济体汇率制度演进产生显著的直接影响。

3.初步政策含义

经典理论低估了能够稳定名义汇率水平的汇率安排具有的重塑宏观经济结构、促进宏观经济稳定的功能。经典理论提出经济结构和经济冲击是影响汇率制度选择的重要因素，并认为能够稳定名义汇率的 CPNCB 和 BBMF 汇率制度具有引发危机的倾向。但本文研究结果表明，真实状态依存和虚假状态依存是导致大量发展中经济体和新兴经济体长期选择非浮动汇率制度的重要原因。因此，固定汇率制度、CPNCB 和 BBMF 汇率制度能够重塑非发达经济体的宏观经济结构，促进其宏观经济稳定发展。

经典理论认为应先放开对汇率的干预，实现汇率自由浮动，再放开资本管制，其原因在于经典理论认为资本短期内的快速流动会引发经济危机和金融危机。本文后续间接影响机制的一个重要发现是，发展中经济体通过不断积累外汇储备以实现资本账户开放程度不断提高的同时，通过维持固定汇率制度来稳定名义汇率水平，并由此获得较高的经济绩效。经典理论主要是基于发达经济体的经验观察和理论研究，并不能对所有发展阶段的经济体的汇率制度选择作出恰当的解释，尤其不适用发展中经济体和新兴经济体。最优汇率制度选择并不必然只遵循由固定到中间再到浮动的路径，政策制定者应根据经济运行的基本面（如资本流动、外汇储备、货币错配和金融市场发展水平)、经济冲击的性质和持续性(虚假状态依存)、宏观政策框架的成熟度(真实状态依存)选择最适宜的汇率制度。

六　稳健性检验与汇率制度间接影响机制

(一)稳健性检验

为检验本文动态多元离散选择随机效应面板Logit模型的平均边际效应估计结果是否稳健,本文进行了如下稳健性检验。

第一,在动态多元离散选择随机效应面板Logit模型(3)中引入反映亚洲金融危机和全球金融危机的虚拟变量。具体地,本文在式(3)中引入反映亚洲金融危机的变量 *DUMMYASIA*,该变量在1997年、1998年赋值为1,其他年份赋值为0;在式(3)中引入反映全球金融危机的变量 *DUMMYGLOBAL*,该变量在2007年、2008年、2009年赋值为1,其他年份赋值为0。

第二,剔除样本中欧元区经济体。经典文献对欧元区汇率制度分类存在差异化处理:Habermeier等(2009)、Ilzetzki等(2019)将欧元区经济体汇率制度处理为货币联盟(Currency Union),并将其归并为固定汇率制度;Shambaugh(2004)将欧元区经济体(除德国外)处理为钉住汇率制度;Levy-Yeyati和Sturzenegger(2003)以及国际货币基金组织(IMF)将欧元区处理为浮动汇率制度。因此,本文在稳健性检验中剔除了样本中的18个欧元区经济体,具体可参见本文附录。

第三,剔除小型离岸金融中心。小型离岸金融中心通常以极优惠的税收政策来吸引金融交易,且没有金融管制,其汇率制度选择及其资本账户开放的动因与其他经济体存在显著差异。因此,本文剔除样本中巴哈马、萨摩亚两个避税型小型离岸金融中心。

第四,剔除数据集中部分变量的异常值。具体地,外汇储备(*RESERVE*)在斯洛文尼亚1991~2006年出现异常值,处于[6.303,136.190];货币错配(*AECMLU*)剔除了1990年尼加拉瓜异常值,为

–938.949；通货膨胀率（*CPINF*）剔除了小于–0.17 的 7 个观测值，分别为老挝（1990）[①]、赤道几内亚（1986）、津巴布韦（1998、2001、2002、2005、2007）；广义货币增长率（*NOMSHK*）剔除了小于–0.5 的 10 个观测值，如厄瓜多尔（1999）、刚果（布）（1984）、赤道几内亚（1990）、几内亚比绍（1991、2003）、毛里塔尼亚（1992）、津巴布韦（1990、2003、2004）、莫桑比克（1988）；人均实际 GDP 增长率（*GDPPCC*）剔除了大于 0.5 的 5 个观测值，分别为赤道几内亚（1996、1997、2001）、利比亚（2012）、波黑（1996）。

第五，重新设定发展中经济体汇率制度分类的设置。表 3 估计过程中，为了更清晰地观察发展中经济体选择非浮动汇率制度的驱动因素，本文将发展中经济体汇率制度分类设定为 0（浮动汇率制度）、1（固定汇率制度）、2（CPNCB）及 3（BBMF）。为检验发展中经济体上述估计结果是否对汇率制度分类的基础设定稳健，本文重新将发展中经济体汇率制度设定为 0（CPNCB）、1（固定汇率制度）、2（BBMF）以及 3（浮动汇率制度），并同时引入滞后一期的 CPNCB。

为便于观察不同稳健性检验的主要估计结果，本文将附录中的估计结果汇总至表 4，结果表明，真实状态依存和虚假状态依存估计结果对于不同的设定均稳健，主要解释变量和控制变量估计结果对汇率制度选择有稳健的影响。[②]

（二）金融发展程度与汇率制度间接影响机制

金融发展程度虽不能对非发达经济体汇率制度演进产生显著的直接影响，但本文提出的关于间接影响机制的新识别方法为深入研究这一问题提供了新的技术可能性。表 2 和表 3 中的一个重要且有悖于直觉的发现是，金融发展程度（*LDCPSGDP*）不能对非发达经济体的汇率制度演进产生显著且稳健的直接影响。在本文引入状态依存特征的动态多元离散选择随机效应面板 Logit 模型（3）中，通过引入交乘项也无法准确识别交互效应，然而，

[①] 括号中数字为异常值发生的年份。

[②] 在样本中剔除欧元区后，本文发现全样本、发展中经济体和新兴经济体估计结果具有很强稳健性，但发达经济体中固定汇率制度相对于 CPNCB 的估计结果统计上不显著。这一估计结果表明，Ilzetzki 等（2019）将欧元区中发达经济体处理为固定汇率制度的分类方法会极大地改变相关估计结果。相应地，本文得出的发达经济体更倾向于选择固定汇率的估计结果完全是基于汇率制度分类方法，应谨慎对待这一估计结果。

表 4 稳健性检验结果汇总

变量	全样本			发展中经济体				发展中经济体稳健性检验五			新兴经济体			发达经济体		
	固定	BBMF	浮动	固定	CPNCB	BBMF	浮动	固定	BBMF	浮动	固定	BBMF	浮动	固定	BBMF	浮动
KAOPEN	1 (+) 2 (+) 3 (+) 4 (+) 5 (+)	1 (-) 2 (-) 3 (-) 4 (-) 5 (-)	1 (-) 2 (-) 3 (-) 4 (-) 5 (-)	1 (+) 2 (+) 3 (+) 4 (+) 5 (+)				6 (+)		6 (-)		1 (-) 3 (-) 4 (-) 5 (-)		1 (+) 4 (+)		1 (-)
RESERVE	1 (+) 2 (+) 3 (+) 4 (+) 5 (+)	1 (+) 2 (+) 4 (+)	1 (-) 2 (-) 3 (-) 4 (-) 5 (-)	1 (+) 2 (+) 3 (+) 4 (+) 5 (+)	1 (+) 2 (+) 3 (+) 4 (+) 5 (+)	1 (+) 2 (+) 5 (+)		6 (+)	6 (+)	6 (-)						
LDCPSGDP		5 (+)	1 (+) 2 (+) 3 (+) 4 (+) 5 (+)	1 (-) 2 (-) 3 (-) 4 (-)			1 (+) 2 (+) 3 (+) 4 (+) 5 (+)							1 (+) 4 (+) 5 (+)		
CPINF	1 (-) 2 (-) 3 (-) 4 (-) 5 (-)							6 (-)		6 (+)				1 (-) 4 (-) 5 (-)		

续表

变量	全样本			发展中经济体			发展中经济体 稳健性检验五			新兴经济体			发达经济体		
	固定	BBMF	浮动	固定	CPNCB	BBMF	固定	BBMF	浮动	固定	BBMF	浮动	固定	BBMF	浮动
NOMSHK	1 (+) 2 (+) 3 (+) 4 (+) 5 (+)	1 (−) 2 (−) 3 (−) 4 (−) 5 (−)		2 (−)									—	—	—
GDPPCG	1 (+) 2 (+) 3 (+) 4 (+) 5 (+)	3 (+)		3 (+)											
OPEN	1 (+) 2 (+) 4 (+) 5 (+)	3 (+)	1 (−) 2 (−) 3 (−) 4 (−) 5 (−)	1 (+) 2 (+) 3 (+) 4 (+) 5 (+)		1 (−) 2 (−) 3 (−) 4 (−) 5 (−)	6 (+)		6 (−)	1 (+)					
ZHOUGON	1 (−) 2 (−) 3 (−) 4 (−)		1 (+) 2 (+) 3 (+) 4 (+) 5 (+)	1 (−) 2 (−) 3 (−) 4 (−) 5 (−)		1 (+) 2 (+) 3 (+) 4 (+) 5 (+)	6 (−) 6 (+)		6 (+) 6 (+)				1 (−) 4 (−)		

续表

变量	全样本			发展中经济体			发展中经济体稳健性检验五			新兴经济体			发达经济体		
	固定	BBMF	浮动	固定	CPNCB	BBMF	固定	BBMF	浮动	固定	BBMF	浮动	固定	BBMF	浮动
SIZE	1 (-) 2 (-) 3 (-) 4 (-) 5 (-)	1 (+) 2 (+) 3 (+) 4 (+) 5 (+)	1 (+) 2 (+) 3 (+)	1 (-) 2 (-) 3 (-) 4 (-) 5 (-)	1 (+) 2 (+) 3 (+) 4 (+) 5 (+)	1 (+) 2 (+) 3 (+) 4 (+) 5 (+)	6 (-)	6 (+)	6 (+)				—	—	—
LEVEL	1 (+) 2 (+) 3 (-) 4 (-) 5 (-)	1 (-) 2 (-) 3 (-) 4 (-) 5 (-)	3 (+)	1 (+) 2 (+) 3 (+) 4 (+) 5 (+)	1 (-) 2 (-) 3 (-) 4 (-) 5 (-)	1 (-) 2 (-) 3 (-) 4 (-) 5 (-)	6 (+)	6 (-)			1 (+) 3 (+) 4 (+) 5 (+)		—	—	—
POLITY2	1 (-) 2 (-) 3 (-) 4 (-) 5 (-)	1 (+) 2 (+) 3 (+) 4 (+) 5 (+)	1 (-) 2 (-) 3 (-) 4 (-) 5 (-)	1 (+) 2 (+) 3 (+) 4 (+) 5 (+)	3 (-)	1 (-) 2 (-) 3 (-) 4 (-) 5 (-)	6 (+)		6 (-)	1 (-) 3 (-) 4 (-) 5 (-)			—	—	—
ACTOTAL	5 (+)	1 (-) 3 (-) 5 (-)													
AECMLU												—			—

续表

变量	全样本 固定	全样本 BBMF	全样本 浮动	发展中经济体 固定	发展中经济体 CPNCB	发展中经济体 BBMF	发展中经济体稳健性检验五 固定	发展中经济体稳健性检验五 BBMF	发展中经济体稳健性检验五 浮动	新兴经济体 固定	新兴经济体 BBMF	新兴经济体 浮动	发达经济体 固定	发达经济体 BBMF	发达经济体 浮动
CA	1 (-) 2 (-) 3 (-) 4 (-) 5 (-)	1 (+) 2 (+) 3 (+) 4 (+) 5 (+)	1 (-) 2 (-) 3 (-) 4 (-) 5 (-)		1 (+) 2 (+) 3 (+) 4 (+) 5 (+)						1 (-) 2 (-) 3 (-) 4 (-) 5 (-)	1 (-) 2 (-) 3 (-) 4 (-) 5 (-)			
滞后一期的 CPNCB 汇率制度	1 (-) 2 (-) 3 (-) 4 (-) 5 (-)	1 (-) 2 (-) 3 (-) 4 (-) 5 (-)	1 (-) 2 (-) 3 (-) 4 (-) 5 (-)	1 (-) 2 (-) 4 (-)	1 (+) 2 (+) 3 (+) 4 (+) 5 (+)		6 (-)	6 6 (-)	6	1 (-) 3 (-) 4 (-) 5 (-)	1 (-) 2 (-) 3 (-) 4 (-) 5 (-)	1 (-) 2 (-) 3 (-) 4 (-) 5 (-)			
滞后一期的 BBMF 汇率制度 α_1	1 (-) 2 (-) 4 (-) 5 (-)			1 (+) 2 (+)	3 (-) 4 (+)	3 (-) 4 (+) 5 (+)		6 (-)		1 (-) 3 (-) 4 (-) 5 (-)			1 (-) 4 (-) 5 (-)		
α_2				1 (+) 2 (+) 4 (+) 5 (+)	3 (-) 4 (+) 5 (+)	1 (+) 2 (+) 4 (+) 5 (+)		6 (-)							
α_3				1 (+) 2 (+) 3 (+)	4 (-) 5 (+)	1 (+) 2 (+) 3 (+)		6 (-)							

注：①需要说明的是，发达经济体样本在本文 4 种稳健性检验中均不收敛，其原因是发达经济体样本汇率制度转换制度次数较少，相应地数据方差较小，这一数据特征导致拟然函数中数字不易收敛，稳健性检验无法求得准确的估计结果。

表中数字含义为表 3 中此处边变量平均边际效应（APE）估计结果准确的估计结果。数字 2、3、4、5、6 分别代表引入反映亚洲金融危机和全球金融危机虚拟变量、剔除样本中欧元区经济体、剔除小型离岸金融中心、剔除数据集中部分变量异常值、重新设定发展中经济体汇率制度分类设置等稳健性检验中此处边变量平均边际效应（APE）的估计值。表中数字后括号内的 + 或 - 代表此处边变量平均边际效应（APE）的估计值为正或负且在 10% 以上统计显著。

通过式（6）这一变量 x_{it1} 的边际效应模型可以更为直接地获得变量 x_{it2} 间接影响机制的估计方法。本文在式（6）这一变量 x_{it1} 边际效应的基础上，进一步计算变量 x_{it1} 的平均边际效应，并识别变量 x_{it2} 的间接影响机制。因此，上述方法为进一步探讨金融发展程度对汇率制度演进的间接影响机制提供了新的技术上的可能。

金融发展程度虽然不能对汇率制度演进产生显著的直接影响，但其间接影响机制显著且重要，并且主要估计结果能够对发展中经济体、新兴经济体的汇率稳定倾向提供新的经验解释。本文基于式（6）对金融发展程度影响其他核心解释变量（KAOPEN、RESERVE）平均边际效应的间接影响机制进行

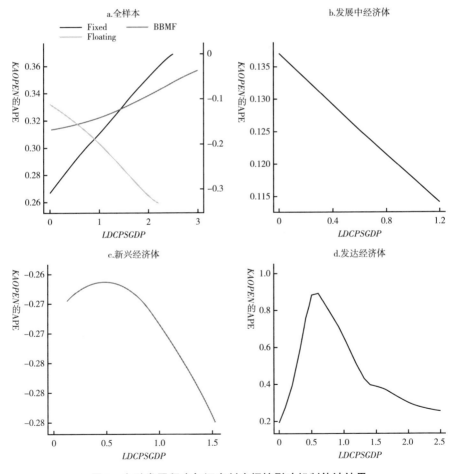

图2　金融发展程度与汇率制度间接影响机制估计结果

估计，并在图 2 中报告了统计上显著且影响强度较大的估计结果。图 2 中，*LDCPSGDP* 变量能够对各个发展阶段样本 *KAOPEN* 变量的 APE 产生数量级为 "0.1" 的显著影响。例如，随着发展中经济体的金融发展程度提高，资本账户开放程度越高，越倾向于选择固定汇率制度（相对于浮动汇率制度）；随着新兴经济体的金融发展程度提高，资本账户开放程度越高，越倾向于选择 CPNCB（相对于 BBMF）。上述估计结果与发展中经济体较多选择固定汇率制度、新兴经济体较多选择中间汇率制度以稳定名义汇率水平的经验事实一致。

（三）其他汇率制度间接影响机制与解释

本文进一步估计了其他变量间可能存在的间接影响机制，并发现积累外汇储备和经济中存在的扭曲与摩擦现象是非发达经济体具有较强汇率稳定倾向的重要原因和理论机制。本文基于式（6）进一步估计了解释变量、控制变量间所有可能的间接影响机制，并在图 3、图 4 中报告了统计上显著且影响强度在 "0.1" 数量级以上的估计结果。图 3 中蕴含许多有趣且重要的间接影响机制。首先，随着发展中经济体的外汇储备充足程度（*RESERVE*）提高，资本账户开放程度（*KAOPEN*）越高，越倾向于选择固定汇率制度（相对于浮动汇率制度）①；其次，随着发展中经济体的贸易开放度（*OPEN*）、贸易地理集中度（*ZHOUGOU*）和货币错配程度（*AECMLU*）的提高，资本账户开放程度越高，越倾向于选择固定汇率制度（相对于浮动汇率制度）。可见，上述间接影响机制的主要估计结果能够进一步解释大量发展中经济体有较强动机选择固定汇率制度以稳定名义汇率的事实。其内在经济学机制与解释为：发展中经济体存在明显的经济特征与金融摩擦，如经济开放度较高、贸易集中度较高、货币错配程度较高，因此，随着资本账户开放程度提高，快速的资本流动能够通过上述经济中的扭曲和摩擦现象对经济运行产生不利影

---

① 在发展中经济体样本的实际估计过程中，本文将浮动汇率制度作为基准汇率制度，具体地，浮动汇率制度设定为 0，固定汇率制度设定为 1，CPNCB 设定为 2，BBMF 设定为 3。图 3 中 *KAOPEN* 的 APE 估计结果为正值，因此，本文认为随着 *RESERVE*、*OPEN*、*ZHOUGON* 和 *AECMLU* 值的增加，*KAOPEN* 的值越大，发展中经济体更倾向于选择固定汇率制度（相对于浮动汇率制度）。

响，因而发展中经济体有较强的汇率稳定倾向，并通过不断累积外汇储备以实现在资本账户开放程度提高过程中保持汇率稳定的目标。

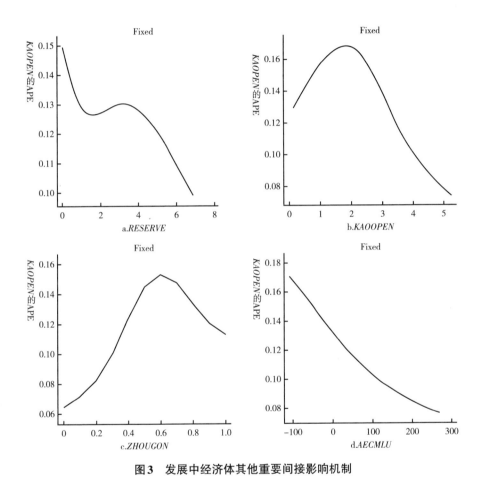

图3　发展中经济体其他重要间接影响机制

与发展中经济体相似，新兴经济体累积外汇储备和经济中存在的扭曲与摩擦现象是其有较强汇率稳定倾向的重要原因和理论机制，但新兴经济体更倾向于选择CPNCB而非固定汇率制度以实现汇率稳定目标。图4中报告了新兴经济体间接影响机制估计结果中统计上显著且影响强度在"0.1"数量级以上的估计结果，并发现累积外汇储备和经济中存在的扭曲与摩擦现象是新兴经济体具有较强汇率稳定倾向的重要原因和理论机制。首先，

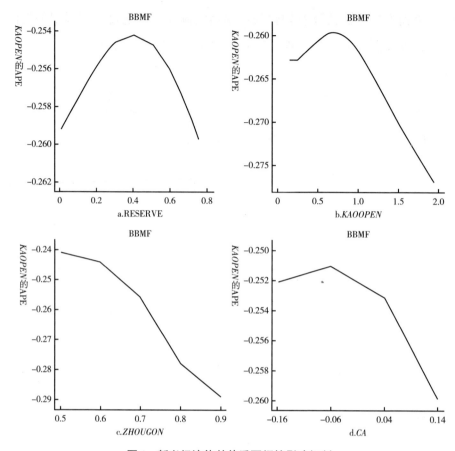

图4 新兴经济体其他重要间接影响机制

随着新兴经济体外汇储备充足程度（*RESERVE*）的提高，资本账户开放程度（*KAOPEN*）越高，越倾向于选择CPNCB汇率制度（相对于BBMF）①；其次，随着新兴经济体贸易开放度（*OPEN*）、贸易地理集中度（*ZHOUGOU*）和货币错配程度（*AECMLU*）的提高，资本账户开放程度越高，越倾向于CPNCB汇率制度（相对于BBMF）。可见，上述间接影响机制

① 在新兴经济体样本的实际估计过程中，本文将CPNCB作为基准汇率制度，具体地，CPNCB设定为0，固定汇率制度设定为1，BBMF设定为2，浮动汇率制度设定为3。图4中*KAOPEN*的APE估计结果为负值，因此，本文认为随着*RESERVE*、*OPEN*、*ZHOUGON*和*AECMLU*值的增加，*KAOPEN*的值越大，新兴经济体更倾向于选择CPNCB汇率制度（相对于BBMF）。

的主要估计结果能够进一步解释大量新兴经济体有较强动机选择中间汇率制度以稳定名义汇率的动机。其内在经济学机制与解释为：新兴经济体存在明显经济特征与金融摩擦，如经济开放度较高、贸易集中度较高、货币错配程度较高，因此，随着资本账户开放程度提高，快速的资本流动能够通过上述经济中的扭曲和摩擦现象对经济运行产生不利影响，因而新兴经济体有较强的汇率稳定倾向，但固定汇率制度在新兴经济体的可维持性较低，因此，新兴经济体通过不断累积外汇储备并选择CPNCB汇率制度以实现在资本账户开放程度提高过程中保持汇率稳定的目标。

七　主要结论、研究启示与政策含义

为什么非发达经济体有更多的政策目标——在追求适度资本开放与保持货币政策自治的同时，更倾向于通过有限灵活性的汇率安排来实现汇率稳定。经典"三元悖论"与最新"二元悖论"均没有关注非发达经济体具有较强汇率稳定倾向的重要事实，因而无法对上述事实给出充分的理论解释。本文通过在动态多元离散选择随机效应面板Logit模型引入状态依存特征，利用新方法识别汇率制度演进过程中的直接影响与间接影响机制，试图对Rey（2015，2016）、Ilzetzki等（2019，2021）和路继业等（2020）发现的非发达经济体具有较强汇率稳定倾向的新事实作出解释。

（一）主要结论

本文研究发现，真实状态依存、虚假状态依存、非状态依存因素中的直接影响机制和间接影响机制估计结果均能对非发达经济体汇率稳定倾向作出基于不同视角的新解释，这些理论机制的发现对深入理解和解释汇率制度演进中的新事实具有重要价值。

第一，真实状态依存的主要估计结果能够解释非发达经济体稳定名义汇率的事实。发展中经济体真实状态依存的两处估计结果统计上显著，其中一处估计结果含义为前一期选择CPNCB的发展中经济体，本期更倾向于继续选择CPNCB汇率制度。新兴经济体真实状态依存有三处估计结果显著，其含义均为前一期选择CPNCB的新兴经济体，本期无论面临何种选择，都更倾向于继续选择CPNCB汇率制度。可见，CPNCB汇率制度不仅能够稳定名义汇率水平，还能够对发展中经济体和新兴经济体产生持续性、结构性影响，并使发展中经济体和新兴经济体的经济结构和政策框架更适于稳定名义汇率的CPNCB制度。

第二，虚假状态依存的所有估计结果均能够解释非发达经济体稳定名义汇率的事实。发展中经济体随机效应估计结果表明，发展中经济体不可观测的经济结构特征使其更倾向于选择能够稳定名义汇率的CPNCB或BBMF汇率制度。新兴经济体随机效应估计结果表明，新兴经济体不可观测的经济结构特征使其更倾向于选择非浮动汇率制度，即固定汇率、CPNCB或BBMF汇率制度。

第三，非状态依存因素中直接影响机制的主要估计结果也能够对非发达经济体稳定名义汇率的事实作出进一步解释。资本账户开放程度APE的估计结果与经典理论预测不一致。如发展中经济体资本账户开放程度提高，其政策制定者更倾向于选择固定汇率制度；而新兴经济体资本账户开放程度提高，其政策制定者更倾向于选择CPNCB汇率制度。外汇储备充足程度APE的估计结果对不同发展阶段经济体汇率制度演进存在显著的差异性影响，并能对发展中经济体较强汇率稳定倾向作出解释。例如，发展中经济体外汇储备充足程度提高，其政策制定者更倾向于选择固定或BBMF汇率制度，但外汇储备充足程度对新兴经济体和发达经济体汇率制度演进的影响不显著。

第四，非状态依存因素中核心解释变量的间接影响机制对汇率制度演进的潜在影响机制而言重要且不可忽视。金融发展程度虽不能对非发达经济体汇率制度演进产生显著的直接影响，但其间接影响机制显著且重要，并且主要估计结果能够对发展中经济体、新兴经济体的汇率稳定倾向作出新的经验解释。例如，随着发展中经济体的金融发展程度提高，资本账户开放程度越高，越倾向于选择固定汇率制度；随着新兴经济体的金融发展程度提高，资本账户开放程度越高，越倾向于选择CPNCB汇率制度。上述核心解释变量间接影响机制的估计结果与发展中经济体较多选择固定汇率制度、新兴经济体较多选择中间汇率制度来稳定名义汇率水平的经验事实一致。

（二）研究启示

本文上述分析过程和结论有如下重要启示：第一，在离散选择模型中准确识别状态依存对汇率制度演进中真实影响机制而言具有重要意义。未引入状态依存的多元离散选择模型可能会高估各变量对汇率制度选择的真实影响，更进一步，将 Halton Draws 抽取次数设定为样本容量的 10% 能够更加有效地识别虚假状态依存。第二，非线性计量模型的边际效应可以更为直接地获得相关变量间接影响机制的估计方法，而间接影响机制对准确理解汇率制度演进的真实过程具有重要的作用。动态多元离散选择随机效应面板 Logit 为非线性计量模型框架，通过引入交乘项进而识别间接影响机制是不必要的技术设定，并且通过在非线性模型中求解交叉导数获得间接影响机制的经济学含义不清晰，不易于做出常规解读，而通过非线性计量模型的边际效应可以更为直接地获得相关变量间接影响机制的估计方法。第三，经典"三元悖论"与最新"二元悖论"主要是基于发达经济体的典型化事实与政策实践做出的理论预测，并不能对非发达经济的政策制定与汇率制度选择作出恰当的解释。理论界需要重新审视非发达经济体的经验事实与政策实践，并利用新方法对这些事实作出新解释。

（三）政策含义

本文主要结论与研究启示可以得出如下政策含义。

第一，汇率制度对宏观经济结构的持续性影响本身就是经济体汇率制度选择的重要影响因素，尤其是 CPNCB 这一特殊的中间汇率制度能够对非发达经济体的宏观经济结构与经济运行产生积极影响。本文真实状态依存估计结果表明 CPNCB 汇率制度不仅能够稳定名义汇率水平，还能够对发展中经济体和新兴经济体产生持续性、结构性影响，并使其经济结构和政策框架更适于稳定名义汇率的 CPNCB 制度。能够稳定名义汇率水平的中间汇率制度并不必然具有引发危机的倾向，经典汇率制度选择理论低估了能够稳定名义汇率的汇率安排具有的重塑宏观经济结构、促进宏观经济稳定的功能。

第二，非发达经济体某些不可观测的经济结构特征或经济冲击的独特性质使其更倾向于选择非弹性汇率制度。本文虚假状态依存估计结果表明发展中经济体不可观测的经济结构特征使其更倾向于选择中间汇率制度，而新兴经济体样本不可观测的经济结构特征使其更倾向于选择固定汇率或中间汇率制度。因此，非发达经济体大量、长期采用非弹性汇率制度的一个可能的经济机制是当经济中存在大量摩擦、扭曲现象或贸易冲击时，稳定名义汇率是保证其他宏观经济政策工具有效、保持宏观经济稳定的重要条件。

第三，经典汇率制度选择理论低估了能够稳定名义汇率的汇率安排具有的重塑宏观经济结构、促进宏观经济稳定的功能。经典汇率制度选择理论提出经济结构和经济冲击是影响汇率制度选择的重要因素，认为能够稳定名义汇率的中间汇率制度具有引发危机的倾向。但本文研究结果表明，真实状态依存、虚假状态依存、非状态依存因素中的直接影响机制和间接影响机制估计结果均能对非发达经济体的汇率稳定倾向作出基于不同视角的解释，这些理论机制的发现对深入理解和解释汇率制度演进中的新事实具有重要的价值。

第四，最优汇率制度选择并不必然只遵循由固定到中间再到浮动的路径，一国政策制定者应根据经济运行的基本面（如资本流动、外汇储备、货币错配和金融市场发展水平）、经济冲击的性质和持续性（虚假状态依存）、宏观政策框架的成熟度（真实状态依存）选择最适合的汇率制度。本文间接影响机制估计结果的一个重要发现是，发展中经济体通过不断积累外汇储备以实现资本账户开放程度不断提高的同时，通过固定汇率制度来稳定名义汇率水平，并由此获得较高的经济绩效。因此，经典理论主要是基于发达经济体的经验观察和理论研究，并不能对所有发展阶段经济体的汇率制度选择作恰当的解释，尤其不适用于发展中经济体和新兴经济体。

第五，2015年"8·11汇改"以来，中国货币当局从汇改最初偏向自由浮动汇率又回到了有管理浮动这一中间汇率制度，这一调整有其内在合理性。只有那些外汇储备充足、不存在货币错配问题、金融市场发展水平较高、宏观调控政策框架较为成熟的发达经济体才能在浮动汇率制度框架下获得良好的经济绩效。

参考文献

［1］ 何光辉、杨何灿，2022，《中国境内人民币汇率弹性及其市场机制研究》，《数量经济技术经济研究》第12期。

［2］ 刘晓辉、张璟，2015，《民主、政治不稳定与害怕浮动》，《经济学（季刊）》第3期。

［3］ 路继业、杜两省，2010，《货币政策可信性与汇率制度选择：基于新政治经济学的分析》，《经济研究》第8期。

［4］ 路继业、张冲、张娆，2020，《软钉住还是两极化：汇率制度演进中被淡忘的事实与解释》，《世界经济》第8期。

［5］ 马振宇、高崧耀，2023，《利率冲击还是风险冲击：谁驱动了一国宏观经济波动》，《中国经济学》第2辑。

［6］ Ai C., Norton E. C. 2003. "Interaction Terms in Logit and Probit Models." *Economics Letters* 80(1): 123–129.

［7］ Benigno P., Schilling L. M., Uhlig H. 2022. "Cryptocurrencies, Currency Competition, and the Impossible Trinity." *Journal of International Economics* 136: 103601.

［8］ Berdiev A. N., Kim Y., Chang C. P. 2012. "The Political Economy of Exchange Rate Regimes in Developed and Developing Countries." *European Journal of Political Economy* 28(1): 38–53.

［9］ Berry W. D., DeMeritt J. H., Esarey J. 2016. "Bias and Overconfidence in Parametric Models of Interactive Processes." *American Journal of Political Science* 60(2): 521–539.

［10］ Berry W. D., DeMeritt J. H. R., Esarey J. 2010. "Testing for Interaction in Binary Logit and Probit Models: Is a Product Term Essential?" *American Journal of Political Science* 54(1): 248–266.

［11］ Bhat C. R. 2001. "Quasi-random Maximum Simulated Likelihood Estimation of the Mixed Multinomial Logit Model." *Transportation Research Part B: Methodological* 35 (7): 677–693.

［12］ Boyer R. S. 1978. "Optimal Foreign Exchange Market Intervention." *Journal of Political*

Economy 86(6): 1045–1055.

[13] Broz J. L., Frieden J. 2001. "The Political Economy of International Monetary Relations." *Annual Review of Political Science* Vol.4: 317–343.

[14] Calvo G. A., Reinhart C. M. 2002. "Fear of Floating." *The Quarterly Journal of Economics* 117(2): 379–408.

[15] Chinn M. D., Ito H. 2006. "What Matters for Financial Development? Capital Controls, Institutions, and Interactions." *Journal of Development Economics* 81(1): 163–192.

[16] Chiou L. C. 2005. "Empirical Essays in Industrial Organization." *Massachusetts Institute of Technology.*

[17] Czajkowski M., Budziński W. 2019. "Simulation Error in Maximum Likelihood Estimation of Discrete Choice Models." *Journal of Choice Modelling* 31: 73–85.

[18] Davis J. S., Fujiwara I., Wang J. 2018. "Dealing with Time Inconsistency: Inflation Targeting Versus Exchange Rate Targeting." *Journal of Money, Credit and Banking* 50 (7): 1369–1399.

[19] Eichengreen B., Razo-Garcia R. 2006. "The International Monetary System in the Last and Next 20 Years." *Economic Policy* 21(47): 394–442.

[20] Fleming J. M. 1962. "Domestic Financial Policies under Fixed and under Floating Exchange Rates." *IMF Staff Papers* 9(03): 369–380.

[21] Frieden J. 2007. "Globalization and Exchange Rate Policy." *The Future of Globalization: Explorations in Light of Recent Turbulence* 344.

[22] Frieden J. 2008. "Globalization and Exchange Rate Policy." *The Future of Globalization* Routledge: 362–375.

[23] Ganapolsky E. J. 2003. "Optimal Fear of Floating: The Role of Currency Mismatches and Fiscal Constraints." *Federal Reserve Bank of Atlanta Working Paper* No. 31.

[24] Giavazzi F., Pagano M. 1988. "The Advantage of Tying One's Hands: EMS Discipline and Central Bank Credibility." *European Economic Review* 32(5): 1055–1075.

[25] Goldstein M., Turner P. 2017. "Measuring Currency Mismatch and Aggregate Effective Currency Mismatch." *Trade, Currencies, and Finance* 437–482.

[26] Gong L., Fan W. D. 2017. "Modeling Single-vehicle Run-off-road Crash Severity in Rural Areas: Accounting for Unobserved Heterogeneity and Age Difference." *Accident Analysis & Prevention* 101: 124–134.

[27] Gong X. D., Soest A. V., Villagomez E. 2004. "Mobility in the Urban Labor Market: A Panel Data Analysis for Mexico." *Economic Development and Cultural Change* 53(1): 1–36.

［28］Greene W. 2001. "Fixed and Random Effects in Nonlinear Models." New York University, Leonard N. Stern School Finance Department Working Paper Seires 01-01.

［29］Greene W. 2010. "Testing Hypotheses about Interaction Terms in Nonlinear Models." *Economics Letters* 107(2): 291-296.

［30］Greene W. 2012. "Econometric Analysis." *Journal of Boston: Pearson Education.*

［31］Habermeier K. F., Kokenyne A., Veyrune R. M., Anderson H. J. 2009. "Revised System for the Classification of Exchange Rate Arrangements." *IMF Working Papers* 2009(211).

［32］Hagen V., Zhou J. 2007. "The Choice of Exchange Rate Regimes in Developing Countries: a Multinomial Panel Analysis." *Journal of International Money and Finance* 26 (7): 1071-1094.

［33］Han X., Wei S. 2018. "International Transmissions of Monetary Shocks: Between a Trilemma and a Dilemma." *Journal of International Economics* 110: 205-219.

［34］Hausmann R., Panizza U., Stein E. 2001. "Why Do Countries Float the Way They Float?" *Journal of development economics* 66(2): 387-414.

［35］Heckman J. 1981a. *Statistical Models for Discrete Panel Data.* London: the MIT Press.

［36］Heckman J. 1981b. *The Incidental Parameters Problem and the Problem of Initial Conditions in Estimating a Discrete Choice Time-discrete Data Stochastic Process.* London: the MIT Press.

［37］Heller H. R. 1978. "Determinants of Exchange Rate Practices." *Journal of Money, Credit and Banking* 10(3): 308-321.

［38］Hensher D., Rose J., Greene W. 2015. *Applied Choice Analysis.* Cambridge University Press.

［39］Holden P., Holden M., Suss E. C. 1979. "The Determinants of Exchange Rate Flexibility: An Empirical Investigation." *The Review of Economics and Statistics*: 327-333.

［40］Hossain M. 2009. "Institutional Development and the Choice of Exchange Rate Regime: A Cross-country Analysis." *Journal of the Japanese and International Economies* 23(1): 56-70.

［41］Husain A. M., Mody A., Rogoff K. S. 2005. "Exchange Rate Regime Durability and Performance in Developing Versus Advanced Economies." *Journal of Monetary Economics* 52(1): 35-64.

［42］Ilzetzki E., Reinhart C., Rogoff K. 2019. "Exchange Arrangements Entering the Twenty-first Century: Which Anchor will Hold?" *The Quarterly Journal of Economics* 134(2): 599-646.

［43］Ilzetzki E., Reinhart C. M., Rogoff K. S. 2021. "Rethinking Exchange Rate Regimes."

National Bureau of Economic Research Working Paper 29347.

［44］ Karaca-Mandic P., Norton E. C., Dowd B. 2012. "Interaction Terms in Nonlinear Models." *Health Services Research* 47(1): 255-274.

［45］ Kenen P. B. 1969. *The Theory of Optimum Currency Areas: An Eclectic View.* University of Chicago Press.

［46］ Krugman P. 1979. "A Model of Balance-of-payments Crises." *Journal of Money, Credit and Banking* 11(3): 311-325.

［47］ Krugman P. 1999. "Canada: A Neglected Nation Gets Its Nobel." *Slate Magazine.*

［48］ Lane P. R., Milesi-Ferretti G. M. 2018. "The External Wealth of Nations Revisited: International Financial Integration in the Aftermath of the Global Financial Crisis." *IMF Economic Review* 66(1): 189-222.

［49］ Levy-Yeyati E., Sturzenegger F., Reggio I. 2010. "On the Endogeneity of Exchange Rate Regimes." *European Economic Review* 54(5): 659-677.

［50］ Markiewicz A. 2006. "Choice of Exchange Rate Regime in Transition Economies: An Empirical Analysis." *Journal of Comparative Economics* 34(3): 484-498.

［51］ McFadden D. 1981. *Econometric Models of Probabilistic Choice*, Cambridge: MIT Press.

［52］ McKinnon R. I. 1963. "Optimum Currency Areas." *The American Economic Review* 53 (4): 717-725.

［53］ McKinnon R. I. 1981. "The Exchange Rate and Macroeconomic Policy: Changing Postwar Perceptions." *Journal of Economic Literature* 19(2): 531-557.

［54］ Mize T. D. 2019. "Best Practices for Estimating, Interpreting, and Presenting Nonlinear Interaction Effects." *Sociological Science* 6(4): 81-117.

［55］ Mundell R. A. 1963. "Capital Mobility and Stabilization Policy under Fixed and Flexible Exchange Rates." *The Canadian Journal of Economics and Political Science* 29 (4): 475-485.

［56］ Nagler J. 1991. "The Effect of Registration Laws and Education on US Voter Turnout." *The American Political Science Review*: 1393-1405.

［57］ Obstfeld M., Rogoff K. 1995. "Exchange Rate Dynamics Redux." *Journal of Political Economy* 103(3): 624-660.

［58］ Plümper T., Troeger V. E. 2008. "Fear of Floating and the External Effects of Currency Unions," *American Journal of Political Science* 52(3): 656-676.

［59］ Rainey C. 2016. "Compression and Conditional Effects: A Product Term Is Essential When Using Logistic Regression to Test for Interaction." *Political Science Research and Methods* 4(3): 621-639.

［60］Reinhart C. M., Rogoff K. S. 2004. "The Modern History of Exchange Rate Arrangements: A Reinterpretation." *Quarterly Journal of Economics* 119(1): 1–48.

［61］Rey H. 2015. "Dilemma not Trilemma: The Global Financial Cycle and Monetary Policy Independence." NBER Working Paper No. 21162.

［62］Rey H. 2016. "International Channels of Transmission of Monetary Policy and the Mundellian Trilemma." *IMF Economic Review* 64(1): 6–35.

［63］Shambaugh J. C. 2004. "The Effect of Fixed Exchange Rates on Monetary Policy." *Quarterly Journal of Economics* 119(1): 301–352.

［64］Swoboda A. K. 1986. "International Monetary Issues: Credibility and Viability in International Monetary Arrangements: Guest Article." *Finance & Development* 23(3).

［65］Taylor S. G., Russo B. J., James E. 2018. "A Comparative Analysis of Factors Affecting the Frequency and Severity of Freight-involved and Non-freight Crashes on a Major Freight Corridor Freeway." *Transportation Research Record* 2672(34): 49–62.

［66］Train K. E. 2002. *Discrete Choice Methods with Simulation*. Cambridge University Press.

［67］Wolfinger R. E., Rosenstone S. J. 1980. *Who Votes?* Yale University Press.

［68］Wooldrige J. M. 2010. *Econometric Analysis of Cross Section and Panel Data*. The MIT Press.

（责任编辑：李兆辰）

要素禀赋和产业结构的匹配与经济增长

——基于跨国面板数据的实证分析

黄允爵　叶德珠*

摘　要： 新结构经济学的核心推论认为，产业结构只有与要素禀赋结构相匹配，才能实现经济的可持续、快速增长。本文为验证这一推论，利用全球国家和地区面板数据，构建要素禀赋—产业结构匹配度指标，研究要素禀赋结构与产业结构的匹配关系及其经济增长效应。实证发现：一国的产业结构与要素禀赋结构越相匹配，人均GDP增长速度越快，且这一经济增长效应在中、低发展水平国家中更为显著；与传统讨论两变量相互影响的交乘项方法相比，本文构建的匹配度指标更能体现产业结构与要素禀赋结构的匹配关系，对经济增长的解释力度更大；要素禀赋—产业结构差距与经济增长存在倒"U"形关系，两者差距为0时是最优匹配点，侧面印证了本文匹配度指标的合理性。本文的研究发现为新结构经济学的重要理论推论提供了经验证据，将为各国尤其是发展中国家经济发展战略的制定提供经验依据。

关键词： 要素禀赋结构　产业结构　结构匹配　经济增长

一　引言

何为最优产业结构？当前理论文献并没有统一的定论（Stiglitz，2011；

* 黄允爵，讲师，肇庆学院经济与管理学院，电子邮箱：huangyunjue@zqu.edu.cn；叶德珠（通讯作者），教授，暨南大学经济学院，电子邮箱：gzydz@126.com。本文获得国家社会科学基金重点项目（19AJY026）的资助。感谢匿名审稿专家的宝贵意见，文责自负。

余永定，2013；贾根良，2018）。从现实看，没有任何一个发达国家的产业结构是偏向劳动密集型的，也没有任何一个经济快速增长的发展中国家产业结构不向资本密集型演变，似乎直接建立与发达国家看齐的资本密集型产业结构是合适的。但在实践上，遵循这一思路的发展中国家都遭遇了失败，即使享受了产业高级化带来的短期红利，最终也不可避免地陷入"中等收入陷阱"（林毅夫，2010；叶德珠等，2019）。相反，作为发展中国家的重要一员，中国自改革开放以来凭借外贸市场的"订单"驱动，劳动密集型产业结构逐步升级，实现了长达40多年的经济高速增长。

为解释这种现象，新结构经济学指出，发展中国家的经济基础决定了其要素禀赋结构存在资源约束，难以支撑产业结构高级化（林毅夫，2010；Lin，2014）。很多发展中国家难以维持经济稳定增长，一个重要的原因就是错误地倒果为因，把发达国家在经济发展到一定阶段后表现出的"产业结构高级化"结果，归结为发达国家能够持续经济高速增长的原因（林毅夫，2002；Lin 和 Tan，1999）。这些发展中国家模仿发达国家的产业模式，在自身资本要素相对匮乏的经济环境中，强行发展资本密集型产业，与所处发展阶段要素禀赋结构所决定的比较优势相悖，结果就是经济发展停滞，甚至倒退（林毅夫和李永军，2003）。由于一个经济体所具有的要素禀赋结构在某一发展阶段是给定的，决定了生产要素的相对价格，从而决定了产业中的要素投入和所使用的技术（林毅夫和张鹏飞，2006；林毅夫，2010）。产业的发展只有更多地使用本国相对丰富的生产要素与相应的生产技术，才能降低企业的生产成本、加快剩余积累，最终实现经济快速增长（申广军，2016）。Ju 等（2015）按照这一思路提出要素禀赋结构内生驱动产业动态变迁的最优产业结构理论，强调通过资本积累实现的要素禀赋结构转变是产业层面发生结构性变化的根本驱动力。因而与所处发展阶段要素禀赋结构相匹配的产业结构才是具有比较优势的最优产业结构，从而持续促进经济增长（林毅夫，2017）。

新结构经济学分析框架能够较为逻辑一致地解释发展中国家与发达国家的产业结构差异以及发展中国家努力优化产业结构的成败，尤其是符合中国增长现实，因此获得了广泛的关注（王丽莉和文一，2017；杨子荣和张鹏杨，2018；王勇和沈仲凯，2018；Xu 和 Hubbard，2018）。但目前关于产业结构与要素禀赋结构的内生匹配关系还停留在理论层面（付才辉，2018；王勇和沈仲凯，2018；Ju 等，2015），对于现实的指导也局限于某一经济体某一时间阶段的案例分析，缺少国家层面大样本的实证支持，其主要原因可能在于对产业结构与要素禀赋结构的匹配度的度量仍存在瓶颈。

本文综合社会学和经济学文献，借鉴婚姻经济学的婚姻匹配衡量思路，尝试利用排序匹配等方法来捕捉产业结构与要素禀赋结构的内生匹配关系，并实证验证这一匹配关系对经济可持续增长的影响，主要研究发现有：①产业结构与要素禀赋结构的匹配程度越高，人均 GDP 增长速度越快；②与传统使用要素禀赋结构—产业结构的简单交乘项相比，本文构建的匹配度指标更好地捕捉到了产业结构与要素禀赋结构的匹配关系，对经济增长的解释力度更大；③产业结构与要素禀赋结构的差距与经济增长存在倒"U"形关系，当产业结构与要素禀赋结构的差距足够小时，人均 GDP 增长率达到极大值，侧面验证了匹配度指标的合理性；④要素禀赋—产业结构匹配度的经济增长效应在人均 GDP、人均收入处于低水平和中等水平的发展中经济体中更为显著。本文还通过动态面板 GMM 方法对可能的内生性问题进行处理，并采用不同衡量指标、改变匹配方式和选择不同样本等方法进行稳健性检验，加强结果的可信度。

本文可能的贡献在于：①测度了产业结构与要素禀赋结构的匹配关系，同时实证了这一匹配关系的经济增长效应，为新结构经济学关于"只有产业结构与要素禀赋结构相匹配，经济发展才能实现可持续快速增长"的核心推论提供了现实证据，夯实了该理论的经验基础；②构建的匹配度指标比传统的要素禀赋—产业结构的简单交乘项方法对经济增长的解释力度更大，同时也能更方便地进行更深入的各种调节效应分析，为不同类型国家产业结构优化提供经验指引，这种匹配度的衡量方法也可为更为广泛的议题提供借鉴；③在现实意义上，本文的发现解释了 20 世纪 90 年代以来世界上众多发展中国家深陷"中等收入陷阱"的问题，同时揭示了产业结构与要素禀赋结构相匹配作为经济发展的前提条件不容忽视，以及结构错配可能会对经济发展造成负增长的现实问题，以期为发展中国家完善发展战略提供经验证据。

二 典型性事实

在新结构经济学的理论假设下，产业结构应当内生决定于要素禀赋结构。当经济体的人均资本存量较低时，内生的产业结构为劳动密集型；当经济体的人均资本存量较高时，内生的产业结构为资本密集型。在要素价格能够充分反映要素价值时，这是符合要素禀赋结构比较优势的最优产业结构安排。在新结构经济学关于"产业结构内生决定于要素禀赋结构"的基本框架下，可以预期，如果全球各经济体按照这一逻辑对产业结构进行安排，在全球样本的范围内，应该能够观察到产业结构与要素禀赋结构一一对应的关系，以及发展中国家与发达国家在产业结构与要素禀赋结构在分布上的明显差异，即发达国家的要素禀赋结构与产业结构都应该更偏向于资本密集型，而发展中国家则偏向于劳动密集型。

为验证各个国家和地区的产业结构是否按照要素禀赋结构进行最优安排，本文将1990~2017年全球国家和地区作为研究对象，观测发达国家与发展中国家的要素禀赋结构与产业结构在分布上的差异。结果发现，世界上大部分发展中国家并不符合这一理论要求，存在要素禀赋与产业的结构错配现象。图1展示了世界各经济体1990~2017年要素禀赋结构与产业结构核密度分布情况。经合组织（OECD）国家在要素禀赋结构的分布上要远远领先于非OECD国家，这是人均资本存量不断积累的结果（见图1a）。在产业结构上，OECD国家的峰值仅仅略微高于非OECD国家，非OECD国家普遍采取了向发达国家看齐的产业结构安排（见图1b）。通过对比发达国家与发展中国家的产业结构与要素禀赋结构在分布上的差异，可以发现大多数发展中国家的产业结构均偏离了自身要素禀赋结构，并非当前的最优结构安排。这种不符合经济基础的产业结构安排可能背离了经济体要素禀赋结构所具有的潜在比较优势，是导致发展中国家陷入"中等收入陷阱"、经济发展停滞的重要原因。

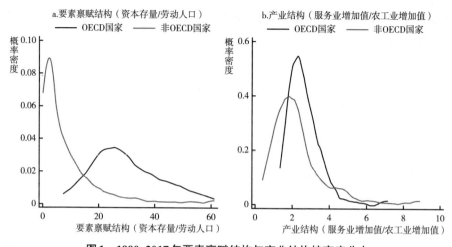

图1　1990~2017 年要素禀赋结构与产业结构核密度分布

注：世界各经济体的要素禀赋结构与产业结构核密度分布情况。其中，要素禀赋结构（资本存量/劳动人口）、产业结构（服务业增加值/农工业增加值）均做了 1% 水平上的截尾以及 5 年时间窗口的平均处理。

　　在确认全球范围内发展中国家普遍存在产业结构与要素禀赋结构的结构错配现象后，本文将进一步计算各个国家和地区的要素禀赋—产业结构匹配度指标，捕捉两者间的结构匹配关系，并观测发达国家与发展中国家之间、正增长国家与负增长国家之间是否存在结构匹配度的差异。在新结构经济学关于"产业结构只有与要素禀赋结构相匹配，才能实现经济的可持续、快速增长"的理论假设下，可以预期，与负增长国家相比，高增长国家的产业结构与要素禀赋结构的匹配程度应该更高。同时，产业结构与要素禀赋结构的匹配程度越高，则经济增长速度应该越快。

　　为验证这一假设理论，本文利用排序匹配方法计算了各国的要素禀赋—产业结构匹配度指标，观测其在正增长国家与负增长国家的分布差异，以及与经济增长的相关关系。图 2a 为正增长和负增长两种增长类型国家的要素禀赋—产业结构匹配度分布情况，负增长国家的匹配度峰值出现在正增长国家的左边，相对应的结构匹配情况要更差。同时，负增长国家的左尾偏肥，结构严重错配情况相对较多。图 2b 为人均 GDP 增长率对要素禀赋—产业结构匹配度的回归情况，整体上匹配度指标与人均GDP增长率呈显著正向关系，即产业结构与要素禀赋结构越相匹配，经济增长速度越快。与OECD国家分布集中在匹配度头部相比，非OECD国家的匹配度与增长关系较为发散，同时也存在更多的结构错配情况。基于要素禀赋—产业结构匹配度在负增长国家中更差，以及其与经济增长的正向线性关系，可以初步证明"产业结构只有与要素禀赋结构相匹配，才能实现经济的可持续、快速增长"的理论假设。产业结构与要素禀赋结构的相互匹配是经济可持续、快速增长的前提。脱离要素禀赋结构基础建立相对高级的产业结构甚至会适得其反，导致经济负增长。

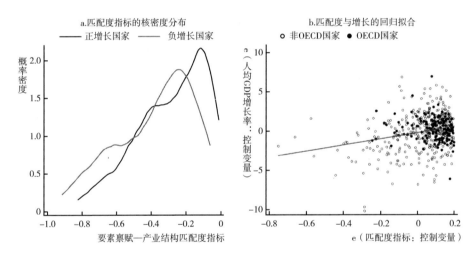

图2 要素禀赋—产业结构匹配度与经济增长

注：图2a为不同增长类型国家的匹配度分布情况，5年平均人均GDP增长率超过3%为正增长国家，低于−3%为负增长国家。图2b为人均GDP增长率对要素禀赋—产业结构匹配度的基准回归结果，所有变量均做5年窗口的平均处理；要素禀赋—产业结构匹配度由要素禀赋结构（资本存量/劳动人口）和产业结构（服务业增加值/农工业增加值）计算得到；拟合线由混合回归得到。

三 文献综述与理论分析

上述对于全球范围内的要素禀赋结构、产业结构，以及两者间的结构匹配关系及其经济增长效应的观测结果表明，全球范围内存在产业结构偏离要素禀赋结构所内生决定的最优结构安排这一现象；同时初步证明了新结构经济学关于"产业结构只有与要素禀赋结构相匹配，才能实现经济的可持续、快速增长"这一重要推论。但仍需要对这一推论进行系统的回顾与分析，以期能对两个重要的现实现象，即国际间经济发展存在的巨大差异、以中国为代表的一些发展中国家的高增长现象做出逻辑一致的解释。

新结构经济学得以解释和指导发展中国家如何发展的基本理论框架在于产业结构与要素禀赋结构的内生匹配关系。结构主义强调产业结构升级中的政府主导地位，以及新自由主义提出放任市场自由的华盛顿共识，在实践中均宣告失败（苏剑，2012）。林毅夫（2010）提出新的理论框架，通过将经济体结构的差异与变迁内生化于要素禀赋结构的差异来解释发达国家与发展中经济体在产业结构、技术水平和经济发展等方面的差异。基于这一理论，已有文献对产业结构与要素禀赋结构之间的内生匹配关系展开了许多探讨。徐朝阳和林毅夫（2010）在新古典增长模型基础上，引入了Ramsey问题框架，研究该发展战略如何影响产业结构升级以及经济发展绩效。结果表明：产业结构内生于要素禀赋结构，且随着要素禀赋结构的升级而升级。政府偏离要素禀赋结构优先发展重工业，将导致资源配置的扭曲和经济发展的低效。苏杭等（2017）从投入—产出的角度分析了要素投入在产业升级中的作用，发现产业结构升级的本质就是要素禀赋结构的升级，发展中国家只有沿着最优比较优势的动态轨迹才能实现要素禀赋结构与产业结构的升级。吕明元等（2018）通过实证证明了产业结构内生决定于要素禀赋结构，违背要素禀赋结构的比较优势发展产业会阻碍产业结构的高级化、合理化和可持续化。

要素禀赋结构内生决定产业结构的逻辑在于：由于一个经济体所具有的要素禀赋结构在某一发展阶段是给定的，一方面存在一定的资源约束，限制了生产要素的可投入总量；另一方面决定了生产要素的相对价格，从而决定了产业中各要素的投入比例和所使用的最优技术（林毅夫，2002；王林辉等，2015）。因此，一个经济体的要素禀赋结构决定了当前阶段的最优产业结构与最优技术。如发展中国家的资本要素相对稀缺，而劳动要素相对廉价，同时在技术升级上具有后发优势，这就决定了这种要素禀赋结构的比较优势在于发展劳动密集型产业；而发达国家具有先行者的优势，长期的积累使其拥有相对丰富的物质资本和技术储备，同时劳动力也相对昂贵，这种比较优势就决定了其最优产业结构应该偏向于资本密集型。当一个资本稀缺、劳动力廉价的发展中经济体试图直接建立与发达国家类似的资本密集型产业时，由于与其在国际市场中所具有的比较优势相悖，这类产业不具有自生能力，其存续需要通过政府不断的资金投入来维持（林毅夫，2002；林毅夫，2017）。存在资源约束的经济基础注定这类产业将在政府停止或无力支持时走向衰败，经济结构不可避免地将出现坍塌。许多发展中国家盲目追求产业高级化，在享受短期的产业建设红利后，陷入"中等收入陷阱"，导致经济停滞乃至需要承受负增长的经济恶果（林毅夫等，1994）。因此，内生于要素禀赋结构的产业结构才是所处发展阶段的最优产业结构。

由于要素禀赋结构内生决定了最优产业结构，发展中国家想要实现经济的可持续、快速增长，就必须选择循序渐进式发展战略：以要素禀赋结构升级带动产业结构升级，以产业结构发展为要素禀赋结构完成升级所必要的积累（Ju 等，2015）。一般来说，发展中国家资本会相对昂贵、劳动力会相对便宜，因此其只有发展符合这一规律的劳动密集型产业在国际分工和贸易中才具有潜在的比较优势（鞠建东等，2004；傅京燕和李丽莎，2010）。这一优势会驱使企业自发进入相关产业，并且这些企业将拥有自生能力，能够在竞争市场中存续。在此基础上，有为政府会通过制定相适应的产业政策和建设软硬设施来降低企业交易成本，将要素禀赋结构所具有的潜在比较优势转化为产业结构的竞争优势（林毅夫，2017）。企业能够在市场中获利，并实现技术引进和资本积累。同时，对丰裕要素的不断使用会改变要素禀赋的相对丰富程度，从而导致其市场价格发生相应的变化，进而促使经济体的要素禀赋结构和比较优势向资本密集型转变，最终实现内生产业的结构跃迁（冯梅，2012）。相反，如果简单地模仿发达国家的产业发展模式，盲目追求前沿科技，那么产业技术结构与要素结构的不匹配将带来收入分配恶化与经济增长变缓（李飞跃，2012）。

因此，发展中经济体只有遵循产业结构与要素禀赋结构循环升级这一发展路径，才能实现较发达国家更快的经济结构变迁和经济快速增长。这一发展路径能够逻辑一致的解释发达国家与发展中国家的产业结构升级与经济增长：发达国家得益于丰富的资本积累与技术储备，有条件将大量资本投向 IT、通信等高新技术行业，完成从劳动密集型产业向资本密集型产业的转变，而像轻工业、制造业等需要大量劳动力的产业则逐渐向发展中国家转移。同时，一些发展中国家，如中国充分发挥了本国要素禀赋结构中资本相对稀缺、劳动力相对廉价的比较优势，通过制定合适的产业政策，外加外贸订单的刺激，大力发展发达国家所放弃的轻工业与制造业，从而创造了自改革开放以来令世界瞩目的 40 多年高速增长的奇迹。因此，产业结构与要素禀赋结构的内生关系决定了：产业结构只有与要素禀赋结构相匹配，才能实现经济的可持续、快速增长。

四　要素禀赋与产业结构的匹配及其衡量

（一）要素禀赋—产业结构的匹配

如何衡量要素禀赋结构与产业结构的匹配关系存在技术难点，直接关系到能否从实证上为新结构经济学相关理论提供证据。为此，本文借鉴 Li 等（2010）的思路，利用资本与劳动力、服务业与非服务业的两部门模型来分析产业结构与要素禀赋结构的匹配关系，为实证设计中要素禀赋—产业结构匹配度指标的构建提供理论支撑。

考虑规模报酬不变的柯布—道格拉斯生产函数如 $Y = AK^{\alpha}L^{(1-\alpha)}$。$\alpha$ 和 $1-\alpha$ 分为资本 K 和劳动力 L 的产出弹性系数，当 $\alpha > 1-\alpha$ 时，为资本密集型产出；当 $\alpha < 1-\alpha$ 时，为劳动密集型产出。同时考虑在开放经济的小国中，资本要素与劳动力要素的价格分别为 P_K 和 P_L 且给定，两种类型要素可以在不同部门间自由流动。

经济体的产出可以简单分为资本密集型产业 Y_S 与劳动密集型产业 Y_{US}，即 $Y = Y_S + Y_{US}$，且两种类型产业的产出函数均与总产出一致，为规模报酬不变的 CD 生产函数：

$$Y_S = AK_S{}^\alpha L_S{}^{1-\alpha}, Y_{US} = BK_{US}{}^\beta L_{US}{}^{1-\beta} \tag{1}$$

其中，K 和 L、α 和 β 满足 $K = K_S + K_{US}$；$L = L_S + L_{US}$；$\alpha > \beta$。

由于要素价格给定且可以在不同部门间流动，当资本与劳动力要素在资本密集型产业与劳动密集型产业中的要素边际产出分别相等时达到均衡：

$$\frac{\partial Y_S}{\partial K_S} = \frac{\partial Y_{US}}{\partial K_{US}} = r, \frac{\partial Y_S}{\partial L_S} = \frac{\partial Y_{US}}{\partial L_{US}} = w \tag{2}$$

联立式（1）和式（2）可以解出用总资本 K 和总劳动 L 联合表示的资本密集型产业 Y_S 和劳动密集型产业 Y_{US} 的均衡状态产出 $\bar{Y}_S$ 和 $\bar{Y}_{US}$：

$$\bar{Y}_S = \begin{cases} 0, & \frac{K}{L} \leqslant I \\ B\dfrac{J^2}{J-I}(K-IL), & I < \frac{K}{L} < J \\ Y, & \frac{K}{L} \geqslant J \end{cases}, \quad \bar{Y}_{US} = \begin{cases} 0, & \frac{K}{L} \geqslant J \\ C\dfrac{I^2}{J-I}(JL-K), & I < \frac{K}{L} < J \\ Y, & \frac{K}{L} \leqslant I \end{cases} \tag{3}$$

由此，可得到均衡状态时产业结构 $\dfrac{\bar{Y}_S}{\bar{Y}_{US}}$（简写为 $\bar{s}$）与要素禀赋结构 $\dfrac{K}{L}$（简写为 e）的匹配关系函数 $M: e \rightarrow (I, J)$ 及其斜率：

$$M(e) = \sigma \cdot \frac{e-I}{J-e}, I < e < J \tag{4}$$

$$\frac{dM(e)}{de} = \sigma \cdot \frac{J-I}{(J-e)^2} \tag{5}$$

其中，$\sigma = \dfrac{1-\beta}{1-\alpha}$；$I = \left[\left(\dfrac{\beta}{\alpha}\right)^\alpha \cdot \left(\dfrac{1-\alpha}{1-\beta}\right)^{\alpha-1} \cdot \dfrac{B}{A} \right]^{\frac{1}{\alpha-\beta}}$；

$$J = \left[\left(\frac{\beta}{\alpha}\right)^\beta \cdot \left(\frac{1-\alpha}{1-\beta}\right)^{\beta-1} \cdot \frac{B}{A} \right]^{\frac{1}{\alpha-\beta}}。$$

根据式（4）和式（5）可知，当 $s = M(e)$，即市场达到均衡时，有产业结构 s 与要素禀赋结构 e 之间存在一一对应且严格递增的函数关系。当且仅

当 $I < e < J$ 时，资本密集型产业与劳动密集型产业同时存在，形成一定比例的产业结构；当 $e \leqslant I$ 时，有 $\bar{Y}_S = 0$ 与 $\bar{Y}_{US} = Y$，经济体中仅存在劳动密集型产业，其产出为经济体的总产出；当 $e \geqslant J$ 时，有 $\bar{Y}_{US} = 0$ 与 $\bar{Y}_S = Y$，经济体中仅存在资本密集型产业，其产出为经济体的总产出。在不同要素禀赋结构条件下，都存在与之相匹配的最优产业结构。如图 3 中，对于要素禀赋结构 e_1，与之匹配的最优产业结构为 s_1；对于要素禀赋结构 e_2，与之匹配的最优产业结构为 s_2。

综上所述，可以得到以下推论：只要给定一个经济体在某个时点的要素禀赋结构，都存在唯一的最优产业结构与之相匹配；当且仅当产业结构与要素禀赋结构处于最优匹配曲线时，劳动力要素与资本要素的边际产出相等，总产出达到最大化。

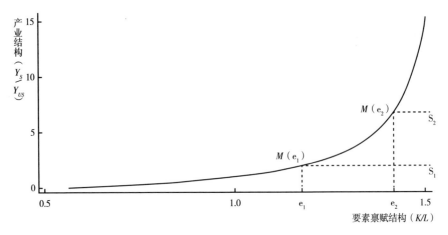

图 3　要素禀赋—产业最优结构匹配曲线

注：图中为要素禀赋结构 e 与产业结构 s 的最优结构匹配曲线示意图，根据式（4）模拟所得，其中，模拟设定 $\alpha = 0.4$，$\beta = 0.2$，要素禀赋结构 e 的取值范围为 $[0.95I,\ 0.95J]$。

（二）要素禀赋—产业结构匹配度的衡量

从典型性事实以及理论推导的分析中可以初步得出，"产业结构只有与要素禀赋结构相匹配才能促进经济快速增长"的倾向性结论。要对这一结论进行实证检验，就需要对产业结构与要素禀赋结构的匹配关系进行测量。

基于上述匹配模型，产业结构与要素禀赋结构存在一一对应且严格递增的函数关系，即在不同的要素禀赋结构条件下，都必然存在唯一的最优产业结构与之相匹配。本文根据这一匹配关系将采用排序匹配方法对要素禀赋—产业结构匹配度进行衡量。

排序匹配方法能够直接衡量两个经济部门的协调匹配程度。该方法主要来源于婚姻经济学中计算夫妻双方学历差距（雷晓燕等，2014），并被已有研究进一步推广至宏观经济中两部门的匹配问题。如任晓猛和张一林（2019）利用该方法测量了金融结构与要素禀赋结构之间的匹配程度，叶德珠等（2019）和Ye等（2023）则利用该方法计算了金融结构与技术水平之间的匹配度。Demirgüç–Kunt等（2013）将美国的金融结构作为最优标准，并计算其他国家与美国的差距，事实上也蕴含了排序匹配的思想。参考上述文献的做法，本文同样以排序匹配方法测量产业结构与要素禀赋结构之间的匹配度。如式（6）所示，分别将要素禀赋结构（$Endow$）与产业结构（$CYJG$）在样本内由大到小排列，并取分位数消除原有量纲使两组数据可以相互比较。通过将两者相减并取绝对值，可以得到两者的匹配度。计算得到的绝对值越小，说明产业结构与要素禀赋结构的排序越相近，匹配度越高。为了直观表示，对绝对值取相反数处理，得到本文的要素禀赋—产业结构匹配度指标（$Match$），这一指标越大，两者匹配程度越高。

$$Match = -\left|Qtile(CYJG) - Qtile(Endow)\right| \tag{6}$$

其中，$Match$ 为要素禀赋—产业结构匹配度指标，$CYJG$ 为产业结构，$Endow$ 为要素禀赋结构，$Qtile(X)$ 表示对 X 变量取分位数。

为确定与要素禀赋结构相匹配的最优产业结构，本文还按照式（7）计算了要素禀赋—产业结构差距指标（Gap）。显然，与式（6）相比，$Match$ 衡量的是产业结构与要素禀赋结构的绝对差距，而 Gap 则衡量了产业结构与要素禀赋结构的相对差距。这一差距指标越大，说明产业结构的层次要高于要素禀赋结构；反之则反。可以预期，当产业结构与要素禀赋结构的差距一定时，经济增长速度将达到最大值，为最优匹配状态。通过考察这一指标与经济增长的非线性关系，可以确定要素禀赋—产业结构的最优匹配点，作为匹配度指标的一个补充印证：

$$Gap = Qtile(CYJG) - Qtile(Endow) \tag{7}$$

五 模型、变量与数据

（一）实证模型设定

根据前文的逻辑推导与匹配模型可知，只有当产业结构与要素禀赋结构相匹配时，经济才能实现快速增长。为了直接验证产业结构与要素禀赋结构匹配关系对经济增长的影响，本文参考 Demirgüç-Kunt 等（2013）、任晓猛和张一林（2019）的做法，设定实证模型如式（8）所示：

$$Growth_{i,t} = \alpha + \beta Match_{i,t} + \theta X_{i,t} + \mu_l + \nu_t + \varepsilon_{i,t} \tag{8}$$

其中，$Growth_{i,t}$ 为国家 i 在时间 t 的真实人均 GDP 增长率；$Match_{i,t}$ 为本文构建的要素禀赋—产业结构匹配度指标；$X_{i,t}$ 为已有研究识别出对经济增长存在影响的一系列控制变量，包括金融发展指数、人均受教育年限、政府干预、外贸交易、非金融部门投资、人口增长率、通货膨胀率和初始人均 GDP对数值。为消除宏观变量在时间趋势上的波动，对所有变量均做 5 年窗口的平均处理（任晓猛和张一林，2019；Demirgüç-Kunt 等，2013；Breunig 和 Majeed，2020）。μ_l 为法律起源固定效应，ν_t 为时间固定效应，$\varepsilon_{i,t}$ 为扰动项。

（二）变量与数据说明

1. 要素禀赋结构

本文用资本存量与劳动人口的比值衡量要素禀赋结构。内生决定产业结构的要素禀赋结构是指物质资本、劳动人口的相对丰富程度，其他禀赋结构如政策、法律等制度禀赋结构，地理位置、气候等自然禀赋结构，以及生产、管理技术等技术禀赋结构，也是影响一国经济结构的重要因素，但其中最为核心的仍然是资本与劳动两种要素禀赋结构。与相关研究一致，本文重点关注经济体中不同类型要素的相对密集程度，因此假定经济体中每一种要素禀赋均是同质的（鞠建东等，2004；苏杭等，2017；Bruno等，2015）。本文以资本劳动比衡量经济体内的要素禀赋结构（王勇和沈仲凯，2018；Reeve，2006）。资本存量与劳动人口数据来源于Penn World Table。

2. 产业结构

本文主要用服务业增加值与农工业增加值之比来衡量产业结构。大量的研究表明，随着资本和劳动力要素在各产业间的积累和重新配置，农业增加值在GDP中的份额会不断下降，工业（制造业）增加值的份额呈倒"U"形，只有服务业增加值的份额持续增加（Lin等，2023；Caselli和Coleman，2001）。同时，信息革命对传统产业结构造成了巨大冲击，出现了"经济服务化"趋势（干春晖等，2011）。在此基础上，大量的文献用第三产业产值占比或第三产业与第一、二产业产值之比衡量产业结构高级化程度（李虹和邹庆，2018；叶德珠和曾繁清，2018；Wu等，2021）。因此，本文遵循已有文献的做法，以服务业增加值与农工业增加值之比衡量一国产业结构。考虑到服务业并不一定代表资本密集型产业，而重工业和高端制造业同样是偏向资本密集型产业，本文用非农部门增加值与农业增加值之比衡量产业结构（范方志和张立军，2003），并进行稳健性检验。各产业增加值数据来源于世界银行。

3. 要素禀赋—产业结构匹配度

如上文所述，本文主要用分位数混合排序匹配方法衡量要素禀赋结构与产业结构的匹配度。用其他衡量方法计算的匹配度作为替代指标进行稳健性检验。

4. 其他控制变量

其他控制变量主要根据已有研究识别出的对经济增长存在影响的因素进行设定，包括：金融发展指数，衡量经济体的金融中介与金融市场的规模、活力与效率，数据来源于IMF；人均受教育年限，来源于Barro-Lee数据库统计的各国25岁及以上人均受教育年限；政府干预，以一般政府最终消费支出占比GDP衡量；外贸交易，用商品和劳务进出口总额占GDP比重衡量；净投资，用非金融性资产净投资占GDP比重衡量；以及人口增长率、通货膨胀率。同时按照经济发展的收敛性，控制了1990年人均GDP的对数值并作为经济发展的初始水平。以上数据来源于世界银行。本文将国家所属法系作为固定效应进行控制。

以上变量主要来源于 WDI、IMF、Penn World Table、Barro and Lee 数据库，本文将其进行整合，最终依据上述变量与数据构建了 1990~2017 年 101 个国家和地区的非平衡面板数据，表 1 给出了各变量的定义与来源。

表 1　变量定义与来源

变量	变量定义	数据来源
Growth	真实人均 GDP 增长率	WDI
Match	要素禀赋—产业结构匹配度指标	笔者计算
Gap	要素禀赋—产业结构差距指标	笔者计算
CYJG	产业结构（服务业增加值/农工业增加值）	WDI
Endow	要素禀赋结构（资本存量/劳动人口）	WDI、PWT
FDI	金融发展指数	IMF
Edu	人均受教育年限对数值	B&L
Gov	一般政府最终消费支出占 GDP 比重	WDI
Trade	商品和劳务进出口占 GDP 比重	WDI
Inv	非金融性资产净投资占 GDP 比重	WDI
PGR	人口增长率	WDI
Infl	通货膨胀率	WDI
RGDP90	1990 年人均 GDP 对数值	WDI

（三）描述性统计

表 2 给出描述性统计。由于对所有变量进行了 5 年时间窗口的平均处理，得到 1990~1994 年、1995~1999 年、2000~2004 年、2005~2009 年、2010~2014 年、2015~2017 年共六个周期 460 个样本。全球的 5 年人均 GDP 增长率（Growth）平均值和中位数均在 2 左右，大部分国家处于正增长发展阶段；但最小值为 -11.9，最大值为 9.4，部分国家经历了严重的经济倒退的同时，也有部分国家经济高速增长，说明全球经济发展的两极差异较大，有必要对此现象进行研究分析。本文计算得到的要素禀赋—产业结构匹配度指标（Match）的取值范围为 [-1，0]，指标越接近于 0 则表示产业结构与要素禀赋结构的匹配程度越高，全球的 5 年平均水平与中位数均在 -0.150 左右，大部分国家的结构匹配情况较好；但最小值为 -0.866，即存在产业结构与要素

禀赋结构的严重错配现象，同时，最大值为-0.003，即存在产业结构与要素禀赋结构完全匹配的情况。要素禀赋—产业结构差距指标的均值与中位数均处于0附近，也从侧面反映了产业结构与要素禀赋结构的匹配情况较好；最小值与最大值分别为-0.866与0.585，产业结构层次领先与落后于要素禀赋结构的情况均同时存在，但无论是哪种情况，都存在结构错配问题，违背了所处发展阶段所具有的比较优势。此外，各国的要素禀赋结构与产业结构均存在较大差异：劳均资本存量（*Endow*）的平均值为15万美元每劳动人口，最小值和最大值分别为0.15万美元和61万美元每劳动人口。服务业增加值与农工业增加值之比（*CYJG*）跨度则从最小值31%到最大值690%，各国产业有着不同的发展方向。

表2　描述性统计

变量	观测值	均值	标准差	最小值	中位数	最大值
Growth	460	2.106	2.286	−11.883	1.958	9.390
Match	460	−0.162	0.136	−0.866	−0.124	−0.003
Gap	460	−0.009	0.211	−0.866	−0.001	0.585
Endow	460	15.480	15.121	0.153	10.106	61.201
CYJG	460	1.759	0.974	0.312	1.545	6.902
FDI	460	0.403	0.246	0.041	0.347	0.945
Edu	460	2.124	0.431	0.487	2.213	2.698
Gov	460	15.764	5.151	4.573	15.590	29.742
Trade	460	82.363	53.366	19.101	68.178	323.864
Inv	460	3.046	2.822	−1.262	2.140	15.463
PGR	460	1.351	1.072	−3.748	1.235	7.126
Infl	460	21.133	140.100	−7.723	4.274	1943.500
RGDP90	460	8.533	1.536	5.173	8.361	11.139

六　实证分析

（一）要素禀赋—产业结构匹配度与经济增长

本文首先使用人均GDP增长率（*Growth*）对要素禀赋—产业结构匹配度

（*Match*）进行回归分析。表3给出了回归结果：第（1）列为混合回归；第（2）列控制了时间固定效应；第（3）列控制了时间和法源固定效应，为基准模型；第（4）列控制了时间和个体固定效应。在四个模型中，核心解释变量要素禀赋—产业结构匹配度均显著为正，说明要素禀赋结构与产业结构的匹配度越高，人均GDP增长速度也越快。这一结果证实了新结构经济学关于只有与要素禀赋结构相匹配的产业结构才是最优的，从而促进经济增长这一重要推论。以第（3）列基准模型为例，平均而言，要素禀赋—产业结构匹配度每提高1个单位，人均GDP增长率就会提高1.95%。第（4）列中由于加入了个体固定效应，初始人均GDP（*RGDP*90）被吸收。同时注意到多个控制变量失去显著性，但核心变量匹配度指标的系数显著性较前三个模型更强，在1%的水平上显著；系数也相对更大，可能是固定效应过度约束造成了高估。上述结果表明，模型设定对本文的基本结果没有根本性影响，本文的基本结论"产业结构与要素禀赋越匹配，经济增长越快"始终成立。

控制变量方面，与已有研究一致，金融发展水平（*FDI*）、教育水平（*Edu*）、外贸（*Trade*）和非金融部门净投资（*Inv*）都存在显著的经济增长效应。此外，政府干预（*Gov*）、人口增长率（*PGR*）和通货膨胀率（*Infl*）的系数显著为负。1990年人均GDP（*RGDP*90）系数显著为负，初始发展水平越高的经济体经济增长速度越慢，符合新古典增长理论下的收敛性。

表3 要素禀赋—产业结构匹配度与经济增长

变量	Growth			
	(1)	(2)	(3)	(4)
Match	1.638**	1.669**	1.823**	3.355***
	(2.078)	(2.100)	(2.342)	(2.635)
FDI	1.646**	1.992**	2.084**	−1.156
	(2.136)	(2.522)	(2.449)	(−0.549)
Edu	0.837**	1.044**	0.932**	1.950
	(2.008)	(2.373)	(2.007)	(1.289)
Gov	−0.107***	−0.102***	−0.118***	−0.213***

变量	Growth			
	(1)	(2)	(3)	(4)
	(−4.718)	(−4.322)	(−4.972)	(−4.040)
Trade	0.005***	0.005***	0.005***	0.010
	(2.713)	(2.749)	(2.945)	(1.367)
Inv	0.161***	0.165***	0.170***	0.453***
	(3.077)	(3.248)	(3.379)	(6.351)
PGR	−0.422***	−0.394***	−0.415***	−0.423**
	(−3.245)	(−3.044)	(−3.078)	(−2.176)
Infl	−0.002***	−0.002***	−0.002***	−0.001***
	(−13.908)	(−14.296)	(−14.065)	(−4.583)
RGDP90	−0.592***	−0.687***	−0.697***	
	(−4.367)	(−4.327)	(−4.267)	
Constant	6.454***	6.652***	7.291***	0.635
	(6.227)	(5.536)	(6.049)	(0.195)
时间固定效应	否	是	是	是
法源固定效应	否	否	是	否
个体固定效应	否	否	否	是
观测值	460	460	460	460
R^2值	0.274	0.287	0.296	0.250

注：括号内为 t 值；*、**、***分别表示在10%、5%、1%的水平上显著。

（二）要素禀赋—产业结构匹配度与交乘项的对比分析

如何衡量要素禀赋结构与产业结构的匹配度存在技术难点，已有文献一般折中使用交乘项衡量两个变量的协同关系，但这一做法并不能很好地捕捉到要素禀赋结构和产业结构的匹配关系[①]。为此，本文将要素禀赋结构与产业结构的交乘项（$CYJG \times Endow$）与要素禀赋—产业结构匹配度指标（$Match$）进行对比，以证明本文所构建的匹配度指标对经济增长有更强的解释力。

表4为对比结果。所有模型均加入了要素禀赋结构与产业结构以及其他控制变量，并控制了时间固定效应与法源固定效应；第（2）列单独加入了

[①] 传统使用交乘项的方法只能部分地说明变量之间的替代和互补关系，但对两者的匹配关系则无力揭示。

要素禀赋结构与产业结构的交乘项；第（3）列单独加入了本文构建的要素禀赋—产业结构匹配度指标；第（4）列同时加入了交乘项与匹配度指标。注意到第（1）列中，人均 GDP 增长率对产业结构和要素禀赋结构的回归结果显著为负，可能是经济增长收敛的原因，即产业结构与要素禀赋结构越高级，代表经济体经济发展水平越高，经济增长速度不可避免会出现放缓迹象。在第（2）~（4）列的对比中可以发现，无论要素禀赋结构与产业结构的交乘项是单独使用还是作为对比分析而存在，其系数均不显著，说明通过交乘要素禀赋结构与产业结构并不能解释两者匹配关系对经济增长的影响。传统衡量方法难以对相关理论进行直接验证，这也可能是实证证据缺失的重要原因。因此，重新构建一种能够体现产业结构与要素禀赋结构匹配关系的指标就愈发重要。显然，本文构建的匹配度指标均显著为正，能够很好地捕捉到产业结构与要素禀赋结构的匹配关系及其经济增长效应，为新结构经济学中"只有产业结构与要素禀赋结构匹配得好，经济发展才能实现可持续、快速增长"相关理论提供直接有力的证据。

表 4　要素禀赋—产业结构匹配度与经济增长（与交乘项对比）

变量	*Growth*			
	（1）	（2）	（3）	（4）
Match			2.193***	2.755***
			(2.866)	(3.039)
CYJG×Endow		−0.001		−0.012
		(−0.146)		(−1.286)
CYJG	−0.386**	−0.350	−0.474***	−0.110
	(−2.420)	(−1.166)	(−2.994)	(−0.345)
Endow	−0.031**	−0.028	−0.027*	0.007
	(−2.109)	(−1.170)	(−1.836)	(0.259)
控制变量	是	是	是	是
时间固定效应	是	是	是	是
法源固定效应	是	是	是	是
观测值	460	460	460	460
R^2 值	0.307	0.307	0.319	0.323

注：括号内为 t 值；*、**、***分别表示在 10%、5%、1%的水平上显著。

（三）要素禀赋—产业结构差距与经济增长的倒"U"形关系

本文构建的匹配度指标仅关注要素禀赋结构与产业结构之间的绝对匹配关系，由于取绝对值会不可避免地损失掉一些信息，无法衡量产业结构领先或落后要素禀赋结构情况下对经济增长的异质性影响。为此，本文将要素禀赋结构与产业结构的差距（Gap）及其二次项（$Gap \times Gap$）加入回归模型，以寻找要素禀赋结构与产业结构的最优匹配点。

如表5所示，第（1）~（2）列控制了时间和法源固定效应；第（3）~（4）列则控制了时间和个体固定效应。在第（1）列和第（3）列中，单独验证要素禀赋—产业结构差距与经济增长的线性关系，回归系数均为正值，但不显著，无法拒绝系数为0的原假设，说明要素禀赋—产业结构差距与经济增长并不存在线性关系，需要考虑可能的非线性关系。不难发现，在第（2）列和第（4）列中，要素禀赋—产业结构差距的二次项系数均为负值，且在1%水平上显著，说明要素禀赋结构与产业结构之间的领先与落后跟经济增长的确存在非线性关系，且这一关系呈倒"U"形。两者的距离越远（水平差距越大），人均GDP增长率越小；随着两者的距离慢慢缩小，人均GDP增长率逐渐提高。当两者之间的差距足够小时，人均GDP增长率达到极大值。然而，两个模型捕捉到的产业结构与要素禀赋结构的最优匹配点并不一致，在法源固定效应下，产业结构稍微落后于要素禀赋结构时为最优匹配；在个体固定效应下则反之。但注意到两种模型下的最优匹配点（极值点）在差距指标的取值范围［−1，1］均足够小，分别为−0.055和0.099（距离0值3%和5%），可以近似认为产业结构与要素禀赋结构在两者水平相一致时达到最优匹配。这一结果恰好与上文表3中所使用的要素禀赋—产业结构匹配度指标相对应：匹配度指标仅考虑两者的绝对距离，不考虑谁领先谁落后的差别，因此匹配度与经济增长呈正向线性关系。差距指标与匹配度指标是衡量产业结构与要素禀赋结构匹配关系的一体两面，两者相互印证了本文的基本结论：产业结构与要素禀赋结构的匹配程度越高（差距越小），经济增长速度越快。

表5　要素禀赋—产业结构差距与经济增长的倒"U"形关系

变量	Growth			
	(1)	(2)	(3)	(4)
GAP	0.185	−0.552	1.521	1.189
	(0.299)	(−0.948)	(1.252)	(0.981)
GAP×GAP		−5.031***		−5.979***
		(−3.895)		(−2.637)
控制变量	是	是	是	是
时间固定效应	是	是	是	是
法源固定效应	是	是	否	否
个体固定效应	否	否	是	是
极值点		−0.055		0.099
倒"U"形检验p值		<0.001		0.019
观测值	460	460	460	460
R^2值	0.282	0.307	0.160	0.177

注：按照 Lind 和 Mehlum（2010）的方法进行倒"U"形关系检验，原假设为单调关系或"U"形关系；括号内为t值；*、**、***分别表示在10%、5%、1%的水平上显著。

（四）要素禀赋—产业结构匹配度在不同发展水平下的异质性作用

产业结构与要素禀赋结构的匹配关系及其经济增长效应在上文已经得到证实，对发展中国家的重要性不言而喻。事实上，新结构经济学之所以提出产业结构与要素禀赋结构的匹配关系，旨在为发展中国家指明经济可持续、快速增长的道路，以实现较发达国家更快的经济结构动态变迁这一赶超目标。为了强调这一事实，并进一步说明结构匹配对发展中国家的重要意义，本文将分析要素禀赋—产业结构匹配度在不同发展水平下对经济增长的异质性影响。

本文按照人均GDP和人均收入水平将样本经济体分为低、中、高三种发展水平[①]，并进行分组检验。如表6所示，第（1）~（3）列为按人均GDP进行分组的回归结果；第（4）~（6）列为按人均收入水平进行分组的回归结果。

[①]　人均GDP分组方法为每一时间段（与变量平均处理的5年一致）分别对人均GDP对数值进行三等分分组；人均收入水平的分组则按世界银行的标准进行划分，中等偏高和中等偏低收入合并为中等收入水平组别。

　　不难发现，对经济发展水平的两种划分标准下的结果高度一致，要素禀赋—产业结构匹配度（*Match*）仅在低水平和中等水平两个组别中显著为正，在高水平组别中不显著，说明对于处于低发展水平和中等发展水平的经济体来讲，更需要注重产业结构与要素禀赋结构的匹配。对比可以发现，匹配度对经济增长的影响在低发展水平组别中的系数要更大，但显著性更弱。当经济体处于初始发展阶段，经济总量的提升带来的边际效益较为明显，是发展经济的主要手段；结构匹配的问题尽管处于次要地位，但仍然能够起到锦上添花的作用，也会对经济增长起到促进作用。值得注意的是，匹配度在中等发展水平组别中的系数更为显著，恰好对应那些陷入"中等收入陷阱"的经济体，需要更加重视产业结构与要素禀赋结构的内生关系与匹配关系，才能跳出经济发展停滞的桎梏，继续往高发展水平演进。高发展水平组别中，产业结构与要素禀赋结构的匹配与经济增长无关，究其原因是发达国家的要素禀赋与产业结构均处于最高的水平，结构匹配程度较高，处于头部位置，结构匹配问题淡化，结构匹配优化难以带来边际收益，需要寻找新的经济增长动力。需要指出的是，新结构经济学提出的"产业结构只有与要素禀赋结构相匹配，才能实现经济可持续、快速增长"始终旨在为发展中国家指明"弯道超车"的发展路径，以实现较发达国家更快的经济结构变迁，而非探寻发达国家的发展路径。分组检验的结果也与这一理论初衷相一致，揭示了结构匹配问题对发展中国家的重要意义。

表6　要素禀赋—产业结构匹配度与经济增长（分组检验）

变量	Growth					
	人均GDP			人均收入水平		
	低	中	高	低	中	高
	（1）	（2）	（3）	（4）	（5）	（6）
Match	2.871*	2.542**	−0.629	3.700*	3.071**	−0.976
	（1.768）	（2.030）	（−0.615）	（1.850）	（2.564）	（−1.004）
时间固定效应	是	是	是	是	是	是
法源固定效应	是	是	是	是	是	是
观测值	113	162	185	79	221	160
R^2值	0.604	0.296	0.528	0.673	0.336	0.489

注：括号内为t值；*、**、***分别表示在10%、5%、1%的水平上显著。

七　稳健性检验

（一）内生性问题

基于本文的逻辑，产业结构与要素禀赋结构相互匹配能促进经济增长。但这里可能存在内生性问题需要解决。一方面，可能存在遗漏变量导致干扰项与匹配度相关，造成估计偏误问题；另一方面，产业结构与要素禀赋结构的内生匹配关系可能意味着经济发展与要素禀赋—产业结构匹配度之间会相互影响，存在互为因果关系。尽管本文已经采用多种固定效应模型来缓解这一问题，但内生性问题仍然值得担忧。为此，本文将使用动态 GMM 方法对可能存在的内生性问题进行处理。动态 GMM 之所以可以解决内生性问题，是因为其能提供比混合回归与固定效应模型更有效的估计：扰动项与被解释变量的滞后项可能存在的相关关系会导致 OLS 的高估和固定效应模型的低估（Law 等，2018）。此外，GMM 方法将水平项的滞后项作为差分项的工具变量可以解决被解释变量与解释变量互为因果（Simultaneity）的问题（Arellano 和 Bond，1991）。

要素禀赋—产业结构匹配度与经济增长的动态 GMM 回归结果如表 7 所示。由于引入了被解释变量人均 GDP 增长率（*Growth*）的滞后项，以及使用变量自身的二阶及以上滞后项作为工具变量，会损失一部分样本；第（1）列为差分 GMM，由于仅对差分项进行估计，消除了所有不随时间推移而变化的因素，包括初始发展水平（*RGDP*90）与法源固定效应；第（2）和（3）列为系统 GMM，由于同时对差分方程与水平方程进行估计，能够消除解释变量强相依时的差分 GMM 错误推断问题（Blundell 和 Bond，1998），还可以对不变因素进行控制。可以发现，所有回归中，经济增长与其滞后项（*L.Growth*）呈显著的正相关关系，存在滞后效应。要素禀赋—产业结构匹配度（*Match*）系数为正，且至少在 10% 水平上显著。所有模型的一阶序列相关检验 p 值 AR（1）均远小于 0.01，即存在一阶序列相关；二阶序列相关检验 p 值 AR（2）均大于 0.1，不能拒绝"不存在二阶序列相关"的原假设，故当前工具变量的选取是有效的，无须选择更高阶数的滞后项；Sargan 检验的p值均大于0.1，说明不能拒绝"工具变量无过度识别"的原假设，即工具变量不存在过度约束问题。需要指出的是，尽管使用动态面板GMM估计能够一定程度上缓解上述对经济增长与结构匹配互为因果问题的担忧，但这一方法在处理由遗漏变量、要素禀赋与产业结构关联性等问题所导致的内生性时并不完全有效。尽管如此，动态GMM估计仍然一定程度上排除了内生性干扰，为本文基本结论提供了稳健性支撑：产业结构与要素禀赋结构的匹配度越高，经济增长速度越快。

表7　要素禀赋—产业结构匹配度与经济增长（动态GMM估计）

变量	Growth		
	差分GMM	系统GMM	
	(1)	(2)	(3)
Match	2.861*	1.513*	1.745**
	(1.747)	(1.788)	(2.023)
L.Growth	0.175**	0.175***	0.172***
	(2.288)	(3.401)	(3.286)
控制变量	是	是	是
时间固定效应	是	是	是
法源固定效应	否	否	是
AR（2）检验p值	0.423	0.244	0.216
Sargan检验p值	0.290	0.273	0.355
观测值	304	410	410

注：按照Arellano和Bond（1991）的方法使用稳健标准误的一步法估计回归系数与t值；使用两步法进行AR（2）检验与Sargan检验；括号内为t值；*、**、***分别表示在10%、5%、1%的水平上显著。

（二）产业结构的衡量方法

在基准回归中，产业结构以服务业增加值与农工业增加值之比进行衡量。一个可能的担忧在于，服务业并不一定代表资本密集型产业，而重工业和高端制造业同样是偏向资本密集型的产业。因此，本文在参考已有文献的基础上，利用非农部门增加值与农业增加值之比衡量产业结构（范方志和张立军，2003），并重新构造要素禀赋—产业结构匹配度指标进行稳健性检验。

检验结果如表8所示，第（1）列为混合回归，第（2）列加入了时间固定效应；第（3）列加入了时间法源双固定效应，为基准模型；第（4）列控制了个体固定效应。*Match*为用非农部门与农业部门增加值之比衡量的产业结构与用资本劳动比衡量的要素禀赋按分位数排序构造的产业结构—要素禀赋匹配度指标，其对经济增长（*Growth*）的回归系数在不同固定效应模型中均显著为正，表明产业结构与要素禀赋的匹配度越高，经济增长越快；同时，这一结果也表明，利用非农部门与农业部门增加值之比同样能够捕捉到产业结构与要素禀赋之间的匹配关系，本文的基本结论仍然是稳健可靠的。

表8 产业结构的替代衡量指标（非农增加值/农业增加值）

变量	*Growth*			
	（1）	（2）	（3）	（4）
Match	0.262**	0.239*	0.272**	0.628**
	(2.186)	(1.890)	(2.204)	(2.573)
控制变量	是	是	是	是
时间固定效应	否	是	是	是
法源固定效应	否	否	是	否
个体固定效应	否	否	否	是
观测值	465	465	465	465
R^2值	0.264	0.275	0.285	0.256

注：括号内为t值；*、**、***分别表示在10%、5%、1%的水平上显著。

（三）时间窗口的处理

在基准检验中，本文对所有变量做了5年时间窗口的均值处理，以消除时间推移而产生的影响。考虑到时间窗口的均值处理一方面会大量减少样本量；另一方面人为设置时间窗口可能会造成估计的偶然性，导致实证结果不可信。本文将通过不做时间窗口均值处理直接进行回归分析和将5年时间窗口缩减为3年时间窗口进行平均处理两种方法进行稳健性检验。

1.无时间窗口处理

表9为不做均值处理的年样本回归结果，模型设置与表3一致。在放弃

时间窗口的均值处理操作下，有2914个国家的年样本参与回归。对比不难发现，核心解释变量要素禀赋—产业结构匹配度（*Match*）的系数显著性与基准回归基本一致，能够保持在至少5%水平上的显著性。在系数大小方面，整体上相较做了5年均值处理的基准回归结果要小，可能是经济体在一段时间内的经济运行并不平稳，时间趋势上的波动导致无法准确估计匹配度对经济增长的影响，造成系数低估。事实上，5年均值处理能够消除经济运行的趋势波动，能够较好地捕捉到一个经济体在一段时间内的经济发展状况，实证结果更能说明要素禀赋—产业结构匹配度对经济可持续增长的重要性。尽管如此，年样本回归结果仍能为本文的基本结论提供稳健性保证。

表9　要素禀赋—产业结构匹配度与经济增长（年样本回归）

变量	*Growth*			
	（1）	（2）	（3）	（4）
Match	0.720*	0.916**	0.881**	2.877***
	(1.665)	(2.178)	(2.051)	(3.954)
控制变量	是	是	是	是
时间固定效应	否	是	是	是
法源固定效应	否	否	是	否
个体固定效应	否	否	否	是
观测值	2914	2914	2914	2914
R^2值	0.112	0.185	0.208	0.144

注：括号内为t值；*、**、***分别表示在10%、5%、1%的水平上显著。

2.三年时间窗口均值

表10为对变量做3年时间窗口均值处理后的回归结果。模型设置与表3一致。第（1）~（3）列的要素禀赋—产业结构匹配度（*Match*）与基准回归相同，均显著为正，但注意到第（4）列匹配度的系数有失显著性。考虑到个体固定效应可能的过度约束问题，本文主要将时间法源的双固定效应模型作为测试基准，三年时间窗口均值处理的回归结果在总体上仍然支持本文的主要结论。因此，可以认为，时间趋势上的波动以及均值窗口的调

整并没有根本性影响，要素禀赋—产业结构匹配度的经济增长效应始终存在。

表10　要素禀赋—产业结构匹配度与经济增长（三年均值）

变量	*Growth*			
	（1）	（2）	（3）	（4）
Match	1.174*	1.431**	1.651**	0.239
	（1.757）	（2.124）	（2.418）	（0.188）
控制变量	是	是	是	是
时间固定效应	否	是	是	是
法源固定效应	否	否	是	否
个体固定效应	否	否	否	是
观测值	763	763	763	763
R^2值	0.174	0.261	0.263	0.246

注：括号内为t值；*、**、***分别表示在10%、5%、1%的水平上显著。

（四）其他匹配方法

排序匹配方法主要有纵向对比的混合排序和横向对比的逐年排序。此外，从"产业结构内生决定于要素禀赋结构"的角度来讲，还可以使用残差方法对产业结构与要素禀赋结构进行匹配。本文在基准测试中，使用分位数混合排序匹配方法计算要素禀赋—产业结构匹配度指标。在稳健性检验中，本文将利用逐年排序匹配和残差匹配两种方法重新计算匹配度指标，并检验不同匹配方法下基准结果的稳健性。

1.逐年排序匹配

表11展示了分位数逐年排序匹配方法计算得到的要素禀赋—产业结构匹配度指标（*Match*）在基准模型下对人均GDP增长率的回归结果。匹配度指标均显著为正，与表3的基准模型结果一致。在逐年匹配方法下，匹配度指标更多的是衡量每一时间段内各国在产业结构与要素禀赋结构匹配情况的横向差异。无论是纵向对比还是横向对比，要素禀赋—产业结构匹配度对人均GDP增长率均有很强的解释力，说明匹配度的对比方法不影响本文的基本结论，即产业结构与要素禀赋结构越匹配，经济增长速度越快。

表 11　要素禀赋—产业结构匹配度与经济增长（逐年排序匹配）

变量	Growth			
	（1）	（2）	（3）	（4）
Match	1.693**	1.690**	1.827**	2.711**
	(2.295)	(2.271)	(2.493)	(2.016)
控制变量	是	是	是	是
时间固定效应	否	是	是	是
法源固定效应	否	否	是	否
个体固定效应	否	否	否	是
观测值	460	460	460	460
R²值	0.275	0.288	0.297	0.244

注：括号内为 t 值；*、**、***分别表示在10%、5%、1%的水平上显著。

2.残差匹配

基于"产业结构内生决定于要素禀赋结构"这一重要推论，可以通过残差匹配方法测量产业结构与要素禀赋结构的匹配度。从实证的角度来看，如果产业结构与要素禀赋结构的内生关系越强，则在回归模型中，要素禀赋结构对产业结构的解释力越强，回归得到的残差越小。通过与不加入产业结构的传统回归残差相比，可以构建要素禀赋—产业结构匹配度指标，两组残差绝对值的差值（匹配度指标）越大，产业结构与要素禀赋结构的匹配程度越高。具体而言，先根据式（9）用产业结构（CYJG）对传统解释变量（即控制变量）进行回归，计算式（10）得到一个残差 $Resid_1$；然后根据式（11）再用产业结构对这些控制变量以及要素禀赋结构（Endow）进行回归，计算式（12）得到一个新的较小的残差 $Resid_2$[①]。通过式（13）将第一个残差减去第二个残差得到的差额，就相当于由要素禀赋结构带来的对产业结构的解释力，这个差值越大，表明要素禀赋结构对产业结构的解释力越强，即产业结构与要素禀赋结构的匹配度越高。

$$CYJG_{i,t} = \alpha + \theta X_{i,t} + \mu_i + \omega_t + \varepsilon_{i,t} \tag{9}$$

[①]　由于内生决定产业结构的要素禀赋结构作为式（9）的遗漏变量进入了式（11）的回归方程，由式（11）估计得到的残差会变小。

$$Resid_{1,i,t} = \left| CYJG_{i,t} - \widehat{CYJG}_{1,i,t} \right| \tag{10}$$

$$CYJG_{i,t} = \alpha + \beta Endow_{i,t} + \theta X_{i,t} + \mu_i + \omega_t + \varepsilon_{i,t} \tag{11}$$

$$Resid_{1,i,t} = \left| CYJG_{i,t} - \widehat{CYJG}_{2,i,t} \right| \tag{12}$$

$$Match_{i,t} = Resid_{1,i,t} - Resid_{2,i,t} \tag{13}$$

式（13）中的匹配度指标（*Match*）之所以能代表产业结构与要素禀赋结构的匹配度，是因为从实证角度看两次回归残差的减少部分相当于是由要素禀赋结构对产业结构的解释力增加所引发的。换句话说，残差相减得到的数值与产业结构对要素禀赋结构的内生关系成比例，因此这个值可以用来代表两者匹配程度。两次残差相减项越大，表明产业结构与要素禀赋结构的内生关系越强，匹配程度越高。

表12展示了要素禀赋—产业结构匹配度指标的残差匹配方法构建过程，以及匹配度指标对经济增长的回归结果。第（1）~（2）列为要素禀赋—产业结构匹配度指标的残差匹配过程，使用个体与时间双固定效应模型进行估计。其中，第（1）列展示了使用传统控制变量对产业结构（*CYJG*）的回归结果；第（2）列展示了要素禀赋结构（*Endow*）与传统控制变量对产业结构的回归结果。容易发现，要素禀赋结构的回归系数显著为正，说明"产业结构内生决定于要素禀赋结构"的关系成立，要素禀赋结构越偏向于资本密集型，产业结构中的服务业占比则越高。平均而言，劳均资本存量每提高1万美元，服务业增加值占比将提高1.8%。通过将第（1）列与第（2）列回归得到的残差取绝对值相减，可以得到要素禀赋—产业结构匹配度指标（*Match*）。利用这一匹配度指标，可以对基准模型重新进行检验。表12中第（3）列和第（4）列分别为时间法源、时间个体双固定效应模型下匹配度指标对人均GDP增长率的回归结果。要素禀赋—产业结构匹配度指标显著为正，可以得出与基准测试一致的结论：产业结构与要素禀赋结构的匹配程度越高，经济增长速度越快。

表12　要素禀赋—产业结构匹配度与经济增长（残差匹配）

变量	CYJG		Growth	
	(1)	(2)	(3)	(4)
Match			1.722**	3.777***
			(2.141)	(3.462)
Endow		0.018***		
		(5.131)		
FDI	−0.222	−0.298	2.461***	−0.907
	(−0.606)	(−0.842)	(2.846)	(−0.458)
Edu	−0.557**	−0.201	1.308***	2.875*
	(−2.118)	(−0.762)	(2.747)	(1.940)
Gov	0.008	0.011	−0.117***	−0.206***
	(0.891)	(1.213)	(−4.783)	(−4.116)
Trade	0.006***	0.005***	0.004**	0.007
	(4.551)	(3.558)	(2.100)	(0.986)
Inv	−0.069***	−0.064***	0.149***	0.425***
	(−5.598)	(−5.416)	(2.964)	(6.109)
PGR	0.009	0.023	−0.386***	−0.450**
	(0.257)	(0.694)	(−3.008)	(−2.430)
Infl	−0.000	−0.000	−0.002***	−0.001***
	(−0.536)	(−0.918)	(−14.365)	(−4.804)
RGDP90			−0.405*	
			(−1.840)	
Constant	2.197***	1.396**	3.831**	−1.420
	(3.890)	(2.461)	(2.000)	(−0.447)
时间固定效应	否	是	是	是
法源固定效应	否	否	是	否
个体固定效应	是	是	否	是
观测值	460	460	460	460
R²值	0.442	0.482	0.278	0.252

注：括号内为 t 值；*、**、***分别表示在10%、5%、1%的水平上显著。

八　结论与政策建议

经济的可持续增长依赖于劳动生产率的不断提高，其前提是建立最优的产业结构，实现资源要素在不同产业部门间的合理配置。从这一角度来看，最优产业结构解决的是何种产业结构最有利于经济增长的问题。已有研究对最优产业结构作出了很多理论解释，但关于"应该向发达国家看齐建立资本密集型产业结构，还是遵循本国在国际市场中的比较优势建立劳动密集型产业结构"问题仍然存在较大争论。

新结构经济学的核心推论认为，只有与要素禀赋结构相匹配的产业结构才是最优的。该分析框架与推论能够较为逻辑一致地解释发达国家的产业结构优化、许多发展中国家在模仿发达国家产业结构上的失败以及中国改革开放后成功实现经济的长期高速增长，因此受到广泛的关注。但该理论仍然还存在一个明显的短板，即仍然停留在理论推导阶段，还缺乏足够的经验支撑。最明显的一个标志是，该理论的主要分析对象——产业结构与要素禀赋的匹配——的直接度量仍然无法实现。当前文献对产业结构与要素禀赋关系的讨论还停留在对两者进行交乘的技术上，这只能得到两者需相互适应的抽象结论，而无法进行准确的匹配度分析，也就难以对各国产业结构与要素禀赋相互关系的具体状态进行评判，同时难以进行更加深入的异质性分析。为此，本文尝试从社会学、经济学角度，采用排序匹配、残差匹配等方法对该匹配度进行直接衡量，以期突破瓶颈，为新结构经济学核心推论提供直接的经验支撑，并同时考察不同国家不同阶段中该匹配度的作用的异质性，为理解和预测不同经济增长模式提供经验证据。

本文利用跨国面板数据实证了要素禀赋与产业结构的匹配度对经济增长的影响，发现要素禀赋结构与产业结构间的匹配度越高，经济增长速度就越快。本文的研究结果对促进发展中国家制定适宜的产业政策与发展战略具有丰富的政策含义。

第一，一个经济体制定的产业政策需要与给定要素禀赋相适宜。本文关于全球各国的产业结构与要素禀赋的统计分析表明，有些发展中国家在资本要素的积累上与发达国家仍然存在较大的差距，却建立了与发达国家一致的资本密集型产业结构。这种有悖于经济资源限制的产业发展战略无法支持甚至阻碍了经济的进一步发展，更难以实现对发达国家的追赶和超越。相反，一些国家因地制宜地采用了相对低级、成熟的产业结构安排，从而实现了经济的快速增长。因此，一国在制定产业政策或发展战略时需要考虑的是，本国要素禀赋结构在国际分工中的比较优势是否能够支撑起当前政策安排下的产业发展。植根于劳动密集型要素禀赋的经济体可能难以维持高级、复杂的产业结构。在这种情况下，利用本国在劳动力要素上的数量和成本优势，配合技术相对成熟的产业结构可能更加合适。

第二，对于发展中国家而言，更加需要注重要素禀赋与产业结构的匹配问题。本文关于不同发展水平下要素禀赋—产业结构匹配度对经济增长的异质性影响结果表明，匹配度对发展中国家样本具有更显著的经济影响效应。因此，发展中国家要实现经济的可持续、快速增长，就需要提升对产业结构与要素禀赋匹配问题的重视度。政府需要改变策略，有为而不乱为：停止对发达国家的盲目模仿以及大跨步的推进产业结构升级，而是针对符合要素禀赋的具有潜在比较优势的产业因势利导，让企业自发进入这类产业，形成具有可持续发展的自生能力；同时，也要放弃对产业进行直接投资的发展模式，而是针对相应软硬设施加快建设，降低企业交易成本，使产业的潜在比较优势转变成竞争优势，实现技术升级和资本积累。只有把握好产业结构与要素禀赋结构的内生匹配关系，才能实现经济的可持续、快速增长。

第三，值得指出的是，本文的研究结果支持了新结构经济学关于产业结构内生决定于要素禀赋的基本理论，但并不是要否认主观推动产业升级的外在努力。相反，本文主张采取合适的发展战略以促进产业升级和经济发展。本文的研究结果表明，产业结构—要素禀赋差距与经济增长存在倒"U"形关系，且只有在产业结构与要素禀赋恰好相匹配时，经济增长率才能达到极大值。这表明，不作为的或激进的产业政策和结构安排均是无效率的，而适宜的产业政策才是最优的，才能够将一个经济体从有扭曲的结构转变为一个没有扭曲的、由其要素禀赋内生决定的生产技术结构和产业结构。

参考文献

[1] 范方志、张立军，2003，《中国地区金融结构转变与产业结构升级研究》，《金融研

究》第11期。

［2］冯梅，2012，《中国制造业比较优势演化与要素禀赋特征分析》，《统计与决策》第
10期。

［3］付才辉，2018，《最优生产函数理论——从新古典经济学向新结构经济学的范式转
换》，《经济评论》第1期。

［4］傅京燕、李丽莎，2010，《环境规制、要素禀赋与产业国际竞争力的实证研究——
基于中国制造业的面板数据》，《管理世界》第10期。

［5］干春晖、郑若谷、余典范，2011，《中国产业结构变迁对经济增长和波动的影响》，
《经济研究》第5期。

［6］贾根良，2018，《演化发展经济学与新结构经济学——哪一种产业政策的理论范式
更适合中国国情》，《南方经济》第1期。

［7］鞠建东、林毅夫、王勇，2004，《要素禀赋、专业化分工、贸易的理论与实证——
与杨小凯、张永生商榷》，《经济学（季刊）》第1期。

［8］雷晓燕、许文健、赵耀辉，2015，《高攀的婚姻更令人满意吗？婚姻匹配模式及其
长远影响》，《经济学（季刊）》第1期。

［9］李飞跃，2012，《技术选择与经济发展》，《世界经济》第2期。

［10］李虹、邹庆，2018，《环境规制，资源禀赋与城市产业转型研究——基于资源型城
市与非资源型城市的对比分析》，《经济研究》第11期。

［11］林毅夫，2002，《发展战略、自生能力和经济收敛》，《经济学（季刊）》第2期。

［12］林毅夫，2002，《自生能力、经济转型与新古典经济学的反思》，《经济研究》第
12期。

［13］林毅夫，2011，《新结构经济学——重构发展经济学的框架》，《经济学（季刊）》
第1期。

［14］林毅夫，2015，《新常态下中国经济的转型和升级：新结构经济学的视角》，《新金
融》第6期。

［15］林毅夫，2017，《新结构经济学的理论基础和发展方向》，《经济评论》第3期。

［16］林毅夫、蔡昉、李周，1994，《中国的奇迹：发展战略与经济改革》，上海人民出
版社。

［17］林毅夫、蔡昉、李周，1995，《比较优势与发展战略——对"东亚奇迹"的再解
释》，《中国社会科学》第5期。

［18］林毅夫、李永军，2003，《比较优势、竞争优势与发展中国家的经济发展》，《管理
世界》第7期。

［19］林毅夫、张鹏飞，2006，《适宜技术、技术选择和发展中国家的经济增长》，《经济
学（季刊）》第4期。

［20］吕明元、孙献贞、吕清舟，2018，《生态化中的产业结构内生于其要素禀赋结构的实证分析——基于中国30个省份的数据》，《软科学》第10期。

［21］任晓猛、张一林，2019，《最优金融结构与经济发展：一种新的度量方法与应用》，《当代经济科学》第5期。

［22］申广军，2016，《比较优势与僵尸企业：基于新结构经济学视角的研究》，《管理世界》第12期。

［23］苏杭、郑磊、牟逸飞，2017，《要素禀赋与中国制造业产业升级》，《管理世界》第4期。

［24］苏剑，2012，《经济发展的内在逻辑和正确路径——写在林毅夫〈新结构经济学〉出版之际》，《经济研究》第11期。

［25］王丽莉、文一，2017，《中国能跨越中等收入陷阱吗？——基于工业化路径的跨国比较》，《经济评论》第3期。

［26］王林辉、赵景、李金城，2015，《劳动收入份额"U形"演变规律的新解释：要素禀赋结构与技术进步方向的视角》，《财经研究》第10期。

［27］王勇、沈仲凯，2018，《禀赋结构、收入不平等与产业升级》，《经济学（季刊）》第2期。

［28］徐朝阳、林毅夫，2010，《发展战略与经济增长》，《中国社会科学》第3期。

［29］杨子荣、张鹏杨，2018，《金融结构、产业结构与经济增长——基于新结构金融学视角的实证检验》，《经济学（季刊）》第2期。

［30］叶德珠、曾繁清，2018，《金融结构适宜性与经济增长》，《经济学家》第4期。

［31］叶德珠、黄允爵、曾繁清、叶显，2019，《适宜性金融结构与产业结构升级》，《产经评论》第5期。

［32］余永定，2013，《发展经济学的重构——评林毅夫〈新结构经济学〉》，《经济学（季刊）》第3期。

［33］Arellano M., Bond S. 1991. "Some Tests of Specification for Panel Data：Monte Carlo Evidence and an Application to Employment Equations." *The Review of Economic Studies* 58(2)：277-297.

［34］Blundell，R.，Bond S. 1998. "Initial Conditions and Moment Restrictions in Dynamic Panel Data Models." *Journal of Econometrics* 87(1)：115-143.

［35］Breunig R.，Majeed O. 2020. "Inequality，Poverty and Economic Growth." *International Economics* 161(4)：83-99.

［36］Caselli F.，Coleman II. W. J. 2001. "The US Structural Transformation and Regional Convergence：A Reinterpretation." *Journal of Political Economy* 109(3)：584-616.

［37］Demirgüç-Kunt A.，Feyen E.，Levine R. 2013. "The Evolving Importance of Banks and

Securities Markets." *World Bank Economic Review* 27(3)： 476– 90.

［38］ Ju J., Lin J. Y., Wang Y. 2015. "Endowment Structures, Industrial Dynamics, and Economic Growth." *Journal of Monetary Economics* 76： 244–263.

［39］ Law S. H., Kutan A. M., Naseem N. A. M. 2018. "The Role of Institutions in Finance Curse： Evidence from International Data." *Journal of Comparative Economics* 46 (1) ： 174–191.

［40］ Li X., Xin Z., Wu J. 2010. "The Significance of the Comparative Advantages in Factor Endowment to the Industrial Structure." *2010 International Conference on Service Science. IEEE.*

［41］ Lin J. Y. 2012. "New Structural Economics： A Framework for Rethinking Development." *Developing Economies* 51(3)： 323–326.

［42］ Lin J. Y. 2014. "The Washington Consensus Revisited： A New Structural Economics Perspective." *Journal of Economic Policy Reform* 18(2)： 1–18.

［43］ Lin J. Y., Liu Z., Zhang B. 2023. "Endowment, Technology Choice, and Industrial Upgrading." *Structural Change and Economic Dynamics* 65(6)： 364–381.

［44］ Lin J. Y., Tan G. 1999. "Policy Burdens, Accountability, and the Soft Budget Constraint." *American Economic Review* 89(2)： 426–431.

［45］ Lind J. T., Mehlum H. 2007. "With or without U? The Appropriate Test for a U Shaped Relationship." *Oxford Bulletin of Economics & Statistics* 72(1)： 109–118.

［46］ Reeve. 2006. "Factor Endowments and Industrial Structure." *Review of International Economics* 14(1)： 30–53.

［47］ Stiglitz J. 2011. "Rethinking Development Economics." *The World Bank Research Observer* 26(2)： 230–236.

［48］ Wu L., Sun L., Qi P., Ren X., Sun X. 2021. "Energy Endowment, Industrial Structure Upgrading, and CO_2 Emissions in China： Revisiting Resource Curse in the Context of Carbon Emissions." *Resources Policy* 74： 102329.

［49］ Xu J., Hubbard P. 2018. "A Flying Goose Chase： China's Overseas Direct Investment in Manufacturing (2011－2013)." *China Economic Journal* 11(2)： 1–17.

［50］ Ye D., Huang Y., Ye X. 2023. "Financial Structure, Technology, and Economic Growth： A Structural Matching Perspective." *China & World Economy* 31(1)： 119–148.

（责任编辑：张容嘉）

环境规制如何影响重污染企业融资？

——来自新《环境保护法》实施的证据

陈屹立*

摘　要：环境规制会通过影响重污染企业的成本和绩效、提升其环境信息披露水平、影响商业银行信贷风险判断和信贷行业投向三个渠道给重污染企业的融资带来影响，从而产生信贷资源再配置效应。基于新《环境保护法》实施的准自然实验，对上市公司的研究发现，新环保法实施确实给重污染企业融资带来了影响，机制检验发现，新环保法没有对企业的成本和绩效产生显著的负面影响，而是提升了企业的环境信息披露水平，但这并未对企业融资带来实质性利好，同时新环保法实施显著影响了商业银行的信贷行业投向进而对重污染企业带来不利影响。这些发现从加强环保执法、强化环境信息披露、增强商业银行环保意识等方面，为党的二十大报告提出的完善推动绿色发展的金融政策提供了一些启示和思路。

关键词：环境规制　融资　重污染企业　信贷资源配置

一　引言

中国经济长期高速增长的同时，环境污染成为一个十分棘手且亟待解决的重大问题。尤其在雾霾"爆表"之后，公众对于环境问题给予了前所

* 陈屹立，教授，西南政法大学经济学院，电子邮箱：sduyili@126.com。本文为国家社科基金项目（18BJL059）阶段性成果。两位匿名审稿人对文章提出了诸多建设性修改意见，特表感谢，文责自负。

未有的关注，经济本身也有从粗放型增长转向高质量发展的迫切需求。为此，国家对于环境的监管大大加强。2014 年，环境领域的基本大法——《环境保护法》迎来了 25 年来的大幅度修订，不仅大大强化了企业的环保责任，也明确了政府的责任，形成了更加完善的责任体系，被称为史上最严环保法（吕忠梅，2014）。新法颁布后，环保部门严格执法，中央也派出环保督察组，对环保执行不力的官员进行问责和处理（甚至包括省级官员）①，对生态环保问题实行"党政同责""一岗双责"，对环保的重视度被提到了前所未有的高度。可以说，这些年来，我国在环保方面的大动作不断，无论是理念、公众的关注度还是实践中执法的严厉性都有了质的提高，其经济效应也日益凸显。对这些新变化进行探索不仅是中国学术研究的应然取向，也是更好的理解和服务中国现实的要求。

环境规制的加强不仅影响污染排放，也会产生显著的经济效应，这一直是经济学界关注的重要问题。一些文献主要从宏观视角研究环境规制对经济增长、生产率、产业结构、技术进步、就业等的影响，另一些文献则主要从微观视角关注环境规制对企业的影响，包括企业的成本、绩效、生产率、研发和创新、投资、股价、出口等。但关于环境规制对企业融资的影响的研究还相对较少。

环境规制会影响企业的成本和绩效，也会影响企业的环境信息披露水平，还对企业的环境风险产生影响进而影响商业银行的信贷投向。通过这些渠道，环境规制将会对重污染企业的融资产生影响。当然，环境规制的加强可能会减少污染企业的信贷资源，不仅在微观上影响污染企业的融资，在宏观上也会造成信贷资源的重新配置，这使得针对企业的环境规制可能成为绿色信贷甚至绿色金融的推手之一。因此，针对企业的环境规制完全可能与绿色信贷政策相配合，形成合力，从而产生金融资源再配置效应。党的二十大报告指出，要加快发展方式的绿色转型，而完善绿色发展等相关的金融政策成为重要手段。但是目前来看，关于环境规制与企业融资的

---

① 2017 年 7 月 20 日《新闻联播》长篇播出中共中央办公厅、国务院办公厅对甘肃祁连山国家级自然保护区生态环境问题发出的通报，要求甘肃省委、省政府向党中央做出深刻检查，并对负有责任的部分省级官员给予相应问责和处分，在环保领域如此大力度实属罕见。

研究并不充分，本文希望对此展开一些探索。

现有文献也曾广泛的讨论环境与融资的相关问题，比如环境信息披露与融资（Jung 等，2018）、环境信息披露与股权融资（罗党论和王碧彤，2014；Li 等，2019）、企业环境表现与融资（Nirosha 等，2021；Zhang，2021）、绿色信贷政策与污染企业融资（Li 等，2021；苏冬蔚和连莉莉，2018）等，但只有很少的文献直接关注环境规制对企业融资的影响，这些文献基于新环保法实施讨论其对污染企业融资、融资结构的影响及企业的反应（马亚红，2021；许罡，2022）。相比现有文献，本文重点在理论上探讨环境规制影响企业融资的机制，总结环境规制影响重污染企业融资的三个渠道，并基于相关数据验证分析环境规制通过哪些渠道影响重污染企业的融资。本文的研究为更深入地理解环境规制对企业融资的影响及其渠道做出探索，相关的理论与实证研究对于如何基于环境规制推动信贷资源绿色化配置也具有一定的启示意义。

接下来，本文第二部分是文献评述，第三部分讨论环境规制影响企业融资的三个渠道，第四、五部分是实证设计和实证结果，第六部分对影响渠道进行了检验，第七部分是结论与政策含义。

二　文献评述

现有研究中直接讨论环境规制与污染企业融资的文献并不多，但是对相关问题，如环境信息披露与融资、环境压力与污染企业融资、公司环境表现与融资等进行过或多或少的研究。

少量文献直接关注了环境规制与污染企业的融资问题，发现环境规制的加强显著降低了企业负债和资产负债率（马亚红，2021），减少其长期贷款，并产生信贷约束效应（许罡，2022）。一些文献关注了环境规制与企业融资成本的关联，发现长期以来商业银行给污染企业的信贷利率高于其他企业，而环境规制的加强进一步扩大了这种差距（郝项超等，2020），环保法庭的设立显著提高了高污染企业的债券融资成本（高昊宇和温慧愉，2021），在污染减排目标更高的地区，面临的约束性减排任务也导致高污染企业的融资成本明显提高（杨冕等，2022）。

环境信息披露与企业融资的议题受到了较多的关注。借贷双方必然存在信息不对称，而企业主动的环境信息披露有助于缓解这种信息不对称，信息披露质量越高的企业越能够获得更多的银行信贷（倪娟，2016；徐玉德等，2011）。不仅如此，大量的实证研究还表明企业的环境信息披露质量越高则融资成本越低（倪娟和孔令文，2016；Jung 等，2018；Luo 等，2019）。环境信息披露不仅会影响债务融资，还会影响股权融资成本（Li 等，2019；罗党论和王碧彤，2014；沈洪涛等，2010）。而且，环境信息披露或污染曝光还会影响企业价值（Wang，2016；唐松等，2019；蒋琰等，2020）和生产率（Ahmad 等，2019）。当然，也有文献发现，环境信息披露质量对融资成本的降低作用不显著（高宏霞等，2018）。

企业的环境表现及环境压力对其融资也会产生影响。如果企业环境表现较好，那么环境规制的加强给企业所带来的环境风险相对较小，由此受到的负面影响也会较小，甚至可能不会对企业融资产生较大影响。既有研究发现，如果企业有着更好的环境表现，其能够获得更多且较为长期的新增贷款，不过在当地经济面临发展压力时企业环境表现的重要性明显下降（沈洪涛和马正彪，2014），哪怕是在新冠疫情期间，环境绩效好的企业依然能够更好地获得外部融资（Nirosha 等，2021）。生态友好型企业，不仅能够获得更高的信贷额度，而且被要求提供抵押品的概率更低（Zhang，2021）。但如果污染严重则会带来负面影响，基于雾霾现象的研究发现，雾霾事件确实对污染企业的融资能力带来显著负面影响（盛明泉等，2017）。另一项类似研究也发现，环境状况恶化所带来的公共压力会导致重污染企业获得更少的融资，并且面临更高的债务成本（刘星河，2016）。

总体来看，目前文献在环境规制与融资方面的关注度仍然不够，本文将基于中国新《环境保护法》实施这一外生冲击来刻画环境规制加强是如何影响企业融资的。基于双重差分法的研究发现，新环保法实施给重污染上市公司的融资带来显著负面影响。机制检验发现，新环保法实施其实并没有对污染企业的成本和绩效产生显著负面影响，因此其偿本付息的能力是没有降低的。新环保法实施提升了企业的环境信息披露水平，不过这并未对企业融资带来显著利好。新环保法主要是通过影响商业银行对信贷资源的行业投向进而影响重污染企业融资的。

三　环境规制影响企业融资的三个渠道

从目前中国的环境规制体系来看，法律层面并没有直接的强制性规定来约束污染企业融资。此前银监会发布的《绿色信贷指引》是与污染企业融资最为相关的行业指导规范，该指引确实可能会对污染企业融资产生影响，事实上，一些文献对此做过研究（苏冬蔚和连莉莉，2018）。但该指引是针对金融机构的行政规范，并非本文所要研究的针对企业的环境规制。下文对环境规制影响重污染企业融资的可能渠道进行具体分析。

（一）通过影响企业的成本、绩效而影响企业融资

环境规制对企业成本和绩效的影响是环境经济学中广受关注的议题，有大量的文献（Porter，1991；Lanoie 等，2011；Greenstone 等，2012；陈屹立和曾琳琳，2018；于斌斌等，2019）。传统理论认为，环境规制无论是提高环境标准、加大执法力度还是增加惩罚额度（包括收费额度）等，都将直接提高企业的合规成本，从而降低企业的利润和绩效（Greenstone 等，2012）。企业利润和绩效的降低自然影响了其还本付息能力，考虑到资金安全性，商业银行必然减少对其的信贷支持。环境规制还会影响企业资金的使用，为了达到环境规制的要求，企业必须对污染进行处理或者直接减少污染排放，这就需要企业付出成本，受资金总量限制，污染治理投入可能会挤压生产资金投入，从而使企业面临更高的机会成本。特别是对于规模较小的企业，资金限制使得企业的盈利性项目得不到充分发展，进而影响企业的盈利能力，这将降低对企业的价值评估，从而影响其融资能力，最终要么导致融资减少，要么导致融资成本上升，或者二者兼而有之。当然，尽管理论上的逻辑简单明了，但从经验证据上看，对环境规制影响企业成

本的研究所得结论并不一致（Greenstone 等，2012；陈屹立和曾琳琳，2018）。

与上述理论机制不同，波特等认为，环境规制也可能引致企业创新，而创新带来的好处完全可能抵消合规成本增加带来的负面影响，从而提高企业的绩效（Porter，1991；Porter 和 Linder，1995）。企业为应对环境规制，可能通过创新来推动技术水平的提升，不仅实现更加绿色的生产以达到环境规制的要求，而且技术创新还可能提升企业的生产率和产品竞争力，从而为企业带来更好的收益，抵消短期由严格的环境规制带来的合规成本上升的影响，最终提升企业的绩效。如果能够实现波特效应，则环境规制反而能够提高企业的竞争力和价值，并与商业银行形成良性互动，有利于企业融资。

理论上存在上述两种对立的机制，而从经验研究的结论来看，似乎很难下定论。新环保法实施可能确实推动了创新（袁冬梅和邓水银，2022），但未必提升了企业的绩效（陈屹立和曾琳琳，2018；于斌斌等，2019），甚至可能是提高了成本或降低了绩效（Rassier 和 Earnhart，2010；Lanoie 等，2011；Greenstone 等，2012）。当然，有些研究发现环境规制提高了企业的绩效（Farzin，2003；Lanoie 等，2008），还有些研究发现环境规制不仅激发了企业的创新，而且提高了企业的绩效或竞争力（许东彦等，2020），但也有研究发现环境规制只是促进了企业研发，对绩效并无显著提升作用（Lanoie 等，2011；余伟等，2017）。

总体而言，如果环境规制影响了企业的成本和绩效，则将对其融资带来负面影响，如果环境规制提高了企业绩效则有助于其融资，而如果环境规制对企业成本和绩效没产生实质影响则不会对其融资产生影响。

（二）通过影响环境信息披露而影响企业融资

许多文献关注了环境规制对企业环境信息披露的影响（蒋琰等，2020）以及环境信息披露与融资的关联（倪娟，2016；Jung 等，2018）。通过环境信息披露来影响企业融资是一个有较为扎实文献基础的影响渠道。环境规制对企业环境信息披露的影响存在两种可能的机制。

一方面，环境规制下的企业有进行环境信息披露的压力。环境规制的加强本身可能就包含对环境信息披露的要求更加严格。2015年实施的新环保法专门设章对信息公开和公众参与进行了规定，其中第55条就重点排污单位的环境信息披露作出了明确的规定，不仅对企业的环境信息披露要求提高，对政府的环境信息披露也提出了更多、更高的要求，外加公众对环境和自身健康更加关注，对信息披露的要求大大提高。在这种背景下，企业想要保持以往的做法将越来越难。环境信息披露在强监管背景下对所有企业而言在一定程度上是囚徒困境博弈，如果其他企业的整体信息披露水平上升，那么有些企业即使不想披露也没有办法，只能跟随着提升自身的信息披露水平。现有研究发现，新环保法的实施确实提升了企业的环境信息披露水平（蒋琰等，2020）。

另一方面，环境规制下的企业有动力披露环境信息。由于信息不对称，信贷市场可能出现逆向选择。因此银行必然要花费一定的成本收集信息，除了银行方面的努力外，优秀的企业也有动力向银行展示其在环保方面的作为，传递其在环境方面的合法性，降低商业银行对其环境风险的忧虑，增强银行的资金支持意愿。同时企业也乐于向公众展现"绿色企业"的正面形象。这些主动的信息披露有助于优秀企业实现与其他企业的区分。经验研究也显示，在环境方面做得好的企业，确实愿意主动披露环境信息（沈洪涛等，2014）。而企业的环境信息披露能够让其获得好处，有助于获得更多的信贷资源（徐玉德等，2011；倪娟，2016），且信息披露水平越高的企业，融资成本越低（Jung等，2018）。环境信息披露的激励还不限于债务融资的可获得性及其成本，研究也显示，企业的环境信息披露也可能带来更低的股权融资成本（罗党论和王碧彤，2014；Li等，2019）。当然，也有部分文献显示，环境信息披露并不能使得权益资本成本更低（任力和洪喆，2017），也可能带来负向价值效应（蒋琰等，2020）。在面对环境强监管时，企业面临的环境风险增加，企业可能需要披露更多的信息以规避环境风险，从而打消商业银行的忧虑，获得更多的外部融资。

总体而言，在环境规制下，无论企业是基于压力还是出于自身利益的考量，提升环境信息披露水平都将有助于企业融资。

（三）影响企业的环境风险进而影响银行信贷投向

新环保法在立法上进行了很多创新性的制度设计，比如经济手段方面创设"按日计罚"制度，使得环保法的经济威慑力大大增强，还创设了限制生产、停产整顿、责令停业和关闭、停止建设等惩罚措施，对企业负责人和经营者可以进行拘留，对政府相关责任人可以处分甚至撤职和开除。这些变化使得污染企业在环境污染方面面临更大的风险。这些风险不仅是传统意义上的经济风险，而且涉及其他方面的风险。商业银行以往对环境风险的考虑相对简单，而在新形势下商业银行不得不更多的考察和关注对其利益会产生重大影响的环境风险，这将给重污染企业融资带来直接影响。

首先，企业的环境风险会影响商业银行利益，从而影响重污染企业融资。尽管对于企业发生的环境风险或环境事故，商业银行并不直接承担责任，但可能会给商业银行带来间接的不良影响。商业银行作为授信方，其授信对象发生严重环境事故，会给商业银行的声誉带来负面影响。无论从信贷的安全性还是环境合规性来讲，都很可能给商业银行带来不良影响，因此会倒逼商业银行重视对环境风险的考量。从目前的环境强监管来看，新近出现的一些个案反映出加强银行责任的趋势。如 2018 年天津某银行因未能按照《绿色信贷指引》等规范要求而向环保未达标企业提供融资，受到了天津银监局罚款 50 万元的行政处罚①。《中国环境报》于 2018 年 8 月 15 日也报道了一起将银行作为共同被告，要求其承担环境责任的环境公益诉讼案件②。由此看来，商业银行必将加强环境风险管控，其对信贷资源的行业投向必然发生一定的变化，从而对重污染企业的融资带来负面影响。

其次，环境强监管可能影响重污染企业的经营风险从而影响融资。污染企业如果违反了有关环境规制的要求，导致环境恶化甚至发生环境事故，此时将面临政府的行政处罚、整改和公众的外部压力，恶劣者还可能

---

① 处罚决定参见官方网站，http：//www.cbrc.gov.cn/tianjin/docPcjgView/72DADDD519DD430CAA428275A3F198AD/24.html，其他媒体也有相关报道。

② 报道参见http：//49.5.6.212/html/2018-08/15/content_75356.htm。

被责令停产整顿，公司领导层有可能被采取强制措施，有时候还可能面临民事诉讼。为了处理这些污染要付出巨大的成本，这会不同程度地影响企业的正常生产经营，产生较大的经营风险，影响财务安全性。对上市公司来讲其股票表现还会受到显著负面冲击（王遥和李哲媛，2013）。这些将影响企业本息偿还能力，给商业银行带来风险。原本在传统的商业银行信贷风险管理中，很少会将环境风险作为重要考量而纳入风险管理范围，但随着中国环境规制的加强，污染企业受到环境法律的约束会更大。事实上，新环保法已经建立起更完备、更多样、更严厉的责任体系，在执法上也已经建立起从执法到监督的整个系统。因此，加强对企业环境风险的评估与管理是商业银行信贷风险管控的必然要求。商业银行在贷前对企业的调查将不再仅限于对授信企业财务状况的评估，还包括企业在环保方面的作为可能带来的信贷风险。比如中国农业银行2018年专门下发《中国农业银行信贷业务环境、社会和治理风险管理办法》，强调基于环境和社会风险对信贷客户进行分类管理，在信贷业务各环节提出具体管理要求。因此，环境规制越严格，商业银行对这种风险的把控将越重要，对污染企业融资的影响也就越大。

　　总结上述可知，环境规制影响重污染企业融资的三个渠道：通过影响企业的成本和绩效而影响企业融资能力从而影响企业融资；通过提升企业环境信息披露水平而助力企业融资；增加企业环境风险从而影响商业银行信贷行业投向，进而影响企业融资。三个渠道的基本逻辑链条如图1所示。

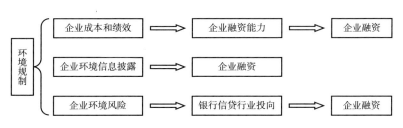

图1　环境规制影响企业融资的三个渠道

四 研究设计

（一）方法与模型设定

现有文献中，部分研究基于环保治理投资等数量型指标刻画环境规制，部分研究基于一些政策冲击来刻画环境规制，比如"两控区"（盛丹和张慧玲，2017）或者排污权交易试点（齐绍洲等，2018），本文将中国2015年开始施行的新《环境保护法》作为外生政策冲击来衡量环境规制，并基于双重差分法来研究环境规制对重污染企业融资的影响。

2015年实施的新《环境保护法》被称为"史上最严环保法"，在制度层面有诸多创新，比如确立"按日计罚"无上限制度，企业违法成本大大提高；规定了行政拘留以及查封、扣押、责令停业、关闭企业等非常严厉的处理措施；明确规定地方政府的环境保护责任。同时，在执法层面上也敢于动真格，还逐步试点形成了环保垂直管理体系，并在中央层面上形成了中央环保督察制度。这使得新环保法之后中国的环境规制体系进一步完善，执法力度加大。因此新环保法的实施是一个体系性的行动，是一个很好的外生政策冲击。也正因为如此，国内越来越多的学者开始将新环保法的实施作为外生冲击来展开研究（陈屹立和曾琳琳，2018；蒋琰等，2020）。

基于此，设定如下双重差分估计模型：

$$y_{it} = \beta_0 + \beta_1 did_{it} + \beta_2 period_t + \beta_3 treated_i + \lambda Z + \mu_{it} \tag{1}$$

其中，y 表示融资，$period$ 表示新环保法是否实施的时间虚拟变量，$treated$ 表示是否为重污染企业的虚拟变量，did 表示时间虚拟变量 $period$ 与分组虚拟变量 $treated$ 的交叉项，Z 为控制变量，μ 为不可观测因素。在回归中，还控制了时间固定效应和企业固定效应。

（二）数据处理

本文使用企业层面的数据，基于可得性选取了我国沪深股市 A 股的上市公司作为研究样本，鉴于新环保法实施于2015年，选取 2010~2019 年作为研究期间。根据既有文献惯例，对样本做了如下处理：①删除了交易状态为异常（ST、PT等）的企业，剔除了金融和房地产行业的企业；②由于新环保法在2015年实施，删掉了公司2015年后才上市或2015年之前即退市的企业；③删除了资产负债表、利润表、现金流量表数据严重缺失的样本；④对所有连续变量作上下1分位的缩尾处理。上市公司的融资、财务、公司治理等相关原始数据均来自CCER数据库，机制检验中的环境信息披露原始数据来自CSMAR数据库，部分公司治理原始数据①以及机制检验中的商业银行贷款行业分布数据来自CNRDS数据库。

（三）变量选择

1.被解释变量

根据文献一般的做法，用现金流量表中企业当年取得借款所收到的现金除以总资产来衡量企业的融资（倪娟和孔令文，2016）。在稳健性检验中使用借款除以总资产（沈洪涛和马正彪，2014；盛明泉等，2017）以及借款收到的现金取对数来衡量企业融资。

2.处理组和对照组的选择

根据环保部公布的《上市公司环境信息披露指南》和《上市公司环保核查行业分类管理名录》，将B、C、D一级分类中的火电、钢铁、水泥、电解铝、煤炭、冶金、化工、石化、建材、造纸、酿造、制药、发酵、纺织、制革和采矿业16个行业定义为重污染行业，由于原始数据是按照证监会上市公司分类指引进行分类的，将对应的这些行业进行甄选，②最终将归属于这些行业的693家上市公司作为处理组。将以上重污染企业以外的企业作为对照组。

当企业为重污染企业时（处理组），则虚拟变量$treated_i$=1，否则为0。当新环保法实施之前时间虚拟变量$period_t$设定为0，2015年及之后设定为1。两个虚拟变量的乘积为双重差分变量did。

---

① CCER数据库2019年董事持股比例缺失，用CNRDS数据库数据补充。

② 由于原始数据是按照证监会的《上市公司行业分类指引》（2012年修订）进行分类的，和环保部公布的分类不完全对应，将证监会分类中的B06、B07、B08、B09、B10（原始样本中无此类企业）、C15、C17、C19、C22、C25、C26、C27、C28、C29、C30、C31、C32、C33、D44定义为重污染行业。

3. 控制变量

按照文献一般做法（沈洪涛和马正彪，2014；Zhang，2021），选取了公司年龄、股权性质、董事持股比例、资产收益率等方面的特征作为控制变量，相关变量详细定义及描述性统计见表1和表2。

表1 变量符号及定义

变量类型	名称	符号	定义
被解释变量	企业融资1	Loan1	借款收到的现金/总资产
	企业融资2	Loan2	（短期借款+长期借款）/总资产
	企业融资3	Loan3	借款收到的现金取对数
解释变量	是否重污染企业	treated	重污染企业取值为1，非重污染企业为0
	法律是否实施	period	2015年及之后取值为1，2015年以前取值为0
	净效应	did	treated 与 period 的交叉项
控制变量	公司年龄	age	当年减去公司成立年份
	股权性质	state	国有控股=0，非国有控股=1
	独立董事人数	i-director	担任独立董事人数
	董事持股比例	sr	全体董事会成员持股比例
	资产收益率	roa	净利润/总资产
	资产负债率	alr	负债合计/总资产
	公司规模	size	总资产取对数
	成长能力	growth	营业收入增长率

表2 变量描述性统计

变量	样本数	均值	标准差	最小值	最大值
Loan1	20289	0.177	0.191	0	3.871
Loan2	19663	0.145	0.140	0	2.740
Loan3	20289	17.230	7.381	0	24.674
treated	20563	0.325	0.468	0	1
period	20563	0.525	0.499	0	1
did	20563	0.168	0.374	0	1
age	20563	16.149	5.753	0	38
state	20563	0.616	0.486	0	1
i-director	20563	3.284	0.893	0	11
sr	20563	9.883	17.537	0	64.872
roa	20563	0.042	0.103	-2.051	8.441
alr	20563	0.423	0.233	0.008	8.612
size	20563	22.151	1.286	19.552	26.168
growth	20551	21.042	173.675	-100	13204.72

五　回归结果及稳健性

（一）平行趋势检验

双重差分模型要求处理组和对照组在政策冲击之前的变化趋势是一致的，为此对企业融资进行平行趋势检验。回归结果显示，政策实施前四年的系数均不显著，而新环保法实施后的虚拟变量均显著，通过图2也能看出，2015年之前的趋势线在0附近波动，表明对照组和处理组的融资在政策实施前并无显著差异，满足平行趋势假设。

表3　平行趋势检验回归结果

	$Loan1$
before4	−0.002
	(0.007)
before3	0.008
	(0.008)
before2	0.008
	(0.009)
before1	0.004
	(0.010)
current	−0.006
	(0.010)
after1	−0.026**
	(0.011)
after2	−0.030***
	(0.010)
after3	−0.046***
	(0.011)
after4	−0.040***
	(0.010)
样本量	20289
R^2值	0.012

注：括号内为稳健标准误，*、**、***分别表示10%、5%、1%的水平上显著。以下各回归结果汇报表含义相同。

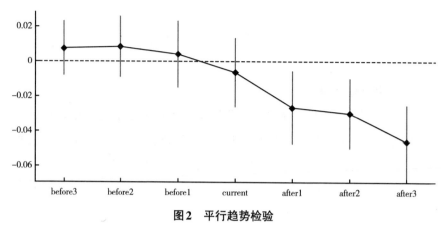

图2　平行趋势检验

（二）基准回归结果

基准模型控制了反映公司特征的控制变量，同时控制了时间固定效应和企业固定效应，并在行业层面聚类，结果显示双重差分变量显著为负。这表明新环保法的实施确实显著影响了重污染企业的融资。

表4　基准模型回归结果

解释变量	$Loan1$
did	-0.017^{**}
	(0.007)
控制变量	是
时间固定效应	是
企业固定效应	是
样本量	20277
R^2值	0.686

注：同表3。

（三）稳健性讨论

1.替换融资指标和模型设定

前述基准模型中用现金流量表中企业当年取得借款所收到的现金除以总资产用来衡量企业融资，这里用借款收到的现金取对数（融资绝对额）以及一些文献使用过的短期借款加长期借款除以总资产来衡量企业融资。对两个指标进行平行趋势检验，回归结果显示，两个指标在政策实施前系数总体上不显著，而实施后则显著。通过图3和图4也可以看到，两个指标在2015年之前均在0附件波动，而之后则不在0附近，满足平行趋势假设。

表5　替代融资指标的平行趋势检验回归结果

	Loan2	Loan3
before4	−0.006	−0.453
	(0.004)	(0.284)
before3	−0.009	0.135
	(0.006)	(0.323)
before2	−0.010	−0.015
	(0.007)	(0.351)
before1	−0.014*	−0.234
	(0.007)	(0.375)
current	−0.021***	−0.543
	(0.008)	(0.377)
after1	−0.030***	−1.013**
	(0.008)	(0.400)
after2	−0.036***	−1.428***
	(0.008)	(0.405)
after3	−0.045***	−1.886***
	(0.008)	(0.417)
after4	−0.044***	−1.793***
	(0.009)	(0.353)
样本量	19663	20, 289
R²值	0.016	0.046

注：同表3。

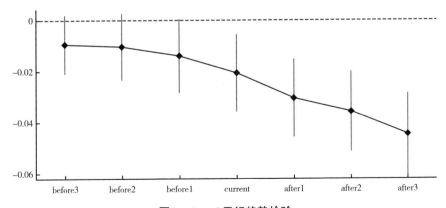

图3　*Loan2* 平行趋势检验

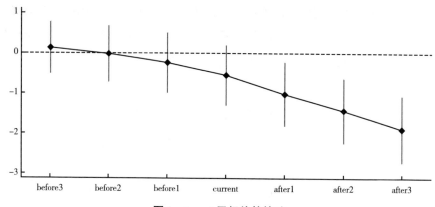

图4 *Loan3* 平行趋势检验

依次替换原指标，并控制了相关控制变量，由于基准模型控制企业固定效应后模型中的处理组虚拟变量、时间虚拟变量以及公司股权性质等变量就无法估计了，这里尝试变换模型设定，只控制地区固定效应、时间固定效应和行业固定效应，结果显示，替换相应指标后双重差分项依然显著为负，与基准模型结果保持一致。

表6 替换融资指标和模型设定

解释变量	被解释变量		
	*Loan*1	*Loan*2	*Loan*3
did	−0.014***	−0.008**	−0.428**
	（0.005）	（0.003）	（0.181）
控制变量	是	是	是
地区固定效应	是	是	是
时间固定效应	是	是	是
行业固定效应	是	是	是
样本量	20277	19651	20277
R²值	0.336	0.561	0.327

注：同表3。

2.PSM-DID检验

尽管前文的基准模型满足双重差分模型的平行趋势假设，但双重差分估计中对照组的选择是人为给定的，而PSM-DID根据倾向得分为实验组寻找尽可能相似的对照组，这样可以更好的观察新环保法是否真的对处理组产生了影响。对于面板数据的倾向得分匹配一般有两种处理，一种是将面板数据视为混合截面数据，直接进行匹配①；另一种是逐期进行匹配②。由于前一种处理存在一定的"自匹配"问题（谢申祥等，2021），采用逐期匹配方法。匹配后的平衡性检验显示③，各个协变量在匹配后偏差几乎均小于5%，且偏差都大幅减小，匹配后的p值均不显著，表明经过匹配后处理组与对照组不再有显著的系统性差异，满足PSM-DID的要求。

表7　平衡性检验

变量		2013年		2014年		2015年		2016年		2017年	
		%bias	p>|t|	%bias	p>|t|	%bias	p>|t|	%bias	p>|t|	%bias	p>|t|
state	U	−10.9	0.020	−10.9	0.017	−10.9	0.018	−10.9	0.017	−10.9	0.017
	M	−2.3	0.685	−2.2	0.690	−1.1	0.833	−1.8	0.748	0.1	0.988
roa	U	−3.8	0.454	−6.9	0.177	−6.9	0.126	3.4	0.453	20	0.000
	M	0.5	0.911	0.4	0.841	−0.6	0.914	0.6	0.909	3.5	0.478
alr	U	15.5	0.002	18.7	0.000	11.3	0.012	4.4	0.330	−1.4	0.767
	M	1.6	0.789	1.9	0.711	0.6	0.910	0.3	0.961	−1.1	0.835
size	U	30.1	0.000	27.9	0.000	21.7	0.000	15.5	0.001	13.4	0.004
	M	5.4	0.324	3.9	0.477	−0.6	0.923	5	0.338	2.1	0.704
age	U	11.2	0.020	13.3	0.005	13.3	0.005	13.3	0.005	13.3	0.005
	M	−0.4	0.939	0.5	0.927	−0.6	0.909	0.2	0.971	0.7	0.896
i−director	U	13.4	0.003	7.9	0.081	1.7	0.711	9	0.050	7	0.132
	M	3.1	0.581	0.5	0.929	−0.3	0.957	2.2	0.680	0.6	0.912
sr	U	−16.6	0.001	−15.7	0.001	−15.5	0.001	−16.3	0.000	−15.5	0.001
	M	0.4	0.932	−0.9	0.865	−0.2	0.972	1.8	0.726	−0.8	0.877
growth	U	−8.4	0.091	−17.8	0.000	−14.9	0.005	−7.6	0.143	−5.7	0.290
	M	0.4	0.917	−1.4	0.738	−0.7	0.589	−2.2	0.023	0.8	0.588

PSM采取了核匹配、卡尺内近邻匹配、半径匹配、近邻匹配等方法，得到的结果都大同小异。利用被匹配到的样本并基于基准模型进行了回归，结果显示*did*均显著为负，且系数估计也与此前的估计相差很小，进一步表明了前述基准回归结果的稳健性。

---

① 结果显示ATT显著为负，限于篇幅这里没有详细汇报，有需要的可向笔者索取。

② 特别感谢匿名审稿人的建议。

③ 这里展示的是基于核匹配方法的结果，限于篇幅，只汇报了2015年及前后的几年，其他年份结果类似，有需要的可向笔者索取。

表8 PSM-DID 回归结果

解释变量	核匹配	卡尺内近邻匹配	半径匹配	近邻匹配
	$Loan1$	$Loan1$	$Loan1$	$Loan1$
did	0.015**	−0.017**	−0.015**	−0.018**
	(0.007)	(0.007)	(0.007)	(0.007)
控制变量	是	是	是	是
时间固定效应	是	是	是	是
企业固定效应	是	是	是	是
样本量	20182	13752	20185	13753
R^2值	0.693	0.711	0.693	0.711

注：同表3。

3.安慰剂检验一：选取虚拟的政策实施时间

得到上述结果后，一个可能的担心是，其实并非真的是新环保法实施带来了显著影响，只是新环保法恰好在这一年实施的偶然结果。因此安慰剂检验思路之一是将非政策实施年份虚拟为政策实施年份，这些虚拟政策实施年份应该是不显著的。参照文献一般做法，在政策尚未开始实施的年份中选取一年作为虚拟的政策实施年份，并选取政策实施之前的样本区间进行重新回归（吕越等，2019），同时尝试在既有的整个样本区间进行回归。相关模型设定与基准回归保持一致，结果发现，虚拟的政策实施年份均不显著，表明了结论的稳健性。

表9 安慰剂检验一：更换政策时间

解释变量	被解释变量			
	$Loan1$	$Loan1$	$Loan1$	$Loan1$
时间段	2010−2014	2010−2014	2010−2019	2010−2019
虚拟政策年份	2012	2013	2012	2013
did	−0.007	−0.007	−0.003	−0.003
	(0.006)	(0.006)	(0.006)	(0.006)
控制变量	是	是	是	是
时间固定效应	是	是	是	是
企业固定效应	是	是	是	是
样本量	9644	9644	20277	20277
R^2值	0.820	0.820	0.686	0.686

注：同表3。

4.安慰剂检验二：随机抽取实验组

安慰剂检验的另一思路是随机选取实验组，如果随机抽取的实验组得到了与上述一样的结果，这就表明上述结果并非真的是新环保法实施带来的影响。参照文献一般做法（高昊宇和温慧愉，2021），在既有的样本中随机抽取多次假设的实验组，之后进行回归。基准回归中，重污染企业共693家，因此在2159家企业中随机抽取693家企业作为虚拟实验组，其余作为对照组，共重复抽取500次，然后分别进行500次回归，双重差分项的系数核密度以及p值如图5所示。可以看出，真实的估计系数是-0.017，而随机抽取实验组的估计系数大部分都离0很近，且所有的随机估计结果没有一次与真实估计系数相同（均大于真实估计系数），随机结果的大部分p值均不显著。这表明基准回归模型得到的结果并非一个偶然的结果。

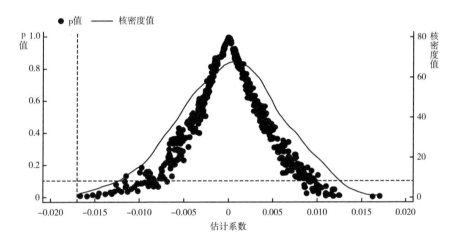

图5　随机选取实验组结果

（四）排除其他政策①

1.绿色信贷指引

2012年，中国银行业监督管理委员会发布《绿色信贷指引》，引起实务界和理论界的高度关注。该指引是为促进银行业金融机构发展绿色信贷

———————————

① 特别感谢匿名审稿人对本部分的相关建议。

而制定的，要求银行业金融机构从战略高度推进绿色信贷，并从组织管理、政策制度与能力建设、流程管理、内控管理与信息披露、监督检查等方面进行了较为全面的规定，被认为是我国绿色信贷领域影响重大的规范性文件。毫无疑问，《绿色信贷指引》的颁布对银行业金融机构产生了较为明显的影响和约束，对其信贷资源的行业和企业投向产生重要影响，这必然会对重污染企业融资带来直接影响。事实上，国内相关的实证研究以2012年《绿色信贷指引》实施作为准自然实验发现，该指引显著影响了重污染企业的信贷融资（丁杰，2019），造成重污染企业有息债务和长期负债均显著下降（苏冬蔚和连莉莉，2018）。因此一个合理的怀疑是，上述得到的结论是否是《绿色信贷指引》带来的后果，而并非新环保法实施带来的影响。

《绿色信贷指引》于 2012 年实施，而此前的研究时间段为 2010~2019 年，为此，去掉 2012 年之前的年份。由于 2012 年之后的年份受到了《绿色信贷指引》的影响，如果 2015 年新环保法实施的双重差分项依然显著，则表明新环保法确实在《绿色信贷指引》的基础上进一步施加了影响，如果双重差分项不再显著，则表明此前的估计结果有可能是《绿色信贷指引》带来的后果，而新环保法并未真正产生影响。相关的模型设定与基准模型保持一致，结果显示，双重差分项依然显著为负。这表明，在《绿色信贷指引》发挥作用的背景下，新环保法实施依然产生了影响。

2.《环境保护税法》实施

《环境保护税法》的实施是我国完善环保法律体系的重要举措，将长期以来的环保费改为环保税，法律刚性更强，必然对相关企业产生相应的影响。《环境保护税法》尽管本着税负平移的原则，但由于执法的刚性大大加强，极大地阻碍了政企合谋，总体上提高了企业污染成本。因此环保税法实施后必然对企业的环境成本带来一定的影响，由此可能影响企业融资能力。

尽管现有研究尚未关注过环保税法对企业融资的影响，但有研究基于《环境保护税法》实施的准自然实验发现，《环境保护税法》的执法刚性更强，给企业施加了更强的环境合法性压力，从而显著促进了重污染企业绿色转型（于连超等，2021）。为此，下文进一步排除《环境保护税法》可能给重污染企业融资带来的影响。由于《环境保护税法》于2018年实施，将2018年之后的样本去掉，从而观察新环保法的影响。相关回归模型设定与基准模型保持一致，结果显示双重差分项显著为负，表明排除《环境保护税法》的影响后新环保法实施依然带来了显著影响。

表10　排除《绿色信贷指引》和《环境保护税法》的影响

解释变量	排除《环境保护税法》	排除《绿色信贷指引》
	$Loan1$	$Loan1$
did	−0.013*	−0.021**
	(0.007)	(0.008)
控制变量	是	是
时间固定效应	是	是
企业固定效应	是	是
样本量	16237	16756
R²值	0.726	0.707

注：同表3。

六　环境规制通过何种渠道影响重污染企业融资

上述实证分析表明，新环保法的实施确实给重污染企业融资带来了负面影响，在理论机制的讨论中分析了环境规制影响重污染企业融资的三个渠道，这里进一步基于可用的材料和证据来探析环境规制是通过何种渠道来影响重污染企业融资的。

（一）通过影响成本和绩效而影响企业融资

环境规制可能通过影响企业的成本和绩效进而影响企业融资。为检验这个影响渠道，建立模型（2）进行分析：

$$y_{it} = \beta_0 + \beta_1 did_{it} + \beta_2 period_t + \beta_3 treated_i + \gamma Z + \mu_{it} \qquad (2)$$

其中，y 为反映企业成本和绩效的变量，选择企业营业总收入（取对数）、营业总成本（取对数）、资产收益率（净利润除以总资产）和成长能力（营业收入增长率）四个指标来进行衡量，*period*、*treated*、*did* 的含义与模型（1）相同，*Z* 为控制变量（如公司股权状况、公司规模等），μ 为不可观测因素。

与基准回归一致，将所有非重污染企业作为对照组，并控制了企业和时间固定效应。结果显示，新环保法实施对企业的营业总收入、营业总成本和成长能力均无显著影响，对企业资产收益率有显著正面影响。[①]理论上讲，环境规制影响企业绩效的途径无外乎两个：一是环境规制的加强增加了企业的合规成本，二是环境规制可能产生波特效应，企业因创新而改善了营收。但从回归结果看，新环保法对营业总成本和营业总收入均无显著影响，因此上文总结的第一个渠道在现实中并没有产生影响。其实本文结论与已有文献专门就新环保法对重污染企业绩效影响的研究结论是一致的（陈屹立和曾琳琳，2018）。

鉴于回归结果显示新环保法可能对资产收益率产生了显著影响，进一步将资产收益率和 *did* 的交叉项引入基准回归模型中，检验新环保法是否通过资产收益率对重污染企业融资产生了影响，结果显示，新环保法并未通过资产收益率而改善重污染企业融资。

总体来讲，新环保法并未对公司成本和绩效产生显著影响，所以并未通过这个渠道而影响重污染企业融资。

表 11　新环保法对重污染企业成本和绩效的影响

解释变量	被解释变量			
	营业总成本	营业总收入	资产收益率	成长能力
did	−0.052	−0.017	0.005*	−1.246
	(0.032)	(0.029)	(0.003)	(3.540)
控制变量	是	是	是	是
时间固定效应	是	是	是	是
企业固定效应	是	是	是	是
样本量	20563	20563	20563	20551
R^2 值	0.962	0.961	0.239	0.129

注：同表 3。

---

① 平行趋势检验发现营业总成本、营业总收入、资产收益率均满足平行趋势假设，而成长能力不满足平行趋势假设。

表12　新环保法、资产收益率与重污染企业融资机制检验

解释变量	被解释变量	
	Loan1	Loan1
did	−0.012*	−0.012*
	(0.007)	(0.007)
roa×did	−0.109	−0.105
	(0.108)	(0.111)
roa		−0.005
		(0.022)
控制变量	是	是
时间固定效应	是	是
企业固定效应	是	是
样本量	20277	20277
R²值	0.686	0.686

注：同表3。

（二）通过影响环境信息披露水平而影响企业融资

无论基于合法性动机还是利益动机，面对环境强监管，重污染企业均可能加强环境信息披露，而环境信息披露有利于企业融资。为检验这个影响渠道建立模型（3）进行分析：

$$EDI_{it} = \beta_0 + \beta_1 did_{it} + \beta_2 period_t + \beta_3 treated_i + \gamma Z + \mu_{it} \tag{3}$$

其中，EDI 为企业环境信息披露，$period$、$treated$、did 的含义与模型（1）相同，Z 为控制变量（如公司股权状况、资产收益率等），μ 为不可观测因素。

环境信息披露的相关原始数据均来自 CSMAR 数据库。数据根据企业对于环境负债（废水、工业固废、烟尘和粉尘、SO_2 等污染物的排放）、环境监管与认证（污染物达标、违法事件、ISO 认证等）、环境业绩与治理（"三废"及粉尘等的减排治理、清洁生产、固废利用等）、环境管理（"三同时"制度、环保教育和管理体系、应急机制、环保理念和目标等）四个方面的信息披露进行量化打分，无披露为0，有则定性描述为1、定量描述为2。将所有这些打分加总即生成企业的环境信息披露指数 EDI，所有企业的 EDI 平均值为5.72，最大值为35，有几个企业的 EDI 为0。

表13第一列以 EDI 为被解释变量，结果显示双重差分项显著为正，表明新环保法实施确实显著提升了重污染企业的环境信息披露水平，这与现

有文献得到的结论是一致的（蒋琰等，2020）。既然新环保法实施提升了企业的环境信息披露水平，那么是否由此改善了重污染企业融资呢？基于模型（1）放入 *EDI* 及 *EDI* 和 *did* 的交叉项来进一步探究这个问题。

表 13 后三列以融资为被解释变量，第二列仅放入 EDI 时显示 EDI 为正但不显著，第三列置入 *EDI* 和 *did* 的交叉项发现其为正也不显著，第四列同时置入 *EDI* 以及 *EDI* 与 *did* 的交叉项，结果二者均不显著。结合以上结果，可以认为，虽然新环保法确实显著提升了企业的环境信息披露水平，但是并没有因此对污染企业的融资带来实质意义上的帮助。对于以上结果，可能的解释是，环境信息披露确实有助于提升企业的透明度，一定程度上缓解银行与企业之间的信息不对称，但是无法从根本上改变银行对行业的环境风险评估以及整体的信贷行业投向。因此环境信息披露尽管对个体企业的融资可能有一定的帮助，但很难对抗整体行业面临的环境风险而带来的负面效应，环境信息披露最终的影响力有限。

表 13 新环保法实施、环境信息披露与重污染企业融资

解释变量	被解释变量			
	EDI	*Loan1*	*Loan1*	*Loan1*
did	1.653***	−0.016***	−0.009	−0.007
	(0.323)	(0.007)	(0.008)	(0.008)
EDI		0.000		0.000
		(0.000)		(0.000)
EDI ×did			0.001	−0.001
			(0.001)	(0.001)
控制变量	是	是	是	是
时间固定效应	是	是	是	是
企业固定效应	是	是	是	是
样本量	18545	18271	18271	18271
R²值	0.744	0.694	0.694	0.694

注：同表 3。

（三）通过影响银行信贷行业投向而影响企业融资

上述两个渠道的分析表明，环境规制对重污染企业融资的影响并不是通过影响成本和绩效而实现的，尽管新环保法的实施提升了企业的环境信息披

露水平，但其对企业融资没有产生显著作用。在环境强监管的背景下，原本更多考虑财务风险的商业银行，也不得不基于多种因素而对企业的环境风险加以重视。中国研究数据服务平台（CNRDS）的商业银行信贷行业分布数据，可以用于观察商业银行对信贷资源的行业配置情况，从银行的角度与上述企业的角度进行交叉印证，验证上述结果的可信性。

该数据包含了302家商业银行在2000~2019年各个行业的信贷余额和各个行业信贷余额占比，原始数据样本量为23491个，为非平衡面板数据，遗憾的是数据不包含其他信息。但该数据详细展示了各个银行在该年度不同行业的信贷余额，这足以观察商业银行是否如上述理论机制部分所阐述的那样，在面对环境强监管时对重污染行业可能采取更加严格的信贷管控。

根据上市公司行业分类指引对原始数据的行业进行归并，之后与模型（1）的处理一样，将B、C、D一级分类中的火电、钢铁、水泥等16个行业定义为重污染行业，由于部分数据将所有制造业归为一类，首先尝试将其设定为重污染行业（即 *treated*1），之后也尝试将其设定为非重污染行业（即 *treated*2），同时也尝试将这部分数据删掉后再进行观察。为对比新环保法实施前后的行业贷款情况，无2015年之后数据的样本和只有2015年之后数据的样本。与前述模型保持一致，以2010~2019年为样本研究期①，并建立模型（4）进行检验：

$$lb_{it} = \beta_0 + \beta_1 did_{it} + \beta_2 period_t + \beta_3 treated_i + \mu_{it} \tag{4}$$

其中，*lb* 表示贷款余额，取对数，同时将该行业贷款余额占该商业银行贷款余额的比重作为因变量（*plbtl*），*period*、*treated*、*did* 的含义与模型（1）相同，其中 *did1* 为 *period* 与 *treated*1 的乘积，*did2* 为 *period* 与 *treated*2 的乘积，由于该数据不存在其他信息，无须控制其他控制变量，但加入了行业固定效应和时间固定效应，μ 为不可观测因素。

回归中先将制造业样本设置为重污染行业，后将其设置为非重污染行

---

① 以2000~2019年为样本研究期进行尝试，结果回归中双重差分项均显著，限于篇幅未列出结果，有需要的可向笔者索取。

业，也考虑将这部分样本去掉，结果如表14所示。从回归方程可以看到，只有以贷款余额占比作为解释变量同时将制造业作为控制组时双重差分变量不显著，其余回归中均显著为负。制造业范围较广，作为控制组并不合适，毕竟其应该包含了一部分重污染行业，只是为了展示稳健性，这里做了保留。总体来看，回归结果表明，新环保法实施既显著降低了重污染行业的信贷余额，也显著降低了重污染行业信贷余额占比。

这个结论表明，在环境强监管背景下，商业银行越来越重视企业的环境风险，减少了对重污染行业的信贷资源配置，从而对重污染企业融资带来负面影响。从现实情况看，针对企业的环境规制确实不会直接影响商业银行，但是在环境强监管背景下，企业的环境风险毫无疑问大大上升，商业银行将不得不考虑这些风险。其实现有文献发现，在PM2.5"爆表"的环保压力下，重污染企业更难获得银行的贷款契约（刘常建等，2019），而政府环境监管的加强也显著影响了商业银行对环境风险的定价决策，提高了重污染企业的利率（郝项超，2020）。这反映了商业银行对环境风险的考量，相关的环保压力和环境监管行为也对商业银行的行为产生了实实在在的影响，这在理论上有清晰的逻辑链条，在经验上能够找到数据支撑。总结上述可知，新环保法通过这个渠道对重污染企业融资带来负面影响是能够得到印证的。

表14 新环保法实施与商业银行信贷行业投向

解释变量	被解释变量			
	lnlb	$plbtl$	lnlb	$plbtl$
$did1$	-0.266[*]	-0.231		
	(0.143)	(0.236)		
$did2$			-0.237[**]	-3.754[***]
			(0.095)	(0.373)
行业固定效应	是	是	是	是
时间固定效应	是	是	是	是
样本量	15867	14513	15867	14513
R^2值	0.298	0.509	0.298	0.515

注：同表3。

表15　新环保法实施与商业银行信贷行业投向（去掉制造业样本）

解释变量	被解释变量	
	lnlb	$plbtl$
did	−0.284**	−0.923***
	（0.144）	（0.228）
行业固定效应	是	是
时间固定效应	是	是
样本量	14548	13271
R²值	0.267	0.415

注：同表3。

七　结论与政策含义

环境规制对微观企业的影响一直是学界关注的重要问题，但是对于环境规制如何影响污染企业融资却相对缺乏关注。本文基于中国上市公司，以新环保法实施作为准自然实验并利用双重差分模型研究发现，新环保法实施给重污染企业融资带来了显著负面影响。进一步利用相关数据对三个影响重污染企业融资的渠道进行检验，结果发现：新环保法实施对重污染企业的成本和绩效无显著影响，并不会因此而影响企业融资；新环保法实施显著提升了重污染企业的环境信息披露水平，但并未因此而给企业的融资带来显著正面效应；而最终可能的影响渠道是商业银行对环境风险的考量，基于商业银行的行业信贷数据分析发现，新环保法实施之后商业银行显著减少了对重污染行业的信贷资源配置。基于上述发现，本文的政策含义如下。

保持环保执法的持续性和稳定性，助力信贷资源配置合理化。无论从微观企业的研究结论还是从商业银行信贷余额的研究结论来看，都可以发现环境规制客观上推动了信贷资源重新配置，即环境规制显著减少了重污染行业和企业的信贷资源。尽管这不能完全称为信贷资源的绿色化配置或者绿色信贷，但至少包含了一部分，有助于提升中国经济增长的质量（刘锡良和文书洋，2019）。因此，环境规制手段的合理运用能够帮助信贷资源更为合理的配置，推动银行偏好和行为的转变。从影响机制来看，环境规制并未对重污染企业的成本和绩效产生显著影响，而是提升了其环境信息披露水平，但对重污染企业融资无实质性帮助，环境规制产生的信贷资源再配置效应本质上是通过提高企业的环境风险进而影响商业银行的决策而产生的。因此，强化环境执法会给企业带来持续的环境压力，而这会对商业银行的决策产生长期而系统的影响。而对商业银行的这种影响直接引发了信贷资源的重新配置。从政策层面来讲，要进一步维持环境执法力度，保持政策和法治的稳定性，从而为企业和银行提供稳定的预期。企业需要长期、持续的关注环境风险，银行可以在市场化运作中纳入绿色因素，从而更好地适应形势变化。这有利于更大力度、更可持续的推动信贷资源绿色化，且相较于对银行的强制性行政规定或行政干预，也更加市场化。

加强环境信息披露。环境信息披露本质上有助于污染企业融资，也有助于提高信贷市场的信息透明度，缓解信息不对称，从而为商业银行的决策提供便利，为信贷资源的绿色配置提供助力。更重要的是，要求披露更多的环境信息有助于促成信息披露方面的市场竞争。毕竟，在环境方面表现优异的企业确实更乐于披露环境信息（沈洪涛等，2014），由此可能形成信息披露方面的优胜劣汰。而信息背后反映的是企业的绿色作为，只有真正实现绿色发展的企业才可能提供更多、质量更高的环境信息。这些信息可被市场以及银行等主体加以利用并融入决策，反过来强化企业的绿色发展，更好地助推绿色金融发展。在推行强制型规制时政府确实应当谨慎，但加强信息披露对于企业而言增加的成本非常有限，而好处却较为明显，故是一个可行的政策选项。

增强商业银行环境意识，并与环境规制协同，不仅需要加强对企业的环境规制，还应该进一步增强商业银行的环境意识，毕竟商业银行的行为会对环境保护和经济增长产生重大影响（刘锡良和文书洋，2019）。要营造商业银行更加注重环境风险评估与考量的政策环境，支持商业银行总部建立绿色发展战略架构，切实树立绿色发展理念，将环境风险考量纳入信贷全流程。保持政策的稳定性，不搞"一阵风"和"一刀切"，分类实施，逐步完善。制定绿色金融产品支持政策，使政府引导和市场化推动紧密结合。支持打造绿色样板银行，带动整个行业高质量发展。同时，针对商业银行的规制与针对企业的环境规制相协同，必将更好地推动信贷资源的绿色化配置。

参考文献

［1］陈屹立、曾琳琳，2018，《新〈环境保护法〉实施对重污染企业的影响研究——基于上市公司的分析》，《山东大学学报（哲学社会科学版）》第4期。

［2］丁杰，2019，《绿色信贷政策、信贷资源配置与企业策略性反应》，《经济评论》第4期。

［3］高昊宇、温慧愉，2021，《生态法治对债券融资成本的影响——基于我国环保法庭设立的准自然实验》，《金融研究》第12期。

［4］高宏霞、朱海燕、孟樊俊，2018，《环境信息披露质量影响债务融资成本吗？——来自我国环境敏感型行业上市公司的经验证据》，《南京审计大学学报》第6期。

［5］蒋琰、王逸如、姜慧慧，2020，《新〈环境保护法〉、环境信息披露与价值效应》，《中国经济问题》第4期。

［6］刘常建、许为宾、蔡兰、张孝静，2019，《环保压力与重污染企业的银行贷款契约——基于"PM2.5爆表"事件的经验证据》，《中国人口·资源与环境》第12期。

［7］刘锡良、文书洋，2019，《中国的金融机构应当承担环境责任吗？——基本事实、理论模型与实证检验》，《经济研究》第3期。

［8］刘星河，2016，《公共压力、产权性质与企业融资行为——基于"PM2.5爆表"事件的研究》，《经济科学》第2期。

［9］吕越、陆毅、吴嵩博、王勇，2019，《"一带一路"倡议的对外投资促进效应——基于2005—2016年中国企业绿地投资的双重差分检验》，《经济研究》第9期。

［10］吕忠梅，2014，《〈环境保护法〉的前世今生》，《政法论丛》第5期。

［11］罗党论、王碧彤，2014，《环保信息披露与IPO融资成本》，《南方经济》第8期。

［12］马亚红，2021，《环境规制对重污染企业负债的影响研究——基于新〈环境保护法〉的准自然实验分析》，《投资研究》第8期。

［13］倪娟，2016，《环境信息披露质量与银行信贷决策——来自我国沪深两市A股重污染行业上市公司的经验证据》，《财经论丛》第3期。

[14] 倪娟、孔令文，2016，《环境信息披露、银行信贷决策与债务融资成本——来自我国沪深两市 A 股重污染行业上市公司的经验证据》，《经济评论》第 1 期。

[15] 郝项超、赖芬芬、罗国翔、吕巨鹭、张静，2020，《环保监管加强、环境风险与商业银行贷款利率》，《投资研究》第 9 期。

[16] 齐绍洲、林屾、崔静波，2018，《环境权益交易市场能否诱发绿色创新？》，《经济研究》第 12 期。

[17] 任力、洪喆，2017，《环境信息披露对企业价值的影响研究》，《经济管理》第 3 期。

[18] 沈洪涛、黄珍、郭昉汝，2014，《告白还是辩白——企业环境表现与环境信息披露关系研究》，《南开管理评论》第 2 期。

[19] 沈洪涛、马正彪，2014，《地区经济发展压力、企业环境表现与债务融资》，《金融研究》第 2 期。

[20] 沈洪涛、游家兴、刘江宏，2010，《再融资环保核查、环境信息披露与权益资本成本》，《金融研究》第 12 期。

[21] 盛丹、张慧玲，2017，《环境管制与我国出口产品质量升级》，《财贸经济》第 8 期。

[22] 盛明泉、汪顺、张春强，2017，《"雾霾"与企业融资——来自重污染类上市公司的经验证据》，《经济评论》第 5 期。

[23] 苏冬蔚、连莉莉，2018，《绿色信贷是否影响重污染企业的投融资行为？》，《金融研究》第 12 期。

[24] 唐松、施文、孙安其，2019，《环境污染曝光与公司价值》，《金融研究》第 8 期。

[25] 王遥、李哲媛，2013，《我国股票市场的绿色有效性——基于 2003-2012 年环境事件市场反应的实证研究》，《财贸经济》第 2 期。

[26] 谢申祥、范鹏飞、宛圆渊，2021，《传统 PSM-DID 模型的改进与应用》，《统计研究》第 2 期。

[27] 许东彦、佟孟华、林婷，2020，《环境信息规制与企业绩效》，《浙江社会科学》第 5 期。

[28] 许罡，2022，《新环保法实施对重污染企业融资影响及后果研究》，《现代财经》第 2 期。

[29] 徐玉德、李挺伟、洪金明，2011，《制度环境、信息披露质量与银行债务融资约束——来自 A 股上市公司的经验证据》，《财贸经济》第 5 期。

[30] 杨冕、袁亦宁、万攀兵，2022，《环境规制、银行业竞争与企业债务融资成本——来自"十一五"减排政策的证据》，《经济评论》第 2 期。

[31] 于斌斌、金刚、程中华，2019，《环境规制的经济效应："减排"还是"增效"》，《统计研究》第 2 期。

[32] 于连超、张卫国、毕茜，2021，《环境保护费改税促进了重污染企业绿色转型

吗？——来自〈环境保护税法〉实施的准自然实验证据》，《中国人口·资源与环境》第5期。

［33］余伟、陈强、陈华，2017，《环境规制、技术创新与经营绩效——基于37个工业行业的实证分析》，《科研管理》第2期。

［34］袁冬梅、邓水银，2022，《法治强化促进了企业绿色创新吗？——来自新〈环保法〉施行的证据》，《中国经济学》第4期。

［35］Ahmad N., Li H. Z., Tian X. L. 2019. "Increased Firm Profitability under A Nationwide Environmental Information Disclosure Program? Evidence from China." *Journal of Cleaner Production* 230(1):1176–1187.

［36］Farzin Y. H. 2003. "The Effects of Emissions Standards on Industry." *Journal of Regulatory Economics* 24(3):315–327.

［37］Greenstone M., List J. A., Syverson C. 2012. "The Effects of Environmental Regulation on the Competitiveness of U.S. Manufacturing." NBER Working Paper No. 18392.

［38］Jung J., Herbohn K., Clarkson P. 2018. "Carbon Risk, Carbon Risk Awareness and the Cost of Debt Financing." *Journal of Business Ethics* 150(4):1–21.

［39］Lanoie P., Laurent-Lucchetti J., Johnstone N., Stefan A. 2011. "Environmental Policy, Innovation and Performance: New Insights on the Porter Hypothesis." *Journal of Economics & Management Strategy* 20(3):803–842.

［40］Lanoie P., Patry M., Lajeunesse R. 2008. "Environmental Regulation and Productivity: Testing the Porter Hypothesis." *Journal of Productivity Analysis* 30(2):121–128.

［41］Li L., Liu Q., Wang J., Hong X.F. 2019. "Carbon Information Disclosure, Marketization and Cost of Equity Financing." *International Journal of Environmental Research & Public Health* 16(1):1–14.

［42］Li, W., Cui G., Zheng M. 2021. "Does Green Credit Policy Affect Corporate Debt Financing? Evidence from China." *Environmental Science and Pollution Research International* 29(4):5162–5171.

［43］Luo W., Guo X., Zhong S., Wang J. 2019. "Environmental Information Disclosure Quality, Media Attention and Debt Financing Costs: Evidence from Chinese Heavy Polluting Listed Companies." *Journal of Cleaner Production* 231(SEP.10):268–277.

［44］Nirosha H. W., Vijay K., Ahmed I. H., Mamdouh A. S. A. 2021. "Environmental Performance and Firm Financing during COVID-19 Outbreaks: Evidence from SMEs." *Finance Research Letters* 18:1–8.

［45］Porter M. E. 1991. "America's Green Strategy." *Scientific American* 264(4):193–246.

［46］Porter M. E., Claas van der L. 1995. "Toward a New Conception of the Environment-

Competitiveness Relationship." *Journal of Economic Perspectives* 9(4):97–118.

［47］ Rassier D. G., Earnhart D. 2010. "The Effect of Clean Water Regulation on Profitability: Testing the Porter Hypothesis." *Land Economics* 86(2):329–344.

［48］ Song W. Y., Sung B. 2014. "Environmental Regulations and the Export Performance of South Korean Manufacturing Industries: A Dynamic Panel Approach." *Journal of International Trade & Economic Development* 23(7):923–945.

［49］ Wang Mao-Chang. 2016. "The Relationship between Environmental Information Disclosure and Firm Valuation: The Role of Corporate Governance." *Quality & Quantity* 50(3):1135–1151.

［50］ Zhang D. 2021. "How Environmental Performance Affects Firms' Access to Credit: Evidence from EU Countries." *Journal of Cleaner Production* 315(15):128–294.

（责任编辑：陈星星）

企业薪酬机制与员工策略的两极分化

王　湛　王有有*

摘　要：基于本身勤奋程度的异质性，在企业中存在员工劳动供给策略差异，同时其差异程度还会受到企业薪酬制度的激励影响。本文讨论竞争与非竞争机制环境下员工的策略性博弈均衡，研究企业薪酬机制对员工劳动供给均衡策略的影响。由于竞争，有的员工付出超越非竞争环境的努力，称为"内卷"；有的员工则反其道而行之，称为"躺平"。研究发现，竞争环境下的信息不完全性导致的贝叶斯纳什均衡会产生更严重的劳动供给两极分化，即"内卷"和"躺平"现象均大量存在，且员工总福利相对降低。此外，本文从企业角度讨论在总薪酬不变的前提下，通过调整激励强度、岗位薪酬差距以及晋升数量最大化员工劳动供给。当晋升比例足够小时，采用绩效机制最优；当晋升比例足够大时，采用锦标赛机制最优；当晋升比例适中时，存在最优的混合机制。本文进而将员工劳动边际产出不变的假设替换为递减，分析时间激励机制和产出激励机制的劳动供给差异。

关键词：企业劳动供给　非合作博弈　贝叶斯纳什均衡

---

* 王湛，副教授，硕士生导师，西南财经大学中国西部经济研究院，主要研究方向为博弈论与市场机制设计，邮箱：wangzhan@swufe.edu.cn；王有有（通讯作者），北京大学数学科学学院，硕士研究生，主要研究方向为博弈论与市场机制设计，邮箱：youyou000915@stu.pku.edu.cn。感谢匿名审稿专家的宝贵意见，文责自负。

一　引言

"内卷"和"躺平"分别入选2020年和2021年十大网络流行语。"内卷"源于拉丁语Involutum，原意为"内卷、内缠"，最早出现在17世纪德国著名古典哲学家康德的《判断力批判》一书中。1963年Clifford借鉴戈登威泽的"内卷化"概念，将其从文化领域推广到农业经济领域，提出了"农业内卷化"概念，用来描述和解释印尼的农业生产。Clifford将"农业内卷化"定义为劳动密集化、系统内部精细化和复杂化。也就是在土地面积有限的情况下，新增劳动力不断投入农业生产领域，但农业生产水平长期保持不变，只是不断地重复简单再生产，经济发展缓慢，单位人均产值未能有效提高。当今网络流行语中的"内卷"更多的是指工作中人们的一些过度竞争行为，或者是指在资源没有增加的前提下，由于竞争增加了获取资源的成本。"躺平"是"内卷"的对立，本指平卧，引申为休息。如今不少人口头上挂着的"躺平"，多指一种"不作为""不反抗""不努力"的工作态度，面对各种压力和竞争选择"一躺了之"，放弃了对于资源的竞争，和"内卷"的选择正好相反。

类似的故事也发生在企业中，不同的岗位有着不同的薪酬，岗位级别越高薪酬越高。在现代企业中，高级别岗位常常是由低级别岗位员工通过竞争而获得，在竞争中，人们也会出现劳动供给的两极分化。前程无忧发布的《职场人加班现状调查报告2022》显示，84.7%的职场人下班后仍关注工作相关信息，超过七成的受访者表示经常或偶尔加班。在一线城市，"90后"经常加班的比例超过80%。与此同时，九成受访者表示正在经历职业懈怠，由于长期暴露于工作压力下且不能成功管理，有能力工作但是缺少工作的动力。"内卷"和"躺平"现象同时大量存在，除了市场因素外，必然还存在其他原因。排除非理性因素，企业员工的行为往往受到企业激励制度的影响，其中最重要的因素之一就是企业的薪酬机制。本文将探讨企业的薪酬机制对员工劳动供给的影响，以解释上述两极分化现象。表1是网络上传播的某互联网企业薪资与岗位表。

表1　某互联网企业岗位薪资

单位：万元

岗位级别	年均工资	年终奖	股权激励	年均总薪酬
4	21.6	9.0	—	30.6
5	24.0	9.0	—	33.0
6	24.0	8.0	—	32.0
7	41.6	10.0	—	51.6
8	29.9	12.7	5.0	47.6
9	34.8	20.3	10.0	65.1
10	45.6	22.8	25.0	93.4
11	60.0	35.0	70.0	165.0
12	114.0	57.0	120.0	291.0
13	280.0	120.0	100.0	500.0

资料来源：https://zhuanlan.zhihu.com/p/553369976。

由于岗位级别和薪酬的差异，员工为了获得晋升和更高薪酬，会参与竞争"锦标赛"。因为高级别岗位有限，所以低级别岗位的员工需付出更多努力才能晋升。本文探讨的"锦标赛"机制，即最努力的员工获得晋升和更高薪酬，其他付出努力的员工无法获得更高薪酬。这种机制通过竞争激励员工付出更多的劳动，但也体现了"内卷"的不理性竞争。相应地，企业也可采用非竞争的绩效机制，即根据员工劳动付出给予薪酬奖励，与其他员工努力程度无关。若员工在"锦标赛"机制中付出比绩效机制更多的劳动，称该行为为"内卷"，反之，则称为"躺平"。

本文后续的讨论将假设员工存在外生的劳动供给意愿上的异质性（下文用"勤奋程度"指代），即使面对相同的薪酬激励，不同的员工也会有不同的劳动供给，这导致了在不同机制下勤奋程度不同的员工的劳动供给差异。基于此假设，本文将求解企业员工在不同薪酬机制下劳动供给的策略性均衡以比较机制的差异，并尝试给出不同环境下企业的最优薪酬机制。

本文后续安排如下，第二部分为文献综述；第三部分建立薪酬机制激励模型，利用劳动供给函数，分别分析在绩效机制和"锦标赛"机制下企业员工的劳动供给策略性均衡；第四部分从员工角度讨论不同薪酬机制下的员工福利，以及从企业角度讨论最优薪酬机制，在总员工成本不变的基础上，通过调整薪酬结构，实现总劳动供给的最大化；第五部分拓展讨论时间激励与产出激励的差异；第六部分为结论与政策建议。

二 文献综述

学术界对薪酬差距给企业员工的劳动供给带来的影响也进行了相当多的讨论，认为影响是非常显著的（Cullen 和 Truglia，2022）。同时，一些文献讨论了薪酬差距的增加会通过影响员工劳动供给而影响企业经营。一部分学者认为这个影响是负面的。Pfeffer 和 Langton（1993）提出薪酬差距过大时将会降低员工满意度，进而影响企业正常的运营效率和团队合作。Alesina 等（2004）提出当薪酬差距过大时将引发员工的恶性竞争。黎文靖和胡玉明（2012）发现国企内部薪酬差距较小时能更多地激励员工，而薪酬差距较大时对职工无正向激励效应。杨薇和孔东明（2019）认为由于低学历员工的议价能力较弱，在薪酬差距较小的情况下，扩大薪酬差距显著提升了低学历员工比例，并降低了高学历员工比例。这样的现象在规模较大、管理者平均年龄较低的企业中尤为显著。姜安印和张庆国（2021）认为内部薪酬差距与国有企业社会责任履行之间存在反向相关关系，即整体上国有企业内部薪酬差距的扩大将降低企业社会责任履行水平；较高的政策性负担会使得内部薪酬差距对补偿型社会责任支出的影响进一步增加，但会抑制内部薪酬差距对义务型社会责任的影响。Cullen 和 Truglia（2022）通过自然实验发现，如果员工得知同事们的薪酬高于自己，那么他们就会减少劳动供给。

不过一些学者发现薪酬差距对企业具有正向的影响。黎文靖和胡玉明（2012）通过实证研究发现国企内部薪酬差距与业绩正相关，且薪酬差距越大，企业的全要素生产率越高。杨薇等（2019）发现薪酬差距通过降低企业的盈余管理程度提升了效率。赵奇锋和王永中（2019）发现薪酬差距扩大有利于提升发明创造者的创新绩效，进一步强化技术创新。孔东民等（2017）也发现企业内部的薪酬差距和创新有关，在"锦标赛"理论下，高管和员工的薪酬差距越大，越能促进企业产出创新成果，研究表明，高管的薪酬溢价对创新具有正向的激励作用，而员工的薪酬溢价对创新具有负调节作用，基于经济增长处于从要素与投资驱动转向创新驱动的背景，本着"创新带动企业竞争力提升"的宗旨，企业趋向于加大高管和员工的薪酬差距从而提高企业竞争力和绩效。薪酬差距产生的原因有很多，例如薪酬差距的确定本身会受到一些因素的影响，陈良银等（2021）研究发现，在国有企业混合所有制改革过程中，非国有股东持股和向国有企业委派董事显著扩大了企业内部薪酬差距。但主流文献认为薪酬差距是企业激励低级别岗位员工增加劳动供给的有效手段，从上述文献可以看到，差异性的岗位薪酬主要是通过"锦标赛"机制来影响低级别岗位员工的劳动供给。Banker等（2016）发现随着劳动时间的增加，员工可以得到更高的薪酬甚至获得晋升，因此薪酬差距成为激励员工劳动投入和企业产出的有效手段。

另有一些理论或实验的文献讨论了薪酬差距对于企业员工劳动供给的影响，Lazear和Rosen（1981）首先通过"锦标赛"理论讨论企业员工的劳动供给。他们提出企业可以通过薪酬等级机制来激励员工。组织层级中某一阶层的薪酬水平能够同时激励本层级和更低一层的员工（Rajgopal和Srinivasan，2006）。因此，管理层将被薪酬所激励，而员工不仅会被本层级的薪酬所激励，也会被更高层的薪酬所激励。Cullen和Truglia（2022）通过自然实验发现如果员工得知领导的薪酬比自己高，那么他们就会增加劳动供给。Harris和Holmstrom（1982）将"锦标赛"模型放在动态环境下分析，发现在非完全信息对称纳什均衡条件下，员工的工资不会降低，同时只有当市场均衡工资上升时，他们的工资才会上升。

上述文献除了讨论竞争环境外，还着重讨论了风险厌恶条件下的企业策略性行为，但并没有讨论薪酬差距对不同员工的异质性影响。在实践中，可以观察到大量企业员工被薪酬差距激励从而增加劳动时间，成为"内卷"的参与者；同时依然存在相当数量的企业员工在巨大的薪酬差距机制下选择"躺平"，减少劳动供给，这样的选择是否受"锦标赛"机制影响，或者说"锦标赛"机制是否存在这样的"副作用"等相关问题值得进一步探讨。本文将通过求解不同机制下的员工劳动供给均衡来讨论这个问题。另外，与Lazear和Rosen（1981）的研究中对于员工效用使用线性效用函数不同，本文使用更接近于实践的Cobb-Douglas劳动供给函数，无须额外假设来保证模型的内点解。

Gibbons 和 Murphy（1992）、Gibbons 和 Waldman（1999）、Dewatripon 等（1999）和 Holmstrom（1999）讨论了广义的薪酬激励预期对员工劳动供给的影响，发现员工能够受到晋升和薪酬激励从而提高自己的人力资本和劳动能力。本文与上述文献的主要区别在于竞争环境。同样是讨论晋升和薪酬对员工行为的影响，但上述文献主要讨论员工在这种激励下付出成本以提高自己的人力资本的动机，并且没有考虑竞争环境，本文将问题放在竞争环境下，讨论策略性均衡，同时聚焦晋升和薪酬对劳动供给的激励效果，从模型来看也能转化为对人力资本提升的动机分析。

三 模型与均衡

本部分将构建模型讨论企业员工在不同的薪酬机制下的劳动供给。假设所有员工会理性做出利益最大化选择，不考虑从众心理等带来的非理性行为。本文重点讨论的是岗位薪酬差距对员工劳动供给的影响，将多劳多得的绩效机制作为对照，比较在竞争环境与非竞争环境下员工的劳动供给。

令企业员工的效用函数为经典的劳动供给函数，即员工 i 的效用函数为：

$$U_i = w^{\alpha_i} l^{1-\alpha_i} \tag{1}$$

其中，w 代表员工付出劳动所获得的工资收入，l 代表其休闲时间。α_i 代表该员工的勤奋程度，α_i 越大，意味着员工 i 在相同工资条件下愿意付出的劳动更多。

员工的工资收入分为三部分，为简化讨论，假设员工劳动的边际产出不变，员工产出与劳动时间线性正相关[①]，企业对员工产出的评价可以等价于其对员工劳动时间的评价，表达式如下：

$$w = w_0 + w_1(1 - l) + g \tag{2}$$

其中，w_0 代表员工的基础工资，员工不付出任何劳动也可以得到。w_1 代表员工的单位绩效奖励系数，总绩效奖励与员工的劳动时间线性正相关，主

---

① 下文会进一步将原始假设拓展为员工的边际劳动产出递减的更普适情况。

要体现同级别员工之间的薪酬差距。g是随机变量，如果员工获得晋升，那么g代表员工晋升后得到的工资增量折现，如果员工没有得到晋升，这个部分的薪酬为0。接下来主要讨论三种不同的机制，首先是作为对照的绩效机制，这种机制下没有竞争，员工多劳多得；其次是"锦标赛"机制，这种机制下所有的员工薪酬差距全部体现在岗位层级的差异中；最后讨论混合机制，此时企业既存在绩效奖励，也存在岗位薪酬差距，两方面激励并存。

（一）绩效机制

使用这种机制的企业中，仅存在绩效奖励，企业中岗位薪酬没有差距，或者岗位晋升不是竞争产生（比如论资排辈），由此，薪酬激励不存在竞争性。由于假设不同岗位的工资没有差距，$g = 0$，员工的效用函数变为：

$$U_i = \left[w_0 + w_1(1 - l) \right]^{\alpha_i} l^{1-\alpha_i} \tag{3}$$

优化一阶条件：

$$\frac{dU_i}{dl} = -w_1\alpha_i l^{1-\alpha_i}\left[w_0 + w_1(1 - l) \right]^{\alpha_i-1} + \left(1 - \alpha_i \right)\left[w_0 + \omega(1 - l) \right]^{\alpha_i} l^{-\alpha_i} = 0$$

$$\Rightarrow \frac{w_1\alpha_i l}{w_0 + w_1(1 - l)} = 1 - \alpha_i \Rightarrow l = \frac{\left(1 - \alpha_i \right)\left(w_0 + w_1 \right)}{w_1} \tag{4}$$

取$1 - l > 0$的部分得到：

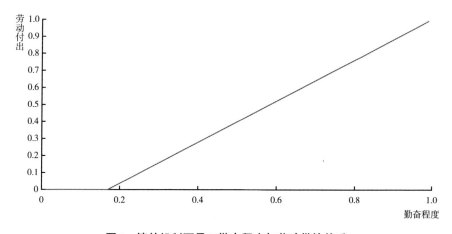

图1　绩效机制下员工勤奋程度与劳动供给关系

注：参数取值为$w_0 = 1$，$w_1 = 5$。

下文讨论绩效机制下劳动供给的均衡策略，令 $w_0 = kw_1$，可以推出劳动时间：

$$1 - l = 1 - (1 - \alpha_i)(1 + k) \qquad (5)$$

同时，由于劳动时间不可为负，推出：

$$1 - l = \begin{cases} 0, & \alpha_i < \dfrac{k}{1 + k} \\[3mm] (k + 1)\alpha_i, & \alpha_i \geqslant \dfrac{k}{1 + k} \end{cases} \qquad (6)$$

结合图2（a），在没有竞争的机制下，有 $k/1+k$ 的员工会选择完全不工作。而在此机制下，员工选择的最优劳动供给与企业的总薪酬无关，调整基础工资和绩效薪酬的比例就可以调整员工的劳动供给，基础工资占比越高，完全不工作的员工会越多。图2（b）展示了不同底薪比例下完全不工作的员工比例和所有员工的总劳动时间。

随着绩效薪酬与岗位薪酬比例 w_1/w_0 增加，员工总劳动供给持续增加，但当薪酬比例达到一定水平，大概10时，再增加薪酬比例对总劳动供给时间的提高也很有限。综上，在绩效机制下，提高绩效薪酬比例能够有效提高员工的总劳动供给时间，也能降低完全不工作的员工比例，但效果不明显。

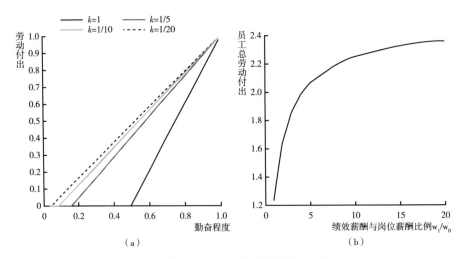

（a）   （b）

图2 绩效机制下不同薪酬比例下员工选择

注：$w_0 = 1$，$w_1 = [1, 5, 10, 20]$，$N = 5$。

（二）"锦标赛"机制

假设企业薪酬机制中，只有岗位薪酬差距，没有绩效奖励。此时，企业员工的劳动都是为了争取更高的职位带来的工资差距g。令劳动供给排名前n的员工能得到更高的职位，员工选择其劳动供给变成博弈中的一个策略，其中$L = (l_1, l_2, \cdots, l_N)$为一个策略组合，$w_1 = 0$，令他们的期望收入为：

$$w_i = \left[w_0 + gR_i(L) \right]^{\alpha_i} l_i^{1-\alpha_i} \tag{7}$$

其中，$R_i(L)$是指在策略组合为L时，员工i能否赢得晋升：

$$R_i(L) = \begin{cases} 1, & \left| \left(j \,\middle|\, l_j < l_i \right) \right| \leq n \\ 0, & \left| \left(j \,\middle|\, l_j > l_i \right) \right| > n \end{cases} \tag{8}$$

首先假设员工对其他员工的勤奋程度α知情，那么每一位员工就了解其他参与者的支付函数，该博弈可以视作完全信息的静态博弈。根据下文定理1，该完全信息静态博弈的纯策略纳什均衡不存在，员工在了解其他员工情况后并没有确定的均衡纯策略。假设企业中员工对其他员工的勤奋程度并不知情，但知道员工勤奋程度参数的来源分布，以此构建非完全信息博弈来求解对称纳什均衡。

1.完全信息博弈

假设每一位员工了解其他参与者的支付函数，求解纯策略纳什均衡。

定理1：如果博弈是完全信息的，则纯策略纳什均衡不存在。

证明：先讨论两个员工的情况，结论很容易可以推广到多人。任意策略组合$\delta = (l_1, l_2)$可分为以下两种情况。

情况1：$l_1 = l_2$，该策略组合δ不是纳什均衡，因为当前两人的支付效用为：

$$(w_0 + \frac{1}{2} g)^{\alpha_i} l_i^{1-\alpha_i}$$

当其中任意一位员工减少休闲时间至无穷小量，变为$l_i - \varepsilon$，支付效用变为：

$$\left(w_0 + g\right)^{\alpha_i}\left(l_i - \varepsilon\right)^{1-\alpha_i}$$

显然后者大于前者，所以 δ 不是一个纳什均衡。

情况2：$l_1 > l_2$，该策略组合 δ 不是纳什均衡，因为当员工2的支付效用为：

$$\left(w_0 + g\right)^{\alpha_i}l_2^{1-\alpha_i}$$

员工2可以稍稍增加休闲时间至 $l_2 + \varepsilon$，只要保证 $l_2 + \varepsilon > l_1$，员工2的支付效用为：

$$\left(w_0 + g\right)^{\alpha_i}\left(l_i + \varepsilon\right)^{1-\alpha_i}$$

后者明显大于前者，所以 δ 不是一个纳什均衡。$l_1 > l_2$ 时同理。定理1得证。

以上证明可以推广到多人情况。纯策略纳什均衡并不存在。根据 Harsanyi（1973）的结论，任意一个完全信息静态博弈的混合策略纳什均衡都可以转化为一个非完全信息静态博弈的对称纳什均衡。而非完全信息静态博弈模型会更接近现实，因为在企业中员工对于其他员工的参数 α 并不清楚，也就无法了解其他员工的支付函数，完全信息博弈并不合适。接下来构建非完全信息静态博弈模型以便进一步讨论。

2.非完全信息博弈

在企业中员工对其他参与者的支付函数不了解，但企业招聘中员工的一些背景，如学历、年龄等，是公开的，员工可以通过这些信息对整个公司的员工参数进行估计。在非完全信息博弈中，本文假设每一位员工对公司整体的参数进行估计，该博弈可视为密封拍卖。本部分利用经典密封拍卖模型求解对称纳什均衡。

首先假设员工知道企业中所有员工勤奋程度参数来源的分布，且每一位员工的勤奋程度参数独立同分布。该假设基于劳动力市场是完全竞争的，同一个企业所招聘的员工可观察的条件完全相同，对于观察者，可以认为

所有员工的勤奋程度参数来源于同一个分布。令分布函数为 $F(\alpha)$，密度函数为 $f(\alpha)$。由于

$$U_i = w^{\alpha_i} l^{1-\alpha_i} \tag{9}$$

其中员工薪酬收入：

$$w = \begin{cases} w_0 + g, & \text{如果晋升} \\ w_0, & \text{如果没有晋升} \end{cases} \tag{10}$$

接下来求解这个非完全信息博弈的均衡：

$$\begin{aligned} U_i &= \left[R_i(w_0 + g) + w_0(1 - R_i) \right]^{\alpha_i} l^{1-\alpha_i} \\ &= \left[w_0 + gR_i(l) \right]^{\alpha_i} l^{1-\alpha_i} \end{aligned} \tag{11}$$

当策略组合 $\delta = (l_1, l_2, \cdots, l_N)$ 为对称纳什均衡时，组合中的 l_i 与对应员工的劳动意愿参数 α_i 存在如下的单调关系。

引理1：如果策略组合 $\delta = (l_1, l_2, \cdots, l_N)$ 是对称纳什均衡，那么一定有 $l_i < l_j \Leftrightarrow \alpha_i > \alpha_j$。

证明：反证，假设存在对称纳什均衡策略组合 $\delta = (l_1, l_2, \cdots, l_N)$，其中存在 i、j，满足 $l_i < l_j$ 且 $\alpha_i < \alpha_j$。

因为 $\delta = (l_1, l_2, \cdots, l_N)$ 是对称纳什均衡，那么员工 i 相对于劳动供给 $(1 - l_j)$ 会更偏好于 $(1 - l_i)$，所以：

$$\left[w_0 + gR(l_i) \right]^{\alpha_i} l_i^{1-\alpha_i} > \left[w_0 + gR(l_j) \right]^{\alpha_i} l_j^{1-\alpha_i} \tag{12}$$

同时对员工 j，也有：

$$\left[w_0 + gR(l_j) \right]^{\alpha_j} l_j^{1-\alpha_j} > \left[w_0 + gR(l_i) \right]^{\alpha_j} l_i^{1-\alpha_j} \tag{13}$$

说明相对勤奋程度较高的员工 j 偏好休闲时间更多的劳动供给 l_j，那么一定有勤奋程度较低的员工 i 更加偏好休闲时间更多的劳动供给 l_i：

$$\left[w_0 + gR(l_i) \right]^{\alpha_i} l_i^{1-\alpha_i} < \left[w_0 + gR(l_j) \right]^{\alpha_i} l_j^{1-\alpha_i} \tag{14}$$

与本证明中第一个式子矛盾。推出假设矛盾，反证成立。

令该单调映射关系 $l = \beta(\alpha)$。由于单调性，员工 i 得到晋升的概率等于其能力参数 α_i 处于所有员工前 n 名的概率。纳什均衡策略组合 δ 中员工 i 得到晋升的概率为：

$$R_i(\delta) = \sum_{k=1}^{n} C_{N-1}^{N-k} F(\alpha_i)^{N-k} \left[1 - F(\alpha_i)\right]^{k-1} \tag{15}$$

继续求解对称纳什均衡，式（11）的一阶条件：

$$(1-\alpha_i)l^{-\alpha_i}\left\{w_0+gR\left[\beta^{-1}(l)\right]\right\}^{\alpha_i}+\alpha_i l^{1-\alpha_i}\left\{w_0+gR\left[\beta^{-1}(l)\right]\right\}^{\alpha_i-1}gR'\left[\beta^{-1}(l)\right]\beta'(\alpha_i)^{-1}=0$$

$$\Rightarrow \alpha_i l\left[w_0+gR(\alpha_i)\right]^{-1}gR'(\alpha_i)\beta'(\alpha_i)^{-1}=\alpha_i-1$$

$$\frac{\beta(\alpha_i)gR'(\alpha_i)}{\left[w_0+gR(\alpha_i)\right]\beta'(\alpha_i)}=\frac{\alpha_i-1}{\alpha_i} \tag{16}$$

将式（16）写成微分方程形式：

$$\frac{\beta(\alpha)gR'(\alpha)}{\left[w_0+gR(\alpha)\right]\beta'(\alpha)}=\frac{\alpha-1}{\alpha} \tag{17}$$

解式（12）微分方程，可得：

$$\frac{\alpha-1}{\alpha}\frac{d\beta}{d\alpha}=\frac{\beta gR'}{w_0+gR}$$

$$\Rightarrow \frac{1}{\beta}d\beta=\frac{\alpha gR'}{(w_0+gR)(\alpha-1)}d\alpha$$

$$\Rightarrow \ln\beta=\int_0^{\alpha}\frac{gR'}{w_0+gR}\frac{\alpha}{\alpha-1}d\alpha+C$$

$$\Rightarrow \beta=Ce^{\int_0^{\alpha}\frac{gR'}{w_0+gR}\frac{\alpha}{\alpha-1}d\alpha} \tag{18}$$

代入初始条件：

$$\beta(0)=1$$

$$\Rightarrow C = 1$$
$$\Rightarrow \beta = e^{\int_0^a \frac{gR'}{w_0 + gR} \frac{\alpha}{\alpha - 1} d\alpha} \qquad (19)$$

为了能够和前文对照，模拟选取参数假设企业总期望薪酬不变，即

$$N\left[w_0 + w_1 \int_0^1 \max\left(0, 1 - \frac{(1 - \alpha_i)(w_0 + w_1)}{w_1}\right)\right] = w_0 N + g \qquad (20)$$

不失一般性，为方便讨论，假设勤奋程度参数服从均匀分布，$\alpha_i \sim U(0, 1)$。由此不完全信息博弈下劳动供给与勤奋程度函数关系如图 3 所示，同时比较相同总薪酬下的绩效奖励机制劳动供给：

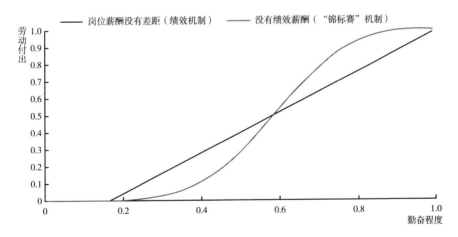

图3 绩效机制与"锦标赛"机制员工劳动供给关系比较

注：$N = 5$，$n = 1$；绩效机制下参数取为 $w_0 = 1$，$w_1 = 5$；控制总薪酬不变时对应"锦标赛"机制参数为 $g = 10.396$。

从图 3 可以看出，相对于无竞争的绩效机制，"锦标赛"机制对勤奋程度较高的员工有更强的激励作用，这部分员工在竞争环境下选择了"内卷"。而对勤奋程度较低的员工的激励作用弱于绩效机制，这部分员工在竞争环境下选择了"躺平"。

下文讨论在"锦标赛"机制下员工劳动供给的策略差异。在"锦标赛"机制下，影响员工劳动供给两极分化的因素主要有两个，一个是竞争的激

烈程度，另一个是竞争的激励强度。而竞争激烈程度来源于两个方面，一方面是参与竞争的总人数，与激烈程度正相关；另一方面是晋升的名额，与激烈程度负相关。

在晋升名额不变时，总员工人数 N 决定了竞争的激烈程度。选取参数，控制总薪酬不变，比较不同勤奋程度员工的劳动支出。由图 4（a）可知，随着总员工人数的增加，勤奋程度较低的员工劳动供给不断降低，甚至几乎不劳动，完全"躺平"的员工比例显著增加。与此同时，选择"内卷"的员工比例明显下降，但继续"内卷"员工的劳动时间会进一步增加，付出几乎所有时间进行劳动。或者说，"内卷"人数比例变小，但激烈程度反而会进一步增加。整体曲线两极分化加剧，处于所有员工平均劳动时间附近的员工比例变少。根据图 4（b），随着竞争人数的增加，员工的平均劳动供给下降，并且在参数选取范围内，劳动供给与竞争人数呈现单调递减关系。因此可以推出结论，企业如果没有绩效奖励，只采用"锦标赛"机制进行激励，w 企业存在员工平均产量下降的情况。

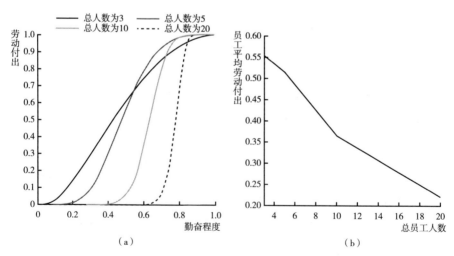

（a）　　　　　　　　　（b）

图 4　"锦标赛"机制下总员工人数变化时员工的劳动供给

注：$w_0 = 0.1$；控制总薪酬 $Nw_0 + g = 5$；$N = [3,\ 5,\ 10,\ 20]$；$n = 1$。

在企业可以提供多个高级别岗位时，尤其是在企业从底层向中层的晋升过程中，中层岗位通常有多个。企业可以考虑通过适当增加或者减少中层岗位数量以激励底层员工增加劳动供给。假设总薪酬不变，那么随着岗位数量的增加，每个岗位的薪酬差距将会减少。选取参数，比较不同晋升名额下不同勤奋程度的员工的劳动支出。假设企业总支出不变，如果晋升人数为 n，那么高级别岗位的薪酬差距将变为 g/n。由图5（a）可知，随着晋升岗位的增加，虽然薪酬差距产生的激励变小了，但由于晋升概率变大，在晋升人数比总竞争人数较少的参数范围内，每一位员工的均衡劳动供给会增加，此时企业中"躺平"的人数会下降，"内卷"的人数则会上升，最极端的情况是所有员工均会选择"内卷"（总人数为5，晋升人数为4时）。但如果晋升岗位数量进一步增加，如图5（b）所示，薪酬差距产生的激励变小后员工的均衡劳动时间反而下降，直至所有员工均选择"躺平"。根据单调性可以推测企业中存在最优的晋升名额。

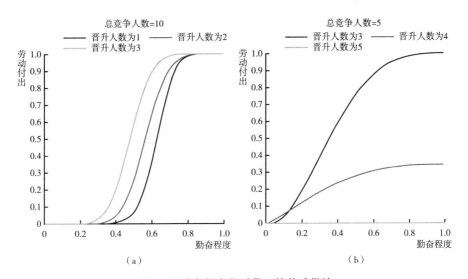

图5　晋升名额变化时员工的劳动供给

注：$w_0=0.1$，总岗位差距薪酬 $g_总 = 5$。

竞争激励强度由薪酬差距比例 k 决定，代表员工晋升与晋升失败所获得的工资比例。选取参数，发现 k 值越大，不管员工的勤奋程度如何，其劳动供给都会增大，即岗位薪酬差距与员工的劳动供给呈单调递增关系。企业可以通过增加岗位薪酬差距激励低级别岗位的员工增加劳动供给。

讨论员工的入职时间对于劳动供给的影响。刚工作时，企业员工对于整个企业的员工背景没有完全了解，无法了解企业中与其进行竞争的员工的劳动供给意愿参数，只通过自己的劳动供给意愿 α 估计整个企业的员工参数。假设员工将自己的劳动供给意愿看作所有员工的劳动供给意愿的期望。随着员工入职时间变长，对整个企业其他员工有所了解后能获得更真实的员工勤奋程度的分布 $F(\alpha)$。从图 6 可以看出，从员工入职到熟悉的过程中，员工劳动供给的两极差异化程度越来越大，即本身不愿意劳动的人会付出越来越少的劳动，而本身劳动意愿强烈的员工会付出更多的劳动。

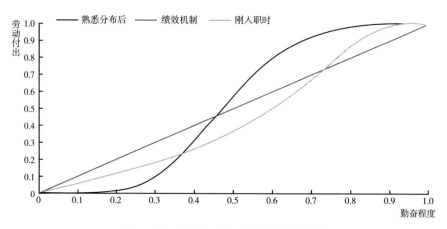

图6 员工从入职到熟悉劳动供给的变化

四 员工效用与企业效率

前文通过一个非完全信息博弈模型得到了企业员工在竞争性薪酬机制

下的均衡劳动供给策略。接下来将讨论此均衡下员工与企业的福利情况。其中员工福利用员工的效用 $U_i = w^{\alpha_i}l^{1-\alpha_i}$ 表示，企业的福利用员工的总劳动时间来表示。

（一）员工福利

1.绩效机制下的员工福利

绩效机制下，员工的均衡劳动供给为 $1 - \dfrac{(1-\alpha_i)(w_0+w_1)}{w_1}$，由此可以推出其效用函数：

$$
\begin{aligned}
U &= \left[\alpha_i(w_0+w_1)\right]^{\alpha_i}\left[\frac{(1-\alpha_i)(w_0+w_1)}{w_1}\right]^{(1-\alpha_i)} \\
&= (w_0+w_1)\frac{\alpha_i^{\alpha_i}(1-\alpha_i)^{(1-\alpha_i)}}{w_1^{(1-\alpha_i)}}
\end{aligned}
\tag{21}
$$

带入不同参数，如图7所示。

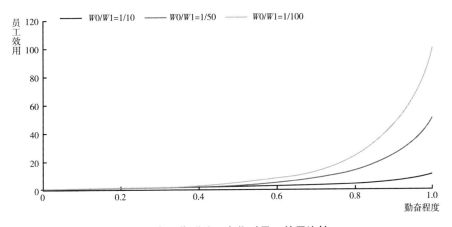

图7　岗位薪酬差距变化时员工效用比较

注：$w_0 = 1$，$w_1 = [10, 50, 100]$，$N = 10$。

可以看出，绩效机制下，随着绩效薪酬与岗位薪酬比例 w_1/w_0 增加，员工效用的期望和方差不断变大，且在同一条件下，员工勤奋程度越高，员工效用越大。同时注意到，当岗位薪酬差距较小时，随着员工勤奋系

数的不断增加，员工福利增长的幅度越来越小直至达到一定程度后趋
于零。

2. "锦标赛"机制下的员工福利

在"锦标赛"机制下，员工的均衡劳动供给为 $e^{\int_0^{\alpha_i} \frac{gR'}{w_0+gR} \frac{\alpha}{\alpha-1} d\alpha}$，带入员工效
用函数可得员工效用为：

$$U = \left(w_0 + Rg\right)^{\alpha_i} \left(1 - e^{\int_0^{\alpha_i} \frac{gR'}{w_0+gR} \frac{\alpha}{\alpha-1} d\alpha}\right)^{(1-\alpha_i)} \tag{22}$$

对于"锦标赛"机制，可以调整总员工人数、晋升人数和薪酬差距比
例，观察不同参数下员工福利的变化趋势。

首先展示总员工人数变化时，不同勤奋程度的员工福利变化趋
势。可以看到，对于勤奋程度相同的员工，当总员工人数增加时，其
所获得的效用大幅下降，且员工总体的效用期望和方差也大幅度
下降。

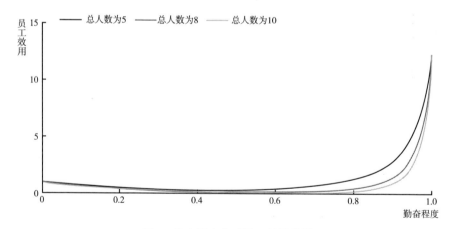

图8 总人数变化时员工效用比较

注：$w_0 = 0.01$，$g = 12.5$，$n = 1$，$N = [5, 8, 10]$。

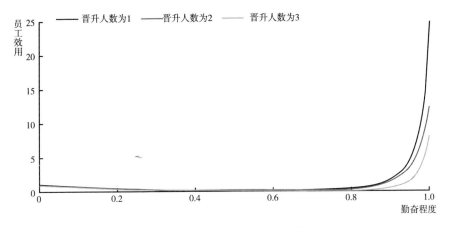

图9　晋升人数变化时员工效用比较

注：$N = 10$，$w_0 = 0.01$，$g_{总} = 25$，$n = [1, 2, 3]$。

而当晋升人数变化时，不同勤奋程度的员工福利变化趋势如图9所示。对于勤奋程度相同的员工，当总员工人数不变、晋升人数增加时，其所获得的效用下降，且员工总体的效用的期望和方差均下降。

3.绩效机制与"锦标赛"机制下员工福利的比较

控制总薪酬不变，比较绩效机制和"锦标赛"机制下的员工福利。当员工勤奋程度分布服从0~1上的均匀分布时，计算得出绩效机制的员工效用期望为1.578，员工效用方差为0.974。控制总薪酬不变（相当于将绩效机制中所有的绩效奖金全部用于"锦标赛"机制中晋升成功后增加的薪酬），相同参数下对应的"锦标赛"机制的员工效用期望为1.075，员工效用方差为4.027。可以看出，绩效机制下员工所获得的效用期望大于"锦标赛"机制。这个结论呈现了大家对于竞争带来"内卷"的直观感受，在总薪酬不变的情况下，引入竞争机制，导致全部员工的总效用下降。同时，绩效机制对应的员工效用方差也小于"锦标赛"机制。此外，当员工的勤奋程度在0.20~0.92时，员工在绩效机制中所获得的福利大于"锦标赛"机制，只有当员工勤奋程度系数在0.93~1时，在"锦标赛"机制中所获得的福利才会更多。如果注重员工获得的福利以及公平性，绩效机制明显优于"锦标赛"机制。

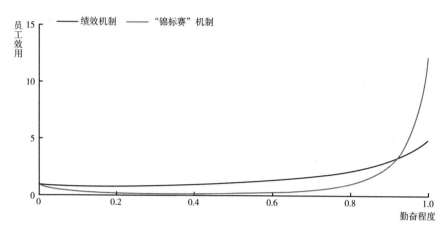

图 10　绩效机制与"锦标赛"机制员工效用比较

注：$N = 5$，$w_0 = 0.01$，$w_1 = 5$，$g = 12.5$，$n = 1$。

（二）企业效率

在实践中，企业不一定采取单一的绩效机制或"锦标赛"机制，在一些情况下可以兼顾两种机制，假设企业中既设置有绩效激励，也存在岗位间的薪酬差距。由于存在薪酬差距，为获得高岗位薪酬员工依旧通过竞争，那么该机制也可以视作静态博弈，与上文定理 1 类似，完全信息博弈依然没有均衡，对此不做过多的讨论，本文只讨论非完全信息博弈的情况。

在非完全信息博弈下，员工薪酬收入：

$$w = \begin{cases} w_0 + w_1(1 - l_i) + g, & \text{如果晋升} \\ w_0 + w_1(1 - l_i), & \text{如果没有晋升} \end{cases} \tag{23}$$

其中，$R_i(l_i) = p(l_i < \min_{j \neq i} l_j)$ 为其策略为 l_i 时得到晋升的概率。接下来求解这个非完全信息博弈的均衡。

综合上式，可得：

$$\begin{aligned} U_i &= \left\{ R_i \left[w_0 + g + w_1(1 - l_i) \right] + (1 - R_i) \left[w_0 + w_1(1 - l_i) \right] \right\}^{\alpha_i} l^{1-\alpha_i} \\ &= \left[w_0 + gR_i + w_1(1 - l_i) \right]^{\alpha_i} l^{1-\alpha_i} \end{aligned} \tag{24}$$

令对称纳什均衡 $\delta = (l_1, l_2, \cdots, l_N)$，那么在混合机制中引理 1 依然成立。如果策略组合 $\delta = (l_1, l_2, \cdots, l_N)$ 是对称纳什均衡，那么一定有 $l_i < l_j \Leftrightarrow \alpha_i >$

α_j。令该单调映射关系 $l = \beta(\alpha)$。由于单调性，员工 i 得到晋升的概率等于其能力参数 α_i 处于所有员工前 n 名的概率。因此，如果 $\delta = (l_1, l_2, \cdots, l_N)$ 是对称纳什均衡，继续求解对称纳什均衡，式（24）的一阶条件：

$$(1 - \alpha_i) l^{-\alpha_i} \left\{ w_0 + w_1(1 - l_i) + gR\left[\beta^{-1}(l)\right] \right\}^{\alpha_i}$$

$$+ \alpha_i l^{1-\alpha_i} \left\{ w_0 + w_1(1 - l_i) + gR\left[\beta^{-1}(l)\right] \right\}^{\alpha_i - 1} \left\{ -w_1 + gR'\left[\beta^{-1}(l)\right]\beta'(\alpha)^{-1} \right\} = 0$$

$$\Rightarrow \alpha_i l \left[w_0 + w_1(1 - l_i) + gR(\alpha_i) \right]^{-1} gR'(\alpha_i) \beta'(\alpha)^{-1} = \alpha_i - 1$$

$$\frac{-w_1\beta(\alpha_i)\beta'(\alpha_i) + \beta(\alpha_i)gR'(\alpha_i)}{\left[w_0 + w_1(1 - l_i) + gR(\alpha_i) \right]\beta'(\alpha_i)} = \frac{\alpha_i - 1}{\alpha_i} \tag{25}$$

将式（25）写成微分方程形式：

$$\frac{-w_1\beta(\alpha)\beta'(\alpha) + \beta(\alpha)gR'(\alpha)}{\left\{ w_0 + w_1[1 - \beta(\alpha)] + gR(\alpha) \right\}\beta'(\alpha)} = \frac{\alpha - 1}{\alpha} \tag{26}$$

解式（26）微分方程，可得：

$$\frac{\mathrm{d}\beta}{\mathrm{d}\alpha} = \frac{\alpha\beta gR'}{\left[w_0 + w_1(1 - \beta) + gR \right](\alpha - 1) + \alpha w_1\beta} \tag{27}$$

该微分方程没有解析解，其数值解如图11所示。

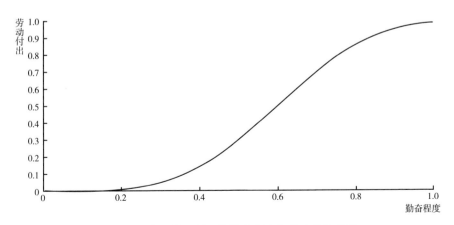

图11　混合机制下员工的勤奋程度与劳动供给关系

注：$N = 10$，$w_0 = 0.01$，$w_1 = 12.653$，$g = 14.670$。

由图 11 可以看出，与"锦标赛"机制类似，混合机制下勤奋程度高的员工会得到比绩效机制下更高的激励，付出更多的劳动，但勤奋程度低的员工会得到比绩效机制下更低的激励，付出较少的劳动。接下来着重分析三种薪酬机制下，面对不同的参数环境，不同勤奋程度员工的策略性均衡劳动供给。

企业的目标是在总薪资约束条件下员工总产出最大，为了简化讨论，本文假设员工劳动产出等于劳动时间与员工能力的乘积。前文假设所有员工能力相等，那么企业目标可以简化为最大化员工劳动供给。在企业员工已经确定的前提下，企业的薪酬机制设计可以灵活决策包括绩效系数 w_1、岗位薪酬差距 g 以及高级别岗位的数量（晋升数量）n。企业薪酬设计问题可以转化为以下优化问题：

$$\max_{w_1, g, n} \int_0^1 1 - \beta(\alpha)\,\mathrm{d}\alpha$$

$$\text{s.t.} \quad \frac{\mathrm{d}\beta}{\mathrm{d}\alpha} = \frac{\alpha\beta g R'}{\left[w_0 + w_1(1-\beta) + gR\right](\alpha - 1) + \alpha w_1 \beta}$$

$$R_i = \sum_{k=1}^n C_{N-1}^{N-k} \alpha_i^{\,N-k} (1 - \alpha_i)^{k-1}$$

$$\int_0^1 \left[1 - \beta(\alpha)\right] w_1 \mathrm{d}\alpha + ng < W \tag{28}$$

以上优化方程中，优化目标是员工的期望劳动供给最大化，第一个约束条件保证所有员工的劳动供给是对称纳什均衡，第二个约束条件给出了第一个条件中每一个员工取得晋升资格的概率，第三个约束条件保证了企业是在总薪酬水平不变的条件下调整薪酬结构。由于第一个约束条件不存在显性解析解，优化方程也不存在显性的解析解，考虑先进行数值实验，考察不同机制下企业员工劳动供给的期望与方差。其中劳动供给期望代表企业员工的平均劳动时间，代表了机制的效率；劳动供给的方差代表了不同勤奋程度员工劳动供给的差异性，从前文可以看出，劳动供给关于勤奋程度总是"S"形曲线，"内卷"程度的增加往往也会带来"躺平"员工的增加，劳动供给方差越大，代表这两种现象更加突出，方差也在一定程度上能代表机制公平性。

分别对绩效机制、"锦标赛"机制进行数值模拟（模拟结果和相关结论见附录①）。对混合机制进行数值实验，变量参数选取了总竞争人数 N、晋升人数 n、总薪酬、晋升薪酬以及绩效薪酬，为了方便与绩效机制和"锦标赛"机制进行对比，这部分实验控制了对应的总薪酬不变（数值实验结果见附录）。

可以得出，①混合机制下，由于固定总薪酬不变，绝大部分情况下减少绩效薪酬 w_1 并增加薪酬差距 g 后，员工的劳动供给会增加。这也就意味着绝大部分情况下"锦标赛"机制对于激励劳动供给的效果最好。但也有特殊的情况出现。比如当 $N = 5$、$n = 1$ 时可以发现，如果令 $g = 24.91$、$w_1 = 0.09$，员工劳动供给总量达到了 0.71 的超高值，与表 2 中的值比较可以发现是同时大于相同条件下的绩效机制和"锦标赛"机制情况的，也就意味着此时如果减少绩效薪酬 w_1 到零使薪酬差距 g 达到峰值（"锦标赛"机制），总劳动供给是降低的。此时混合机制对于激励劳动供给的效果最好。②在混合机制中，随着总薪酬的增加员工劳动供给的期望会增加，而方差会减小。由此，如果增加企业的总薪酬，会提高员工劳动供给期望，并减弱劳动供给的差异化程度。③在混合机制中，相同总薪酬的条件下，设定不同的员工绩效薪酬 w_1 和薪酬差距 g，劳动供给的期望差异波动非常大。以 $N = 5$、$n = 1$ 为例，如果找到合适的 w_1 和 g，可以使员工劳动供给同时大于绩效机制和"锦标赛"机制情况，但如果设置糟糕的 w_1 和 g，也可能会导致结果同时差于绩效机制和"锦标赛"情况。④在混合机制中，在固定总薪酬不变的条件下，其他条件不变，在一定范围内增加薪酬差距 g 并减少绩效薪酬 w_1，劳动供给的方差会减小。⑤与锦标赛机制类似，在混合机制中，在员工人数不变的前提下，增加晋升人数能够减弱竞争，提高每位员工的晋升概率，但由于控制了总薪酬，晋升薪酬差距也会相应缩小。由实验数据可以得到，在所给参数范围内，提高晋升人数能够明显提高员工劳动供给的期望。但

---

① 本文附录详见《中国经济学》网站，下同。

这个结论只在实验所取范围内成立，结合图 5 可知，如果持续增加晋升人数，员工劳动供给期望会在达到峰值后下降，可以预见在极端情况 $N = n$，即每位员工都有机会得到晋升，那么均衡劳动供给将变为 0，提高晋升人数对劳动供给期望的正向影响在晋升人数较少时是成立的，如果超过阈值，将会出现下降。⑥混合机制下，固定总员工人数，增加晋升人数对劳动供给的方差影响方向不确定，可能会增加也可能会减少，其取决于绩效薪酬与薪酬差距的比例。绩效薪酬比例越高，方差增大的可能性越大。这与④是一致的。⑦比较混合机制与中绩效机制和"锦标赛"机制可以发现，当总人数较少或晋升人数较多时，在其他条件固定的情况下，"锦标赛"机制和混合机制在增加员工劳动供给上效果显著，而当总人数较多且晋升人数较少时，绩效机制增加员工劳动供给的效果更显著。⑧在所给参数范围内，如果其他条件固定，那么绩效薪酬的劳动供给方差一定是三种机制中最小的，而混合机制和"锦标赛"机制的方差大小取决于总竞争人数，当总竞争人数较少时（$N = 5$），两者大小关系不确定，但当总竞争人数较多时（$N = 10$、$N = 15$），混合机制的劳动供给方差更小。

总的来说，在选择薪酬激励机制时，企业应该根据实际情况来选择适当的机制。对于员工数量较少的企业，采用"锦标赛"机制可能会更加适合，这可以激励员工之间的竞争，从而增加整体劳动供给。而对于员工数量较多的企业，采用绩效机制可能会更加合适，这可以避免员工之间的恶性竞争，同时鼓励员工之间的合作和协调，从而提高企业的整体绩效。无论采用何种薪酬激励机制，企业都应该建立公正、透明的薪酬制度，激励员工创造更多的价值。

五　时间激励与产出激励

为简化讨论，前文的模型都假设企业员工的劳动边际产出不变，但在实践中员工的劳动边际产出随时间的推移而递减，如果企业对员工的产出进行评价并给予激励，就需要在薪酬函数 w 中加入其劳动边际产出函数，下文将就此展开讨论，比较员工在尽职前提下，时间激励机制与产出激励机制的劳动供给差异。

（一）绩效机制

如果企业按照员工产出激励，首先需要建立员工的产出函数。本文假设员工的产出随着劳动时间线性递减。员工工作时间为 $[0，1]$，为简化讨论，平均劳动效率仍为1。据此，可以得到员工劳动效率 η 与休闲时间 l 的关系为：

$$\eta = -2(1 - l) + 2 = 2l \tag{29}$$

则员工总产出 Y 与休闲时间 l 的关系为：

$$Y = 1 - \frac{1}{2}\eta l = 1 - l^2 \tag{30}$$

此时绩效奖励系数 w_1 是针对员工的总劳动产出而非劳动时间，则员工工资 $w = w_0 + w_1 Y$，员工的效用函数变成：

$$U_i = \left[w_0 + w_1\left(1 - l^2\right) \right]^{\alpha_i} l^{1-\alpha_i} \tag{31}$$

优化一阶条件：

$$\frac{\mathrm{d}U_i}{\mathrm{d}l} = -w_1\alpha_i l^{2-\alpha_i}\left[w_0 + w_1\left(1 - l^2\right) \right]^{\alpha_i-1} + (1 - \alpha_i)\left[w_0 + w_1\left(1 - l^2\right) \right]^{\alpha_i} l^{-\alpha_i} = 0$$

$$\Rightarrow \frac{2w_1\alpha_i l^2}{w_0 + w_1\left(1 - l^2\right)} = 1 - \alpha_i$$

$$\Rightarrow l = \left[\frac{(1 - \alpha_i)}{(1 + \alpha_i)}\frac{(w_0 + w_1)}{w_1} \right]^{\frac{1}{2}} \tag{32}$$

取 $1 - l > 0$ 的部分得到劳动供给与劳动供给意愿的关系，并控制总薪酬不变，即

$$\int_{1-\frac{w_1}{1+w_1}}^{1} w_1(1 - l)\mathrm{d}\alpha_i = \int_{\frac{1}{1+2w_1'}}^{1} w_1'(1 - l^2)\mathrm{d}\alpha_i \tag{33}$$

解出 w_1'，并将结果与劳动时间激励机制比较得到：

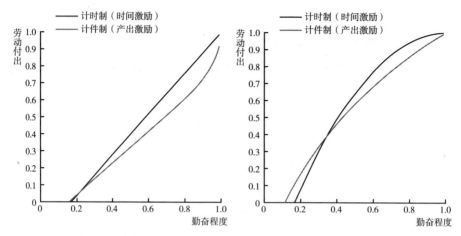

图 12　时间激励制度与产出激励制度下员工劳动供给与劳动产出比较

注：$N = 10$，$w_0 = 1$，$w_1 = 5$。

图 12 可以看出，在绩效机制下，相比时间激励制度，产出激励制度下勤奋程度较低的员工劳动供给和劳动产出均会增加，"躺平"人数下降，而勤奋程度较高的员工劳动供给和劳动产出均会减少，"内卷"程度下降，整体呈现员工劳动供给两极分化程度降低的趋势。

这是因为在产出激励下，由于最初单位时间的劳动产出非常高，即使是"懒惰"的员工也愿意付出一定的劳动从而得到相应的报酬，但随着工作时间的增加，边际劳动产出不断下降，相比时间激励制度，员工付出同样的时间劳动获得的报酬更少，其劳动供给也就更少。

时间激励制度和产出激励制度下员工总劳动供给与总劳动产出比较如图 13 所示。进一步计算得到时间激励制度下员工总劳动供给为 41.17、总劳动产出为 55.06；控制总薪酬不变，在产出激励下，员工总劳动供给为 36.26、总劳动产出为 52.44。与时间激励制度相比，产出激励制度下员工总劳动供给和总劳动产出均减少。

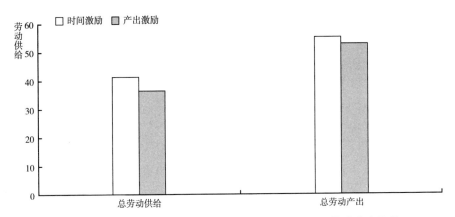

图13　时间激励制度与产出激励制度总劳动供给与总劳动产出比较

（二）"锦标赛"机制

产出激励制度下，员工薪酬收入仍然为：

$$w = \begin{cases} w_0 + g, & \text{如果晋升} \\ w_0, & \text{如果没有晋升} \end{cases} \tag{34}$$

由引理1可知，如果策略组合 $\delta = (l_1, l_2, \cdots, l_N)$ 是对称纳什均衡，那么一定有 $l_i < l_j \Leftrightarrow \alpha_i > \alpha_j$。在产出激励制度下，员工如果晋升则满足 $1 - l_i^2 > \min_{j \neq i}(1 - l_j^2)$，反之，员工如果没有晋升则满足 $1 - l_i^2 \leq \min_{j \neq i}(1 - l_j^2)$。

$l_i < l_j \Leftrightarrow 1 - l_i^2 > 1 - l_j^2$，故 $1 - l_i^2 > 1 - l_j^2 \Leftrightarrow \alpha_i > \alpha_j$，单调关系仍然成立，即 $R_i = Pl_i < \min_{j \neq i} l_j = P(1 - l_i^2) > \min_{j \neq i}(1 - l_j^2)$ 不变。在"锦标赛"机制下，时间激励制度和产出激励制度下员工的总劳动供给不变，相应的，总劳动产出也不变。

六　结论与政策建议

（一）主要结论

近年来，企业加班文化盛行，"内卷"和"躺平"成为企业员工进行劳动供给的两种极端选择。本文尝试从薪酬机制的角度解释同时出现两种极端现象的原因。首先，假设员工存在外生的劳动供给意愿差异，那么在任何机制下，员工的劳动供给都存在差异。但是在不同薪酬机制下，这种两极分化现象存在差异。在竞争性的"锦标赛"机制下，员工的劳动供给存在更强的两极分化。劳动供给意愿较低的员工，提供相较于绩效机制下更低的劳动供给，选择"躺平"，而劳动供给意愿较高的员工，提供相较于"锦标赛"机制下更高的劳动供给，选择"内卷"。

本文结论可以很好地解释现实中的案例。2021 年 6 月以来，腾讯取消"996"强制 6 点下班，字节跳动、快手等公司纷纷取消"大小周"制度，然而，员工的反应并不完全积极。此前字节跳动已在内部做了是否取消"大小周"的调研，仅有 1/3 的人支持，而 1/3 的人持反对态度。这与本文员工福利部分的分析结论是一致的：对于一些员工来说，可以获得加班费的"显性加班"（对应本文的绩效机制或混合机制）比无法获得加班费的"隐性加班"（只能通过竞争获取晋升的"锦标赛"机制）更具吸引力。此外，根据前程无忧发布的《职场人加班现状调查报告 2022》，40.5% 的职场人加班后得不到任何形式的补偿（无加班费和调休），但他们仍然选择"被主动"加班。这种"隐性加班"的形式也说明劳动供给两极分化并不是企业强制性规范而是员工在企业竞争环境下自主选择的结果。而前文提到的职业懈怠现象也是一些员工因无法承受"锦标赛"机制下的竞争压力而选择"躺平"。

同时，本文研究了不同参数环境下不同员工的劳动供给均衡情况。"锦标赛"机制与混合机制类似，"内卷"和"躺平"现象都会随着总员工数量和入职时间的增加而加剧。但是随着晋升岗位数量的增加，情况会变得更加复杂。在初始阶段，选择"内卷"的人数会增加，选择"躺平"的人数会减少，但当晋升岗位达到一定数量后，所有员工都会选择"内卷"。如果岗位数量继续增加，最终所有员工都会选择"躺平"。根据单调性原理，可以推测企业中存在最优的晋升额度。

本文还从企业角度讨论了在总薪酬不变的前提下，通过调整参数使员工劳动供给最大化。发现绩效系数或者岗位薪酬差距增加时，员工期望劳动供给一定增加，而晋升数量与期望均衡劳动供给不存在单调关系，在其他参数不变的前提下与期望劳动供给呈现倒"U"形关系。当固定总薪酬不变时，绩效系数和岗位薪酬差距同时变动，优化问题不存在角点解。因此企业需要根据实际情况优化薪酬制度，以使员工劳动供给最大化。

对于在劳动边际产出递减条件下，员工在竞争和非竞争环境下的劳动供给，研究发现，在特定参数条件下，假设劳动边际产出递减，相比于以员工产出为基准的绩效考核机制，企业采用以员工劳动时间为基准的考核更能激励员工增加劳动供给，从而使员工的总产出增加。然而，这也会导致更严重的劳动供给两极分化。在竞争环境下，采用"锦标赛"机制的企业选择以员工劳动时间或劳动产出为基准的激励方式，并不会改变员工的劳动供给均衡。

（二）政策建议

竞争环境使得"内卷"与"躺平"现象越来越普遍。这对于企业和个人都产生了深远影响。从企业角度来看，员工选择"躺平"或"内卷"都会对企业的发展和稳定性造成负面影响。"躺平"员工可能会降低企业的整体生产力，限制了企业的创新和进步，会对企业在市场竞争中的地位造成影响。而"内卷"现象可能会导致员工出现身心健康问题，甚至引发过度竞争，影响到团队的和谐和协作，这对于企业的长期发展同样不利。从个人角度来看，这两种现象对员工的心理健康和生活质量的影响也不可忽视。"躺平"可能会导致员工的职业生涯停滞，限制了职业发展和收入增长。而"内卷"可能会导致员工的身心疲惫，影响生活质量，甚至可能出现一系列的心理和身体健康问题。因此，企业和员工都需要反思这种过度竞争的环境，并寻求解决方案。企业应该重新审视和调整竞争机制，以促进健康的工作环境和良好的员工关系。同时，员工也需要调整心态，了解到过度竞争对自己带来的负面影响，从而追求健康的工作和生活方式。

为了减小这些负面影响，引入团队竞争或许是一种比较有效的方式，具体来讲可以从以下四个方面入手。第一，团队绩效评估。相比单一的个人绩效评估，团队绩效评估可以更好地促进团队合作，避免过度竞争。在这种制度下，员工被鼓励协同工作，共享成功和失败，有助于防止"内卷"现象出现。第二，团队健康和福利计划。企业可以制定团队健康和福利计划，如团队健康挑战、团队建设活动等，以提升团队凝聚力，增强员工的身心健康。这不仅可以提高员工的工作效率，也可以帮助预防"躺平"现象出现。第三，团队奖励机制。企业可以设立团队奖励机制，当团队达到或超过预定目标时，全体团队成员都可以得到奖励。这种机制鼓励了团队协作，而不是个人之间的竞争。第四，团队决策参与。鼓励员工参与团队决策，这可以增强员工的归属感和满足感，从而防止"躺平"现象出现。同时，团队决策也可以减轻个人竞争压力，避免"内卷"。这些政策建议都强调了团队的重要性，旨在通过团队的力量来缓解"内卷"和"躺平"问题。

此外，使用短期的竞争性激励替代长期的晋升激励可以降低"锦标赛"激励在总薪酬激励中的比例，具体政策如下。第一，优秀员工奖励。企业可以设立优秀员工奖励，将薪酬与短期的工作表现联系起来，而不是与长期的职位晋升挂钩。这样可以使员工更加关注自己的工作表现，而不会因职位晋升而过度竞争。第二，项目奖励。针对特定项目或任务设立奖励，当员工成功完成任务或项目时，可以获得额外的奖励。这种奖励制度与长期的职位晋升没有直接关系，可以减轻员工之间的长期竞争压力。第三，季度或半年奖励。设立季度或半年奖励，根据员工在这段时间的工作表现给予奖励。这样可以鼓励员工关注短期的工作目标，而不是过度关注长期的职位晋升。第四，技能提升奖励。当员工提升了自己的技能或获得了新的资格证书时，可以给予一定的奖励。这种奖励制度鼓励员工提升自己的技能，而不是为职位晋升而过度竞争。这些短期的竞争性激励可以减轻员工之间的长期竞争压力，有助于防止"内卷"现象出现。同时，这些政策也可以鼓励员工提升自己的工作表现和技能，从而提高企业的整体效率。

参考文献

[1] 陈良银、黄俊、陈信元，2021，《混合所制改革提高了国有企业内部薪酬差距吗》，《南开管理评论》第 5 期。

[2] 姜安印、张庆国，2021，《内部薪酬差距、政策性负担与国有企业社会责任履

行——以G省为例》,《吉林大学社会科学学报》第4期。

［3］孔东民、徐茗丽、孔高文,2017,《企业内部薪酬差距与创新》,《经济研究》第10期。

［4］黎文靖、胡玉明,2012,《国企内部薪酬差距激励了谁?》,《经济研究》第12期。

［5］杨薇、孔东民,2019,《企业内部薪酬差距与人力资本结构调整》,《金融研究》第6期。

［6］杨薇、徐茗丽、孔东民,2019,《企业内部薪酬差距与盈余管理》,《中山大学学报(社会科学版)》第1期。

［7］赵奇锋、王永中,2019,《薪酬差距、发明家晋升与企业技术创新》,《世界经济》第7期。

［8］Alesina A. F., Tella R. D., Macculloch R. 2004. "Inequality and Happiness: Are Europeans and Americans Different?"*Journal of Public Economics* 88(9): 2009–2042.

［9］Banker R.D., Bu D., Mehta M.N. 2016. "Pay Gap and Performance in China."*Abacus* 52 (3): 501–531.

［10］Cullen Z., Truglia R.P. 2022. "How Much Does Your Boss Make? The Effects of Salary Comparisons."*Journal of Political Economy* 130(3): 766–822.

［11］Dewatripont M., Jewitt I., Tirole J. 1999. "The Economics of Career Concerns."*The Review of Economic Studies* 66(1): 183–198.

［12］Geertz C. 1963. *Agricultural Involution: The Process of Ecological Change in Indonesia.* Berkeley: University of California Press.

［13］Gibbons R., Murphy K.J. 1992. "Optimal Incentive Contracts in the Presence of Career Concerns: Theory and Evidence."*Journal of Political Economy* 100(3): 468–505.

［14］Gibbons R., Waldman M. 1999. "A Theory of Wage and Promotion Dynamics Inside Firms."*Quarterly Journal of Economics* 114(4): 1321–1358.

［15］Harris M., Holmstrom B. 1982. "A Theory of Wage Dynamics."*The Review of Economic Studies* 49(3): 315–333.

［16］Harsanyi J. 1973. "Games with Randomly Disturbed Payoffs: A New Rationale for Mixed-strategy Equilibrium Points."*International Journal of Game Theory* 2: 1–23.

［17］Holmstrom B. 1999. "Managerial Incentive Problems: A Dynamic Perspective."*Review of Economic Studies* 66(1): 169–182.

［18］Lazear E.P., Rosen S. 1981. "Rank-order Tournaments as Optimum Labor Contracts." *Journal of Political Economy* 89(5): 841–864.

［19］Pfeffer J., Langton N. 1993. "The Effect of Wage Dispersion on Satisfaction, Productivity, and Working Collaboratively: Evidence from College and University Faculty."

Administrative Science Quarterly 38(3):382–407.

［20］ Rajgopal S., Srinivasan S. 2006. "Pay Dispersion in the Executive Suite."Working Paper, University of Washington and University of Chicago.

（责任编辑：张容嘉）

非意图后果：纳税信用评级与投融资期限错配

王　帅　秦睿祺　张　慧*

摘　要：本文利用2015~2020年国家税务总局公布的A级纳税信用评级企业名单，匹配上市公司财务数据，基于"固定资产投资—流动负债"的敏感度框架，详细考察了纳税信用评级对企业投融资期限错配程度的影响及其作用机制。研究结果表明，纳税信用评级结果披露后，纳税信用评级高的企业固定资产投资相对流动负债的敏感性显著高于评级低的企业，证实了纳税信用评级制度下，良好的纳税信用对企业投融资期限错配行为的加剧作用。进一步的作用机制检验表明，纳税信用评级显著提升了企业短期负债占比，降低了企业长期负债占比，缩短了企业债务期限，进而加剧了企业投融资期限错配行为。此外，纳税信用评级对企业投融资期限错配行为的作用强度取决于企业的长期资金缺口，并且企业投融资期限错配行为会影响经营绩效，证实了企业投融资期限错配行为是"无奈之举"而非"有意为之"。随后的异质性分析发现，对于融资约束强、研发强度较大、风险偏好程度较高的企业以及金融发展水平较低的地区，上述效应更为凸显。本文强调，纳税信用评级的激励效应对企业存在诸多积极作用，但也使得企业债务期限缩短，加剧了企业投融资期限错配行为，这对于深化税收制度改革和防范化解系统性风险具有重要政策启示。

关键词：纳税信用　期限错配　债务期限结构

---

* 王帅，博士研究生，上海财经大学公共经济与管理学院，电子邮箱：wangshuaizue1@126.com；秦睿祺（通讯作者），博士研究生，上海交通大学上海高级金融学院，电子邮箱：rqqin.22@saif.sjtu.edu.cn；张慧，讲师，南京审计大学中审学院，电子邮箱：zhanghuizhjy@163.com。感谢审稿专家的宝贵意见，文责自负。

一 引言

税收征管是保障国家财力、维持国家治理的重要基础，如何以较低的成本提升企业的税收遵从度一直都是政府部门和学界所热衷于探讨的课题。现有的税收征管制度大都为强制性征管，如税务稽查、逃税处罚、公布违法黑名单等。然而，尽管强制性税收征管是政府提高企业税收遵从的必要手段，但在当前环境下存在明显的局限性。一方面，对于政府而言，强制性税收征管显著增加了政府征税成本，造成征税效率下降，并且具备自由裁量权的征管人员容易与企业形成合谋，从而引发税收流失（田彬彬和范子英，2018）。另一方面，对于企业而言，在经济下行压力增大时，地方政府为达成税收目标而开展的高强度的强制性税收征管活动不可避免地增加了企业的税收负担，侵蚀企业收益，增加内源融资的难度，加剧企业融资约束（于文超等，2018）。这些局限性无疑在当前阶段对企业的可持续发展造成了不利影响，更对我国经济高质量发展形成了障碍。

有鉴于此，党的十九大报告提出要"创新监管方式""深化税收制度改革""推进诚信建设"。在此背景下，以纳税人诚信自律为核心考量的纳税信用评级披露制度充分兼顾了政府和企业双方利益，对于激励企业提高税法遵从度、降低税务部门征税成本、促进企业可持续发展起到了重要作用。2014 年 7 月，国税总局出台了《纳税信用管理办法（试行）》，其目的就是增进纳税人的诚信自律，使用正向激励手段提高纳税遵从度。办法指出要在每一个纳税年度评定所有纳税企业的纳税等级，具体分为 A、B、C、D 四个等级。对于评为 A 级的企业，税务部门联合多个部门采取一定的激励措施，包括向社会公告年度 A 级纳税人名单、增加企业发票用量以及与相关部门采取联合激励措施。在联合惩戒和激励方面，国税总局先后和诸多部门共同签署了相关备忘录文件。其中，重大税收违法案件当事人纳税信用级别直接评为 D 级，且在经营、投融资等方面被相关部门加以限制或禁止；相反，A 级纳税人则将会在项目审批服务和管理、税收服务管理、土地使用管理、进出口管理等 18 个领域享受优惠或便利，以上政策极大地增强了对于坚持纳税、遵守税法的纳税人的激励效果。

作为充分兼顾政府和企业双方利益的纳税信用评级披露制度，目前已有诸多学者针对其经济效应进行了实证研究，发现其在提升企业全要素生产率（冀云阳和高跃，2020）、提升企业绩效（李林木等，2020）、提升企业税收遵从度（李林木等，2020）、促进企业技术创新（孙红莉和雷根强，2019）等方面都有积极作用。纵观上述研究结论，A级纳税信用评级的企业依据该项制度所享受到的红利大都绕不开融资约束机制。这是因为，企业实施避税活动时不可避免地需要隐藏收入信息（Desai 和 Dharmapala，2006），而纳税信用评级披露制度可以通过明确的激励手段减弱企业的避税动机，从而降低信息不对称程度、缓解融资约束（孙雪娇等，2019；孙红莉和雷根强，2019）；同时，A级纳税信用评级的结果也意味着企业的财务信息得到了税务部门的鉴证，向市场释放出了关于企业基本面和声誉的积极信号，同样也能促进信息流通，进而显著扩大企业信贷融资规模（孙雪娇等，2019；冀云阳和高跃，2020），最终对企业绩效、技术创新及全要素生产率等产生积极作用。

但是，上述研究均未能考虑我国仍旧处于"抑制"状态的金融环境在这一过程中所产生的影响。就银行信贷视角而言，我国企业融资仍以银行信贷为主，虽然企业因拥有良好的纳税诚信评级而能以较低的信贷资本成本进行银行信贷融资（孙雪娇等，2019），但是考虑到A级纳税信用评级的企业名单每年都会向社会公布以及银行有流动性管理需求和降低企业违约风险等考虑，银行天然所具备的风险控制倾向使得纳税信用评级披露制度引致的增量信贷融资可能主要是由银行的短期信贷资金组成（He 和 Xiong，2012；Bonfim 等，2018；Wang 等，2020）。在银行信贷资金供给固定的情况下，企业的短期信贷资金增加会对长期信贷资金产生"挤出效应"。就商业信用视角而言，纳税信用评级披露制度有助于提升企业信誉并缓解信息不对称（孙雪娇等，2019；冀云阳和高跃，2020），扩大企业的商业信用融资规模。因此，纳税信用评级披露制度可以从银行信贷和商业信用两个方面显著缩短企业债务期限，增大企业债务期限结构与长期投资的资金需求有效匹配的难度，这会进一步促进企业采用不断滚动的流动负债来支持长期投资，从而在一定程度上加剧企业投融资期限错配行为。然而，纳税信用评级披露制度对企业投融资期限错配行为的影响仍有待实证检验。

基于此，本文利用2015~2020年国家税务总局公布的A级纳税信用企业名单，匹配上市公司财务数据，基于"固定资产投资—流动负债"的敏感度框架，系统考察了纳税信用评级对企业投融资期限错配的影响及作用机制。研究发现，纳税信用评级结果披露后，对于评级为A的企业，固定资产投资与流动负债的正相关关系显著强化，证实了纳税信用评级对企业投融资期限错配行为的加剧作用。进一步的作用机制检验表明，良好的纳税信用评级显著提升了企业短期负债占比，降低了企业长期负债占比，缩短了企业债务期限，进而加剧了企业投融资期限错配行为。此外，纳税信用评级对企业投融资期限错配行为的作用强度取决于企业的长期资金缺口，而且企业投融资期限错配行为会影响经营绩效，证实了企业投融资期限错配行为是其"无奈之举"而非"有意为之"。随后的异质性分析发现，在融资约束强、研发强度较大、风险偏好程度较高的企业以及金融发展水平较低的地区，纳税信用评级对企业投融资期限错配行为的加剧作用更为明显。

相较于既有研究，本文的边际贡献在于以下三个方面。

第一，从企业投融资期限错配视角评估纳税信用评级披露制度的微观经济效应。现有文献仅关注纳税信用评级披露制度在企业税收遵从、融资约束、经营绩效、技术创新及全要素生产率等方面起到的积极作用（李林木等，2020；孙雪娇等，2019；孙红莉和雷根强，2019；冀云阳和高跃，2020），而未能注意到该制度在金融体系依旧处于"抑制"状态的背景下可能引致的负面作用。因此，基于这一背景，本文考察了纳税信用评级披露制度对于企业投融资期限错配行为的影响，有助于增进我们对纳税信用评级制度如何影响企业投融资决策的认识。特别地，不同于孙雪娇等（2019）、冀云阳和高跃（2020）等强调该制度通过降低信息不对称和提升企业声誉等渠道缓解企业融资约束，本文从债务期限结构视角研究纳税信用评级如何影响企业投融资期限错配行为，充分论证了该制度除了在企业融资约束等方面有积极作用外，也可能导致企业债务期限结构缩短，加剧企业投融资期限错配行为，证实了纳税信用评级披露制度"得失参半"的作用。

第二，从企业诚信纳税视角，为理解中国企业投融资期限错配行为提供了一种新颖的可行性解释，丰富了企业投融资期限错配影响因素的相关研究。现有文献从企业风险承担（Custódio 等，2013；Goyal 和 Wang，2013）、金融体制落后、地方政府债务扩张、强制性税收征管强化等外部市场环境特征（白云霞等，2016；钟凯等，2016；李增福等，2022；汪伟和张少辉，2022；叶永卫等，2022；刘贯春等，2022）对企业投融资期限错配的影响进行了深入研究。不同于上述研究，本文揭示了纳税信用评级披露制度与企业投融资期限错配之间的因果逻辑，强调纳税信用评级披露制度是企业债务期限缩短和投融资期限错配行为加剧的重要影响因素，进一步丰富了税收领域企业投融资期限错配行为影响因素的相关研究。

第三，本文具有明确的政策含义。分税制改革以后，我国以政府为主导的发展模式、以银行为主要中介的金融体系使得我国政府的财税政策与金融系统密不可分、相互交织，一定程度上为我国的系统性金融风险增添了新的隐患。虽然既有研究发现纳税信用评级披露制度带来诸多积极因素，但是本文结论也从企业微观债务结构的角度证实了目前抑制性金融环境下，税收激励政策所带来的负面作用和风险隐患。这意味着在税收政策的实施过程中，政府应综合考虑现实中会对企业产生的多方面影响，建立更加健全的现代化税收征管体系，并且配以相应的金融政策，逐步推进市场化改革，减轻企业对银行单一融资渠道的过度依赖，从而减少政策的负面效应。这对于深化税收制度改革和防范化解系统性金融风险具有重要的政策启示。

二　制度背景与研究假说

（一）纳税信用评级披露的制度背景

2015 年之前，中国税务机关主要依靠各种强制性征税手段来规范纳税人的纳税行为，例如稽查、罚款、处置等（Desai 和 Dharmapala，2006）。然而现实中，在上述严格的税收监管下，偷税避税的企业依然有增无减（孙雪娇等，2019）。这是因为在强制性税收征管体系下，企业出于自身利益考虑，天然存在偷税避税的激励（刘行和昌长江，2018）。究其根本是企业依法纳税的成本低于企业偷税避税的收益，国家对于坚持纳税、遵守税法的纳税人缺少明确有效的激励措施。

党的十九届四中全会提出建立现代化治理体系，要求税务部门更好地承担起自身职责，提高治理能力，创新监管方式，推进社会信用体系建设，优化税收营商环境，深化税收制度改革。为加快推进税收治理体系和治理能力现代化，国税总局于 2014 年制定并发布了《纳税信用管理办法（试行）》。至此，以纳税信用评级披露制度为代表的新型激励性税收征管方式应运而生。纳税信用评级披露制度的目的在于增进企业诚信自律，用正向激励手段规范税收行为。国税总局每年根据纳税信息将企业分为 A、B、C、D 四个等级（2018 年后新增 M 级），并实施相应激励措施。对于 A 级企业，税务机关会主动向社会公开名单及相关信息，并由国税总局联合其他部门对其实施联合激励措施，使企业在融资授信、进出口等 18 个领域享有 41 项政策优惠和绿色通道，而对于 B、C、D 等级的纳税人实施不同程度的纳税管理。反避税稽查活动主要通过公布纳税"黑名单"企业并实施惩罚，而纳税信用评级披露制度则是公布 A 级企业名单，并实施激励措施。相较于以往的强制性税收征管，纳税信用评级披露制度有明显的激励特征，能够以守信激励的方式对企业偷税避税起到"预防"作用，规范企业纳税行为。

（二）理论分析和研究假说

当前我国企业在金融市场上的融资方式仍然以间接融资为主，银行部门实际上扮演着企业融资过程中主要资金提供方的角色（白云霞等，2016）。而银行作为盈利机构，在企业信息披露程度低、抵押物匮乏、投资者保护程度低的制度性缺陷下，出于流动性和风险管理的考虑，天然地倾向于向企业提供短期资金支持以确保信贷资金安全（Fan 等，2012；Custódio 等，2013），致使企业被迫采用滚动短期负债的形式来支持自身长期投资（钟凯等，2016），从而导致企业出现"短贷长投"的期限错配现象。

现有研究表明，纳税信用评级披露制度可以通过增加企业获取的银行信贷资金，对缓解融资约束起到积极作用（孙雪娇等，2019；孙红莉和雷根强，2019）。但是，既有研究对于企业融资约束的衡量大多采用SA指数，而SA指数的参数设定由美国数据获取，直接用于中国数据并不合适（刘贯春等，2019）。更为重要的是，虽然SA指数在计算上吸纳了企业规模和上市年限两个相对外生的变量，使得这一指数能够有效测度企业融资约束，但仍然是较为粗糙的变量，不能代表放款机构的长短期信贷决策，也无法测度企业负债结构的变化。因此，既有研究尚未关注纳税信用评级披露制度如何影响信贷供给方的长短期信贷决策以及企业债务期限结构。更进一步地，纳税信用评级如何通过影响信贷供给方的长短期信贷决策以及企业债务结构进而作用于企业投融资期限错配行为呢？

一方面，就银行信贷供给而言，纳税信用评级披露制度主要通过更改银行授信条件以及降低信息不对称两种渠道促进企业债务期限结构短期化。在制度上，税务部门与金融部门采取联合激励措施，以官方文件形式赋予纳税信用评级在银行贷款审批过程中的重要角色。2016年，近30个部门共同签署的备忘录中明确指出要将纳税信用评级作为优良信用记录记入金融信用信息基础数据库，并作为银行授信融资的重要参考条件。2017年，国税总局和银监会发布《关于进一步推动"银税互动"工作的通知》，其核心要义之一是对于遵守纳税信用的企业，应适当给予信贷支持以减少其资金周转压力。孙雪娇等（2019）的研究发现，纳税信用评级披露制度实施后，税务机关通过使用激励手段减弱了企业机会主义动机，抑制了企业的避税行为，显著提升了企业声誉和缓解了信息不对称，从而扩大了企业的银行信贷规模。然而，从银行信贷供给角度出发，银行会对企业的成长能力与运营能力进行一系列评估，只有被认定在相当长的时期内经营风险较低、发展势头较好，企业才能以较高的概率获取相应的长期贷款。但纳税信用评级披露制度每年会更新上年企业纳税情况，这意味着企业的纳税信用评级结果在一定程度上具备时效性。因此，尽管纳税信用评级披露增强了银行对评级高的企业的放款意愿，但考虑到企业纳税信用等级的动态变化，银行为了规避风险，仍然不会向纳税信用评级较高的企业提供长期信贷资金，更多的是提供短期信贷。事实也的确如此，在纳税信用评级披露制度下，银行发放的信贷资金大多期限都在一年之内，极少超过一年①。因此，在银行信贷资金规模保持稳定的情况下，基于配合纳税信用评级披露制度所产生的短期信贷资金越多，银行能够提供的长期信贷资金就越少，这会导致企业债务期限结构短期化。

另一方面，就商业信用需求而言，作为规范企业纳税行为的重要路径，纳税信用评级披露制度有助于提升企业信誉，从而扩大企业的商业信用融资规模，这也会加剧企业融资期限结构短期化。既有研究发现，该政策通过向社会公布 A 级纳税信用评级企业名单，能够显著提高 A 级纳税信用评级企业的声誉，这有利于传递有关企业信用信息的积极信号，增进交易双方之间的信任（孙雪娇等，2019）。根据声誉理论，在信息不完全的情况下，良好的形象是企业重要的无形资产（Tadelis，1999），有利于企业经营发展。刘凤委等（2009）认为基于企业声誉所建立起来的信任关系会显著影响企业的商业信用模式。企业间的信任程度越高，收款方越愿意提供低成本的商业信用融资。Van den Bogaerd 和 Aerts（2015）研究表明企业声誉是供应商决定是否为其提供商业信用的关键因素，企业声誉越高，商业信用融资规模就越大。因此，纳税信用评级披露制度实施之后，A 级纳税信用评级企业由于具有良好声誉，其商业信用融资规模会显著扩大。考虑到商业信用融资归还年限一般在一年以内，主要用于满足企业流动资金需求，因此，A 级纳税信用评级企业的名单披露之后其流动负债规模将会显著扩大，这缩短了企业的信贷合约期限。

综上所述，纳税信用评级有助于提升企业短期信贷资金的可获得性，但也会在一定程度上挤出企业可获取的长期银行信贷资金。基于此，本文提出如下待检验的核心研究假说1。

研究假说1：较高的纳税信用评级加剧了企业投融资期限错配。

进一步，纳税信用评级的作用强度也取决于企业异质性特征。第一，

---

① 一般而言，由"银税互动"政策发放的信用贷款更加注重对于不同发展阶段的企业的"及时雨"作用，因此政策层面更加强调其"贷款期限短、随借随还、办理便捷"的特征，部分官方报道也在一定程度上侧面印证了本文猜想的合理性，例如 http://www.chinatax.gov.cn/chinatax/n810219/n810780/c5159474/content.html。

纳税信用评级与投融资期限错配的关系在不同融资约束企业中存在异质性。在当前金融市场结构不完善、市场化程度低、货币政策不稳定等制度性根源下，长期资金供给匮乏是企业"短贷长投"的主要原因（白云霞等，2016；钟凯等，2016）。虽然纳税信用评级能够缓解企业融资约束，但主要是增加企业流动负债占比，降低企业非流动负债占比，因此企业债务期限短期化将会加剧。显然，信贷可得性增加时，高融资约束企业对于短期负债的需求更加迫切。由此本文推断，企业投融资期限错配的加剧作用在高融资约束企业中将更为凸显。

第二，企业研发强度也会影响纳税信用评级对投融资期限错配的作用。理论上，考虑到企业研发创新行为具有高风险、回报周期长以及信息不对称程度高等特点，与研发强度较小的企业相比，研发强度较大的企业的长期资金需求更大（Fan等，2022）。但是，受制于企业研发活动的特点以及银行对于风险控制的考虑，企业难以获取足够的长期信贷资金以支持研发创新，因而拥有更为严重的期限错配问题（刘贯春等，2022）。考虑到纳税信用评级加剧企业投融资期限错配的核心机制在于增加企业可获取的短期信贷资金，因此，不难推断，纳税信用评级对企业投融资期限错配的加剧作用在研发强度较大的企业更为凸显。

第三，企业风险承担同样会对纳税信用评级与企业投融资期限错配之间的关系产生重要影响。一般认为，企业投融资决策中的风险选择对于其发展模式有深刻影响。具体而言，风险承担水平更高的企业倾向于充分利用投资机会以提升绩效，但是伴随而来的是更高的资本性支出和更大的外源融资需求，因而在抑制性金融环境和银行主导的金融体制下不可避免地会使用大量的短期债务来应对长期资金短缺问题（刘晓光和刘元春，2019）。而根据前文的理论分析，较高的纳税信用等级将会极大提升企业获取短期银行信贷的能力，因而更加激励风险偏好程度高的企业充分利用"纳税信用"所换取来的"贷款信用"进行"短贷长投"。据此，可以推断，纳税信用评级对于风险偏好程度高的企业作用效果更大。

第四，地区金融发展水平的不同也会使得纳税信用评级对投融资期限错配的作用产生差异化特征。给定银行部门完全根据经济原则进行信贷决策，地区金融发展水平的提高有助于减少潜在的信息不对称问题，银行为企业提供长期信贷资金的意愿会增强（Barclay 和 Smith，1995）。相反，若地区的金融发展滞后，银行则更愿意通过提供短期信贷资金来控制信贷风险，减少借款人的机会主义行为（Diamond，1991；Demirgüç-Kunt 和 Maksimovic，1999）。因此，不难推断，地区金融发展水平的提升有助于弱化纳税信用评级对企业投融资期限错配的作用。换言之，与金融发展水平较高的地区相比，金融发展水平较低的地区纳税信用评级对企业投融资期限错配的加剧作用理应更强。

综上所述，本文提出如下待检验的核心研究假说2。

研究假说2：对于融资约束强、研发强度较大、风险偏好程度较高的企业以及金融发展水平较低的地区，纳税信用评级对企业投融资期限错配的加剧作用更为凸显。

三　研究设计

（一）计量模型

参照 McLean 和 Zhao（2014）构建的"投资—现金流"敏感性框架，白云霞等（2016）、钟凯等（2016）、刘贯春等（2022）均构建了"固定资产投资—流动负债"敏感度框架以剖析实体企业的投融资期限错配行为。遵照上述思路，为考察纳税信用评级对企业投融资期限错配的影响，本文将企业当年固定资产投资规模作为被解释变量，并将企业流动负债、纳税信用评级虚拟变量以及二者交互项引入回归方程，从而构建如下计量模型：

$$Invest_{it} = \beta_0 + \beta_1 A_{it} \times Slev_{it} + \beta_2 A_{it} + \beta_3 Slev_{it} \\ + \gamma Contral_{it} + IND + YEAR + \varepsilon_{it} \tag{1}$$

其中，$Invest$ 代表企业固定资产投资；A 为企业当年是否受到政策冲击的虚拟变量，若企业当年纳税信用评级为 A 级时取值1，否则为0。同时，本文控制了企业层面的一系列特征变量。进一步的，为缓解模型中可能存在的遗漏变量问题，本文引入了行业和年份两个维度的双重固定效应进行估计，对标准差进行了公司层面的聚类调整。

β_1是本文重点关注的估计系数。结合研究假说1和2，本文有如下基本预期：①β_1显著为正。伴随着纳税信用评级的披露，流动负债对企业固定资产投资的正向作用被强化，即纳税信用评级披露制度加剧了企业投融资期限错配；②β_1的绝对值在融资约束强、研发强度较大、风险偏好程度较高的企业以及金融发展水平较低的地区更大。

（二）指标选取和数据来源

对于企业固定资产投资 Invest，参照 Bleakley 和 Cowan（2010）、钟凯等（2016）、刘贯春等（2022）的做法，用企业当期构建固定资产、无形资产和其他长期资产支付的现金与期初总资产之比衡量。对于企业流动负债 Slev，用当期流动负债增量与期初总资产之比衡量。本文构建企业诚信纳税的虚拟变量，A 为核心解释变量，若企业当年纳税信用评级为 A 级时，则赋值为 1，否则赋值为 0，此外，结合现有研究（Bleakley 和 Cowan，2010；钟凯等，2016；刘贯春等，2022），本文在模型中加入的控制变量依次为：①企业规模 Size，用企业总资产的自然对数衡量；②财务杠杆 Lev，用企业负债总额除以总资产衡量；③盈利能力 ROA，用企业净利润除以总资产衡量；④现金流 Cashflow，用经营活动产生的现金净流量除以总资产衡量；⑤企业成长性 Growth，用营业收入增长率衡量；⑥账面市值比 BM，用账面价值除以总市值衡量；⑦上市年龄 ListAge，用企业上市年份的自然对数衡量。

考虑到纳税信用评级制度于2014年开始实施，2015年首次公布，本文采用我国 2015~2020 年 A 股上市公司为初始研究样本，将企业的纳税信用评级数据和上市公司财务数据进行匹配。本文所采用的上市公司财务数据来源于国泰安数据库，纳税信用评级数据来源于国家税务总局。参照孙雪娇等（2019）的做法，以公司年报中披露的统一社会信用代码为检索依据手工收集所得。参照既有研究的惯用做法，本文对原始数据进行了如下预处理：剔除金融行业上市公司，剔除ST类和PT类的特殊公司，剔除数据缺失的样本。为消除极端值的影响，对连续变量在上下 1% 水平上进行缩尾处理，最终获得3599家上市公司共17880个企业—年份观测值。表1列示了变量的描述性统计。整体来看，企业固定资产投资规模较小，样本均值仅为5.3%；A级纳税信用评级的样本为61.4%，说明我国企业的纳税信用等级仍有待提高。

表1　描述性统计

变量	观测值	平均值	标准差	最小值	P25	P50	P75	最大值
Invest	17880	0.053	0.059	0.000	0.014	0.034	0.070	0.408
Slev	17880	0.063	0.169	−0.305	−0.015	0.033	0.103	1.683
A	17880	0.614	0.487	0.000	0.000	1.000	1.000	1.000
Size	17880	22.319	1.295	19.631	21.404	22.151	23.048	26.511
Lev	17880	0.426	0.202	0.057	0.266	0.416	0.573	0.925
ROA	17880	0.035	0.074	−0.445	0.013	0.037	0.069	0.236
Cashflow	17880	0.049	0.068	−0.188	0.011	0.048	0.088	0.260
Growth	17880	0.169	0.500	−0.674	−0.037	0.092	0.254	5.392
BM	17880	1.061	1.267	0.049	0.365	0.654	1.216	10.511
ListAge	17880	2.218	0.791	0.000	1.609	2.303	2.944	3.367

四　实证结果分析

（一）基准回归结果

首先使用计量模型（1）验证本文的核心假说，表2汇报了基准回归结果。为了检验回归结果在不同模型设定下的稳健性，本文在保持核心解释变量不变的基础上逐步增加控制变量进行回归。根据表2的结果，流动负债*Slev*的估计系数在所有设定中均为正值，且通过了1%水平的显著性检验。这表明企业流动负债增加的同时，固定资产投资规模也增加，二者之间存在正向敏感性，与现有研究的结论一致（白云霞等，2016；钟凯等，2016；李增福等，2022；刘贯春等，2022）。更为重要的是，本文所关注的核心解释变量*A × Slev*的估计系数同样显著为正，表明良好的纳税信用评级显著增强了企业固定资产投资与流动负债的正相关关系，即加剧了企业投融资期限错配，研究假说1得到证实。进一步地，以第（4）列为基准，对回归结果的经济学意义进行阐述。给定核心解释变量*A*与*Slev*的计算方式，交互项*A × Slev*的估计系数为0.0029，意味着相较于纳税信用等级较低的企业，高评级企业的"固定资产投资—流动负债"敏感度高出前者3.9%（0.003/0.077），说明纳税信用评级对企业投融资期限错配的加剧作用不容忽视。

表2　基准回归结果

变量	固定资产投资 Invest			
	（1）	（2）	（3）	（4）
$A{\times}Slev$	0.003***	0.003***	0.003***	0.003***
	(2.641)	(2.996)	(3.198)	(2.8276)
$Slev$	0.098***	0.1015***	0.095***	0.077***
	(18.931)	(19.987)	(19.019)	(16.185)
A	0.007***	0.004***	0.002*	−0.002
	(5.932)	(3.462)	(1.716)	(−1.619)
$Size$			−0.001	0.005***
			(−0.487)	(6.198)
Lev			0.007*	0.018***
			(1.757)	(4.651)
ROA			0.130***	0.055***
			(17.466)	(8.018)
$Cashflow$				0.086***
				(10.282)
$Growth$				0.008***
				(5.046)
BM				−0.004***
				(−5.547)
$ListAge$				−0.018***
				(−17.876)
常数项	0.043***	0.049***	0.053***	−0.024
	(44.278)	(7.021)	(3.563)	(−1.402)
行业固定效应	否	是	是	是
年份固定效应	否	是	是	是
观测值	17880	17880	17880	17880
调整 R^2 值	0.087	0.149	0.172	0.226

注：*、**、***分别表示在10%、5%、1%的水平上显著，下同；括号内为聚类到企业层面的t统计量。

（二）作用机制检验

根据前文的理论分析，造成我国企业普遍存在投融资期限错配现象的重要制度性因素在于当前仍然是以银行为主导、以间接融资为主要渠道的金融体系，企业主要通过银行贷款和商业信用的形式为投资活动获取融资，因此企业的债务期限结构一定程度上反映了银行信贷的期限结构。基于此，本文将企业债务期限结构指标作为因变量，纳税信用评级虚拟变量 A 为核心解释变量，检验纳税信用评级对企业债务期限结构的影响，回归结果见表 3 列（1）～（3）。其中，*Sloan* 代表短期负债占企业总资产的比重，*Lloan* 表示长期负债占企业总资产的比重，*Mat* 表示短期负债占企业总负债的比重。结果显示，对于 *Sloan* 和 *Mat* 两个衡量短期负债占比的变量，核心解释变量 A 的估计系数均显著为正，但对于长期负债则显著为负，表明纳税信用评级披露制度会导致企业的短期负债占比上升而长期负债占比下降，加剧了企业债务期限结构短期化。

此外，本文在假说部分并未对企业长期投资的变化施加限定。但是良好的纳税信用评级在增加企业获取的短期信贷资金并挤出企业获取的长期信贷资金的同时，企业也可能会因现金流约束而主动减少固定资产投资。因此，此处放宽前文的假设，进一步猜想纳税信用评级披露制度加剧企业"短贷长投"行为是企业长期资金供给量下降幅度超出企业固定资产投资所需资金量下降幅度所导致的。为验证这一潜在假设，本文进一步考察了纳税信用评级对企业固定资产投资规模的影响，以及对于企业固定资产投资和长期负债的相对变化的影响，企业固定资产投资规模的度量方式同前文，固定资产投资和长期负债的相对变化用 *La* 表示，度量方式为长期负债与固定资产投资的比值，回归结果分别见表 3 的列（4）和列（5）。对于第（4）列而言，核心解释变量 A 的估计系数为负但不显著，表明纳税信用评级并未对企业固定资产投资规模产生显著影响。而对于第（5）列而言，核心解释变量 A 的估计系数显著为负，表明对于 A 级纳税信用评级企业，其长期负债显著低于固定资产投资，说明企业的长期负债规模下降幅度大于固定资产投资下降幅度，企业长期资金缺口进一步扩大，也进一步说明了在企业固定资产投资没有明显减少的情况下，短期负债对于企业固定资产投资的支持作用在政策实施后得到了加强。

表3　作用机制检验

变量	(1) Sloan	(2) Lloan	(3) Mat	(4) Invest	(5) La
A	0.003**	−0.003**	0.008**	−0.001	−4.095**
	(2.009)	(−1.995)	(2.437)	(−1.235)	(−2.137)
Size	−0.013***	0.013**	−0.030***	0.006***	−2.917**
	(−8.925)	(9.974)	(−11.839)	(6.675)	(−2.115)
Lev	0.821***	0.175***	−0.031**	0.033***	31.901***
	(109.701)	(24.967)	(−2.246)	(8.335)	(4.995)
ROA	0.029**	−0.047***	0.088***	0.066***	6.289
	(2.289)	(−3.733)	(3.631)	(9.323)	(0.471)
Cashflow	0.015	−0.013	0.044*	0.067***	−33.833*
	(1.204)	(−1.033)	(1.818)	(8.068)	(−1.855)
Growth	0.001	0.001	−0.001	0.021***	−4.439***
	(0.163)	(0.900)	(−0.155)	(11.796)	(−2.579)
BM	−0.007***	0.006***	−0.001	−0.004***	4.115**
	(−4.386)	(4.261)	(−0.572)	(−5.989)	(2.003)
ListAge	0.003**	−0.004**	−0.001	−0.020***	2.456*
	(2.233)	(−2.457)	(−0.038)	(−19.946)	(1.772)
常数项	0.269***	−0.274***	1.474***	−0.033*	54.112**
	(8.827)	(−9.559)	(25.122)	(−1.922)	(1.973)
行业固定效应	是	是	是	是	是
年份固定效应	是	是	是	是	是
观测值	17880	17576	17880	17880	13834
调整 R^2 值	0.816	0.461	0.244	0.191	0.327

注：同表2。

（三）"无奈之举"还是"有意为之"

事实上，企业可能有为了降低交易成本而大量使用短期债务进行融资的动机（Kahl等，2015）。因此，有必要对企业"短贷长投"行为的根源进行深入考察，以区分企业投融资期限错配行为是企业"有意为之"还是在政策作用下的"无奈之举"。

根据前文的理论分析，纳税信用评级强化了银行信贷短期化趋势，使得企业被迫使用短期资金为长期投资提供融资，因而是一种制度压力下的"无奈之举"。但是如果企业"短贷长投"行为并非出于制度压力下的被动行为，而是为了降低融资成本而做出的主动调整，那么即使企业有获得长期融资的机会，也会倾向于优先使用短期债务融资。反之，如果企业的"短贷长投"行为是被迫选择，那么当企业不存在长期资金缺口时，"短贷长投"行为应当有所缓解。为了验证这一猜想，本文进一步构建企业当期长期资金缺口的指标，具体的度量方式为本期新增长期负债与当期新增固定资产投资之差。由此，本文按照企业是否存在长期资金缺口将样本分为两组进行回归，结果如表4列（1）～（2）所示。交互项 $A \times Slev$ 的估计系数均在 1% 水平上显著为正，但后者系数远大于前者，表明当企业存在长期资金缺口时纳税信用评级对于"短贷长投"的强化作用较大，因此企业采取"短贷长投"的投融资模式更多的是政策压力下的被动行为。

进一步，如果投融资期限错配有损于企业经营绩效，企业则不会进行"短贷长投"。已有文献表明短期债务在降低融资成本、提升投资绩效方面有积极作用（Kahl，2015），因此，企业有动机通过主动滚动短期债务的方式来为长期项目融资。但是如果短期债务对企业绩效产生负面影响，那么企业理应不会主动进行"短贷长投"。基于这一逻辑，本文进一步考察政策实施对于企业绩效的影响，为排除企业"有意为之"这一竞争性假说提供进一步的证据。为了考察企业"短贷长投"行为对经营绩效的影响，本文用"短贷长投"指标 $SFLI$[1] 作为核心解释变量，以企业经营绩效 ROA 作为被解释变量进行回归。回归结果如表4第（3）列所示，可见，$SFLI$ 的估计系数显著为负，表明企业"短贷长投"行为实际上有损于经营绩效。

综上，本文的排除性分析说明纳税信用评级对企业"短贷长投"行为的加剧作用并非企业"有意为之"，而是在政策作用下的"无奈之举"。

---

[1] 表示长期投资和长期资金的缺口，具体计算方式为"（固定资产等投资活动现金支出—长期借款本期增加额—本期权益增加额—经营活动现金净流量—出售固定资产现金流入）/期初总资产"，数值越大，表明企业的"短贷长投"现象越严重。

表4　排除企业"有意为之"竞争性假说

变量	固定资产投资 Invest		企业经营绩效 ROA
	长期资金不存在缺口	长期资金存在缺口	
	（1）	（2）	（3）
A×Slev	0.003***	0.025***	
	(2.913)	(3.783)	
Slev	0.047***	0.111***	
	(8.253)	(11.995)	
A	−0.002	−0.003**	
	(−1.338)	(−2.399)	
SFLI			−0.031***
			(−10.527)
Size	0.006***	0.003***	0.016***
	(6.875)	(3.866)	(22.611)
Lev	0.036***	−0.007	−0.121***
	(8.861)	(−1.433)	(−25.572)
ROA	0.037***	0.057***	
	(4.790)	(5.642)	
Cashflow	0.075***	0.096***	0.288***
	(8.333)	(8.041)	(24.715)
Growth	0.012***	0.001	0.018***
	(6.051)	(0.855)	(13.102)
BM	−0.003***	−0.004***	−0.006***
	(−4.937)	(−5.041)	(−10.950)
ListAge	−0.013***	−0.021***	−0.015***
	(−12.697)	(−16.721)	(−17.234)
常数项	−0.075***	0.033	−0.274***
	(−4.157)	(1.574)	(−18.073)
行业固定效应	是	是	是
年份固定效应	是	是	是
观测值	9598	8282	17595
调整 R^2 值	0.230	0.266	0.350

注：同表2。

（四）内生性问题

本文采取以下四种方法来缓解模型可能存在的内生性问题。

第一，考虑到不随时间变化的企业特征以及行业和地区层面的经济因素可能会影响本文的结论，进一步排除企业、行业和区域层面的差异对本文实证结果的潜在影响。首先，利用固定效应模型缓解可能由不随时间推移而变化的企业特征导致的企业投融资期限错配的差异，回归结果见表 5 第（1）列。不难发现，在控制住不变的企业特征后，交互项 $A×Slev$ 的估计系数在 1% 的水平下仍显著为正，纳税信用评级对企业投融资期限错配的影响仍然存在。其次，在上述的基础上，逐步加入了多种固定效应，以控制行业、省份和城市层面随时间变动的特征，如行业、省份或城市层面的企业集聚效应或其他的政策冲击，回归结果见表 5 第（2）~（4）列。可以发现，交互项 $A×Slev$ 的估计系数均在 1% 的水平下显著为正。可见，在控制住不同层面的时间趋势后，本文结果未发生根本性改变。特别地，表 5 第（5）列纳入了上述所有固定效应，纳税信用评级加剧企业投融资期限错配的研究结论依然稳健。

表5 内生性问题：控制企业、行业和区域层面差异

变量	固定资产投资 Invest				
	（1）	（2）	（3）	（4）	（5）
$A×Slev$	0.002***	0.003***	0.003***	0.003***	0.003***
	(3.541)	(3.549)	(3.341)	(3.114)	(3.093)
$Slev$	0.063***	0.063***	0.064***	0.062***	0.061***
	(15.070)	(14.876)	(15.238)	(13.612)	(13.494)
A	0.001	0.001	0.001	0.001	0.001
	(1.096)	(0.938)	(1.047)	(0.989)	(0.787)
$Size$	0.014***	0.015***	0.014***	0.014***	0.015***
	(6.828)	(7.268)	(6.806)	(6.487)	(6.986)
Lev	−0.005	−0.003	−0.005	−0.007	−0.004
	(−0.845)	(−0.528)	(−0.798)	(−0.953)	(−0.540)
ROA	0.035***	0.034***	0.035***	0.031***	0.030***
	(4.908)	(4.664)	(4.916)	(4.121)	(3.886)
$Cashflow$	0.007	0.008	0.008	0.009	0.009
	(1.200)	(1.319)	(1.260)	(1.247)	(1.336)
$Growth$	0.006***	0.006***	0.006***	0.006***	0.006***
	(5.137)	(5.194)	(5.266)	(4.855)	(4.915)
BM	−0.002***	−0.002***	−0.002***	−0.001**	−0.003***
	(−2.839)	(−3.309)	(−2.786)	(−2.348)	(−3.187)
$ListAge$	−0.027***	−0.025***	−0.026***	−0.025***	−0.024***
	(−8.160)	(−7.528)	(−8.057)	(−7.049)	(−6.558)

续表

变量	固定资产投资 Invest				
	（1）	（2）	（3）	（4）	（5）
常数项	-0.212***	-0.235***	-0.210***	-0.216***	-0.244***
	（-4.629）	（-5.107）	（-4.607）	（-4.446）	（-4.981）
行业固定效应	是	是	是	是	是
年份固定效应	是	是	是	是	是
行业-时间固定效应	否	是	否	否	是
省份-时间固定效应	否	否	是	否	是
城市-时间固定效应	否	否	否	是	是
观测值	17880	17880	17880	17880	17880
调整 R^2	0.568	0.571	0.568	0.560	0.563

注：同表2。

第二，使用企业地理位置信息识别纳税信用评级与企业投融资期限错配之间的因果关系。Kubick 等（2017）发现企业申报纳税税额与企业和税务局之间的地理距离呈正相关。企业与税务局之间的距离越近，越容易从税务局获取相关的纳税信息以实施低成本的寻租活动，因而越有能力在纳税申报中进行避税。张敏等（2018）利用中国上市公司数据也发现了一致的结论，企业与税务局距离越近，寻租成本越低，企业越有动机通过寻租进行避税。而企业避税程度作为纳税评级过程中的重要评定依据，会显著降低企业被评定为A级纳税企业的概率。可以认为，企业周围的国家税务机关数量越多，企业越不易获得较高的纳税信用评级，故上述企业受到纳税信用评级的影响较小。为了检验上述关系，以企业为中心搜索距离企业10km以内的国家税务机关数量 Tax_number[①]，检验企业周围的国家税务机关数量对纳税信用评级与企业投融资期限错配之间的影响。相应的检验结果如表6第（1）列所示，交互项 $A×Slev×Tax\_number$ 的估计系数在5%的水平上显著为负，说明纳税信用评级对企业投融资期限错配的加剧作用主要存在于周围的国家税务机关数量较少的企业。此外，本文还进一步按照周围国家税务机关的数量将样本分为两组进行回归，结果如第（2）列和第（3）列所示，可见

---

① Tax_number 表示企业周围的国家税务机关数量的虚拟变量，对于周围的国家税务机关数量高于样本中位数的企业取1，否则取0。

周围税务机关数量较少的企业投融资期限错配的加剧作用更为明显，其交互项的回归系数是另一组的近3倍。上述检验结果进一步证明了纳税信用评级与企业投融资期限错配之间的因果关系。

表6 内生性问题：企业的地理位置分析

变量	固定资产投资 Invest		
	(1)	Tax_number=1 (2)	Tax_number=0 (3)
A×Slev×Tax_number	−0.008**		
	(−2.101)		
Tax_number	−0.000**		
	(−2.524)		
A×Slev	0.010***	0.002**	0.006*
	(2.594)	(2.342)	(1.722)
Slev	0.073***	0.063***	0.084***
	(14.706)	(10.170)	(10.895)
A	−0.002**	−0.001	−0.002*
	(−2.096)	(−1.153)	(−1.703)
Size	0.005***	0.004***	0.006***
	(6.239)	(5.043)	(4.679)
Lev	0.017***	0.009*	0.024***
	(4.673)	(1.924)	(4.215)
ROA	0.056***	0.034***	0.066***
	(8.181)	(3.723)	(6.660)
Cashflow	0.083***	0.058***	0.111***
	(10.100)	(5.743)	(9.028)
Growth	0.007***	0.005***	0.011***
	(4.883)	(3.005)	(4.404)
BM	−0.003***	−0.003***	−0.005***
	(−5.497)	(−3.820)	(−4.154)
ListAge	−0.017***	−0.012***	−0.021***
	(−16.714)	(−8.819)	(−14.490)
常数项	−0.022	−0.028	−0.050*
	(−1.355)	(−1.350)	(−1.822)
行业固定效应	是	是	是
年份固定效应	是	是	是
观测值	17880	8791	9089
调整 R^2 值	0.228	0.194	0.243

注：同表2。

第三，企业纳税评级的结果可能与企业自身基本面因素存在相关性，基本面指标良好的企业更容易获得较高的评级，这易造成因果识别过程中的内生性问题，使得参数估计值有偏，因此本文采取倾向得分匹配法来缓解该问题。具体而言，本文针对每一个纳税信用评级为A级的样本，按照1：1和1：2的匹配方式在同行业中逐年匹配纳税信用评级为非A的样本，用于匹配的协变量包括前文所有的控制变量。为验证匹配结果的可靠性，本文对倾向得分匹配得到的样本进行平衡性检验。匹配之后结果显示协变量的绝对偏差较匹配之前大幅下降，并且匹配之后两组不存在显著性差异，因此可以确保匹配后的两组在各个公司特征方面是可比的①。基于倾向得分匹配得到的新样本，本文对基准回归模型进行重新估计。回归结果如表7所示，不难发现，交互项A×Slev的估计系数在1%的水平下仍显著为正，与基准回归结果一致，纳税信用评级显著加剧了企业投融资期限错配的研究结论未发生实质性改变。

表7 内生性问题：倾向得分匹配

变量	固定资产投资 Invest	
	PSM（1：1） （1）	PSM（1：2） （2）
A×Slev	0.003***	0.002***
	(5.287)	(2.740)
Slev	0.071***	0.070***
	(10.799)	(12.841)
A	−0.001	−0.001
	(−0.633)	(−1.177)
Size	0.004***	0.004***
	(4.602)	(5.555)
Lev	0.019***	0.018***
	(4.024)	(4.304)
ROA	0.058***	0.054***
	(6.549)	(6.948)
Cashflow	0.096***	0.087***
	(9.033)	(9.450)
Growth	0.008***	0.007***

---

① 限于篇幅，平衡性检验的结果没有汇报，留存备索。

续表

变量	固定资产投资 Invest	
	PSM（1：1）	PSM（1：2）
	(1)	(2)
	(3.550)	(4.104)
BM	−0.004***	−0.004***
	(−5.175)	(−5.443)
ListAge	−0.016***	−0.017***
	(−12.988)	(−15.612)
常数项	−0.013	−0.022
	(−0.695)	(−1.230)
行业固定效应	是	是
年份固定效应	是	是
观测值	8596	12385
调整 R² 值	0.219	0.217

注：同表2。

第四，考虑到纳税信用评级披露制度这一政策调整始于2015年，因此对于2015年的企业而言属于外生冲击，能够有效缓解企业未观测特征导致的内生性问题。因此，构造了外生冲击来检验纳税信用评级披露制度对企业投融资期限错配的影响。首先，将样本区间限制在2012~2016年，并且借鉴孙雪娇等（2019）的做法，将纳税信用评级制度的实施视为外生冲击进行检验，为此，本文剔除了所有2016年评级为A的企业样本，并采用与前文相同的方法对数据进行了预处理。其次，本文使用 Rating 表示企业纳税信用评级是否为A，是则取1，否则取0；对于表示纳税信用评级披露制度的时间虚拟变量 Post，2015年及以后取值1，否则取值0。最后，在回归分析中加入了 Rating、Post、Slev 及其二重交互项和三重交互项，采用三重差分法检验纳税信用评级披露制度作为外生冲击是否能够对企业投融资期限错配产生影响。具体而言，本文构建了如下计量模型：

$$
\begin{aligned}
Invest_{it} = {} & \alpha_0 + \alpha_1 Rating_i \times Post_t \times Slev_{it} + \alpha_2 \beta_2 Rating_i \times Post_t \\
& + \alpha_3 Rating_i \times Slev_{it} + \alpha_4 Post_t \times Slev_{it} + \alpha_5 Slev_{it} \\
& + \alpha_6 Rating_i + \alpha_7 Post_t + \gamma Control_{it} + IND + YEAR + \varepsilon_{it}
\end{aligned} \tag{2}
$$

回归结果如表8所示，可以看到，Slev 的估计系数在1%的水平下显著为正，三重交互项 $Rating \times Post \times Slev$ 的估计系数在5%水平上显著为正，这表明纳税信用评级披露制度显著加剧企业投融资期限错配的结论仍未发生改变。

表8 内生性问题：构造外生冲击

变量	固定资产投资 Invest			
	(1)	(2)	(3)	(4)
$Rating \times Post \times Slev$	0.050**	0.045**	0.046**	0.045**
	(2.410)	(2.185)	(2.266)	(2.211)
$Rating \times Post$	0.005	0.001	0.001	−0.001
	(1.439)	(0.541)	(0.069)	(−0.045)
$Rating \times Slev$	−0.005***	−0.004***	−0.004***	−0.005***
	(−5.289)	(−4.214)	(−4.259)	(−4.490)
$Post \times Slev$	−0.034**	−0.042***	−0.045***	−0.046***
	(−2.461)	(−3.120)	(−3.402)	(−3.592)
$Rating$	−0.002	−0.003	−0.002	−0.004
	(−0.713)	(−1.262)	(−1.064)	(−1.591)
$Post$	−0.016***	−0.024***	−0.022***	−0.018***
	(−8.535)	(−10.496)	(−9.736)	(−7.377)
$Slev$	0.104***	0.114***	0.116***	0.103***
	(12.205)	(14.227)	(14.557)	(12.948)
$Size$			0.001	0.003***
			(1.179)	(2.731)
Lev			−0.017***	0.004
			(−3.211)	(0.786)
ROA			0.134***	0.046**
			(7.258)	(2.446)
$Cashflow$				0.102***
				(8.162)
$Growth$				0.006***
				(3.318)
BM				−0.002*
				(−1.745)
$ListAge$				−0.017***
				(−12.013)
常数项	0.060***	0.091***	0.071***	0.056**
	(53.582)	(9.066)	(3.300)	(2.395)
行业固定效应	否	是	是	是
年份固定效应	否	是	是	是
观测值	9105	9105	9105	9105
调整 R^2 值	0.086	0.167	0.185	0.223

注：同表2。

（五）稳健性检验

为验证基准回归结果的稳健性，本文从以下三个维度进行了敏感性测试。

第一，为了排除指标选取对本文结论的影响，替换了被解释变量的度量方式。参考 Duchin 等（2010）、靳庆鲁等（2015）、连立帅等（2019）的研究，本文分别用如下方法重新度量企业固定资产投资：①$Invest1$，计算公式为"（固定资产、无形资产和其他长期资产支付的现金–处置固定资产、无形资产和其他长期资产收回的现金净额）/期初总资产"；②$Invest2$，计算公式为"（固定资产、无形资产和其他长期资产支付的现金+取得子公司及其他营业单位支付的现金净额–处置固定资产、无形资产和其他长期资产收回的现金净额–处置子公司及其他营业单位收到的现金净额）/期初总资产"；③$Invest3$，计算公式为"（固定资产、无形资产和其他长期资产支付的现金+研发投入）/期初总资产"。回归结果见表9第（1）～（3）列。可以看出，不论被解释变量采用何种度量方式，交互项 $A \times Slev$ 的估计系数仍显著为正。可见，本文的核心结论不受被解释变量指标选取的影响，纳税信用评级显著加剧了企业投融资期限错配。

第二，为检验结论对回归样本的敏感性，本文调整了研究样本。首先，考虑到疫情可能对本文结论产生替代性解释，为排除这一可能性解释，删除了2020年的样本观测值，回归结果见表9第（4）列；其次，考虑到制造业企业在全部上市公司中所占比例最大，为排除行业因素的干扰，仅保留制造业样本进行重新估计，回归结果见表9第（5）列；最后，为了增强企业在纳税信用评级披露前后的可比性，将非平衡面板转化为平衡面板进行再估计，回归结果见表9第（6）列。可见交互项 $A \times Slev$ 的估计系数依旧显著为正。可见，本文的核心结论不受回归样本选取的影响，基准回归结果未发生根本性改变。

第三，本文更换了计量模型的设定方式。不同于构建"固定资产投资—流动负债"敏感度框架，本文借鉴钟凯等（2016）的方法，构建了如下模型进行分析：

$$SFLI_{it} = \beta_0 + \beta_1 A_{it} + \gamma Control_{it} + IND + YEAR + \varepsilon_{it} \qquad (3)$$

其中，短贷长投 $SFLI$ 的定义同上，核心解释变量 A 和控制变量与上述相同。回归结果见表9第（7）列，核心解释变量 A 的估计系数在1%的水平下显著为正，该结果为纳税信用评级加剧企业投融资期限错配提供了更为直接的经验证据。

表9　稳健性检验

变量	替换被解释变量指标			替换研究样本			更换计量模型
	Invest1	Invest2	Invest3	Invest	Invest	Invest	SFLI
	（1）	（2）	（3）	（4）	（5）	（6）	（7）
A×Slev	0.002***	0.002*	0.004***	0.003***	0.005***	0.003*	
	(2.775)	(1.768)	(3.365)	(2.799)	(3.667)	(1.745)	
Slev	0.077***	0.211**	0.097***	0.075***	0.078***	0.074***	
	(16.365)	(20.055)	(19.203)	(14.888)	(12.320)	(13.031)	
A	−0.001	−0.002*	0.001	−0.001	−0.002**	−0.002**	0.016***
	(−1.542)	(−1.656)	(0.067)	(−1.127)	(−2.175)	(−2.136)	(4.278)
Size	0.005***	0.007***	0.005***	0.004***	0.006***	0.005***	−0.025***
	(7.290)	(8.681)	(5.803)	(5.637)	(5.905)	(5.610)	(−10.856)
Lev	0.014***	−0.021***	0.017***	0.016***	0.029***	0.011***	0.142***
	(3.850)	(−4.086)	(4.030)	(4.058)	(6.175)	(2.631)	(9.412)
ROA	0.054***	−0.007	0.103***	0.055***	0.060***	0.055***	−0.548***
	(7.973)	(−0.665)	(12.566)	(7.436)	(6.731)	(6.499)	(−15.781)
Cashflow	0.088***	0.122***	0.105***	0.091***	0.074***	0.078***	−0.785***
	(10.805)	(10.961)	(11.327)	(10.025)	(7.416)	(7.886)	(−23.534)
Growth	0.007***	0.025***	0.009***	0.006***	0.007***	0.007***	−0.275***
	(4.785)	(8.266)	(6.038)	(4.400)	(3.378)	(3.950)	(−16.130)
BM	−0.003***	−0.003***	−0.006***	−0.004***	−0.006***	−0.003***	−0.007***
	(−5.904)	(−4.275)	(−7.681)	(−5.051)	(−6.084)	(−4.408)	(−4.148)
ListAge	−0.018***	−0.021***	−0.021***	−0.017***	−0.022***	−0.011***	−0.005**
	(−19.137)	(−18.174)	(−19.382)	(−15.973)	(−19.271)	(−7.055)	(−2.045)
常数项	−0.042***	−0.060***	−0.015	−0.026	−0.056**	−0.040**	0.423***
	(−2.594)	(−3.163)	(−0.806)	(−1.485)	(−2.324)	(−2.094)	(8.911)
行业固定效应	是	是	是	是	是	是	是
年份固定效应	是	是	是	是	是	是	是
观测值	17880	17880	17880	14483	11304	13110	17595
调整R²值	0.230	0.322	0.305	0.222	0.216	0.198	0.349

注：同表2。

五 异质性分析

尽管上述实证结果为纳税信用评级加剧 A 级企业的投融资期限错配这一主要观点提供了诸多经验证据，但并没有关注不同类型企业和地区之间的异质性。因此，在本部分中，进一步从企业融资约束、企业研发强度、企业风险偏好以及地区金融发展水平四个角度展开异质性分析，以期为理解纳税信用评级对企业投融资期限错配的影响提供更多经验证据。整体来看，对于融资约束较强、研发强度较大、风险偏好程度较高的企业以及金融发展水平较低的地级市，上述效应更为凸显。

（一）企业融资约束

为考察企业融资约束如何影响纳税信用评级与企业投融资期限错配的关系，充分借鉴 Hadlock 和 Pierce（2010）、李凤羽和史永东（2016）、全怡等（2016）的研究中对企业融资约束的刻画方式，分别用企业 SA 指数、股利支付率以及企业规模作为企业融资约束的测度指标。随后，依据 SA 指数、股利支付率及企业规模的样本中位数，将全样本企业划分为高融资约束组和低融资约束组，分组回归结果如表 10 所示。可以发现，交互项 $A \times Slev$ 的估计系数在 SA 指数大、股利支付率低和企业规模小的样本中分别为 0.004、0.004 和 0.028，且均在 1% 的水平上显著，而在 SA 指数小、股利支付率高和企业规模大的样本中分别为 0.002、-0.001 和 0.002，且最后者在 5% 的水平上显著。并且前者系数明显大于后者。这些结果充分表明，在纳税信用评级披露制度实施之后，对于融资约束严重的企业而言，A 级纳税信用评级的结果披露使得该企业能够获取更多的短期信贷资金，加剧企业投融资期限错配的作用更为凸显。

表10 异质性分析 I：基于企业融资约束的分组检验

变量	固定资产投资 Invest					
	SA 指数		股利支付率		企业规模	
	>50%	<50%	>50%	<50%	>50%	<50%
	(1)	(2)	(3)	(4)	(5)	(6)
A×Slev	0.004***	0.002	−0.001	0.004***	0.002**	0.028***
	(6.888)	(1.637)	(−0.482)	(5.123)	(2.356)	(2.775)
Slev	0.072***	0.078***	0.101***	0.066***	0.080***	0.054***
	(10.674)	(12.081)	(11.507)	(10.766)	(12.194)	(5.967)
A	−0.001	−0.001	−0.001	−0.003**	−0.002	−0.002
	(−0.786)	(−0.812)	(−0.054)	(−1.962)	(−1.561)	(−1.456)
Size	0.005***	0.004***	0.004***	0.005***	0.004***	0.005***
	(5.184)	(4.005)	(3.348)	(5.846)	(3.172)	(3.702)
Lev	0.007*	0.027***	0.028***	0.016***	0.015**	0.024***
	(1.669)	(4.601)	(4.133)	(3.290)	(2.412)	(5.238)
ROA	0.039***	0.059***	0.025	0.106***	0.044***	0.062***
	(4.557)	(5.343)	(1.083)	(4.430)	(3.545)	(7.601)
Cashflow	0.074***	0.099***	0.090***	0.106***	0.104***	0.066***
	(6.866)	(8.182)	(7.082)	(8.580)	(7.994)	(6.682)
Growth	0.008***	0.007***	0.009***	0.006***	0.011***	0.002*
	(4.066)	(3.284)	(3.456)	(3.441)	(4.492)	(1.768)
BM	−0.005***	−0.001*	−0.003***	−0.003***	−0.003***	−0.009***
	(−6.187)	(−1.778)	(−3.471)	(−4.032)	(−3.956)	(−6.087)
ListAge	−0.009***	−0.023***	−0.018***	−0.018***	−0.015***	−0.019***
	(−3.811)	(−13.075)	(−13.758)	(−13.255)	(−9.639)	(−16.269)
常数项	−0.061**	−0.006	0.003	−0.056***	−0.011	−0.035
	(−2.562)	(−0.274)	(0.123)	(−2.703)	(−0.359)	(−1.148)
行业固定效应	是	是	是	是	是	是
年份固定效应	是	是	是	是	是	是
观测值	8906	8974	7443	8350	8906	8974
调整 R² 值	0.189	0.225	0.225	0.231	0.223	0.241

注：同表2。

（二）企业研发强度

为考察企业研发强度如何影响纳税信用评级与企业投融资期限错配的关系，参考 He 和 Tian（2013）、黎文靖和郑曼妮（2016）、孔东民等（2017）

的研究中对企业研发创新的刻画方式，本文用研发支出占销售收入的比重、研发支出占总资产的比重以及企业专利申请总量作为企业研发强度的测度指标。随后，按照中位数将样本划分为高研发强度组和低研发强度组，分别进行回归分析。表 11 所示的分组回归结果显示，交互项 $A \times Slev$ 的估计系数在研发强度较高的企业中分别为 0.004、0.004 和 0.003，且均在 1% 的水平上显著，而在强度较低的样本中分别为 0.001、0.001 和 0.000，且均未通过 10% 水平的显著性检验，而且前者系数明显大于后者。这些结果充分表明，在纳税信用评级披露制度实施之后，对于长期信贷资金需求更多的研发强度大的企业而言，A 级纳税信用评级的结果披露使得该企业获取的短期信贷资金更多地用于支持研发活动，进而加剧企业投融资期限错配的效果更为凸显。

表 11　异质性分析 II：基于企业研发强度的分组检验

变量	固定资产投资 Invest					
	研发支出/销售收入		研发支出/总资产		专利申请数量	
	>50%	<50%	>50%	<50%	>50%	<50%
	（1）	（2）	（3）	（4）	（5）	（6）
$A \times Slev$	0.004***	0.001	0.004***	0.001	0.003***	0.000
	（4.527）	（1.258）	（3.933）	（1.122）	（5.325）	（0.336）
Slev	0.076***	0.078***	0.086***	0.075***	0.086***	0.069***
	（9.618）	（10.676）	（10.828）	（11.017）	（12.453）	（10.478）
A	−0.002	−0.003**	−0.003**	−0.002	−0.003**	−0.000
	（−1.494）	（−2.009）	（−2.010）	（−1.446）	（−2.231）	（−0.475）
Size	0.006***	0.004***	0.005***	0.005***	0.004***	0.005***
	（5.107）	（4.041）	（4.760）	（4.549）	（3.737）	（4.974）
Lev	0.032***	0.014***	0.015***	0.023***	0.015***	0.018***
	（5.621）	（2.623）	（2.807）	（4.046）	（2.659）	（4.036）
ROA	0.055***	0.052***	0.047***	0.051***	0.056***	0.051***
	（5.893）	（4.797）	（4.925）	（4.878）	（5.015）	（6.080）
Cashflow	0.082***	0.092***	0.075***	0.096***	0.100***	0.077***
	（6.406）	（7.558）	（6.586）	（7.260）	（7.832）	（7.802）
Growth	0.009***	0.011***	0.009***	0.010***	0.007***	0.008***

变量	固定资产投资 Invest					
	研发支出/销售收入		研发支出/总资产		专利申请数量	
	>50%	<50%	>50%	<50%	>50%	<50%
	(1)	(2)	(3)	(4)	(5)	(6)
	(3.740)	(4.234)	(3.410)	(4.335)	(3.094)	(4.167)
BM	-0.006***	-0.002**	-0.005***	-0.003***	-0.003***	-0.004***
	(-4.358)	(-2.272)	(-4.441)	(-3.406)	(-3.726)	(-3.947)
ListAge	-0.018***	-0.019***	-0.017***	-0.019***	-0.016***	-0.018***
	(-12.460)	(-13.584)	(-12.793)	(-12.721)	(-12.029)	(-14.803)
常数项	-0.063**	-0.002	-0.039	-0.025	-0.004	-0.032
	(-2.4709)	(-0.1157)	(-1.614)	(-1.030)	(-0.169)	(-1.445)
行业固定效应	是	是	是	是	是	是
年份固定效应	是	是	是	是	是	是
观测值	7843	7841	7842	7842	8604	9276
调整 R^2 值	0.212	0.240	0.226	0.220	0.226	0.224

注：同表2。

（三）企业风险偏好

为考察企业风险偏好对纳税信用评级与企业投融资期限错配的关系的影响，参考John等（2008）、余明桂等（2013）、何瑛等（2019）的研究，本文使用企业在观测时段内（t年至t+2年）滚动计算的经行业调整的ROA标准差和极差来度量风险承担水平[①]，其中ROA使用息税前利润除以年末总资产衡量。随后，依据标准差和极差的中位数，将全样本企业划分为高风险偏好组和低风险偏好组，分组回归结果如表12所示。交互项A × Slev的估计系数在ROA标准差和极差大的样本中分别为0.003和0.003，且均在1%的水平上显著，而在ROA标准差和极差小的样本中分别为0.001和0.001，且均未通过10%水平的显著性检验，而且前者系数明显大于后者。结果表明，在纳税信用评级披露制度实施之后，对于风险偏好程度较高的企业而言，A级纳税信用评级的结果披露加剧企业投融资期限错配的作用更为明显。

[①] 由于计算企业风险承担需要三年的窗口期，基准回归采用的是2015~2020年数据，本部分的企业风险承担为2015~2018年数据。

表 12　异质性检验Ⅲ：基于企业风险偏好的分组检验

变量	固定资产投资 Invest			
	Roa 标准差		Roa 极差	
	>50%	<50%	>50%	<50%
	（1）	（2）	（3）	（4）
A×Slev	0.003***	0.001	0.003***	0.001
	(7.696)	(0.312)	(7.687)	(0.281)
Slev	0.070***	0.082***	0.068***	0.084***
	(9.568)	(8.922)	(9.349)	(9.118)
A	−0.001	−0.002	−0.001	−0.002
	(−0.256)	(−1.211)	(−0.119)	(−1.333)
Size	0.007***	0.002*	0.007***	0.002**
	(5.865)	(1.892)	(5.739)	(2.034)
Lev	0.013**	0.013**	0.012**	0.014**
	(2.412)	(2.011)	(2.270)	(2.135)
ROA	0.061***	0.044	0.063***	0.031
	(6.548)	(1.325)	(6.768)	(0.943)
Cashflow	0.066***	0.121***	0.066***	0.123***
	(5.475)	(7.702)	(5.417)	(7.801)
Growth	0.005***	0.008***	0.005***	0.008***
	(2.724)	(2.801)	(2.795)	(2.732)
BM	−0.008***	−0.001	−0.007***	−0.001
	(−5.823)	(−1.133)	(−5.484)	(−1.418)
ListAge	−0.017***	−0.016***	−0.017***	−0.016***
	(−11.224)	(−10.757)	(−11.232)	(−10.753)
常数项	−0.069***	0.018	−0.063**	0.013
	(−2.728)	(0.671)	(−2.536)	(0.486)
行业固定效应	是	是	是	是
年份固定效应	是	是	是	是
观测值	5595	5591	5571	5615
调整 R² 值	0.223	0.215	0.219	0.220

注：同表 2。

（四）地区金融发展水平

理论上讲，地区金融发展水平越高，企业获取外部融资尤其是长期信贷资金的渠道越多，企业在进行长期投资时对于短期信贷资金的依赖越小，因此，相比于金融发展水平较高地区的企业，金融发展水平较低地区的企业往往存在更严重的投融资期限错配行为。为考察地区金融发展水平如何影响纳税信用评级披露制度与企业投融资期限错配的关系，参考 Love（2003）、余明桂和王空（2022）的研究，本文用地级市的金融机构贷款与金融机构存款比值刻画地级市金融发展水平，并根据样本中位数将全样本划分为地区金融发展水平较高和地区金融发展水平较低两组，分别进行回归分析。表13所示的分组回归结果显示，交互项 $A \times Slev$ 的估计系数在地区金融发展水平较高的子样本中为0.001，且未通过10%水平的显著性检验，而在地区金融发展水平较低的子样本中为0.004，且在1%的水平上显著。由此可以看出，在纳税信用评级披露制度实施之后，相比于金融发展水平较高的地级市，金融发展水平较低的地级市的企业更加依赖于A级纳税信用评级的结果披露带来的短期信贷融资，致使纳税信用评级对企业投融资期限错配的加剧作用更为凸显。

表13　异质性检验Ⅳ：基于地区金融发展水平的分组检验

变量	固定资产投资 Invest	
	地区金融发展水平较高 （1）	地区金融发展水平较低 （2）
A×Slev	0.001	0.004***
	(0.832)	(4.348)
Slev	0.079***	0.071***
	(10.725)	(10.332)
A	−0.001	−0.003**
	(−0.850)	(−2.001)
Size	0.004***	0.005***
	(3.578)	(4.374)
Lev	0.022***	0.009*
	(4.020)	(1.759)
ROA	0.061***	0.042***
	(5.915)	(4.151)
Cashflow	0.083***	0.084***
	(6.592)	(7.334)
Growth	0.006***	0.007***
	(2.803)	(3.518)
BM	−0.003***	−0.003***
	(−4.032)	(−3.168)
ListAge	−0.015***	−0.018***
	(−10.873)	(−13.109)
常数项	−0.026	0.006
	(−1.112)	(0.234)
行业固定效应	是	是
年份固定效应	是	是
观测值	7834	8035
调整 R^2 值	0.228	0.226

注：同表2。

六　结论与启示

（一）结论

本文利用 2015~2020 年国家税务总局公布的 A 级纳税信用企业名单，匹配上市公司财务数据，基于"固定资产投资—流动负债"的敏感度框架，系统考察了纳税信用评级对企业投融资期限错配的影响及作用机制。研究结果表明，纳税信用评级制度强化了 A 级企业固定资产投资与流动负债的正相关关系，即加剧了投融资期限错配。在经过替换被解释变量指标、替换研究样本、更换计量模型以及控制遗漏变量等内生性问题之后，本文的结果依然稳健。进一步的作用机制检验表明，纳税信用评级显著提升了企业短期负债占比，降低了企业长期负债占比，缩短了企业债务期限，进而加剧了企业投融资期限错配。此外，纳税信用评级对企业投融资期限错配行为的作用强度取决于企业的长期资金缺口，而且企业投融资期限错配行为有损于经营绩效，证实了企业投融资期限错配行为是其"无奈之举"而非"有意为之"。随后的异质性分析发现，在融资约束严重、研发强度较大、风险偏好程度较高的企业以及金融发展水平较低的地区，加剧作用更为明显。

（二）政策建议

本文强调，纳税信用评级披露制度在提高企业纳税遵从度和缓解企业融资约束等方面有积极作用，可以实现对强制性税收征管的补充，但会加剧实体企业投融资期限错配行为，本文研究表明纳税信用评级披露的"得失参半"作用。结合理论分析和研究结论，本文提出如下对策建议。

第一，政府在设计联合激励举措的过程中需要统筹考虑各部门的固有特征和政策联动效应，将金融制度环境纳入决策考量。合理引导银行部门进一步加大对实体经济活动的支持力度，结合企业财务现状，优化针对 A 级纳税信用评级企业的金融激励措施，更加注重银行的长期信贷而非短期信贷投放，对于面临严重融资约束、研发投入强度较大的企业，应适当增加长期信贷供给，从而遏制这部分企业的投融资期限错配加剧。就资金的性质而言，也可择时考虑将银行提供的债务资金转换为股权资金以减轻企业的债务期限压力，从而支持企业从事长期投资活动。

第二，纳税信用评级所引致的期限错配效应本质上源自当前抑制性金融体制，银行作为主要的金融中介在企业融资过程中始终起着决定性作用。因此破解当前企业债务期限结构不合理问题在根本上仍需从拓宽企业融资渠道入手，增加企业直接融资比例。除了银行信贷这一激励资金的供给渠道，政府部门也应引导资本市场加强对纳税信用评级这一信息的使用，鼓励投资银行、事务所、评级机构等市场中介机构将其纳入投资分析框架，从而吸引长期资金流入。对于A级纳税信用评级的上市公司，也可直接为其提供股权再融资方面的便利。这不仅有助于增加市场上长期资金供给，也对于分散系统性金融风险、实现经济可持续健康发展有着重要意义。

第三，地方金融发展水平是纳税信用评级披露制度实施效果的重要影响因素，政府部门应继续提高各地区金融发展水平，创新政府参与资本市场与支持企业发展的方式。作为中国资本市场重要的参与者，政府应充分发挥作为信息提供者的功能，缓解交易双方的信息不对称，从而与纳税信用评级披露制度形成合力，避免深化税收制度改革与防范化解系统性金融风险相冲突。从支持企业发展的角度来看，应推广设立地方政府产业基金，直接入股地方战略支柱性企业以提供长期资本支持，从而缓解企业投融资期限错配的风险。这不仅有助于提高企业长期发展的容错率，而且在当前土地财政式微的转型期，有助于激励企业提高纳税依从度，进而改变地方政府创收形式，实现税收收入的可持续增长。

第四，企业应当注重债务期限管理，增强风险管理意识。企业基于扩大生产经营规模进而实现利润最大化的需要，有大量借入银行短期信贷、占用上下游企业资金的动机。企业经营者应充分评估行业竞争格局与供需结构，将生产经营规模控制在合理水平，审慎优化债务期限结构，避免因期限严重错配而引致的风险通过金融市场、供应链等渠道蔓延至其他市场主体。对于上市公司而言，要建立健全合理的公司治理机制，减少内部人掏空动机，降低企业委托代理成本，遏制因内部人机会主义行为而引致的全社会福利损失，从而为实现共同富裕的目标贡献力量。

参考文献

[1] 白云霞、邱穆青、李伟，2016，《投融资期限错配及其制度解释——来自中美两国金融市场的比较》，《中国工业经济》第 7 期。

[2] 何瑛、于文蕾、杨棉之，2019，《CEO 复合型职业经历、企业风险承担与企业价值》，《中国工业经济》第 9 期。

[3] 冀云阳、高跃，2020，《税收治理现代化与企业全要素生产率——基于企业纳税信用评级准自然实验的研究》，《财经研究》第 12 期。

[4] 靳庆鲁、侯青川、李刚、谢亚茜，2015，《放松卖空管制、公司投资决策与期权价值》，《经济研究》第 10 期。

[5] 孔东民、徐茗丽、孔高文，2017，《企业内部薪酬差距与创新》，《经济研究》第 10 期。

[6] 李林木、于海峰、汪冲、付宇，2020，《赏罚机制、税收遵从与企业绩效——基于纳税信用管理制度的研究》，《经济研究》第 6 期。

[7] 李凤羽、史永东，2016，《经济政策不确定性与企业现金持有策略——基于中国经济政策不确定指数的实证研究》，《管理科学学报》第 6 期。

[8] 李增福、陈俊杰、连玉君、李铭杰，2022，《经济政策不确定性与企业短债长用》，《管理世界》第 1 期。

[9] 刘凤委、李琳、薛云奎，2009，《信任、交易成本与商业信用模式》，《经济研究》第 8 期。

[10] 刘贯春、程飞阳、姚守宇、张军，2022，《地方政府债务治理与企业投融资期限错配改善》，《管理世界》第 11 期。

[11] 刘贯春、段玉柱、刘媛媛，2019，《经济政策不确定性、资产可逆性与固定资产投资》，《经济研究》第 8 期。

[12] 刘晓光、刘元春，2019，《杠杆率、短债长用与企业表现》，《经济研究》第 7 期。

[13] 刘行、吕长江，2018，《企业避税的战略效应——基于避税对企业产品市场绩效的影响研究》，《金融研究》第 7 期。

[14] 连立帅、朱松、陈关亭，2019，《资本市场开放、非财务信息定价与企业投资——基于沪深港通交易制度的经验证据》，《管理世界》第 8 期。

[15] 黎文靖、郑曼妮，2016，《实质性创新还是策略性创新？——宏观产业政策对微观企业创新的影响》，《经济研究》第 4 期。

［16］全怡、梁上坤、付宇翔，2016，《货币政策、融资约束与现金股利》，《金融研究》第11期。

［17］孙红莉、雷根强，2019，《纳税信用评级制度对企业技术创新的影响》，《财政研究》第12期。

［18］孙雪娇、翟淑萍、于苏，2019，《柔性税收征管能否缓解企业融资约束——来自纳税信用评级披露自然实验的证据》，《中国工业经济》第3期。

［19］田彬彬、范子英，2018，《征纳合谋、寻租与企业逃税》，《经济研究》第5期。

［20］汪伟、张少辉，2022，《〈社会保险法〉实施是否缓解了企业投融资期限错配》，《财贸经济》第3期。

［21］于文超、殷华、梁平汉，2018，《税收征管、财政压力与企业融资约束》，《中国工业经济》第1期。

［22］余明桂、李文贵、潘红波，2013，《管理者过度自信与企业风险承担》，《金融研究》第1期。

［23］余明桂、王空，2022，《地方政府债务融资、挤出效应与企业劳动雇佣》，《经济研究》第2期。

［24］叶永卫、陶云清、云锋，2022，《国地税合并与企业投融资期限错配改善》，《财政研究》第10期。

［25］张敏、刘耀淞、王欣、何萱，2018，《企业与税务局为邻：便利避税还是便利征税?》，《管理世界》第5期。

［26］钟凯、程小可、张伟华，2016，《货币政策适度水平与企业"短贷长投"之谜》，《管理世界》第3期。

［27］Barclay M. J., Smith Jr C. W. 1995. "The Maturity Structure of Corporate Debt." *Journal of Finance* 50(2): 609–631.

［28］Bleakley H., Cowan K. 2010. "Maturity Mismatch and Financial Crises: Evidence from Emerging Market Corporations." *Journal of Development Economics* 93(2): 189–205.

［29］Bonfim D., Dai Q., Franco F. 2018. "The Number of Bank Relationships and Borrowing Costs: The Role of Information Asymmetries." *Journal of Empirical Finance* 46: 191–209.

［30］Burkart M., Ellingsen T. 2004. "In-kind finance: A Theory of Trade Credit." *American Economic Review* 94(3): 569–590.

［31］Costello A. M., Wittenberg-Moerman R. 2011. "The Impact of Financial Reporting Quality on Debt Contracting: Evidence from Internal Control Weakness Reports." *Journal of Accounting Research* 49(1): 97–136.

［32］Custódio C., Ferreira M. A., Laureano L. 2013. "Why are US Firms Using More Short-term Debt?" *Journal of Financial Economics* 108(1): 182–212.

[33] Demirgüç-Kunt A., Maksimovic V. 1999. "Institutions, Financial Markets, and Firm Debt Maturity." *Journal of Financial Economics* 54(3): 295–336.

[34] Desai M. A., Dharmapala D. 2006. "Corporate Tax Avoidance and High-powered Incentives." *Journal of Financial Economics* 79(1): 145–179.

[35] Diamond D. W. 1991. "Debt Maturity Structure and Liquidity Risk." *Quarterly Journal of Economics* 106(3): 709–737.

[36] Duchin R., Ozbas O., Sensoy B. A. 2010. "Costly External Finance, Corporate Investment, and the Subprime Mortgage Credit Crisis." *Journal of Financial Economics* 97 (3): 418–435.

[37] Fan J. P. H., Titman S., Twite G. 2012. "An International Comparison of Capital Structure and Debt Maturity Choices." *Journal of Financial and Quantitative Analysis* 47 (1): 23–56.

[38] Fan J., Liu Y., Zhang Q. 2022. "Does Government Debt Impede Firm Innovation? Evidence from the Rise of LGFVs in China." *Journal of Banking & Finance* 138: 106475.

[39] Goyal V. K., Wang W. 2013. "Debt Maturity and Asymmetric Information: Evidence from Default Risk Changes." *Journal of Financial and Quantitative Analysis* 48(3): 789–817.

[40] Hadlock C. J., Pierce J. R. 2010. "New Evidence on Measuring Financial Constraints: Moving beyond the KZ Index." *Review of Financial Studies* 23(5): 1909–1940.

[41] He J. J., Tian X. 2013. "The Dark Side of Analyst Coverage: The Case of Innovation." *Journal of Financial Economics* 109(3): 856–878.

[42] He Z., Xiong W. 2012. "Rollover Risk and Credit risk." *The Journal of Finance* 67(2): 391–430.

[43] John K., Litov L., Yeung B. 2008. "Corporate Governance and Risk-taking." *Journal of Finance* 63(4): 1679–1728.

[44] Kahl M., Shivdasani A., Wang Y. 2015. "Short-term Debt as Bridge Financing: Evidence from the Commercial Paper Market." *Journal of Finance* 70(1): 211–255.

[45] Kubick T. R., Lockhart G. B., Mills L. F. 2017. "IRS and Corporate Taxpayer Effects of Geographic Proximity." *Journal of Accounting and Economics* 63(2–3): 428–453.

[46] Love I. 2003. "Financial Development and Financing Constraints: International Evidence from the Structural Investment Model." *Review of Financial Studies* 16(3): 765–791.

[47] McLean R. D., Zhao M. 2014. "The Business Cycle, Investor Sentiment, and Costly External Finance." *Journal of Finance* 69(3): 1377–1409.

[48] Tadelis S. 1999. "What's in a Name? Reputation as a Tradeable Asset". *American*

Economic Review 89(3)：548-563.

[49] Van den Bogaerd M., Aerts W. 2015. "Does Media Reputation Affect Properties of Accounts Payable?" *European Management Journal* 33(1)：19-29.

[50] Wang C. W., Chiu W. C., King T. H. D. 2020. "Debt Maturity and the Cost of Bank Loans." *Journal of Banking & Finance* 112：105235.

（责任编辑：许雪晨）

中央财政转移支付的环境治理效应

马强文　张轶男[*]

摘　要：党的二十大报告指出必须牢固树立和践行"绿水青山就是金山银山"的理念。对于资源枯竭型城市而言，推动产业结构转型是实现该地区经济可持续发展、生态环境改善的关键。本文使用2003~2016年112个资源型城市的面板数据，采用双重差分方法，对资源枯竭型城市转移支付政策的环境治理效应及其机制进行了实证检验。研究发现，资源枯竭型城市转移支付政策显著降低了当地工业二氧化硫、工业烟尘排放量，且随着时间的推移治污效应逐渐增强，这在进行一系列稳健性检验后依然成立。相应的机制检验表明，资源枯竭型城市转移支付政策主要通过促进产业结构优化、提升区域科技创新水平，降低了经济增长中的污染物排放量。进一步分析得出资源枯竭型城市的转移支付政策对环境污染的影响有显著的异质性，文明城市评选可以提高资源枯竭型城市转移支付政策的治污效应。资源枯竭型城市转移支付政策减少了煤炭和油气类城市的工业二氧化硫排放量，但对冶金和森工类城市没有显著影响；资源枯竭型城市转移支付政策减少了煤炭、油气和森工类城市的工业烟尘排放量，但对冶金类城市没有显著影响。根据本文的研究结论，中央政府应继续有针对性地加快落实资源枯竭型城市扶助政策，提高创新创业水平，推动产业结构升级，从而实现资源枯竭型城市的经济、生态可持续发展。

关键词：资源枯竭型城市　财力性转移支付　环境污染

---

[*]　马强文（通讯作者），副教授，中南财经政法大学经济学院，电子邮箱：mqweco@126.com；张轶男，硕士研究生，对外经济贸易大学国际贸易学院，电子邮箱：zuelzhangyn@163.com。本文通过《中国经济学》审稿快线评审，文责自负。

一 引言

中国从2013年就开始实施《大气污染防治行动计划》，2018年部署实施《打赢蓝天保卫战三年行动计划》，全国空气质量总体得到改善，但改善成效尚未稳固，大气污染治理形势仍然不容乐观。生态环境部发布的相关数据显示，2020年全国337个地级及以上城市中，135个城市环境空气质量超标，占比达到40.1%。[①]环境污染不仅会影响经济可持续增长（黄茂兴和林寿富，2013），还会通过阻碍城市化进程（Au和Henderson，2006；Hanlon，2016）和减缓人力资本积累（Greenstone和Hanna，2014；Chang等，2016）来影响经济高质量发展（陈诗一和陈登科，2018）。

考虑到环境污染的外部性特征，以政府为主导的环境治理模式显得尤为重要，主要包括命令—控制型的环境管制政策（包群等，2013；祁毓等，2016；沈坤荣等，2017；石庆玲等，2017；范子英和赵仁杰，2019）和市场化环境管制政策（涂正革和谌仁俊，2015；齐绍洲等，2018）。但与环境治理相关的一个典型事实是，资源枯竭型城市由于资源的长时间、高强度开采，普遍面临更为严重的生态环境问题，现有文献对此并没有给予足够的关注。

生态环境问题归根结底是资源过度开发、粗放利用、奢侈消费造成的。资源型城市在推动中国经济高速增长中消耗了大量的自然资源，但由于经济分工所伴随的锁定效应和路径依赖（Romanelli和Khessina，2005；李江龙和徐斌，2018），在以"GDP政绩考核"为主要特征的晋升激励背景下，地方政府普遍表现出明显的生产性支出结构偏向（周黎安，2007；傅勇和张晏，2007），使得其在资源枯竭时面临生态环境破坏和产业转型升级受阻双重压力（张生玲等，2016）。由于环境污染具有显著的外部性特征，在地方本级财政投入不足的背景下，上级财政转移支付的重要性日益突出。中

[①] 详见《2020中国生态环境状况公报》。

央和各级地方政府采取了多种干预和救助政策，包括制定资源型城市可持续发展规划和政策（张艳等，2022）、中央对地方资源枯竭型城市转移支付办法等。其中，中央对资源枯竭型城市的转移支付成为中央实施偏袒性政策的重要途径（吕冰洋等，2018），从而对资源枯竭型城市的产业转型升级和环境治理产生了重要影响。

随着分税制改革的实施，转移支付在地方财政收入中的比重日益上升。然而中央的财政转移支付并不能完全避免地方本级财政投入的支出结构偏向。从理论上讲，对于地方政府而言，来自中央的财政转移支付作为一种"公共池"资金不存在税收成本，只存在收入效应，从而可以替代自有财政收入（费雪，2000），缓解支出结构偏向；并且中央的财政转移支付还会通过"专款专用"的方式来予以限制，能够推动资源枯竭型城市增加环境治理投入，从而降低环境污染。但从现实来看，在地方政府为增长而竞争的模式下（周黎安，2007），转移支付会和地方政府自有财政收入一样导致地方政府行为的激励扭曲，包括进一步增加生产性支出（付文林和沈坤荣，2012），强调促进任期内经济增长（马光荣等，2016；安虎森和吴浩波，2016）和税收竞争（胡祖铨等，2013；李永友，2015），忽略公共服务规模和均等化程度（李永友和张子楠，2017；缪小林等，2017；范子英，2020）的重要性等。与一般意义上的转移支付相比，针对资源枯竭型城市的转移支付显得更为关键。党的二十大报告提出要统筹产业结构调整和污染治理，推进生态优先、绿色低碳发展。因此，本文关心的是财政转移支付究竟是帮助资源枯竭型城市实现产业结构优化升级、提高经济增长效率、降低环境污染水平，实现经济与环境的可持续发展（Auty 和 Mikesell，1993），还是使资源枯竭型城市进一步跌入经济发展受阻、环境污染加剧的"激励（政策）陷阱"（张友祥等，2012；郭水珍和严丹屏，2012）。

《国务院关于促进资源型城市可持续发展的若干意见》（以下简称《意见》）为本文回答上述问题提供了宝贵的"准自然实验"。《意见》首次提出以资源枯竭型城市为对象，实施以四年为期的一般性转移支付政策，完善资源型城市实现可持续发展的长效机制，大力发展可持续的替代工业。

并先后于2008年、2009年和2011年确定了69个资源枯竭型城市，通过转移支付的方式帮助资源枯竭型城市建立长效的发展机制，即发展替代产业、解决就业问题和加强生态保护，从而实现促进经济、生态可持续发展的目标。由于资源枯竭型城市的转移支付试点对于相关城市是一次难得的"外生冲击"，本文以此为契机，研究中央对资源枯竭型城市的转移支付政策是否会影响环境治理效果，并探讨其作用机制。

本文抓住国务院促进资源枯竭型城市可持续发展的"准实验"特征，选取2008年、2009年、2011年确定的24个资源枯竭型城市（地级市）作为实验组，其他资源枯竭型城市（地级市）作为对照组，采用双重差分方法识别了资源枯竭型城市的转移支付政策对环境质量的影响。研究发现，资源枯竭型城市转移支付政策对环境污染有显著的降低作用，且这一结论在考虑了双重差分方法的识别条件、改变政策实施时间、缩小事件窗口、控制省份时间固定效应、PSM-DID方法和安慰剂检验后依然稳健。进一步分析发现，资源枯竭型城市转移支付政策显著降低了西部地区，特别是煤炭和油气类城市的污染排放量，改善了生态环境。影响机制检验表明，资源枯竭型城市转移支付政策通过改善产业结构、降低第二产业占比、促进社会创新创业、增加绿色发明专利的长效机制促进生产绿色化，降低环境污染水平。

与既有研究相比，本文的边际贡献在于：第一，首次选取资源枯竭型城市为研究对象验证了中央财政转移支付政策的环境治理效应，丰富了转移支付政策效果的相关文献。现有关于资源枯竭型城市转移支付的文献主要讨论了转移支付的经济增长效应（张楠等，2019；孙天阳等，2020）、生态保护效应（徐鸿翔和张文彬，2017；缪小林和赵一心，2019）。与本文思路最接近的文献是Xing Li和Daoping Wang（2021）研究了资源枯竭型城市转移支付对碳排放的影响，但其是以2735个县和二氧化碳为研究对象，且缺少相应的理论机制分析。因此，本文以工业二氧化硫和工业烟尘为研究对象重点关注中央财政转移支付如何影响资源枯竭型城市的环境治理，从而进一步丰富已有文献。第二，国务院于2008年确定了第一批资源枯竭型城市，并作为中央财政转移支付的实施对象，至今已有将近15年时间，环境治理的效果如何尚未有明确结论。本文借助转移支付试点的"准实验"特征，采用双重差分方法（Difference-in-Differences）科学评估了资源枯竭型城市财政转移支付改善环境污染情况的净效应，并从产业结构升级和科技创新程度两方面分析转移支付政策对环境影响的作用机制，这为资源枯竭型城市的环境治理提供了科学依据。第三，针对学术界对于转移支付的环境治理效应存在争议，本文的发现表明转移支付的环境治理效应受到资源枯竭型城市所处地区、枯竭的自然资源类型等的影响，这为进一步优化资源配置和完善中央的财政转移支付政策提供了重要启示。

本文余下部分的安排如下：第二部分介绍资源枯竭型城市转移支付政策实施的制度背景与理论假说；第三部分是识别策略、数据与变量描述；第四部分是基准回归结果与机制分析；第五部分是稳健性检验与异质性分析；第六部分是结论与政策建议。

二 制度背景与理论假说

（一）制度背景

1994 年的分税制改革实施以来，大量的财权逐渐集中到中央政府，但相应的事权则主要集中在地方。其中的收支缺口更多地依赖转移支付。2019 年中央对地方一般公共预算转移支付约为 74415.1 亿元，占地方财政收入的比重高达 73.6%。[①]对于资源枯竭型城市而言，本级财力有限，来自中央的转移支付占比较高。

一般而言，地方政府提供的公共产品具有一定的外溢效应，导致收不抵支，从而可以通过中央的转移支付激励和约束地方政府行为（Oates，1999）。具体到环境污染治理方面，完善转移支付政策是提高环境污染治理效果的重要制度探索。从国外实施转移支付政策推动资源枯竭型城市环境治理的实践来看，各国政府根据自身情况主要是制定针对经济结构转型的财政税收政策，以促进产业转型和结构调整。其中，英国政府从 20 世纪 30

---

① 数据来源于《中国财政年鉴 2020》。

年代就开始对东北部煤炭等传统工业发展缓慢及失业严重地区予以选择性投资补贴；法国从1964年开始针对老工业区主要采取专项基金的形式，包括地区开发基金、工业现代化基金等；美国对资源型城市的财税政策在不同政府层级各不相同，主要包括拨款补助和税收优惠政策等（吴要武，2013）。可以看出，国外很少专门针对环境治理实施转移支付政策，都是将其纳入实现经济结构转型的长期经济发展目标中。

为推动资源枯竭型城市的环境治理，我国开始探索针对该类型城市实施专门的转移支付政策。国家发改委、国土资源部、财政部等部门在《意见》的指导下，于2008年3月确定了12个第一批资源枯竭型城市，包含10个地级市、1个县级市、1个资源枯竭区。2009年3月，在全球金融危机的冲击下，国务院继续贯彻落实《意见》，将全国32个资源型城市列为第二批资源枯竭型城市，包括地级市9个、县级市17个、市辖区6个。2011年11月，再次设立了25个资源枯竭型城市。至此，国家分三批共确定了24个地级行政区、22个县级市、7个县和16个市辖区，共69个资源枯竭城市（县、区），作为中央对地方实行财力性转移支付的对象，帮助资源枯竭型城市解决由资源枯竭导致的经济发展落后和环境污染恶化的矛盾，以期为进一步探究经济与环境协调发展的新路径、实现地区经济高质量发展形成有益的借鉴。

2007年国务院发布《意见》后，财政部根据《意见》中相关规定制定了《中央对地方资源枯竭城市转移支付办法》（以下简称《办法》），并根据资源枯竭型城市转移支付政策实施后的实际效果在2012年、2016年、2017年、2019年先后对《办法》进行调整，变更转移支付资金的分配方法和使用对象以实现不同发展时期不同发展目标下财力性转移支付政策的帮扶目标。转移支付资金的使用对于各地区政府来说具有很强的自主性，但资金分配是按照固定的结构公式进行的，公式中定额补助和因素补助是两个重要的组成元素。2012年印发的《办法》中，转移支付资金的分配只包含定额补助和因素补助两个元素，而2016年出台的修订版中转移支付资金的分配增加了奖惩资金，将资源枯竭型城市转型考核情况与收到的转移支付金额相挂钩，加快地区转型发展步伐，之后2017年和2019年《办法》的修订也延续这一分配方法。与此同时，各个省份也相继出台了促进资源枯竭型城市可持续发展的相关文件，很多地区也取得了明显成效。比如，阜新市被批准为全国第一批资源枯竭型城市，通过调整产业结构，着力建设环境友好型社会，全年环境空气质量达标率由39.6%上升至80.9%[①]。再如，黄石市于2009年被批准为全国第二批资源枯竭型城市转型试点，通过实施一批生态修复治理项目和传统产业改造项目，先后获得中国人居环境示范奖、国家园林城市等国家级荣誉[②]。

（二）理论假说

从理论上讲，中央对资源枯竭型城市实施的转移支付政策有直接和间接效应。从直接效应来看，在转移支付政策实施前，资源枯竭型城市作为重工业优先增长战略的承担者，以国有企业为主，由于软预算约束和内部激励缺乏，更倾向于粗放式发展模式，并形成资源依赖型增长模式。而且资源型产业扩张还会降低资源配置效率，不利于人力资本积累，从而难以向技术驱动型增长模式转变，无法使环境污染的外部成本内部化。基于此，中央的财政转移支付对地方政府而言不存在税收成本，只会产生收入效应，可形成可替代性激励，因此会降低其支出偏向，从而弥补环境治理投入不足。在具体的政策实施过程中，对资源已经枯竭的城市和相关企业给予必要的资金和政策支持的同时，一方面通过建立资源开发的补偿机制，强化资源开发的权责统一，按照"谁污染、谁治理"的原则明确企业作为生态环境保护与修复的责任主体，约束企业在资源开发过程中的污染排放行为，从而推动环境治理；另一方面通过建立基于环境治理与生态修复成本的资源型产品价格形成机制，科学制定资源性产品成本的财务核算办法，把环境治理和生态修复等费用纳入资源型产品的成本构成，从而避免人为压低资源型产品价格，防止企业内部成本外部化，激励企业将环境治理成本纳入生产决策，提高资源利用效率，形成集约型增长方式。因此，本文提出以下假说：

---

① 参见 http://www.ln.gov.cn/ywdt/zymtkln/202112/t20211224_4479540.html。

② 参见 http://www.hubei.gov.cn/zwgk/rdzt_v12/2012mhwzt/2012yydczl/jjdt/hsh/201207/t20120705_383494.shtml。

假说1：中央财政转移支付政策能够有效推动资源枯竭型城市的环境治理。

从间接效应来看，中央的财政转移支付政策还可以通过推动产业结构升级和技术创新来推动资源枯竭型城市的环境治理，包括财政转移支付重点支持高新技术改造传统产业，尽快形成新的主导产业（张文忠等，2016）。资源枯竭型城市产业结构单一，资源型产业既是主导产业，又是支柱产业，当地经济对资源产业的依赖性很强。针对这些城市的转移支付重点支持产业结构调整，引导劳动力和资本要素流向技术密集型产业，并通过高新技术改造传统产业，实现由技术创新推动产业结构升级的目标。并因地制宜地支持资源枯竭型城市的产业多元化发展，比如发展农业产业化经营、流通业和文化旅游产业。这些措施一方面降低了企业的技术创新成本，提高了传统产业的资源利用效率；另一方面引导生产要素向第三产业转移，客观上有利于工业减排。比如，陕西省铜川市作为资源枯竭型城市转型发展试点，依靠科技进步和创新，应用省内企业的超低排放技术，加强传统产业的升级改造，并大力发展装备制造、现代农业和文化旅游等产业，形成产业多元化发展格局①。安徽省铜陵市在转型过程中通过延长产业链条，既提高了产业附加值，又减轻了环境污染。同时发展循环经济，提高资源利用水平，反过来吸引更多投资②。因此，本文提出以下假说：

假说2：资源枯竭型城市的转移支付政策可以通过优化产业结构、推动技术创新来减少污染排放。

三 识别策略、数据与变量描述

（一）识别策略

根据2007年《国务院关于促进资源型城市可持续发展的若干意见》，国家发改委先后于2008年、2009年、2011年确定三批共69个资源枯竭城

---

① http://www.shaanxi.gov.cn/xw/ld/201508/t20150817_1505386.html.

② https://www.ah.gov.cn/zwyw/mtjj/8183151.html.

市（县、区），由于某些地级市只有某个县或区作为试点城市，如果将该地级市作为试点城市会低估转移支付的减排绩效。因此，将这一类地级市从样本中剔除。具体而言，选取 112 个资源型城市作为研究对象，选取其中 24 个地级市作为实验组，其他资源型城市作为控制组，有助于本文采用双重差分方法分析不同城市在不同时间点上财政转移支付对环境治理效果的影响。同时为了控制不可观测因素所导致的混淆偏差，本文采用基于个体和时间双向固定效应的双重差分法，具体的双重差分模型为：

$$pollution_{it} = \beta_0 + \beta_1 policy_{it} + \alpha X_{it} + \mu_i + \gamma_t + \varepsilon_{it} \tag{1}$$

其中，i 代表第 i 个城市；t 代表第 t 年；被解释变量 $pollution_{it}$ 为环境污染程度变量；$policy_{it}$ 是区分实验组和控制组的政策虚拟变量，表示城市 i 在第 t 年实施了转移支付政策；X_{it} 为控制变量；μ_i 为城市固定效应；γ_t 为时间固定效应；ε_{it} 为随机扰动项；β_1 表示转移支付政策影响环境污染的净效应。模型中回归的标准差均根据城市层面聚类调整。

（二）数据来源与选取

本文主要研究转移支付政策对环境污染治理的影响，考虑到数据的可获得性，以及实验组的资源枯竭型城市在后续会受到其他政策的干扰，比如民族地区转移支付、河长制试点政策和碳排放权试点政策等，本文选取的样本区间为 2003~2016 年，数据主要来自《中国城市统计年鉴》、《中国环境统计年鉴》和各省份的统计公报。

（三）变量选取与设置

（1）被解释变量

环境污染指标（$pollution_{it}$）用工业二氧化硫排放量（$lnso_2$）和工业烟尘排放量（$lnsmoke$）的对数来表示，以消除可能存在的异方差。根据世界银行及经合组织等国际权威机构的认定，空气质量是最重要的环境质量指标（Bernauer 和 Koubi，2006），而在衡量空气质量时，工业二氧化硫排放和工业烟尘排放量是国家检测的重要指标，也是资源枯竭型城市的主要污染排放物。

（2）核心解释变量

实施转移支付政策的虚拟变量 $policy_{it}$ 反映了资源枯竭型城市受到的政策影响。具体而言，如果该城市在2008年、2009年或2011年被纳入资源枯竭型城市试点名单，则对该城市从纳入年份开始赋值为1，否则赋值为0。

（3）控制变量

本文为了控制城市个体特征对资源枯竭型城市环境污染的影响，选取了经济发展水平、固定资产投资率、财政支出规模、人口密度、产业结构指标等来尽可能使得实验组和对照组处于相同的经济环境中。经济发展水平（$pgdp$）用人均GDP取自然对数来表示，控制经济发展水平对环境污染排放的影响（范子英和赵仁杰，2019）；固定资产投资率（$invest\_gdp$）用固定投资与GDP的比值来衡量，用来控制投资所占比重对污染排放的影响；产业结构（$industry$）用第二产业生产总值占GDP的比重来表示，控制产业结构对环境质量的影响；财政支出规模（gov_gdp）也会影响环境污染的排放程度，因此用各城市一般预算内支出与GDP的比值来衡量财，控制财政投入对环境质量的影响；人口密度（$density$）用城市常住人口与城市面积的比值来表示，由于人口密度越大，该地区相关的污染性生产和消费就越多，因此利用人口密度来控制人口规模对环境质量的影响。

表1　主要变量描述性统计

变量	单位	均值	标准差	最小值	最大值	样本量
工业二氧化硫排放量	吨	10.735	1.025	6.417	14.126	1561
工业烟尘排放量	吨	9.973	1.087	4.934	15.458	1555
产业结构	%	51.295	12.074	9.000	90.970	1568
人口密度	人／公里²	388.994	773.833	0.266	15000.000	1568
经济发展水平	元	10.087	1.322	3.658	16.758	1568
固定资产投资率	%	1.028	4.075	0.000	73.170	1567
财政支出规模	%	33.071	180.821	0.909	3459.743	1568

四 基准回归结果与机制分析

（一）基准回归结果

本文使用 stata16 软件对上述模型进行回归分析，为了比较是否纳入控制变量所产生的差异，转移支付政策影响空气污染排放的回归结果如表 2 所示。列（3）和列（4）是在列（1）和列（2）的基础上加入了人均 GDP、固定资产投资率、财政支出规模、人口密度和产业结构等控制变量后的结果。列（1）和列（2）的结果表明转移支付政策有效降低了当地的工业二氧化硫和工业烟尘排放量，中央对地方的转移支付有利于环境污染治理。由列（3）和列（4）可见，在控制了其他可能的影响因素以后，纳入转移支付政策试点的城市无论是工业二氧化硫排放量还是工业烟尘排放量都显著下降，其中工业二氧化硫排放量下降了 19.0%，工业烟尘排放量下降了 24.5%，并都在 5% 的显著性水平下通过检验。可以看出回归结果中，纳入经济发展水平、固定资产投资率、财政支出规模、人口密度、产业结构等控制变量后，转移支付政策试点的估计系数符号都显著为负，政策实施对环境污染的影响方向没有发生实质性变化，表明资源枯竭型城市转移支付政策对环境污染有显著负向作用，即转移支付政策显著减少了试点城市的工业污染排放。

表 2 转移支付政策与空气污染的回归结果

变量	工业二氧化硫排放量 (1)	工业烟尘排放量 (2)	工业二氧化硫排放量 (3)	工业烟尘排放量 (4)
转移支付政策	−0.206** (−2.33)	−0.190* (−1.89)	−0.190** (−2.15)	−0.245** (−2.16)
城市固定效应	否	是	是	是
年份固定效应	否	是	是	是
控制变量	否	否	是	是
样本量	1560	1554	1560	1554
R^2 值	0.783	0.422	0.785	0.449

注：括号中为 t 值，采用城市层面聚类稳健标准误计算。***、**、*分别表示在 1%、5%、10% 的水平上显著。

（二）机制分析

尽管资源枯竭型城市对转移支付资金有很大的支配权，根据《意见》，资源枯竭型城市转移支付为一般性转移支付资金，强调用于解决资源开发的历史遗留问题，包括社会保障、基础设施等方面，这使得企业可以在实现利润最大化的过程中，充分利用政府的转移支付，调整生产要素的配置方向和经营范围，从而有利于降低污染排放和促进产业转型升级（王书斌和徐盈之，2015），有利于城市生产要素优化配置、加快绿色发展。财政转移支付还会通过加大科技创新支持力度，降低传统产业升级改造成本，减少对高排放高污染的传统工业的依赖，从而显著减少环境污染（黄天航等，2020）。考虑到资源枯竭型城市第二产业占比较高，因此，本文选取规模以上工业总产值占GDP的比重（gio_gdp）和单位面积创新创业指数（$creation$）作为产业结构调整和科技创新机制的代理变量，采用多时点双重差分方法对影响机制进行检验。其中，$mechanism_{it}$表示机制变量，代表规模以上工业总产值占GDP的比重和单位面积创新创业指数：

$$mechanism_{it} = \alpha_0 + \alpha_1 policy_{it} + \vartheta X_{it} + \mu_i + \gamma_t + \varepsilon_{it} \qquad (2)$$

从表3可以看出，资源枯竭型城市转移支付政策有利于转变当地资源依赖型工业生产模式，显著减少工业在总产出中的占比，结合总产出的不断增加，可以发现，有助于降低工业总产出的增长速度，推动第三产业快速发展，从而促进产业结构合理化，实现减排目标。也可以看出，转移支付政策实施后，资源枯竭型城市的科技创新水平提高了，通过促进企业绿色技术创新，将科技应用于生产中，提高生产效率，减少污染排放，实现经济效益和环境效益的"双效"成果。

以上结果说明资源枯竭型城市转移支付政策通过提高科技创新水平、减轻当地经济对传统产业的依赖、降低第二产业占比等改善了环境污染情况，减少了污染排放，重塑了健康平衡的生态体系，从而验证了假说2。

表3　机制分析

变量	规模以上工业总产值占GDP比重	单位面积创新创业指数
转移支付政策	−0.385***	5.288**
	(−3.11)	(2.05)
控制变量	是	是
城市固定效应	是	是
时间固定效应	是	是
样本量	1564	1290
R²值	0.829	0.739

注：同表2。

五　稳健性检验与异质性分析

（一）稳健性检验

为了进一步验证结论的可靠性，本文从双重差分法的使用条件、安慰剂检验、样本选择等方面进行一系列的稳健性检验。

1.平行趋势检验

本文运用多期双重差分的方法，而 DID 方法能够运用的前提就是满足平行趋势假定，即对照组和实验组在政策处理前没有时间趋势差异。本文采用事件研究法构建如下计量模型，检验是否满足平行趋势假定：

$$pollution_{it} = \beta_0 + \sum_{-8}^{8} \beta_j policy_{it}^j + \alpha X_{it} + \mu_i + \gamma_t + \varepsilon_{it} \qquad (3)$$

其中，$policy_{it}^j$ 为一系列政策虚拟变量。j 表示在政策实施前后第 $|j|$ 年。当 $j>0$ 时，若 i 城市是处理组城市且处于转移支付政策实施后的 j 年，则政策虚拟变量 $policy_{it}^j=1$，否则 $=0$；当 $j<0$ 时，若 i 城市是处理组城市且处于政策实施前的 $|j|$ 年，则政策虚拟变量 $policy_{it}^j=1$，否则 $policy_{it}^j=0$。具体的，本文考察了资源枯竭型城市设立之前的8年到设立之后8年的政策效果，为排除完全多重共线性的干扰，剔除资源枯竭型城市设立前1~2年的虚拟变量，因此（2）式中 $j\neq-1$。回归系数 β_j 表示在资源枯竭型城市收到财力性转移支

付的前后 j 年，实验组和对照组的环境污染排放趋势是否存在显著差异。平行趋势检验结果显示，地区工业烟尘排放量不符合平行趋势检验假定，图1中报告了受到转移支付政策影响的处理组和没有受到转移支付政策影响的控制组，取对数处理后的工业二氧化硫排放量的变化情况。为减少实验组样本量不足对回归结果的影响和多重共线性对结果的影响，本文对政策实施的年份进行分组。观察图1可以发现，在资源枯竭型城市转移支付政策实施前，处理组和对照组的工业二氧化硫排放估计值不显著异于0，满足平行趋势的前提假定。对于减排情况，在政策实施后，减排效果显著，这表明资源枯竭型城市转移支付政策对当地环境污染物排放的减少效应，并具有显著的动态效应。

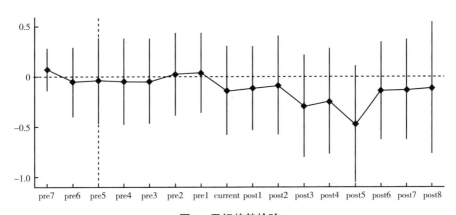

图1 平行趋势检验

2.改变政策实施时间

为检验政策实施时间在月份上的差异对实证结果显著性的影响，本文参考 Lu 等（2017）的方法，对首批在2008年设立为资源枯竭型城市的实验组城市，在2008年前政策虚拟变量 $policy_{it}'$ 赋值为0，在2008年赋值为3/4；对第二批2009年设立为资源枯竭型城市的实验组城市，在2009年前政策虚拟变量 $policy_{it}'$ 赋值为0，在2009年赋值为5/6；对第三批在2011年设立为资源枯竭型城市的实验组城市，在2011年前政策虚拟变量 $policy_{it}'$ 赋值为0，在2011年赋值为1/12。从表4列（1）和列（2）的估计结果可以发现，$policy_{it}'$ 的估计系数方向和显著性与基本回归无显著差异，说明基本估计的结果是稳健的，即资源枯竭型城市转移支付政策的减排效应是稳健的。

表 4 稳健性检验

变量	改变政策实施时间		缩小事件窗口		控制省份年份固定效应		考虑样本选择偏误	
	工业二氧化硫排放量	工业烟尘排放量	工业二氧化硫排放量	工业烟尘排放量	工业二氧化硫排放量	工业烟尘排放量	工业二氧化硫排放量	工业烟尘排放量
	(1)	(2)	(3)	(4)	(5)	(6)	(7)	(8)
$policy'$	−0.181**	−0.241*						
	(−1.99)	(−2.04)						
$policy$			−0.188**	−0.267**	−0.204**	−0.296**	−0.182**	−0.232**
			(−2.00)	(−2.54)	(−2.31)	(−2.30)	(−2.04)	(−2.15)
控制变量	是	是	是	是	是	是	是	是
城市固定效应	是	是	是	是	是	是	是	是
年份固定效应	是	是	是	是	是	是	是	是
省份年份固定效应					是	是		
样本量	1560	1554	894	890	1518	1512	1366	1452
R^2值	0.785	0.449	0.773	0.450	0.828	0.390	0.779	0.449

注：同表 2。

3.调整时间窗口

考虑到资源枯竭型城市多为工业制造城市，在产业转型升级尚未完成时，城市经济增长方式仍然以增加工业生产为主。环境治理问题日益成为社会关注的热点，部分资源枯竭型城市下属县（乡）以及临近的县市后续成为国家河长制改革、民族地区转移支付政策的试点城市。因此，为减少其他政策对资源枯竭型城市转移支付政策的效果评估的干扰，排除临近城市试点政策的空间溢出效应的影响，本文采取调整时间窗口的方式，只用 2007~2013 年的样本数据进行回归检验。从表 4 列（3）和列（4）的估计结果可以发现，政策虚拟变量的估计系数的正负和显著性水平并未发生显著变化，说明估计的结果是稳健的。

4.增加控制省份时间固定效应

在基础回归中，只是控制了城市个体固定效应和时间固定效应。但是，由于资源枯竭型城市所在的省份在经济发展水平和环境治理政策上存在差异并随时间的推移而出现动态变化。为避免由省份决策和时间发展趋势所导致的内生性问题的干扰，加入省份和年份的联合固定效应，以控制影响环境污染变量的时变地区特征。从表4列（5）和列（6）的估计结果可以发现，政策虚拟变量的估计系数仍然为负，且在5%的显著性下通过检验，说明基本回归模型中由省份时间趋势造成的内生性问题并不显著，基本回归的结果仍是稳健可靠的。

5.考虑样本选择偏误

资源枯竭型城市的转移支付政策在名单制定时可能存在时间上的非随机性，对资源枯竭型城市的打分评估中也可能存在名单制定上的城市个体的非随机性，这些非随机性的反向因果效应，可能对本文的估计造成内生性偏误。因此，本部分在建立双重差分模型前，先用倾向得分匹配（PSM）选取相应的对照组。由于资源枯竭型城市转移支付政策是渐进推行的，本文针对新成为资源枯竭型城市的实验组城市，为其在样本期从未受转移支付政策影响的城市中寻找对照组城市。并保留所有匹配成功的城市作为下一步多期双重差分的回归样本，完成PSM-DID的回归。从表4列（7）和列（8）的估计结果可以发现，政策虚拟变量的估计系数仍然显著为负，并在5%的显著性水平上通过检验，说明原模型估计的回归结果是稳健的。

6.安慰剂检验

为了排除资源枯竭型城市转移支付政策的实施效果受到其他未察因素的干扰，在此对受到政策影响的实验组样本和政策实施的时间进行安慰剂检验。具体为，生成一个虚拟的转移支付政策变量，并使这个虚拟的转移支付政策变量对随机的资源型城市产生政策冲击，重复进行该随机冲击500次并记录下每一次回归的政策虚拟变量系数，如图2所示。与表2中基本回归结果的估计系数-0.190和-0.245进行比较，可见该随机处理所模拟的转移支付政策回归得到的系数2.492与原回归结果在影响方向上显著不一致，且随机生成的转移支付政策变量样本估计值基本集中在 0 附近，估计值的 p 值均较大，显著性大多未通过 1% 的检验，结果表明本文的结果并未受到遗漏变量的干扰，政策的实施效果显著且稳健。

经过基本回归、平行趋势检验、稳健性检验和安慰剂检验说明资源枯竭型城市转移支付政策起到了显著的减排作用，有效减少了环境污染，促进了经济与环境协同发展，验证了假说 1 中的基本结论。

为实现资源枯竭型城市的经济和环境协同发展，不仅要从整体上对资源枯竭型城市实行帮扶，更要有针对性地对资源枯竭型城市进行分类型、分区域的精准帮扶，力争做到因地制宜。如果忽视资源枯竭型城市间的差异则很有可能显著影响转移支付政策实施效果，使得地方发展陷入政策的"激励陷阱"。因此，本文采取分样本估计的方法，对东部、西部和中部的资源枯竭型城市以及煤炭、油气、森工、冶金类城市分别进行回归，探究资源枯竭型城市转移支付政策的减排效应是否依然显著。

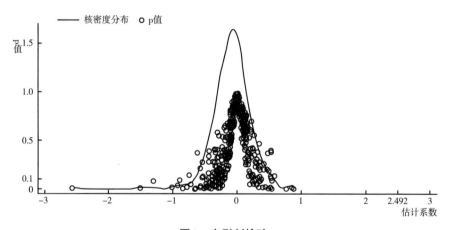

图 2　安慰剂检验

（二）异质性分析

中央财政转移支付的收入效应可以缓解资源枯竭型城市的支出倾向，从而有利于加强环境治理，但是，一方面，地方政府行为除了受到财政收入的约束，还会受到相关政绩考核指标的影响，在加入环境绩效指标考核的背景下，地方政府面临减排的压力和通过考核的晋升激励。其中，全国文明城市作为国内城市综合类评比中的最高荣誉，因其严格的评选条件和有效的激励约束机制，对影响可持续发展的环境污染的管控也有相关要求。这意味着全国文明城市评选也有助于缓解城市环境污染问题（逯进等，2020）。另一方面，环境治理效果要建立在现有资源禀赋基础上。资源类型不同的资源枯竭型城市，因自然资源、产业结构、经济增长模式的差异，相应的污染排放物也存在类型和数量上的区别。

对于文明城市的作用而言，在创建文明城市的评选过程中，由于其评选机制和严格的复查程序，地方政府会为提高环境质量而展开竞争，从而持续加大环境治理投入，并坚持下去。相应的微观主体企业会根据严格的环境规制和污染治理补贴，优化资源配置，具体包括产业结构优化升级和技术创新等，从而提高环境治理质量。为了验证创建文明城市对转移支付政策的环境治理效应的影响，选取全国文明城市作为城市环境指标考核的代理变量。具体回归结果如表5，可以发现，文明城市与转移支付政策交乘项对工业二氧化硫排放量的影响显著为负，对工业烟尘排放量的影响虽然为负，但不显著。

表5　加入文明城市与转移支付政策交乘项的回归结果

变量	工业二氧化硫排放量		工业烟尘排放量	
	（1）	（2）	（3）	（4）
转移支付政策	-0.197^{**}	-0.178^{*}	-0.025	-0.044
	(-2.06)	(-1.88)	(-0.16)	(-0.28)
文明城市	-0.006	0.032	-0.061	-0.013
	(-0.04)	(0.24)	(-0.24)	(-0.05)
文明城市与转移支付政策交乘项	-0.381^{**}	-0.392^{**}	-0.189	-0.217
	(-2.12)	(-2.27)	(-0.38)	(-0.44)
控制变量	否	是	否	是
城市固定效应	是	是	是	是
年份固定效应	是	是	是	是
样本量	1561	1560	1555	1554
R^2值	0.800	0.804	0.741	0.743

注：同表2。

在现实中，类型不同的资源枯竭型城市，其自然资源、产业结构、经济增长模式及主要污染物的排放量也有一定的差异。因此，本文将资源枯竭型城市分为煤炭、油气、冶金和森工类城市，形成子样本分别与对照组进行回归，检验不同资源类型的异质性对转移支付政策效应的影响。由表 6可见，煤炭和油气类城市受转移支付政策的减排影响较为显著，而对于冶金、森工类城市，虽然政策虚拟变量的系数为负，但减排效应并不显著，可能的原因是煤炭、石油和天然气产业链较长，在资源衰退期，城市仍可依托于原有产业基础来拓展产业链，因此绿色科技创新和生产效率的提升空间更大（孙天阳等，2020），从而使得政策的减排效应更为显著。而对于冶金类城市，虽然有延长产业链的先天性优势，但资源的开采和利用技术含量较低，容易依赖政府转移支付，从而陷入"政策陷阱"，因此政策的减排效果并不显著（张楠等，2019）。对于森工类城市，在资源枯竭后可以依托于原有发展基础，进一步推动旅游业、农副产业的发展方式转型，从而减少排放。但由于样本数据受限，实验组中森工类城市相对样本量较少，可能对结果的显著性产生影响，因此在检验中森工类城市的减排效应存在但并不显著。

表6　不同类型的资源枯竭型城市的异质性检验

变量	煤炭类 (1)	冶金类 (2)	森工类 (3)	油气类 (4)
转移支付政策	−0.265** (−2.28)	−0.023 (−0.16)	−0.054 (−0.48)	−0.297* (−1.85)
控制变量	是	是	是	是
城市固定效应	是	是	是	是
年份固定效应	是	是	是	是
样本量	1420	1294	1238	1280
R^2值	0.790	0.790	0.800	0.796

注：同表2。

六　结论与政策建议

在推动资源枯竭型城市产业升级转型的过程中，应该更加关注经济增长方式的绿色和可持续。通过中央的转移支付政策和地方政府的环境激励措施来进一步建设资源枯竭型城市的生态文明，实现经济、社会、环境、生态的多维、全面的高质量发展。本文利用2003~2016年112个资源型城市面板数据，以24个资源枯竭型城市为实验组，探究资源枯竭型城市转移支付政策对环境污染的影响。通过理论分析和实证检验，得出结论：①资源枯竭型城市转移支付政策对环境污染具有显著的减少效应，但政策效果具有滞后性，这一结论在考虑了DID方法的识别条件、通过安慰剂检验和稳健性检验后仍然显著。②在对资源枯竭型城市转移支付政策对东部、中部、西部三个地区的实验组城市的排放影响检验时发现，减排效应都存在，但只有西部地区的结果显著，可能的原因是西部地区仍有较大的转型空间，政策绩效更为显著。③在对资源枯竭型城市转移支付政策对煤炭、油气、森工、冶金四类实验组城市的排放影响检验时发现，煤炭和油气类城市的减排效应显著，而森工和冶金类城市的环境改善情况并不显著。④资源枯竭型城市转移支付政策通过减少工业在总产值中占比、提高科技水平来减少污染排放。

基于此，本文提出的政策建议包括：第一，从财政转移支付力度方面，国家要继续加大对资源枯竭型城市的政策扶持力度，通过更高效的转移支付资金分配方式，提高资金使用的瞄准效率，资源枯竭型城市应根据自身资源禀赋寻找合适的绿色发展方式，从而实现经济与环境共赢的目标。第二，根据区域差异性，加大对西部地区资源枯竭型城市的帮扶力度。相对东部和中部地区来说，西部地区的资源枯竭型城市的区位条件较差，经济增长模式较单一，对主导资源产业的依赖更强，因此转型发展的政策空间更大，需要在中央和地方政府的帮扶下发展替代产业，实现绿色生产，改善经济发展缓慢、污染问题加剧的现状。第三，从资源枯竭型城市的特点来看，需要引导冶金类城市、森工类城市进行生产的绿色创新。通过转移支付资金的拨给，促进冶金类城市绿色技术创新，实现生产方式从资本和劳动密集型转向技术密集型，从而实现经济、环境的可持续发展。森工类城市也应利用转移支付拨款，积极探索构建全产业链，增加产品附加值，利用资源优势推动旅游业发展，实现生态的可持续发展。第四，加强产业转型升级，推动产业结构合理化和高级化。政府合理运用转移支付资金，促进资源枯竭型城市第三产业发展，具体来看，可以利用数字技术为原有产业赋能，通过产业数字化，优化资源配置，从而降低环境污染水平。第五，加大创新投入和加强人才培养。发展创新、绿色、高效、智能的生产方式，为产业转型升级提供技术支撑，为经济高质量发展铺平道路。企业通过技术支持，实现绿色生产、绿色运输、绿色转化，促进经济生产和环境减排的双丰收。

参考文献

[1] 安虎森、吴浩波，2016，《转移支付与区际经济发展差距》，《经济学（季刊）》第 2 期。

[2] 包群、邵敏、杨大利，2013，《环境管制抑制了污染排放吗？》，《经济研究》第 12 期。

[3] 陈诗一、陈登科，2018，《雾霾污染、政府治理与经济高质量发展》，《经济研究》第 2 期。

[4] 范子英、赵仁杰，2019，《法制强化能够促进污染治理吗？——来自环保法庭设立的证据》，《经济研究》第 3 期。

[5] 范子英，2020，《财政转移支付与人力资本的代际流动性》，《中国社会科学》第 9 期。

[6] 费雪，2000，《州和地方财政学》，吴俊培总译校，中国人民大学出版社。

[7] 付文林、沈坤荣，2012，《均等化转移与地方财政支出结构》，《经济研究》第 5 期。

[8] 傅勇、张晏，2007，《中国式分权与财政支出结构偏向：为增长而竞争的代价》，《管理世界》第 3 期。

[9] 郭水珍、严丹屏，2012，《资源枯竭型城市产业结构优化升级研究》，《管理学报》第 3 期。

［10］胡祖铨、黄夏岚、刘怡，2013，《中央对地方转移支付与地方征税努力——来自中国财政实践的证据》，《经济学（季刊）》第3期。

［11］黄茂兴、林寿富，2013，《污染损害、环境管理与经济可持续增长——基于五部门内生经济增长模型的分析》，《经济研究》第12期。

［12］黄天航、赵小渝、陈凯华，2020，《技术创新、环境污染和规制政策——转型创新政策的视角》，《科学学与科学技术管理》第1期。

［13］李江龙、徐斌，2018，《"诅咒"还是"福音"：资源丰裕程度如何影响中国绿色经济增长?》，《经济研究》第9期。

［14］李永友，2015，《转移支付与地方政府间财政竞争》，《中国社会科学》第10期。

［15］李永友、张子楠，2017，《转移支付提高了政府社会性公共品供给激励吗?》，《经济研究》第1期。

［16］逯进、赵亚楠、苏妍，2020，《"文明城市"评选与环境污染治理：一项准自然实验》，《财经研究》第4期。

［17］吕冰洋、毛捷、马光荣，2018，《分税与转移支付结构：专项转移支付为什么越来越多?》，《管理世界》第4期。

［18］马光荣、郭庆旺、刘畅，2016，《财政转移支付结构与地区经济增长》，《中国社会科学》第9期。

［19］缪小林、王婷、高跃光，2017，《转移支付对城乡公共服务差距的影响——不同经济赶超省份的分组比较》，《经济研究》第2期。

［20］缪小林、赵一心，2019，《生态功能区转移支付对生态环境改善的影响：资金补偿还是制度激励?》，《财政研究》第5期。

［21］祁毓、卢洪友、张宁川，2016，《环境规制能实现"降污"和"增效"的双赢吗?——来自环保重点城市"达标"与"非达标"准实验的证据》，《财贸经济》第9期。

［22］齐绍洲、林屾、崔静波，2018，《环境权益交易市场能否诱发绿色创新?——基于我国上市公司绿色专利数据的证据》，《经济研究》第12期。

［23］石庆玲、陈诗一、郭峰，2017，《环保部约谈与环境治理以空气污染为例》，《统计研究》第10期。

［24］邵帅、范美婷、杨莉莉，2013，《资源产业依赖如何影响经济发展效率?——有条件资源诅咒假说的检验及解释》，《管理世界》第2期。

［25］沈坤荣、金刚、方娴，2017，《环境规制引起了污染就近转移吗?》，《经济研究》第5期。

［26］宋德勇、李项佑、李超，2020，《资源枯竭城市转移支付对绿色技术创新的影响——赋能激励抑或政策陷阱》，《工业技术经济》第11期。

［27］孙天阳、陆毅、成丽红，2020，《资源枯竭型城市扶助政策实施效果、长效机制与产业升级》，《中国工业经济》第7期。

［28］涂正革、谌仁俊，2015，《排污权交易机制在中国能否实现波特效应？》，《经济研究》第7期。

［29］王书斌、徐盈之，2015，《环境规制与雾霾脱钩效应——基于企业投资偏好的视角》，《中国工业经济》第4期。

［30］徐鸿翔、张文彬，2017，《国家重点生态功能区转移支付的生态保护效应研究——基于陕西省数据的实证研究》，《中国人口·资源与环境》第11期。

［31］张楠、卢洪友、黄健，2019，《资源枯竭城市转移支付对经济增长的影响》，《中国人口·资源与环境》第4期。

［32］张生玲、李跃、酒二科、姬卿伟，2016，《路径依赖、市场进入与资源型城市转型》，《经济理论与经济管理》第2期。

［33］张文忠、余建辉、李佳，2016，《资源枯竭城市转型的驱动因素和机理解析》，《中国科学院院刊》第1期。

［34］张友祥、支大林、程林，2012，《论资源型城市可持续发展应处理好的几个关系》，《经济学动态》第4期。

［35］张艳、郑贺允、葛立铭，2022，《资源型城市可持续发展政策对碳排放的影响》，《财经研究》第1期。

［36］周黎安，2007，《中国地方官员的晋升锦标赛模式研究》，《经济研究》第7期。

［37］Au C.C., Henderson J.V.2006."Are Chinese Cities Too Small?"*Review of Economic Studies* 73(3):549-576.

［38］Auty R. M. , Mikesell R. F. 1993. "Sustainable Development in Mineral Economies." *Resources Policy* 19(1):14-29.

［39］Bernauer T., Koubi V.2006. "States as Providers of Public Goods:How Does Government Size Affect Environmental Quality?"*SSRN Electronic Journal*.

［40］Chang T., Zivin J.G., Gross T., Neidell M.2016."Particulate Pollution and the Productivity of Pear Packers."*American Economic Journal: Economic Policy* 8(3):141-169.

［41］Greenstone M., Hanna R.2014."Environmental Regulations, Air and Water Pollution, and Infant Mortality in India."*American Economic Review* 104:3038-3072.

［42］Hanlon W. W. 2016."Coal Smoke and the Costs of the Industrial Revolution." National Bureau of Economic Research, No.22921.

［43］Lu Y., Tao Z., Zhu L. 2017. "Identifying FDI Spillovers." *Journal of International Economics*（107）:75-90.

［44］E. Romanelli, Khessina M.O.2005."Regional Industrial Identity:Cluster Configurations and Economic Development."*Organization Science*(16).

［45］ Xing F. L., Wang D.P.2021."Does Transfer Payments Promote Low-Carbon Development of Resource-Exhausted Cities in China?" *Earth's Future*(10).

（责任编辑：陈星星）

中国农业要素价格扭曲的演变

李　言　樊学瑞[*]

摘　要：推进要素市场化配置改革已成为市场化改革的主要内容，在工业化和信息化进程中，农业成为市场化改革中相对滞后的产业，而农业要素配置效率低则不利于农业现代化。本文利用面板数据对农业要素价格扭曲进行了测算和比较分析，并进一步利用PVAR模型探讨了城镇化率、农业全要素生产率与农业要素价格扭曲之间的互动关系。研究结果显示：①从农业劳动力和资本价格扭曲的测算结果看，劳动力价格主要呈现负向扭曲，而资本价格主要呈现正向扭曲，两者都呈逐渐减小态势。就地区差异性而言，农业劳动力价格扭曲和农业资本价格扭曲的总体差异都是以地区内差异为主，且总体差异在期末均有所改善。就地区收敛性而言，农业劳动力价格扭曲和农业资本价格扭曲呈现收敛性。②从PVAR模型的分析结果看，推动城镇化发展战略将会加剧农业劳动力价格扭曲，推动农业劳动力市场化配置改革会提高农业全要素生产率，推动农业创新发展战略将会减小农业资本价格扭曲。

关键词：农业要素市场　劳动力价格扭曲　资本价格扭曲　泰尔指数　PVAR模型

* 李言，副教授，浙江工商大学，电子邮箱：shushiyanliang@163.com；樊学瑞，讲师，兰州大学，电子邮箱：fanxr@lzu.edu.cn。本文获得国家自然科学基金青年项目（72004202）、浙江省自然科学基金探索项目（LQ21G030004）的资助。感谢匿名审稿专家的宝贵意见，文责自负。

一 引言

推进要素市场化配置改革是中国构建完善的社会主义市场经济体制的关键一环，也是发挥市场在资源配置过程中起决定性作用的内在要求。然而，在中国市场经济改革进程中，始终存在要素市场化改革相对滞后于产品市场化改革的现象（张杰等，2022），地方政府对要素价格的干预行为依然存在，导致要素价格存在扭曲问题。要素价格扭曲阻碍了价格机制的正常运转，进而导致市场无法对要素进行有效配置。改革开放以来，虽然市场化改革不断向前推进，但也出现了导致价格扭曲的新因素，比如地方政府在招商引资过程中的补贴行为加剧了地方政府对要素市场的干预。推动要素市场化配置改革，从市场要素端进一步释放经济活力，已成为市场化改革的主要内容。从产业层面看，不同产业要素市场化配置改革的进度也有所不同，而在工业化和信息化快速发展的背景下，农业要素市场化配置改革的重要性容易被忽视。尽管改革开放以来，农业围绕着劳动力、土地等要素持续推进市场化配置改革，但长期以来偏重于商品市场，要素市场化配置改革较为滞后（孔祥智和周振，2020），且要素错配已成为农业农村发展中的关键制约因素（张凤兵和乔翠霞，2019）。从长远发展看，农业作为基础性产业，对其他产业的发展起到了支撑作用，推进农业要素市场化配置改革、提高农业要素配置效率是实现农业现代化的重要支撑。政府制定农业发展战略规划为推动农业要素市场化配置改革创造了条件，党的二十大报告在全面推进乡村振兴方面指出，坚持农业农村优先发展，坚持城乡融合发展，畅通城乡要素流动，上述部署将有利于推动农业要素市场化配置改革。

尽管农业要素市场改革相对滞后于商品市场，甚至滞后于其他要素市场，但改革开放以来，农业劳动力向城市流动的障碍逐渐被消除，政府和一些金融机构也十分关注农业投资。因此，理解农业要素价格扭曲的变迁，尤其是近些年扭曲的变化态势，有助于实施更具有针对性的措施，加速推进农业要素市场化配置改革。已有研究很少关注产业层面的要素价格扭曲问题，且与农业要素价格扭曲相关的研究主要关注的是农业要素价格扭曲的经济效应，本文则主要揭示中国农业要素价格扭曲的演变特征和影响因素。本文的边际贡献在于：第一，基于省级层面数据，利用生产函数法和随机前沿估计法，对地区农业劳动力和资本价格扭曲进行测算，为了能够更加全面地揭示农业要素价格扭曲的演变，本文还重点分析了地区农业要素价格扭曲的差异性和收敛性。关于农业要素扭曲的差异性，主要利用泰尔指数分解方法，兼顾了全国层面和分地区层面的差异性分析。关于收敛性，主要利用面板空间自回归模型分析方法。第二，利用面板向量自回归（Panel Vector Auto Regression，PVAR）模型探讨了农业要素价格扭曲与城镇化率、农业全要素生产率之间的互动关系，从城镇化发展战略和农业创新发展战略视角审视农业要素市场化配置改革。要素流动受阻是导致价格扭曲的主要原因，比如谢嗣胜和姚先国（2005）认为劳动力市场严重分割的事实限制了劳动力在不同城市、不同行业、不同所有制等环境下的自由流动，达不到劳动力能力与薪资的最合理配置。城镇化会加速农业要素的流动，进而对农业要素价格扭曲产生影响，与此同时，农业要素价格扭曲也会影响农业要素的流动性，形成将农业要素推向城镇的力量，为此，本文探讨了城镇化与农业要素价格扭曲之间的互动关系。在创新驱动发展的背景下，作为基础性产业的农业也需要实现效率提升和技术进步，现有研究从多个角度考察了农业全要素生产率的影响因素（朱秋博等，2019），而要素市场扭曲是影响全要素生产率的重要因素（陈艳莹和王二龙，2013；盖庆恩等，2015）。与此同时，农业全要素生产率的提高会提升农业要素边际产出，进而影响农业要素价格扭曲。为此，本文进一步探讨了农业全要素生产率与农业要素价格扭曲之间的互动关系。

二 文献综述

从要素价格扭曲的测算方法看，常用的有生产函数法、非参数法和市场化指数法等方法。①生产函数法很早就被应用于要素价格扭曲的测度，

Rader（1976）运用生产函数方法对印度、美国农业中的要素价格扭曲程度进行了估计。生产函数法测算价格扭曲的关键假设在于生产函数的设定，现有研究大多采用C-D生产函数（Hsieh和Klenow，2009）和超越对数生产函数（白俊红和卞志超，2016），且假设要素对应的边际产出即为不存在扭曲时的要素价格。②非参数法主要是指随机前沿分析法。Skoorka（2000）利用随机前沿分析法，计算一国最优生产可能性曲线与实际生产可能性曲线之间的差距，从效果的角度来衡量要素市场扭曲程度。尽管此类研究方法可交叉运用多种计量方法，具备较强的拓展性和适应性，且不用假设生产函数形式，但该研究方法无法测度每种要素的价格扭曲程度。③市场化指数法是国内研究常用的方法。张杰等（2011）使用樊纲等（2010）编制的市场化进程指数，用"（产品市场化指数-要素市场的市场化指数）/产品市场化指数"作为要素市场扭曲程度的测度指标。与非参数法相似，市场化指数法也不用假设生产函数形式，其主要不足也是不能测度每种要素的价格扭曲程度。

从测度结果来看，要素价格扭曲存在两种情况：一种是要素价格正向扭曲，要素实际价格高于要素的边际产出所确定的均衡水平；另一种是要素价格负向扭曲，要素实际价格低于要素的边际产出所确定的均衡水平（王宁和史晋川，2015）。多数研究的测算结果表明，中国要素价格存在负向扭曲。盛仕斌和徐海（1999）的研究表明，劳动力和资本价格都存在负向扭曲，且劳动力边际产出与其价格的偏离程度高于资本边际产出与其价格的偏离程度。王宁和史晋川（2015）的测算结果表明，中国资本和劳动力价格扭曲均为负向扭曲，资本价格在改革初期的扭曲程度较高，至2000年左右，由于资本的边际生产力开始递减，资本价格扭曲程度呈下降趋势。与之相反，劳动力价格扭曲程度却在改革初期较低，之后呈现缓慢上升趋势，近年来略有所下降。另外，在多数年份，资本价格均比劳动力价格更扭曲。李言和樊学瑞（2020）的测算结果表明，改革开放以来，劳动力和资本价格扭曲以负向扭曲为主，多数省份劳动力价格扭曲情况有所加剧，且时间层面的波动性加剧，而多数省份资本价格扭曲情况有所改善，且时间层面的波动性是先减弱后加剧。少数研究的测算结果显示中国要素价格存在正向扭曲的情形，且主要是劳动力价格。白俊红和卞元超（2016）的测算结果表明，从全国整体看，劳动力价格扭曲程度低于资本价格扭曲程度。其中，劳动力价格扭曲为0.2044，表明劳动力要素的边际产出水平低于工资水平，呈正向扭曲。

目前，现有研究很少关注产业层面的要素价格扭曲问题，且与农业要素价格扭曲相关的研究主要关注的是农业要素价格扭曲的经济效应，而很少关注农业要素价格扭曲的演变特征和影响因素。朱喜等（2011）分析了农业要素配置扭曲对农业全要素生产率的影响，发现如果有效消除资本和劳动力配置扭曲，农业全要素生产率有望增长20%以上，其中东部和西部地区的改进空间超过30%。葛继红和周曙东（2012）分析了化肥要素市场扭曲是否会影响农业面源污染物排放，实证分析结果表明，中国广泛存在的化肥要素市场扭曲对化肥农业面源污染物排放有显著的激发作用。程丽雯等（2016）分析了农业要素误置对农业总产出的影响，发现农业要素误置带来产出损失，且各要素间价格扭曲的相互作用带来的产出损失大于要素自身价格扭曲带来的产出损失。盖庆恩等（2017）分析了土地资源配置不当对中国加总劳动生产率的影响，进一步实证分析结果表明，若土地资源能够得到有效配置，样本期间中国农业部门的平均全要素生产率将提高1.36倍，加总劳动生产率将平均提高1.88倍。邓明等（2020）分析了劳动力配置扭曲对全要素生产率的影响，发现农业部门与非农业部门间的劳动力配置扭曲确实抑制了经济由农业向非农业转型，并通过这一中介抑制了全要素生产率增长。综上，现有研究缺乏对农业要素价格扭曲的测算研究，本文则尝试弥补上述不足，一方面完善产业层面的测算研究，另一方面分析农业与其他产业在要素市场化配置改革方面的差异。基于测算数据，为了更好地将农业要素市场化配置改革"内嵌"于经济发展格局，本文进一步探讨了农业要素市场化配置改革与城镇化、创新驱动发展之间的互动关系。

三 研究设计

（一）指标测算

由于只有生产函数法能够具体测算出不同要素的价格扭曲，本文利用该方法构建农业劳动力和资本价格扭曲的测算公式，结合随机前沿估计方法对相关参数进行估计。根据生产函数法，从地区总量层面切入，将农业要素价格扭曲引入地区 i 的农业利润函数，然后求解利润最大化从而得到测算农业要素价格扭曲的公式：

$$\max \pi_{i,t} = Y_{i,t} - disw_{i,t}W_{i,t}L_{i,t} - disr_{i,t}R_{i,t}K_{i,t} \tag{1}$$

$$\text{s.t.} \quad Y_{i,t} = A_{i,t}K_{i,t}^{\alpha}L_{i,t}^{1-\alpha} \tag{2}$$

其中，地区 i 的生产函数为C-D形式，式（1）中 π 表示利润，Y 表示总产出，W 表示工资，L 表示劳动力，R 表示资本利息，K 表示资本，$disw$ 和 $disr$ 分别表示劳动力和资本价格扭曲。式（2）中，A 表示全要素生产率，α 表示资本产出弹性。通过求解利润最大化的一阶条件，并进一步转换就可以得到测算扭曲的表达式：

$$disw_{i,t} = \frac{(1-\alpha)A_{i,t}K_{i,t}^{\alpha}L_{i,t}^{-\alpha}}{W_{i,t}} = \frac{(1-\alpha)Y_{i,t}}{W_{i,t}L_{i,t}} \tag{3}$$

$$disr_{i,t} = \frac{\alpha A_{i,t}K_{i,t}^{\alpha-1}L_{i,t}^{1-\alpha}}{R_{i,t}} = \frac{\alpha Y_{i,t}}{R_{i,t}K_{i,t}} \tag{4}$$

为了测算农业要素价格扭曲，本文整理了农业层面的总产出、资本、劳动力和工资等四类数据，时间跨度为1995~2020年，考虑到数据的完整性，经过筛选后的样本量为不包含海南、内蒙古、西藏和新疆的27个大陆地区省份，相关数据主要来自国家统计局网站、《中国农村统计年鉴》和《新中国六十年统计资料汇编》。关于农业总产出，用第一产业增加值衡量，并使用第一产业指数，将数据转换为以1995年为基期的实际值，进一步将名义总产出比上实际总产出得到第一产业总产出平减指数，利用该指数将农业固定资产投资额和工资转换为实际值。关于农业资本，测算该指标需要两类数据，即 1995 年农业固定资本和 1996~2020 年农业固定资产投资额。其中，1996~2020 年农业固定资产投资额数据用农村农户固定资产投资衡量；关于 1995 年农业固定资本，借鉴 Hall 和 Jones（1999）的思路，用 1995 年固定资产投资额比上 1995~2005 年农业固定资产投资额的几何平均增长率加上固定资本折旧率之和。参考张军等（2004）的研究，将折旧率设定为 9.6%。在上述两类数据的基础上，利用永续盘存法测算得到以 1995 年为基期的 1995~2020 年农业固定资本。农业劳动力用第一产业就业人员数衡量。农业劳动力工资数据用农村居民按来源的纯收入中的工资纯收入衡量，并利用第一产业总产出平减指数进行实际化处理。这里主要采用面板随机前沿估计法对生产函数进行估计，且在估计过程中允许无效率项随时间的推移而变动。由于要素价格扭曲可以看作要素的理想边际产出与实际要素支付价格之间的偏离，利用面板随机前沿估计法能够从生产前沿的角度对生产函数进行估计，并进一步得到要素的理想边际产出，从而更准确的反映要素价格扭曲。为了保持规模报酬不变的前提，将式（2）转换为劳均形式：

$$Y_{i,t}/L_{i,t} = A_{i,t}(K_{i,t}/L_{i,t})^{\alpha} \tag{5}$$

利用估计得到的参数，结合式（3）和式（4），就可以对农业劳动力与资本价格扭曲进行测算，并进一步对农业全要素生产率进行测算。

（二）指标分析方法

为了揭示农业要素价格扭曲的地区差异及其来源，借鉴聂长飞和简新华（2020）、曲立等（2021）的处理方式，采用泰尔指数分解法将农业要素价格扭曲的总体差异分解为地区内差异和地区间差异，具体公式为：

$$T = \frac{1}{n}\sum_{i=1}^{n}\left(\frac{disx_i}{disxa} \times \ln\frac{disx_i}{disxa}\right) \tag{6}$$

$$T_j = \frac{1}{n_j}\sum_{i=1}^{n_j}\left(\frac{disx_{ij}}{disxa_j} \times \ln\frac{disx_{ij}}{disxa_j}\right) \tag{7}$$

$$T = T_w + T_b = \sum_{j=1}^{3} \left(\frac{n_j}{n} \times \frac{disxa_j}{disxa} \times T_j \right) + \sum_{j=1}^{3} \left(\frac{n_j}{n} \times \frac{disxa_j}{disxa} \times \ln \frac{disxa_j}{disxa} \right) \quad (8)$$

式（6）中，T 表示农业要素价格扭曲的总体差异，其值介于 $[0, 1]$，值越小，表明总体差异越小。农业要素价格扭曲 $disx$ 包含农业劳动力价格扭曲 $disw$ 和资本价格扭曲 $disr$。式（7）中，T_j 分别表示三大地区（$j=1$，2，3）的农业要素价格扭曲的总体差异，i 表示省份，n 表示所考察的省份总数，n_j 分别表示东部、中部和西部地区所考察的省份数量，$disx_i$ 表示省份 i 的农业要素价格扭曲，$disx_{ij}$ 表示地区 j 内所考察省份 i 的农业要素价格扭曲，$disxa$ 和 $disxa_j$ 分别表示所考察省份农业要素价格扭曲的平均值和地区 j 内所考察省份农业要素价格扭曲的平均值。式（8）中，农业要素价格扭曲的总体差异进一步分解为地区内差异 T_w 和地区间差异 T_b。

为了分析农业要素价格扭曲的区域收敛性，本文使用面板空间自回归模型。关于面板空间自回归模型，设定如下：

$$disx_{i,t} = Wdisx_{i,t}\beta_1 + \beta_2 stru_{i,t} + \beta_3 gov_{i,t} + \beta_4 eig_{i,t} + \beta_5 \ln gdp_{i,t} + \gamma_{i,t} + \varepsilon_{i,t} \quad (9)$$

式（9）中，$Wdisx$ 表示农业要素价格扭曲的空间加权项，权重矩阵为邻接矩阵，该项系数是重点考察的对象，如果系数大于0，表明相邻省份在农业要素市场化配置改革方面呈现收敛态势，如果系数小于0，表明呈现发散态势。γ 表示地区个体效应，如果后文采用固定效应面板空间自回归模型，则该项存在；如果采用随机效应面板空间自回归模型，则该项不存在。ε 表示残差项。关于控制变量，主要选择第三产业增加值占国内生产总值比重（$stru$）、进出口规模占国内生产总值比重（eig）、政府财政支出规模占国内生产总值比重（gov）和人均国内生产总值对数（$\ln gdp$），从产业结构、对外开放度、政府财政支出规模和经济规模等层面控制地区经济发展水平。具体回归主要采用 LeSage 提供的 MATLAB 软件包进行[①]。

为了更好的分析农业要素市场化配置改革与其他发展战略之间的互动效应，同时，避免模型设定偏误以及内生性问题，本文利用 PVAR 模型进行分析。PAVR 模型是 VAR 模型的拓展，本文使用的 PVAR 模型的数学表达式为：

---

① http://www.spatial-econometrics.com/.

$$\begin{cases} x_{i,t} = \alpha_i^x + \sum_{j=1}^{n} \beta_j x_{i,t-j} + \sum_{j=1}^{n} \gamma_j y_{i,t-j} + \sum_{j=1}^{m} \lambda_j z_{i,t-j} + v_{i,t}^x + \mu_{i,t}^x \\ y_{i,t} = \alpha_i^y + \sum_{j=1}^{n} \beta_j x_{i,t-j} + \sum_{j=1}^{n} \gamma_j y_{i,t-j} + \sum_{j=1}^{m} \lambda_j z_{i,t-j} + v_{i,t}^y + \mu_{i,t}^y \end{cases} \quad (10)$$

式（10）中，$x_{i,t}$ 和 $y_{i,t}$ 分别表示两个互动的内生变量，具体包含四种组合，即农业劳动力价格扭曲与城镇化率、农业资本价格扭曲与城镇化率、农业劳动力价格扭曲与农业全要素生产率、农业资本价格扭曲与农业全要素生产率。$z_{i,t}$ 表示控制变量，具体设定与前文面板空间自回归模型的设定相同。为了从农业要素价格扭曲程度降低的角度展开分析，本文将农业要素价格扭曲先减去 1，然后再取绝对值，处理后的值越大表明农业要素价格扭曲程度越高，越小则表明农业要素价格扭曲程度越低。假设每一个截面的基本结构相同，采用固定效应模型，引入反映个体异质性的变量 α_i，$v_{i,t}$ 用于反映个体时点效应，以体现在同一时点的不同截面上可能受到的共同冲击，$\mu_{i,t}$ 是随机扰动项，假设服从正态分布。农业要素价格扭曲和农业全要素生产率的数据直接来自前文的测算结果，城镇化率用地区乡村人口比总人口。除了前文测算得到的数据，面板空间自回归模型分析和 PVAR 模型分析所涉及的其他变量均根据国家统计局网站、《中国农村统计年鉴》和《新中国六十年统计资料汇编》整理所得。

四 统计分析

本文将对农业要素价格扭曲的测算结果进行多角度分析，首先，对农业要素价格扭曲的均值进行基本分析；其次，利用泰尔指数分解方法，对农业要素价格扭曲的地区差异进行分析；最后，利用面板空间自回归模型，对要素价格扭曲的地区收敛性进行分析。在具体分析过程中，主要从省级层面和三大地区[①]层面展开，在省级层面进一步按照政府对农业发展

---

① 本文考察的东部地区包括辽宁、北京、天津、河北、上海、江苏、浙江、福建、山东和广东等 10 个省份，中部地区包括山西、吉林、黑龙江、安徽、江西、河南、湖北和湖南等 8 个省份，西部地区包括内蒙古、广西、重庆、四川、贵州、云南、陕西、甘肃、青海和宁夏等 10 个省份。

的重视程度和宏观经济运行情况划分为四个时间段，分别以2004年中央第一号文件首次强调农业发展、2008年国际金融危机和2013年经济步入新常态为分界点。

（一）测算结果

根据表1，从整个时间段农业劳动力价格扭曲均值的大小看，考察的所有省份的均值都大于1，表明劳动力价格呈现负向扭曲。其中，内蒙古的均值最大，为18.473，上海的均值最小，为1.909。分时间段看，在第一个时间段内，内蒙古的均值最大，为26.483，上海的均值最小，为1.881，前者是后者的近14.08倍；在第二个时间段内，内蒙古的均值最大，为18.003，上海的均值最小，为2.160，前者是后者的近8.33倍，差距有所缩小；在第三个时间段内，内蒙古的均值最大，为15.758，北京的均值最小，为2.146，前者是后者的近7.34倍，差距进一步缩小；在第四个时间段内，黑龙江的均值最大，为14.060，上海的均值最小，为1.464，前者是后者的近9.61倍，差距有所扩大。从变动趋势来看，第二个时间段相较于第一个时间段，有24个省份的均值趋向于1变动，表明多数省份农业劳动力价格扭曲呈现改善态势；第三个时间段相较于第二个时间段的均值，有23个省份的均值趋向于1变动，表明多数省份农业劳动力价格扭曲依然呈现改善态势；第四个时间段相较于第三个时间段的均值，有16个省份的均值趋向于1变动，表明更少省份农业劳动力价格扭曲呈现改善态势。将变动结果结合起来看，在28个省份中有11个省份的农业劳动力价格扭曲一直呈现改善态势，多数省份的改善态势并不稳定，比如在长三角地区，农业劳动力价格扭曲改善态势并不稳定，早期以加剧态势为主，后期才出现改善态势，出现该结果可能的原因在于长三角地区作为中国经济发展较快的地区，农业机械化水平较高且提升速度较快，导致农业生产力提升速度快于农业劳动力价格提升速度。综上，在考察期内，农业劳动力价格存在"征税"成分，即农业劳动力供给者获得的报酬低于其对农业生产的贡献，但随着市场化改革进程的推进，"征税"成分逐渐减少，农业劳动力价格扭曲呈现改善态势。

表 1　省级层面农业劳动力价格扭曲测算结果

省份	1995~2020年	1995~2003年	2004~2008年	2009~2012年	2013~2020年
北京	2.642	3.800	2.707	2.146	1.549
天津	3.619	5.084	3.874	2.730	2.254
河北	4.923	5.432	5.896	5.128	3.639
辽宁	7.127	8.590	8.022	6.862	5.054
上海	1.909	1.881	2.160	2.547	1.464
江苏	3.882	3.310	3.344	4.123	4.741
浙江	3.125	3.085	3.128	3.426	3.017
福建	6.095	7.230	6.024	5.392	5.215
山东	4.683	5.230	4.921	4.240	4.062
广东	3.749	4.988	2.920	2.652	3.424
山西	3.197	4.194	2.962	3.119	2.260
吉林	15.143	20.984	17.526	12.827	8.240
黑龙江	16.558	22.230	13.764	12.285	14.061
安徽	5.142	6.970	4.486	3.877	4.128
江西	5.647	7.203	5.570	4.661	4.439
河南	5.899	8.362	5.535	4.706	3.954
湖北	6.797	9.444	5.527	4.705	5.658
湖南	4.813	6.215	4.388	3.917	3.950
内蒙古	18.473	26.483	18.003	15.758	11.114
广西	6.855	8.454	5.976	5.669	6.199
重庆	5.443	6.547	4.631	3.985	5.437
四川	5.553	6.380	5.353	4.618	5.214
贵州	4.970	6.982	3.281	3.236	4.631
云南	7.957	10.296	8.880	6.682	5.385
陕西	5.553	6.285	5.107	5.375	5.097
甘肃	5.388	7.499	5.051	3.510	4.167
青海	8.644	11.281	6.889	6.669	7.770
宁夏	5.719	7.495	5.912	4.542	4.189

接下来分析农业资本价格扭曲的测算结果。通过将表2中农业劳动力价格扭曲和资本价格扭曲的测算结果对比可知，与农业劳动力价格扭曲相反，

农业资本价格扭曲主要呈现正向扭曲，且测算结果以小于1为主。根据表2，从整个时间段农业资本价格扭曲均值的大小看，多数省份的均值都小于1。其中，辽宁的均值最大，为1.626，上海的均值最小，为0.091。分时间段看，在第一个时间段内，辽宁的均值最大，为2.469，上海的均值最小，为0.038，前者是后者的近64.97倍；在第二个时间段内，内蒙古的均值最大，为1.443，上海的均值最小，为0.071，前者是后者的近20.32倍，差距有所缩小；在第三个时间段内，内蒙古的均值最大，为1.620，上海的均值最小，为0.106，前者是后者的近15.28倍，差距进一步缩小；在第四个时间段内，内蒙古的均值最大，为1.614，上海的均值最小，为0.155，前者是后者的近10.41倍，差距进一步缩小。从变动趋势来看，第二个时间段相较于第一个时间段的均值，有21个省份的均值趋向于1变动，表明多数省份农业资本价格扭曲呈现改善态势；第三个时间段相较于第二个时间段的均值，有15个省份的均值趋向于1变动，表明多数省份农业资本价格扭曲依然呈现改善态势；第三个时间段相较于第二个时间段的均值，有17个省份的均值趋向于1变动，表明更多省份农业资本价格扭曲呈现改善态势。将变动结果结合起来看，在28个省份中有8个省份的农业资本价格扭曲一直呈现改善态势。综上，在考察期内，与劳动力价格相反，资本价格总体存在"补贴"成分，即农业资本供给者获得的报酬高于其对农业生产的贡献，但随着市场化改革进程的推进，"补贴"成分逐渐减少，与农业劳动力价格扭曲情形相似，农业资本价格扭曲呈现改善态势。

表2　省级层面农业资本价格扭曲测算结果

省份	1995~2020年	1995~2003年	2004~2008年	2009~2012年	2013~2020年
北京	0.611	0.918	0.574	0.495	0.347
天津	0.961	1.215	0.863	0.727	0.855
河北	1.040	1.220	1.000	0.897	0.934
辽宁	1.626	2.469	1.333	1.149	1.098
上海	0.091	0.038	0.071	0.106	0.155
江苏	0.801	0.578	0.679	0.803	1.127
浙江	0.355	0.300	0.387	0.389	0.380

续表

省份	1995~2020年	1995~2003年	2004~2008年	2009~2012年	2013~2020年
福建	0.897	0.765	0.942	0.957	0.987
山东	1.176	1.702	1.024	0.897	0.818
广东	0.880	0.808	0.800	0.890	1.005
山西	0.886	1.526	0.737	0.526	0.438
吉林	1.312	1.610	1.387	1.118	1.026
黑龙江	0.770	0.506	0.761	0.757	1.079
安徽	0.812	0.956	0.801	0.715	0.705
江西	0.930	1.083	0.983	0.839	0.772
河南	0.962	1.307	0.836	0.712	0.776
湖北	1.478	1.882	1.431	1.276	1.154
湖南	0.990	1.242	0.914	0.943	0.777
内蒙古	1.481	1.321	1.443	1.620	1.614
广西	1.108	1.347	1.164	1.012	0.852
重庆	1.032	0.895	0.957	1.037	1.231
四川	0.896	0.873	1.016	0.817	0.887
贵州	1.144	1.587	0.984	0.819	0.908
云南	0.845	0.796	0.822	0.864	0.905
陕西	0.655	0.626	0.622	0.658	0.709
甘肃	1.113	1.296	1.104	0.944	0.997
青海	1.343	2.348	1.135	0.817	0.605
宁夏	0.655	0.921	0.512	0.531	0.508

　　下面进一步从东部、中部和西部三大地区的角度对农业要素价格扭曲进行分析。根据图1，从三大地区农业劳动力价格扭曲均值的大小看，东部地区始终是均值最小的地区，中部地区在大多数年份都是均值最大的地区，且三大地区农业劳动力价格扭曲均值都大于1。从均值的变动趋势来看，三大地区的均值都大致呈现先降后升的趋势，且以下降态势为主，即越来越趋向于1，尤其是在1995~2000年这段时间内，中部和西部地区经历了明显的下降过程。从期初值和期末值的大小看，1995年，东部地区均值为6.504，中部地区均值为17.526，西部地区均值为15.659，

到 2020 年，东部地区均值减少至 4.386，中部地区均值减少至 7.681，西部地区均值减少至 7.663，其中，下降幅度最大的是中部地区，最小的是东部地区。上述结果表明，三大地区的农业劳动力价格扭曲程度都有所下降，且中部地区农业劳动力价格扭曲改善幅度最大，东部地区的改善幅度最小。

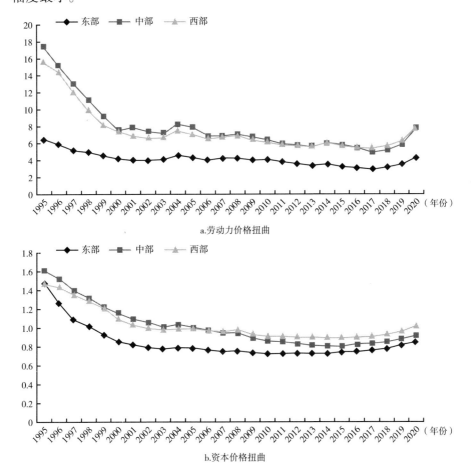

图1　三大地区层面农业劳动力和资本价格扭曲测算结果

从农业资本价格扭曲的测算结果看，根据图1，三大地区农业资本价格扭曲均值明显小于农业劳动力价格扭曲均值，而从总的变动趋势看，农业资本价格扭曲的变动与农业劳动力价格扭曲变动是相似的，但得到的结论却是不同的，农业劳动力价格扭曲的变动始终是在大于1的水平上进行的，而农业资本价格扭曲的变动涉及从大于1到小于1的转变。从三大地区均值的大小来看，东部地区在1996年之后始终是均值最小的地区，反观最大值，中部地区在2007年之前始终是均值最大的地区，之后则是西部地区。从均值的变动趋势来看，三大地区的均值都大致呈现先降后升的趋势，但从相对于1的变动结果看，三大地区都是先趋向于1后偏离于1再趋向于1变动。从期初值和期末值的大小看，1995年，东部地区均值为1.478，中部地区均值为1.614，西部地区均值为1.458，到2020年，东部地区均值减少至0.846，中部地区均值减少至0.917，西部地区均值减少至1.014，其中，变动幅度最大的是中部地区，变动幅度最小的是西部地区。上述结果表明，三大地区的农业资本价格扭曲都有所改善，即都更趋近于1，且东部和中部地区发生了扭曲转变的情形，即由负向扭曲转变为正向扭曲。

以上对省级层面和三大地区层面的基本分析结果表明，随着市场化改革的稳步推进，就农业要素市场而言，农业劳动力和资本市场化配置改革取得了明显的进展，尽管在期初扭曲严重，但逐渐向扭曲减轻的目标推进，且农业劳动力价格主要存在"征税"现象，而农业资本价格扭曲则主要存在"补贴"现象。随着社会主义市场经济体制建设步伐的加快，农业要素流动所面临的制度性障碍逐渐减少，要素价格扭曲程度明显下降。然而，进入21世纪以来，农业要素价格扭曲进入了变动幅度较小的调整时期，尤其是受到其他产业快速发展的冲击，农业发展所面临的产业格局发生了较大变化，农业要素的过度流出，导致农业发展常常面临要素供给不足的问题，农业要素边际产出与农业要素价格之间也相应出现偏离，农业要素价格扭曲程度并未呈现稳定的减小态势。

（二）地区差异性分析

根据图2，从全国层面农业劳动力价格扭曲看，地区内差异在所有时点都大于地区间差异，且地区内差异与总体差异的变动过程更具有一致性。在期初，总体差异为0.233，其中，地区内差异为0.155，占总体差异的比重约为66.52%，地区间差异为0.078，占总体差异的比重约为33.48%，而到了期末，总体差异降至0.101，地区内差异降至0.070，占比扩大至69.31%，地区间差异降至0.031，占比缩小至30.69%。由此可见，无论是总体差异还是地区内和地区间差异，到了期末均有所缩小，即无论是地区内各省之间的差异，还是三大地区之间的差异，在期末均有所缩小。另外，在后期，地区内差异的主导地位得到了进一步巩固，成为影响总体差异的主要因素，尤其是2000年以后。从变动趋势看，总体差异和地区内差异在2013年之前大致经历了两轮先降后升的过程，并在2013年之后以下降态势为主，而地区间差异则大致呈现先降后升的过程。进一步从分地区层面的总体差异看，根据图2，中部地区始终是总体差异最大的地区，东部地区在2014年前始终是总体差异最小的地区，而西部地区则在2014年之后始终是总体差异最小

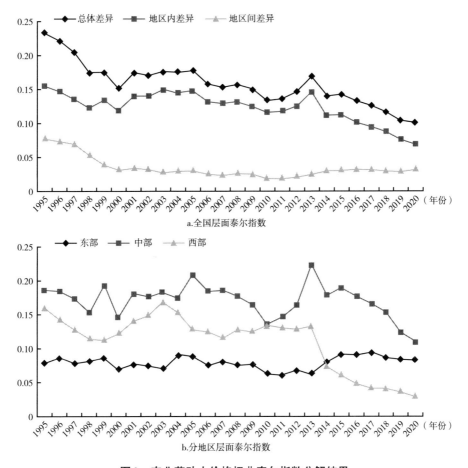

图2　农业劳动力价格扭曲泰尔指数分解结果

的地区。在期初，东部地区总体差异为 0.079，中部地区为 0.185，西部地区为 0.159，而到了期末，东部地区总体差异升至 0.083，中部地区降至 0.110，西部地区降至 0.029。由此可见，除了东部地区，其他两大地区的总体差异均有所缩小，尤其是西部地区，缩小幅度明显。从变动趋势看，三大地区农业劳动力价格扭曲总体差异并未呈现稳定的变动趋势，但从近年看，三大地区农业劳动力价格扭曲总体差异呈现缩小态势，尤其是中部和西部地区。

接下来分析农业资本价格扭曲差异情形。根据图 3，从全国层面看，与农业劳动力价格扭曲情形相同，地区内差异在所有时点都是大于地区间差异，且地区内差异与总体差异的变动过程更具有一致性。在期初，总体差异为 0.232，地区内差异为 0.231，占总体差异的比重约为 99.57%，地区间差异为 0.001，占总体差异的比重约为 0.43%，而到了期末，总体差异将至 0.081，地区内差异降至 0.078，占比缩小至 96.30%，地区间差异升至 0.003，占比扩大至 3.70%。由此可见，只有总体差异和地区内差异到了期末有所缩小，而地区间差异则到了期末有所扩大，即地区内各省份之间的差异有所缩小，而三大地区之间的差异则有所扩大。从变动趋势看，相对于农业劳动力价格扭曲，农业资本价格扭曲的地区差异变动更具规律性，总体差异和地区内差异大致经历了先降后升的过程，第一轮下降幅度较大，转折点大致在 2009 年，而地区间差异则大致经历了先升后降再升的过程。进一步从分地区层面总体差异看，根据图 3，东部地区始终是总体差异最大的地区，西部地区则在大多数时期都是总体差异最小的地区。在期初，东部地区总体差异为 0.390，中部地区为 0.126，西部地区为 0.164，而到了期末，东部地区总体差异降至 0.142，中部地区降至 0.040，西部地区降至 0.052。由此可见，所有地区的总体差异均有所缩小，尤其是西部地区，缩小幅度最大。从变动趋势看，三大地区大致经历了先降后升的过程，尤其是近些年农业资本价格扭曲的总体差异呈现扩大的态势。

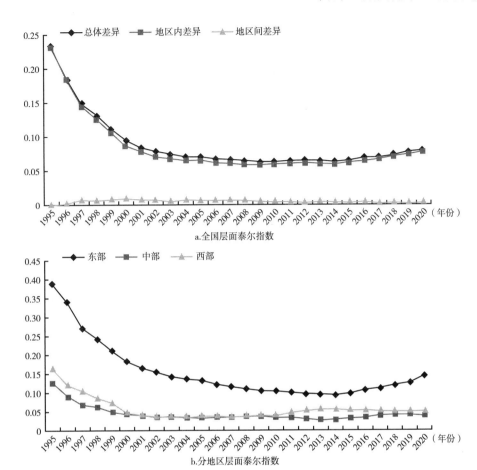

图3 农业资本价格扭曲泰尔指数分解结果

以上泰尔指数分析结果表明，就农业要素价格扭曲的地区差异而言，两类农业要素价格扭曲的总体差异都是以地区内差异为主，三大地区之间的差异均较小，而且总体差异在期末均有所改善，其中，农业资本价格扭曲的总体差异改善更加明显。在分地区层面，中部地区农业劳动力价格扭曲总体差异对全国农业劳动力价格扭曲总体差异的影响最大，东部地区农业资本价格扭曲总体差异对全国农业资本价格扭曲总体差异的影响最大。另外，除了东部地区外，其他两大地区的两类农业要素价格扭曲的总体差异在期末都有所改善，而东部地区则是仅在农业资本价格扭曲差异方面有所改善。

（三）地区收敛性分析

在进行具体回归分析之前，需要对被解释变量，即农业劳动力价格扭曲和资本价格扭曲进行空间相关性检验，主要采用的是双边Moran指数和Geary指数检验。通过该检验，可以初步判断地区农业要素价格扭曲的收敛性是否存在。根据表3，相较于农业资本价格扭曲，农业劳动力价格扭曲拒绝原假设的情形更多，在所有年份，农业劳动力价格扭曲都至少拒绝一个检验的原假设，而在2006年之前，农业资本价格扭曲都至少拒绝一个检验的原假设。因此，总体来看，农业劳动力价格扭曲的收敛态势更稳健。接下来，采用面板空间自回归模型对地区农业要素价格扭曲是否存在收敛性进行检验。

表3　Moran指数和Geary指数检验

	指数	1995年	1996年	1997年	1998年	1999年	2000年	2001年	2002年	2003年
	Moran	0.001	0.001	0.001	0.000	0.000	0.001	0.000	0.000	0.000
	Geary	0.131	0.194	0.146	0.135	0.151	0.387	0.149	0.175	0.264
	指数	2004年	2005年	2006年	2007年	2008年	2009年	2010年	2011年	2012年
disw	Moran	0.000	0.000	0.000	0.000	0.000	0.000	0.000	0.000	0.000
	Geary	0.129	0.031	0.089	0.056	0.128	0.096	0.261	0.227	0.189
	指数	2013年	2014年	2015年	2016年	2017年	2018年	2019年	2020年	
	Moran	0.000	0.001	0.001	0.006	0.013	0.025	0.045	0.050	
	Geary	0.062	0.013	0.012	0.020	0.029	0.039	0.036	0.028	
	指数	1995年	1996年	1997年	1998年	1999年	2000年	2001年	2002年	2003年
	Moran	0.509	0.357	0.308	0.166	0.125	0.102	0.089	0.080	0.093
	Geary	0.112	0.065	0.043	0.015	0.009	0.009	0.011	0.017	0.032
	指数	2004年	2005年	2006年	2007年	2008年	2009年	2010年	2011年	2012年
disr	Moran	0.083	0.078	0.105	0.108	0.117	0.149	0.190	0.282	0.397
	Geary	0.053	0.076	0.116	0.159	0.233	0.382	0.656	0.947	0.836
	指数	2013年	2014年	2015年	2016年	2017年	2018年	2019年	2020年	
	Moran	0.573	0.622	0.672	0.761	0.821	0.881	0.886	0.922	
	Geary	0.696	0.687	0.831	0.987	0.789	0.708	0.599	0.522	

注：Moran指数和Geary指数检验的原假设都是不存在空间相关性。

首先，分析农业劳动力价格扭曲情形。Hausman检验用于判断是采用面板空间自回归固定效应模型还是采用面板空间自回归随机效应模型。根据表4，在全国层面，农业劳动力价格扭曲空间加权项系数显著为正，因此农业劳动力价格扭曲是收敛的，即周边省份农业劳动力价格扭曲程度增加，将导致本地区农业劳动力价格扭曲程度增加。就分地区层面而言，根据前文的分地区测算结果可知，中部和西部地区农业要素价格扭曲的测算结果差异不大，因此，分地区主要从东部和中西部地区层面展开，农业劳动力价格扭曲空间加权项系数显著为正，表明在分地区层面，农业劳动力价格扭曲也呈现收敛状态。从控制变量的结果看，在全国层面，所有控制变量都对农业劳动力价格扭曲产生负向影响，但只有产业结构升级和政府财政支出规模的影响是显著的。产业结构升级为农业劳动力提供更多元化的就业机会，起到降低农业劳动力价格扭曲程度的作用。政府财政支出规模增加会通过加速交通基础设施建设渠道加速农业劳动力资源的流动，进而降低农业劳动力价格扭曲程度。

表4　农业劳动力价格扭曲回归结果

变量	全国	东部地区	中、西部地区
Wdisw	0.543***	0.522***	0.521***
	(15.371)	(12.070)	(12.139)
stru	−3.566*	1.527	−9.561***
	(−1.841)	(1.337)	(−3.063)
gov	−7.176***	−9.698***	−5.345**
	(−3.790)	(−4.373)	(−2.546)
eig	−0.019	0.151	3.520
	(−0.031)	(0.711)	(1.138)
lngdp	−0.256	−0.308	−0.496
	(−0.529)	(−1.166)	(−0.879)
c	6.839***	3.932***	10.958***
	(2.861)	(2.588)	(3.638)
Hausman	0.032	0.001	0.999
样本量	728	260	468

注：括号中为系数对应的t值；*、**、***分别表示在10%、5%、1%的水平上显著；Hausman检验的原假设是采用面板空间自回归随机效应模型。

接下来分析农业资本价格扭曲情形。根据表5，在全国层面，农业资本价格扭曲空间加权项系数显著为正，因此农业资本价格扭曲是收敛的，即周边省份农业资本价格扭曲程度增加，将导致本地区农业资本价格扭曲程度增加。就分地区层面而言，与农业劳动力价格扭曲情形相同，在东部和中西部地区层面，农业资本价格扭曲空间加权项系数显著为正，表明在分地区层面，农业资本价格扭曲也呈现收敛状态。从控制变量的结果看，在全国层面，除了产业结构升级外，其他控制变量都对农业资本价格扭曲产生负向影响，然而，只有经济规模和政府财政支出规模的影响是显著的。经济规模增加为农业资本提供了更多的投资机会，进而提高资本配置效率，降低农业资本价格扭曲程度。政府财政支出规模增加对农业资本价格扭曲的影响与农业劳动力价格扭曲情形相似，都是通过加速要素流动的方式降低价格扭曲程度。

表5 农业资本价格扭曲回归结果

变量	全国	东部地区	中、西部地区
$Wdisr$	0.175***	0.202***	0.214***
	(3.635)	(3.561)	(3.815)
$stru$	0.097	1.270***	−0.876***
	(0.497)	(2.829)	(−2.713)
gov	−0.833***	−1.181	−1.630***
	(−4.814)	(−1.375)	(−6.800)
eig	−0.024	−0.023	0.514*
	(−0.408)	(−0.269)	(1.742)
$\ln gdp$	−0.137***	−0.647***	0.249***
	(−5.314)	(−6.189)	(3.313)
c	1.243***	3.910***	−0.630*
	(7.277)	(6.526)	(−1.817)
Hausman	0.817	0.002	0.000
样本量	728	260	468

注：同表4。

以上分析结果表明，从农业要素价格扭曲地区收敛性角度看，农业劳动力和资本价格扭曲均具有收敛性，即周边地区农业劳动力和资本价格扭曲变动会导致本地区农业劳动力和资本价格扭曲同向变动。

五　实证分析

在进行PVAR模型分析之前需要进行一系列相应的检验。首先，需要对数据的平稳性进行检验，根据表6，原始数据中的城镇化率和全要素生产率未通过单位根检验。为了保证数据的平稳性，本文对所有内生变量数据先进行对数化处理，再进行差分处理，从而获得对应数据的变动率。转变后的数据均通过了单位根检验，故后文的分析使用的是变动率数据。

表6　变量单位根检验结果

变量	*disw*	*disr*	*urban*	*tfp*	*ddisw*	*ddisr*	*durban*	*dtfp*
IPS	0.000	0.001	1.000	1.000	0.000	0.000	0.000	0.002
Fisher ADF	0.000	0.000	0.000	1.000	0.000	0.000	0.000	0.000

注：单位根检验的原假设为"原数据存在单位根"。汇报的均值单位根检验对应的p值。

其次，进行最优滞后阶数检验，最优滞后阶数为所对应的检验值最小的情形，根据表7，城镇化率与农业劳动力价格扭曲、农业资本价格扭曲、农业全要素生产率与农业劳动力价格扭曲对应的PVAR模型的最优滞后阶数均为1阶，而农业资本价格扭曲与农业全要素生产率对应的PVAR模型的最优滞后阶数均为2阶。

表7　最优滞后阶数检验结果

durban&ddisw	MBIC	MAIC	MQIC
1	-36.058^{***}	15.463	-4.685^{***}
2	-25.228	9.119^{***}	-4.313
3	-7.051	10.123	3.407
durban&ddisr	MBIC	MAIC	MQIC
1	-64.551^{***}	-13.030^{***}	-33.178^{***}
2	-40.626	-6.279	-19.711
3	-18.345	-1.171	-7.887

续表

dtfp&ddisw	MBIC	MAIC	MQIC
1	−44.514***	7.422	−12.858***
2	−28.991	5.633	−7.887
3	−19.082	−1.771***	−8.530

dtfp&ddisr	MBIC	MAIC	MQIC
1	−27.388***	24.547	4.268
2	−21.617	13.006	−0.513***
3	−10.768	6.543***	−0.216

注：***表示最优滞后阶数。

最后，进行 Granger 因果关系检验。进行 Granger 因果关系检验的目的在于明确事件发生的先后顺序，如果事件 Y 的发生有助于预测事件 X 的发生的话，那么事件 Y 就是事件 X 的 Granger 原因，采用统计术语的话，如果 Y 是 X 的 Granger 原因，那么本期的 Y 就会有助于预测下一期 X 的概率分布。因此，Granger 因果检验的出发点并不在于经济学意义的因果关系，而是统计意义上的预测关系，这种关系可以作为经济学意义的因果关系的有益补充（潘慧峰和袁军，2016）。根据表 8，在 10% 的水平上，农业劳动力价格扭曲是城镇化率和全要素生产率的 Granger 原因，而后两者并不是前者的 Granger 原因。

表8　Granger 因果关系检验

变量	结果变量	原假设	自由度	p 值
durban&ddisw	durban	ddisw 不是 durban 的 Granger 原因	1	0.046
	ddisw	durban 不是 ddisw 的 Granger 原因	1	0.671
durban&ddisr	durban	ddisr 不是 durban 的 Granger 原因	1	0.797
	ddisr	durban 不是 ddisr 的 Granger 原因	1	0.397
dtfp&ddisw	dtfp	ddisw 不是 dtfp 的 Granger 原因	1	0.059
	ddisw	dtfp 不是 ddisw 的 Granger 原因	1	0.148
dtfp&ddisr	dtfp	ddisr 不是 dtfp 的 Granger 原因	2	0.590
	ddisr	dtfp 不是 ddisr 的 Granger 原因	2	0.155

分析城镇化率与农业劳动力价格扭曲之间的互动关系。根据图4，城镇化率的冲击将导致农业劳动力价格扭曲向上波动，并在考察期内收敛至均

衡值，且该影响在期初是显著的。与之相似，农业劳动力价格扭曲冲击也将导致城镇化率向上波动，并在考察期内收敛至均衡值，且该影响也是在期初向上波动时是显著的。从影响程度看，城镇化率冲击对农业劳动力价格扭曲的影响更大一些。上述结果表明，推进城镇化发展将会加剧农业劳动力价格扭曲，其可能的原因在于城镇化率提高会导致人口从农村流向城镇，随着农业劳动力供给减少，农业劳动力边际产出会增加，且以快于农业劳动力价格的速度增长，最终导致农业劳动力价格扭曲程度增加。与此同时，农业劳动力价格扭曲程度增加也会提高城镇化率，其可能的原因在于随着农业劳动力价格扭曲程度增加，农业劳动力价格相对被低估，农业劳动力便选择流向城镇，进而提高了城镇化率。

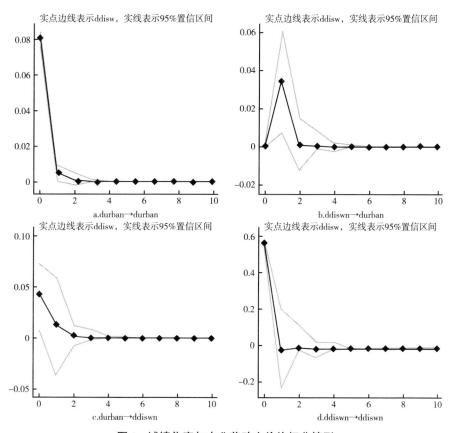

图4　城镇化率与农业劳动力价格扭曲情形

注：虚线对应冲击的95%置信区间。图5~7均同。

分析城镇化率与农业资本价格扭曲之间的互动关系。根据图5，城镇化率冲击将导致农业资本价格扭曲先向下波动，后向上波动，以向下波动为主，并在考察期内收敛至均衡值，但影响是不显著的。与之相反，农业资本价格扭曲冲击将导致城镇化率先向上波动，后向下波动，以向上波动为主，并在考察期内收敛至均衡值，但影响也是不显著的。从影响程度看，城镇化率冲击对农业资本价格扭曲的影响略大一些。上述结果表明，推动城镇化发展将有助于降低农业资本价格扭曲程度，而农业资本价格扭曲程度加剧则会提高城镇化率，但上述影响并不显著，进而意味着城镇化发展与农业资本市场化配置改革之间并不存在显著的互动关系。

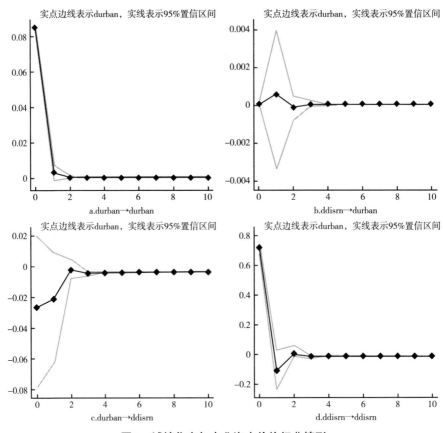

图5 城镇化率与农业资本价格扭曲情形

分析农业要素价格扭曲与农业全要素生产率之间的互动关系。根据图6，农业劳动力价格扭曲的冲击将导致农业全要素生产率向下波动，且影响是显著的，在考察期内收敛至均衡值。与之相反，农业全要素生产率冲击将导致农业劳动力价格扭曲向上波动，且影响也是显著的，在考察期内收敛至均衡值。从影响幅度看，农业全要素生产率冲击对农业劳动力价格扭曲的影响更大一些。上述结果表明，推进农业劳动力市场化配置改革会对农业全要素生产率产生推动作用，其可能的原因在于农业劳动力价格扭曲程度下降将会优化农业劳动力配置，从而提高全要素生产率（Hsieh 和 Klenow，2009）。与此同时，提高农业全要素生产率则会加剧劳动力价格扭曲程度，不利于农业劳动力市场化配置改革，其可能的原因在于农业全要素生产率提高能够助力农业劳动力边际产出增加，但农业劳动力价格的变动可能会滞后，最终导致农业劳动力价格扭曲出现加剧的结果。

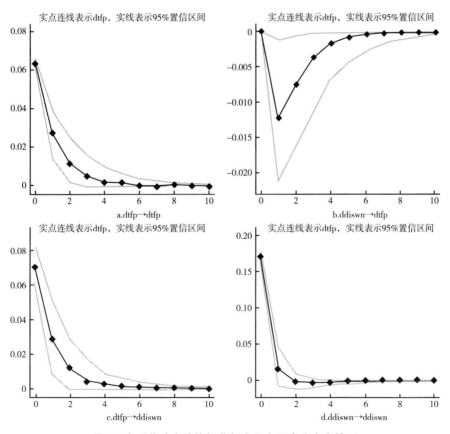

图6　农业劳动力价格扭曲与农业全要素生产率情形

　　分析农业资本价格扭曲与农业全要素生产率之间的互动关系。根据图7，农业资本价格扭曲冲击将导致农业全要素生产率向上波动，但影响是不显著的，在考察期内收敛至均衡值。农业全要素生产率冲击将导致农业资本价格扭曲先向下波动后向上波动，且影响在向下波动阶段是显著的，在考察期内收敛至均衡值。从影响幅度看，农业全要素生产率冲击对农业资本价格扭曲的影响更大一些。上述结果表明，推进农业资本市场化配置改革会对农业全要素生产率产生负向影响，但该影响并不显著，进而意味着农业资本市场化配置改革并不会推动农业创新发展。与此同时，农业全要素生产率提高会降低农业资本价格扭曲程度，其可能的原因在于农业全要素生产率提高能够助力农业资本边际产出增加，根据前文的测算结果，农业资本价格扭曲存在正向影响情形，意味着农业资本边际产出水平要低于农业资本价格水平，因此，随着农业资本边际产出的增加，农业资本价格扭曲程度会逐渐减小。

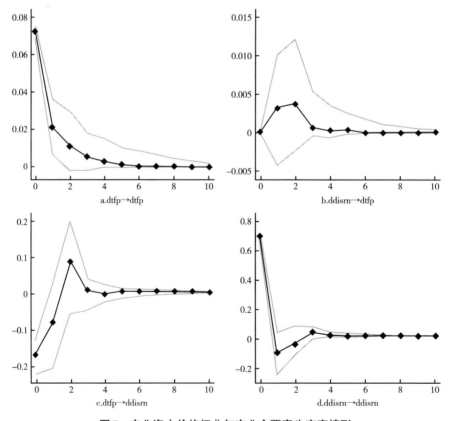

图7　农业资本价格扭曲与农业全要素生产率情形

根据以上分析结果，从城镇化发展与农业要素市场化配置改革的互动关系看，推动城镇化发展不利于农业劳动力市场化配置改革，且农业劳动力市场化配置改革也不利于城镇化发展。从农业创新发展与农业要素市场化配置改革的互动关系看，推动农业创新发展不利于农业劳动力市场化配置改革、有利于农业资本市场化配置改革，而农业劳动力市场化配置改革有利于推动农业创新发展。

六　结论与建议

推动要素市场化配置改革，从市场要素端进一步释放经济活力，已成为市场化改革的主要内容。从产业层面看，不同产业要素市场化配置改革的进度不同，在工业化和信息化快速发展的背景下，农业要素市场化配置改革的重要性容易被忽视，从长远发展看，农业作为基础性产业，对其他产业发展起到了支撑作用，因此推动农业要素市场化配置改革，提高农业要素配置效率具有可持续发展的特征。本文聚焦农业要素市场，利用生产函数法和随机前沿估计方法，对中国省级层面农业劳动力和资本价格扭曲进行了测算和比较分析，并利用PVAR模型探讨了农业要素价格扭曲与城镇化率和农业全要素生产率之间的互动关系。得到的主要结论如下。

第一，从农业要素价格扭曲的测算结果看，随着要素市场化配置改革的稳步推进，农业劳动力和资本价格扭曲程度均以减小为主。农业劳动力价格扭曲主要呈现负向扭曲，即农业劳动力边际产出水平高于农业劳动力价格水平，而农业资本价格扭曲主要呈现正向扭曲，即农业资本边际产出水平低于农业资本价格水平。从农业要素价格扭曲的地区差异分析结果看，两类农业要素价格扭曲的总体差异均以地区内差异为主，三大地区之间的差异较小，而且总体差异在期末均有所改善。从农业要素价格扭曲的地区收敛分析结果看，农业要素价格扭曲在相邻省份层面具有收敛性，即周边地区农业要素价格扭曲变动会导致本地区农业要素价格扭曲同向变动。

第二，从PVAR模型的分析结果看，农业要素价格扭曲与城镇化率、农业全要素生产率之间的互动关系并不对称。城镇化率提高将会加剧农业劳动力价格扭曲，且农业劳动力价格扭曲加剧将提高城镇化率。从农业全要素生产率与农业要素价格扭曲的互动关系看，农业全要素生产率提高将会加剧农业劳动力价格扭曲、降低农业资本价格扭曲程度，而农业劳动力价格扭曲加剧将抑制农业全要素生产率提升。

根据以上结论，本文认为下一步农业要素市场化配置改革需要注意以下三个方面。

第一，将农业要素市场化配置改革融入农业农村现代化战略中予以思考。优化要素配置是提高要素生产率的有效手段，因此，提高农业要素配置效率是推动农业农村现代化、实现农业高质量发展的关键。与其他的投入型发展战略相比，通过降低要素价格扭曲进而提高要素配置效率的发展战略具有"低成本"的特征，即通过盘活已有资源，畅通要素在农业与非农业之间的流通渠道，发挥市场机制对要素配置的调节作用，便可以达到优化要素配置的目的。在下一步推动要素市场化配置改革过程中，一是要清除城乡层面要素流通障碍，城乡之间的要素流通不畅会导致城乡资源配置不均衡，影响农业农村现代化发展。为了改变这种状况，可以采取一系列措施，如完善城乡交通基础设施和数字基础设施、重视公共物品的共享性等。二是要畅通农业和非农业之间要素流通渠道，农业和非农业之间的要素流通有助于实现资源的有效配置和农村经济的多元化发展，如推动农村产业结构调整，鼓励农民参与农产品加工业、农村旅游业等非农产业，拓宽农民增收渠道。同时，加强对农产品加工业、农村产业发展的支持，为农村转移劳动力提供更多的就业机会。

第二，农业不同要素的市场化配置改革需要差异化对待。从全国层面看，现有研究的测算结果大多表明中国存在劳动力和资本价格负向扭曲，因此采取的措施也应是针对价格负向扭曲展开。而根据本文的测算结果，农业劳动力价格存在负向扭曲，而资本价格则存在正向扭曲，需要兼顾改善负向价格扭曲和正向价格扭曲的措施。对于农业劳动力价格负向扭曲，重点仍然在于减少劳动力流动障碍，尤其是劳动力在城乡之间的流动，增强城市发展的包容性。对于资本价格正向扭曲，重点则在于提供保障的同时适当引入竞争机制，"一刀切"式的对农业资本进行补贴不仅可能会降低资本使用效率，也无法很好地满足农业企业多样化的资金需求。这就需要鼓励金融机构为农业发展提供资金支持，政府可以引导金融机构增加对农业的信贷投放，降低农业贷款的利率和门槛，方便农民和农业企业获得融资支持。政府还可以培育农村金融机构，推动金融服务下沉到乡村，更好地满足农村居民和农民的金融需求。

第三，在农业要素市场化配置改革中可以采用"组合拳"。农业劳动力市场化配置改革可以重点与农业创新发展相结合。渐进式改革的特征除了体现在改革速度上外，也体现在改革互动上，且组合式推进改革可以实现"1+1>2"的效果。根据互动效应的分析结果，农业资本市场化配置改革可以与农业创新发展相结合。这有利于进一步降低农业资本价格扭曲程度，且并不会显著抑制农业全要素生产率提升，从而推动农业高质量发展。推进农业创新发展需要综合考虑多个方面，一是政府应加大对农业科技的资金投入和政策支持力度，鼓励科研机构、农业企业和农民共同参与创新活动；二是政府和教育机构应加大对农业教育的投入，提供全面的培训支持，培养高素质的农业科技人才和农民经营管理人才，注重农业技术和管理知识的传承与创新；三是促进农业产业与科技创新融合，鼓励农业企业与科研机构、高校等合作，加强技术转化和产业化应用，推动科研成果落地和市场推广。

参考文献

［1］白俊红、卞元超，2016，《要素市场扭曲与中国创新生产的效率损失》，《中国工业经济》第11期。

［2］陈艳莹、王二龙，2013，《要素市场扭曲、双重抑制与中国生产性服务业全要素生产率：基于中介效应模型的实证研究》，《南开经济研究》第5期。

［3］程丽雯、徐晔、陶长琪，2016，《要素误置给中国农业带来多大损失？——基于超越对数生产函数的随机前沿模型》，《管理学刊》第1期。

［4］邓明、柳玉贵、王劲波，2020，《劳动力配置扭曲与全要素生产率》，《厦门大学学

报（哲学社会科学版）》第1期。

[5] 樊纲、王小鲁、朱恒鹏，2010，《中国市场化指数：各地区市场化相对进程2009年报告》，北京：经济科学出版社。

[6] 葛继红、周曙东，2012，《要素市场扭曲是否激发了农业面源污染——以化肥为例》，《农业经济问题》第3期。

[7] 盖庆恩、朱喜、程名望、史清华，2015，《要素市场扭曲、垄断势力与全要素生产率》，《经济研究》第5期。

[8] 盖庆恩、朱喜、程名望、史清华，2017，《土地资源配置不当与劳动生产率》，《经济研究》第5期。

[9] 孔祥智、周振，2020，《我国农村要素市场化配置改革历程、基本经验与深化路径》，《改革》第7期。

[10] 李言、樊学瑞，2020，《中国地区生产要素价格扭曲的演变：1978~2016年》，《数量经济技术经济研究》第1期。

[11] 聂长飞、简新华，2020，《中国高质量发展的测度及省际现状的分析比较》，《数量经济技术经济研究》第2期。

[12] 潘慧峰、袁军，2016，《Granger因果检验的文献回顾》，《科学决策》第9期。

[13] 曲立、王璐、季桓永，2021，《中国区域制造业高质量发展测度分析》，《数量经济技术经济研究》第9期。

[14] 盛仕斌、徐海，1999，《要素价格扭曲的就业效应研究》，《经济研究》第5期。

[15] 王宁、史晋川，2015，《中国要素价格扭曲程度的测度》，《数量经济技术经济研究》第9期。

[16] 谢嗣胜、姚先国，2005，《我国城市就业人员性别工资歧视的估计》，《妇女研究论丛》第6期。

[17] 张军、吴桂英、张吉鹏，2004，《中国省际物质资本存量估算：1952—2000》，《经济研究》第10期。

[18] 张杰、周晓艳、李勇，2011，《要素市场扭曲抑制了中国企业R&D?》，《经济研究》第8期。

[19] 朱喜、史清华、盖庆恩，2011，《要素配置扭曲与农业全要素生产率》，《经济研究》第5期。

[20] 张凤兵、乔翠霞，2019，《基于要素配置的城乡利益格局"断裂"与"重构"：文献梳理与展望》，《农业经济问题》第6期。

[21] 朱秋博等，2019，《信息化提升了农业生产率吗?》，《中国农村经济》第4期。

[22] 张杰、郑姣姣、陈容，2022，《中国"不对称"市场化改革的抑制激励效应》，《中国经济学》第1期。

［23］Hall R. E., Jones C. I. 1999. "Why do Some Countries Produce So Much More Output Per Worker than Others?" *Quarterly Journal of Economics* 114(1): 83–116.

［24］Hsieh C. T., Klenow P. J. 2009. "Misallocation and Manufacturing TFP in China and India." *Quarterly Journal of Economics* 124(4):1403–1448.

［25］Rader T. 1976. "The Welfare Loss from Price Distortions." *Econometrica* 44(6):1253–1257.

［26］Skoorka B. M. 2000. "Measuring Market Distortion: International Comparisons, Policy and Competitiveness." *Applied Economics* 32(3): 253–264.

（责任编辑：李兆辰）

小微放贷影子银行规范发展与监管探索

苑素静　刘　畅　陈宣竹[*]

摘　要：以小贷公司、互联网金融平台为代表的小微放贷影子银行在一定程度上增加了中小企业融资的可获得性，但高息、不规范经营等问题制约着中小企业营商环境优化进程，对我国经济金融高质量发展造成不良影响，必须将其全面纳入监管，建立系统的、前瞻性的监管体系。本文在分析小微放贷影子银行发展的概况、特点的基础上，通过案例分析等方法，论证了影子银行对中小企业融资的作用及其存在的问题，剖析了经专项治理后仍需深入解决的体制性和系统性问题。在稳中求进工作总基调的背景下，小微放贷影子银行治理和监管已经走上新的"赶考"之路，必须适应新环境，有针对性地完善监管体系，正其制度、分类治理、固本培元，实现监管数字化转型，推广使用数字人民币，打造支持创新的金融文化，从而使之成为推动中小企业发展壮大的强劲力量。

关键词：影子银行　监管　中小企业

实体经济是强国之本，中小企业是富民之基。以小贷公司、互联网金融平台等为代表的影子银行虽然在一定程度上增强了中小企业融资的可获得性，但高息、随意抽贷、不规范经营等问题制约着中小企业营商环境优

---

*　苑素静，高级经济师，中国农业银行北京市分行，电子邮箱：718484652@qq.com；刘畅，经济师，中国农业银行北京市分行，电子邮箱：113293426@qq.com；陈宣竹，中国银河证券股份有限公司，电子邮箱：miriamc0817@163.com。感谢匿名审稿专家的宝贵意见，文责自负。

化进程，偏离了职能部门的设计初衷，干扰了金融与经济的良性循环，对经济金融向高质量转型发展构成不良影响。

党的二十大报告指出，深化金融体制改革，加强现代金融监管，完善金融稳定保障体系，依法将各类金融活动全部纳入监管，守住不发生系统性风险的底线。深入贯彻落实党的二十大精神，必须深刻把握金融工作规律，深化对金融工作政治性和人民性的认识，一方面，要完整、准确、全面贯彻新发展理念，以服务实体经济和人民生活为根本，进一步提升小微放贷机构服务小微企业和实体经济的能力和水平，推动经济实现质的有效提升和量的合理增长；另一方面，要平衡好稳增长和防风险的关系，把主动防范化解金融风险放在更加重要的位置，要充分应对小微放贷影子银行可能产生的风险，特别是防止发生系统性金融风险，强化金融稳定保障体系建设，完善小微放贷影子银行监管体系。

本文根据我国的金融实践，结合西方国家影子银行体系的发展和监管情况，全面梳理了各类影子银行市场主体的类型、业务模式、特点、发展概况、风险生成以及监管现状，剖析了影子银行经专项治理后仍然存在的问题，有针对性地提出了体制性和系统性监管建议。本文研究发现，小微放贷影子银行是金融体系的一部分，恰逢互联网进入千家万户的时机，借助中小企业融资需求快速增长。于监管尺度松紧不一致的地域和行业缝隙中，小微放贷影子银行利用诸多信息不对称等，给社会经济生活带来了负面影响，要将风险关进笼子，就必须将其纳入金融体系予以持续、有效的监管，有针对性的完善现有监管体系，正其制度、分类治理、固本培元，实现监管数字化转型，推广使用数字人民币，使负面因素在数字化时代的阳光下趋于消亡，从而有效遏制乱象。本文认为，要充分肯定小微放贷影子银行的积极作用，赋予小微放贷机构应有的市场地位，针对其客户违约概率和违约损失率高、风险系数大于传统银行的特点，允许其在规范的监管下获得合理的风险补偿，使其成为传统金融市场的有益补充，成为推动实体经济发展、激发市场主体活力的正向力量。

一　文献综述

近年来国内外与本文相关的研究文献主要集中在影子银行对小微企业融资的支持、风险的形成及影子银行监管等方面。

（一）关于影子银行支持小微企业融资的研究

中小企业基于自身和金融体系的问题，融资壁垒较高，这在很大程度上制约了中小企业的发展，而影子银行提供的金融支持从一定程度上缓解了这种困境。但影子银行的高利率和低监管可能带来较大的金融风险。卢盛荣等（2019）通过构建一个包含"二元"经济结构的 DSGE 模型指出，中小企业不易从商业银行渠道获得贷款，只能从影子银行获取资金以弥补融资缺口。但同时商业银行等也助推了影子银行的套利行为，进一步增加了中小企业的融资成本。杨英（2012）等从影子银行的角度提出缓解小微企业融资困境的思路，建议政府通过设立创业投资引导基金、完善小微企业融资担保政策等方式提升小微企业根本的"造血"功能。文学舟等（2020）认为建立健全社会担保体系和风险分担机制，可以有效补充小微企业抵押担保，提高小微企业的信贷可获得性。随着研究视角的拓展，白燕飞（2020）、Chen 等（2021）建议引入上下游企业和核心企业的供应链融资来增强小微企业的信贷可获得性。影子银行信贷市场的高利率加大了中小企业的还款压力，从而增加了企业资金链断裂和企业破产的可能性（佟孟华等，2018）。李建军、韩珣（2019）认为融资约束程度较高、治理效率较低的企业开展影子银行业务从而增加经营风险的可能性越大。虽然影子银行在一定程度上弥补了中小企业的融资缺口，但盲目依赖影子银行无异于饮鸩止渴。王正位等（2020）针对我国中小微企业在新冠疫情期间面临的"融资难""融资贵"等问题，利用大数据优势对企业经济活动恢复状况进行了细颗粒、多维度分析，并提出了一系列贷款模式创新构想。高敏雪等（2022）结合第四次全国经济普查企业数据对大中小企业划型统计标准进行了实证研究，指出当前实际中反映出来的企业划型问题主要集中为小微企业"错分"问题，由此在宏观政策落地、小微企业财政和金融帮扶政策实施，乃至政策性金融机构或商业银行贷款执行标准上形成了一些难点，值得相关标准制定部门关注。

（二）对影子银行监管的相关研究

影子银行的出现，对于不同市场活动和金融市场产生了不同程度的影响，许多学者对影子银行的监管问题也进行了探讨。我国已有文献关注了影子银行的产生根源、发展历程，研究了影子银行与监管之间的关系，但在资管新规落地后的新时期，少有文献从我国监管机制改革视角研究影子银行发展过程中的风险生成逻辑以及监管作用机制。

国外学者对影子银行的研究较早，Paul McCulley 于 2007 年提出"影子银行"这一概念，认为影子银行游离在监管体系之外，无法得到央行的流动性支持。Pozsar（2013）认为影子银行是信贷和流动性转换的中介机构，发挥着与商业银行类似的功能，但得不到公共部门的信贷担保。2008 年国际金融危机爆发后，Freixas 等（2015）对影子银行潜藏风险及其治理展开了深入研究。2011 年周小川提出，应建立起银行内部风控与外部监管相衔接的影子银行监管框架。王达（2012）提出美国在金融危机后通过创立"沃尔克规则"来加强对由商业银行控股公司主导的内部影子银行体系的监管。通过立法方式填补了美国对影子银行体系监管的空白。袁增霆（2011）认为，对于央行的货币政策及宏观调控目的而言，最重要的是将影子银行纳入统计口径，掌握其信息以便基于充足的信息作出决策。

随着国内外环境日趋复杂，金融与互联网和数据的融合应用加深，金融风险传染性增强，对影子银行的金融监管面临挑战，为此，监管机构对影子银行的监管方式和手段也在随势而变。朱孟楠等（2012）利用建模方式得出结论，在存在影子银行的情况下，对传统银行愈加严格的资本金要求反而可能会促使银行进行监管套利，为增进社会福利，应对影子银行体系实行部分监管；而当对传统银行的监管比较宽松时，对影子银行实行严格的监管，有利于社会福利最大化，即无论何种情况，都不应忽视对影子银行的监管。近年来部分学者认为，监管应由被动适应转为主动防御，注重强化表内结构化分析及表外信息披露（张文尧等，2022），通过分级分类监管，引导及控制影子业务发展（吴俊霖，2019），完善宏观审慎监管体系，统筹兼顾风险控制与业务发展（李鹏，2019）。文维虎和陈荣（2010）提出对影子银行的监管应具有针对性、分类性，避免盲目、无序，控制风险，合理引导其增强社会功能。许有权（2020）基于 13 家国内主要商业银行可观测的资产运用结构信息，通过模型刻画和经验估计单个银行机构的表内类信贷活动对其总体风险状态的边际影响，忽视类信贷活动的隐性风险将极大地降低银行总体风险，国有银行的类信贷活动对其总体风险的边际影响普遍低于股份制银行，跟进及增强监管似乎有助于降低银行类信贷活动的隐性风险。刘小嘉（2020）认为我国监管当局要注意对影子银行监管的尺度，建立更完善的信息数据库，填补漏洞，加快相关立法。为缓解中小企业由融资恶化带来的恶性循环，政府应当推进利率市场化改革，商业银行增加对中小企业的信贷投放，改善民营中小企业融资困境。但王妍等（2019）的研究结果显示，中国影子银行规模变化与货币政策呈现强逆周期性，这在一定程度上削弱了货币政策的有效性，导致金融风险在紧缩环境下不断积累，央行等监管机构应当在考虑其逆周期特性的基础上加强对影子银行的监控。张勇等（2022 年）从宏观经济不确定性视角对流动性创造分化机制及其规模异质性特征展开分析，研究发现金融脱媒会强化规模异质性，而旨在治理影子银行业务的金融监管会弱化规模异质性。在当前以推动银行业高质量发展为重心的金融供给侧结构性改革中，需要防范宏观经济不确定性引致银行流动性创造分化的"脱实向虚"效应，尤其是引导小型银行流动性创造回归本源，服务实体经济。

本文旨在从历史演进和实践逻辑的视角梳理我国小微放贷影子银行特征、风险生成和当前监管机制改革中存在的问题，进而提出政策建议。

二　小微放贷影子银行产生及概况

作为发展中国家，我国经历了2009~2010年的信贷扩张后，银行开始紧缩银根，这在很大程度上降低了对中小企业的信贷支持力度，中小企业面临资金不足。主流金融体系融资供给和实体经济旺盛的融资需求之间存在较大缺口，逐利性的资金"跳"出银行的资产负债表，以类借贷的各种形式和渠道生长，小微放贷影子银行的发展是中小企业融资多元化的现实需求，也可能成为风险聚集的领域。

（一）持牌机构与新兴主体并存

根据我国的金融实践，结合金融稳定理事会对影子银行的定义①，本文中所指的小微放贷②影子银行是指在常规银行体系以外，为中小企业提供金融服务的信用中介机构和信用中介活动。我国的小微放贷影子银行是中国金融体系的过渡性产物，与其他国家或地区的影子银行③相比，国内小微放贷影子银行体系不存在复杂的金融衍生品或存量占比较少；还有一个特色是与信息金融科技结合开展的信用创造活动，即互联网中介业务和金融活动。按照金融稳定理事会"三层次"和"两步走"相结合的方法，小微放贷影子银行主要包括：小额贷款公司、典当行、融资担保公司等传统的持牌金融机构，以及互联网金融平台、网络借贷P2P和结构化目的载体④等新兴的非持牌机构。其中影子银行特征明显且风险突出的主要是近年来如雨后春笋般异军突起的网络借贷P2P机构和互联网金融平台。

---

① 2011年，金融稳定理事会提出，影子银行是"常规银行体系以外的信用中介机构和信用中介活动"。各国监管当局对影子银行的界定各不相同，但影子银行均源于流动性泛滥，而各国金融环境不同，造成了影子银行形态的分化。

② 指对单户授信在1000万元（含）以下的小微企业发放的贷款。

③ 西方国家"影子银行"体系主要由四部分构成：证券化机构、债券保险公司、市场化的金融公司和投资银行。市场化的金融公司主要包括对冲基金、货币市场共同基金、私募股权投资基金、结构化投资机构（SIV）及保险公司、证券经纪公司等。

④ 投资到中小企业的非股权私募基金或其相关资产发行的证券化产品。

表1 中国小微放贷影子银行机构及余额情况

单位：家，万亿元

序号	项目		2019 年末	2020 年末	2021 年末
1	小额贷款公司	数量	7551	7118	6453
		贷款余额	0.93	0.89	0.94
2	融资担保公司（在保余额）	数量	5937	5459	6628
		贷款余额	2.70	3.2	3.71
3	典当行（贷款）	数量	8397	7780	7984
		贷款余额	0.10	0.10	0.10
4	结构化目的载体	数量	159	283	215
		余额	0.24	0.35	0.21
5	网络借贷P2P（贷款）	数量	343	0	0
		贷款余额	0.49	0	0
6	互联网金融平台	数量	2236	1414	2219
		贷款余额	4.10	5.30	5.80
7	针对个人的消费贷款和现金贷款	数量	25	30	30
		贷款余额	0.47	0.49	0.37

资料来源：中国银保监会、中国人民银行、中国证券投资基金业协会、中国信托业协会、Wind 数据、网贷之家，2019~2022 年。

（二）独具特色的错配

据中国银保监会课题组的《中国影子银行报告》，截至2019年末，小微放贷影子银行规模9.02万亿元[①]，占中国广义影子银行总规模的10.63%，是银行体系普惠金融贷款[②]的77.83%。小微放贷影子银行呈现以下特征。

1.以银行为核心

小微放贷影子银行具有银行中心化特征，表现为"银行的影子"，这是由我国以银行为主导的间接融资体系决定的。从负债端来看，不管是消费

[①] 考虑到消费金融展业主要通过互联网金融平台，为避免重复，计算小微放贷影子银行规模时没有加上消费金融余额。

[②] 截至2019年底，我国银行体系普惠贷款余额为11.59万亿元；中国广义影子银行规模为84.80万亿元，占2019年GDP的86%，相当于同期银行业总资产的29%。

金融公司、小贷公司还是典当行的资金来源，基本都依赖于银行。从资产端来看，影子银行的客户归根到底都是银行的客户，为中小企业提供担保的公司是银行的辅助机构。另外，银行也将影子银行的操作方法运用到部分投资和理财业务中，资金流向隐蔽。

2.以新技术为驱动

随着大数据、区块链和客户画像等技术的应用，以互联网金融平台为代表的影子银行异军突起，而与之相比的传统小微放贷影子银行发展平稳。截至2021年末，我国互联网金融平台放款余额达到5.8万亿元；互联网金融平台放款金额达到20.2万亿元。2021年全年，互联网金融平台共发行124笔ABS，发行量1303.93亿元，其中，京东、百度、美团三家合计发行696.6亿元，较2020年翻了一倍。

3.显著提高普惠融资占比

截至2021年末，小微放贷影子银行为中小企业融资余额达到11.13万亿元，是商业银行普惠金融贷款余额的58.39%，将我国普惠融资占比[①]提高到9.96%。小微放贷影子银行为满足中小企业融资需求发挥了一定的作用，显著增加了中小企业信贷资金规模和融资成功率，在一定程度上缓解了中小企业融资约束。

（三）缓解小微企业融资难题

北京作为全国科技创新中心，中小企业约有200万家，主体数量多、科技含量高、韧性和成长性好，融资需求强，中小企业贡献了全市30%以上的税收、50%以上的技术发明专利、60%以上的就业机会和90%以上的企业数量，是北京技术和产业创新、实现经济高质量发展的重要基础，是首都"五子"联动战略布局的重要支撑。这些企业表现出小市值、高估值、高成长、高盈利、无抵押的特点，与其他省份的中小企业同样面临着融资难、融资贵、融资需求无法得到满足的问题。粗略估算，每年北京市中小

---

① 普惠融资占比为社会融资总额中中小微企业融资所占的比例，为中小微企业提供的融资包括银行普惠金融贷款（1000万元以下）、影子银行中为小微企业融资的余额、中小企业专项债券及票据。

企业的新增融资需求近万亿元，实际通过银行能满足的仅占20%左右。下文以A公司为例，简述其融资情况、困境和建议。

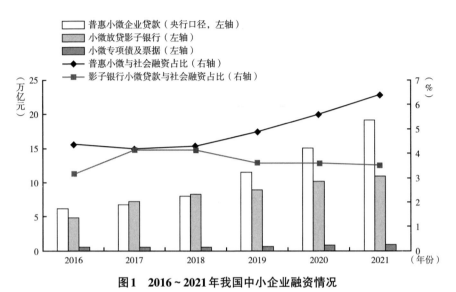

图1　2016～2021年我国中小企业融资情况

资料来源：中国人民银行官网、Wind数据库2016～2021年数据。

1. A公司基本概况

A公司是一家从事云GIS、大数据产品研究与应用服务的高科技企业，经营范围包括软件服务、数据处理、通信设备、信息系统集成、物联网技术服务、地理遥感信息服务和通用航空服务等。公司成立于2012年8月，落户于北京海淀区中关村软件园，注册资本为1400万元。2021年营业收入12582.25万元，外部查询社保人数为95人，企业划型为小型企业。

A公司是国家级"专精特新"企业，拥有领先于其他中小企业的技术优势，注重创新投入和新产品研发；拥有个性化、特色化的产品，具有差异化的竞争力。该公司拥有国家高新技术企业证书，目前拥有专利信息7项。目前公司股东共15名，其中自然人1名，实际控制人为自然人。该公司设有股东会、董事会，董事会由股东会选举产生，由7名董事组成。公司下设总裁办、平台研发中心、垂直行业业务部门、区域业务中心、职能管理中心、市场部、经营策划中心、融资业务部、科技发展部和商务部。公司拥有5家子公司、1家分公司，已为全国10余个省份400余个市县政务单位、银行网点等提供智慧国土领域相关服务。公司属于早期进入市场的企业，目前已成长为国内该领域的重要服务商。公司参与制定了城市规划方针系统的行业标准，参与了"十二五"国家科技支撑计划项目、863计划项目和国家重点研发计划项目，开发的有自主知识产权的基础平台是其核心竞争力。另外公司业务还覆盖公共安全、智慧旅游等领域。

2. A公司财务情况

2021年公司总资产达25000万元，较上年增长4700万元，其中流动资产余额占比达80%；总负债为7000万元，较上年增加2300万元，其中短期借款占比达60%。公司所有者权益约18000万元，较上一年度增长2400万元。近三年公司资产负债率保持在50%以下，总体资产结构基本合理，经营业绩良好。2021年公司收入约12600万元，实现净利润2400万元，较上年末增加了2500万元。利润增加的主要原因是2021年主营业务收入增加。公司主营业务收入逐年上升，产品利润率较高。该公司偿债能力及盈利能力的各项指标均优于行业平均值，有些达到优秀值或良好值，偿债能力及盈利能力良好。营运能力方面，应收账款周转率低于平均值，其原因是公司服务客户大多是政府机构，合同账期长造成回款期较长；存货周转率略低于平均值，其原因是2021年企业购入项目所需软硬件，如光盘摆渡机、光闸、数据库软件等，且部分结转收入成本计入存货，总资产周转率高于平均值，营运能力较强。2020年和2021年公司纳税总额分别达到160万元和80余万元，2021年纳税总额减少的主要原因是2021年底依据集征集退和技术开发及转让等的税收优惠政策企业在一定程度上享受税收减免导致纳税总额减少。

3. A公司的融资情况

在创业初期，从2012年成立到2014年，企业自身的注册资本较少，经营规模比较小，财务状况不够理想，难以获得外部融资。资金的周转主要依靠销售业务收入，融资主要依靠企业经营所带来的内源融资。

在成长期，2015~2017年，这一阶段需要大量的资金以支撑发展，而公司现存的产品销售收入大部分只够保证日常运营，流动资金严重短缺，依靠的外源融资主要来自商业银行及影子银行两个渠道，但通过商业银行融资面临贷款门槛高、需要抵押担保、贷款规模受限等问题，难以满足业务快速发展所需资金；影子银行为其提供了更具灵活性、便利性的资金。如某信托公司在对 A 公司的偿债能力、经营状况、发展前景进行综合行分析之后，与该公司达成合作意向，以信托集合计划方式为公司提供 1800 万元的融资资金，利率为 15%，北京市中小企业担保集团为 A 公司提供担保并承担不可撤销的连带担保责任。在取得信托融资后，公司相关项目资金投入得到维持和保障，各项采购计划得以实施，缓解了资金周转困境。另外，公司还从小额贷款公司获得贷款 300 万元，年利率为 40% 左右；民间借贷 200 万元，年利率 65% 左右，主要用作日常经营的流动资金。

2018 年开始，影子银行进入集中整治，融资性信托业务受限，公司通过信托融资的渠道被切断，资金链出现问题，公司开始寻求以委托贷款的形式从大型企业获得资金，企业获得委托贷款的利率在 15% 左右。近年来，国家持续加大对科创企业的支持力度，公司于 2020 年获评国家级"专精特新"企业，2021 年开始各银行纷纷向公司抛出橄榄枝，加大对公司的融资支持力度。截至目前公司获得包括农行、中行、工行和股份制银行在内的 11 家银行的授信，金额在 300 万~800 万元不等，总金额近 6000 万元，授信品种为流动资金贷款，担保方式为专利权质押的保证担保和个人无限连带责任担保等。

4.影子银行的作用

影子银行是公司主要的融资渠道。公司近年来融资的主要渠道是非银行等影子银行，占其所有融资金额的 80%。另外公司还通过民间融资途径来获得资金，但这往往只能作为缓解燃眉之急的手段。影子银行融资利率较高。A 公司非银机构融资利率在 15% 以上，而民间借贷利率高达 65%。贷款利率高导致融资成本高，极大地侵蚀了利润，加大财务风险。

5.案例的启示

中小企业在发展初创期和成长期很难从银行获得贷款。据统计，每年新增银行贷款中仅有约15%是小企业获得的。[①]银行紧缩银根、中小企业资金饥渴，使得越来越多资金"跳"出银行的资产负债表以各种渠道进入实体经济，但客观上也的确满足了中小企业的融资需求。

三 小微放贷影子银行特点及风险

我国影子银行的发展，一方面是由于中小微企业融资需求难以通过商业银行满足，使得影子银行得以扩张；另一方面由于相对于传统商业银行业务，影子银行业务受到的监管更松。

（一）诸多问题隐藏风险

总体上看，我国小微放贷影子银行存在"两高、两多、两低"的问题，即高利率、高利润、多层嵌套、多种模式、风险拨备低和保障程度低。

1.高利率

调研发现，截至2021年末，小微放贷影子银行利率平均达18.97%[②]，其中，小额贷款公司利率[③]为18%，担保公司平均担保费率为2%[④]，互联网金融平台利率为22%。与此相对应的是，我国商业银行普惠金融利率为5.57%[⑤]，是银行利率的3~4倍。以蚂蚁金服平台促成的小微经营贷款为例，贷款一般期限可达12个月，平均年化贷款利率为16.80%，用户可以选择在任何时候提前还款，无须罚息，而一旦逾期将面临较高罚息。

2.高利润

互联网金融平台的高利润主要源于运营成本低、资金成本低、不良率和风险管理成本低、融出利率高。

---

① 数据来源于《中小企业标准暂行规定》（2019）以及银保监会、央行发布的《2019年中国普惠金融发展报告》。

② 根据小微放贷主体的平均放款利率和规模进行加权计算得出。

③ 据调研发现小贷公司在实际业务中通常以签订阴阳合同的方式来逃避监管，贷款利率高达30%~50%。

④ 以上海为例，政策性担保公司费率1%~2%，商业性担保费率2%~4%。

⑤ 数据来自中国人民银行网站。

（1）运营成本低。互联网金融平台运营费用主要涉及人力+办公场地+计算设备，因在运营上广泛运用互联网技术，属于典型的轻资产公司，运营成本较低。

（2）资金成本低。互联网金融平台资金主要来源于资产证券化、联合贷款及自有资金。以蚂蚁集团开展的互联网信贷业务为例，①截至 2020 年 6 月，蚂蚁集团总资产为 3159 亿元，净资产 2149 亿元；信贷投放约 2 万亿元，一年里约 5 亿用户及超过 2000 万小微经营者通过蚂蚁集团的微贷科技平台获得了信贷。在蚂蚁金服促成的信贷中，由合作金融机构进行放款或已实现资产证券化的占比达 98%，由公司直接提供信贷服务的贷款仅占 2%。资产证券化业务成为近年来互联网金融平台最重要的资金来源。互联网金融平台将发放的信贷资产通过资产证券化方式打包出表，一笔基础资产可多次循环，一方面腾出额度用于再放款，另一方面赚取基础资产和债券的利差，每笔收益率可达 5%~10%。以京东资产证券化产品为例，京东集团（世纪贸易）为原始权益人，际晖信息服务有限公司为资产服务机构，券商为计划管理人，银行作为托管行发行的应收账款债权资产支持计划，评级机构对优先级给出了 3A 的评级。截至 2021 年 8 月 31 日，京东世纪贸易存续的 ABS 和 ABN 总计 162 只，融资余额 465.72 亿元，ABS 发行价格与基础资产的利差收益率超过 7%。

（3）不良率/风险管理成本低。互联网金融平台的高利润在一定程度上与其引入精准客户画像、大数据算法、动态风险管理带来的较低不良率有关。互联网金融平台通过线上及线下的支付交易、商家的经营流水以及多渠道的资讯积累了丰富的客户数据。蚂蚁金服与其参股的网商银行通过交易行为为客户画像来圈定客户范围，其服务的小微客户范围往往远远大于传统金融机构，充分发挥了金融科技带来的运作效力。在服务平台客户的过程中，在没有人工干预的情况可以通过系统有效评估小微经营者的信贷风险并为相关信贷产品定价，2017~2019 年蚂蚁金服平台小微经营者信贷的余额逾期率平均为 1%~2%，资产质量较为优质②。

---

① 根据蚂蚁金服拟上市时申报的《招股说明书》。

② 根据银保监会、央行发布的《2019 年中国普惠金融发展报告》，2019 年 6 月末全国普惠型小微企业贷款不良率 3.75%。

3.多种模式

业务模式主要包括"助贷+担保"、联合贷[①]、分润三种，其中"助贷+担保"占比较高，联合贷和分润模式虽然占比不高，但在实践中也得到了不同程度的应用。以互联网小微贷款为例，其主要的业务模式是银行与互联网平台开展"助贷+担保"合作，平台机构为缺少零售业务的银行提供客户引流与信用初审，并指定第三方担保机构签署三方协议以提供增信服务；银行对平台引入用户进行内部审核后发放贷款，获得固定收益；当作为第一还款来源的平台用户发生违约时，担保机构进行逾期代偿、风险兜底。一笔贷款涉及银行、助贷机构、互联网金融平台和担保公司四家机构。在该种模式中，提供资金方难以直接触达客户，互联网金融平台在客户的可触达性、渠道的自主性、数据的可获得性方面占据主导地位，获得大部分收益。但由于平台公司作为助贷方不提供资金，在放款前期很容易放松对资产质量的把控，使得合规操作流于表面，其中的道德风险不言而喻；在贷后管理和催收环节银行又严重依赖于平台方的数据和算法模型，当数据安全或算法发生错误时，甚至可能诱发系统性金融风险。

4.多层嵌套

商业银行的同业融资和同业投资、商业银行+融资担保公司模式、准金融机构的批发零售模式、银行理财投资特定目的载体、"同业存单+同业理财+委托投资"模式、"银行贷款+理财产品+委托投资"模式等广泛存在于小微放贷影子银行的资金和资产链条中。小微放贷影子银行在创新、监管、再创新、再监管的过程中波段式演进。

5.风险拨备低

《关于小额贷款公司试点的指导意见》[②]（以下简称《指导意见》）规定，小贷公司应建立资产分类和拨备制度，并提取相关贷款损失准备金；

---

① 联合贷是由两家或数家金融机构一起对某一项目或企业提供贷款。在该种模式下，信贷资金提供方和信贷决策主体割裂，违约风险主要由资金提供方承担。

② 《关于小额贷款公司试点的指导意见》（银监发〔2008〕23号）规定，中国人民银行对小额贷款公司的利率、资金流向进行跟踪监测，并将小额贷款公司纳入信贷征信系统。小额贷款公司应定期向信贷征信系统提供借款人、贷款金额、贷款担保和贷款偿还等业务信息。

《融资性担保公司管理暂行办法》规定，融资性担保公司按照当年保费收入的 50% 提取未到期责任准备金，按照不低于当年末未担保责任余额 1% 提取担保赔偿准备金，担保赔偿准备金达到当年担保责任余额 10% 的实现差额提取。但长期以来小贷公司和融资担保公司等小微放贷平台的资本金和准备金储备严重不足。

6. 保障程度低

小微放贷影子银行具有流动性和期限转换的职能，因而也面临资产负债表的期限和流动性错配风险。银行面临风险时，政府一般通过非常规的货币政策和财政注资向其注入流动性，为其纾困。但小微放贷影子银行基本未被纳入外部救助保障体系，在金融运行环境复杂的情况下，一旦出现风险，极易造成流动性风险和信用崩塌。

（二）监管不足成为共性

本文将影子银行按照 2013 年国务院办公厅出台的《关于加强影子银行监管有关问题的通知》进行分类，基本可划分为以下三类，其在一定程度上都存在监管不足的问题。

第一类是无金融牌照、有相对监管但不足的情形。小额贷款公司贷款、典当行融资、商业保理公司保理、融资担保公司在保业务等均属于类融资或为融资活动提供担保业务，是典型的信用中介，但风控标准远远低于银行；小贷公司非法集资、以阴阳合同方式发放高利贷，一些担保机构从事非法吸收存款、非法集资、高利贷和委托发放贷款和投资等活动。网络借贷机构按照普通工商企业注册，互联网金融平台野蛮生长、无序扩张等违法违规现象时有发生，并长期处于监管真空地带。2013 年以来，部分本应只承担信息中介和支付中介功能的互联网支付平台开始违规开展信贷和资金池运作，甚至将面向合格投资者发行的资管产品拆分、售卖给风险承受能力较弱的一般个人客户，呈现出庞氏骗局的典型特征。

第二类是有金融牌照但监管不足的情形。结构化目的载体投资以中小企业贷款为基础资产的证券化是近些年兴起的机构和产品，虽然占比不高，但部分私募基金与非法集资、P2P 等相互关联，出现较大兑付风险；利率和违约率相对较高的中小企业信贷资产在经过优先劣汰打包分层后成为影子银行与证券化连接的载体，一笔底层资产可以循环5~10次，杠杆比很高，潜在风险不容小觑。

第三类是无金融牌照、无监管的情形。市场上还存在许多"无证驾驶"的互联网金融平台，支付牌照则更是一度呈现"一张难求"的火爆局面。另外，民间借贷机构和地下钱庄等非常活跃，利率往往远高于法定利率的4倍，扰乱了金融市场的正常秩序。小微放贷影子银行长期处于监管的"真空"地带，一旦出现问题，极易造成风险传染，引发系统风险。

（三）监管缺失滋生乱象

小微放贷影子银行监管的不到位主要体现在以下三个方面。

1.监管真空与监管重叠并存

以互联网金融平台为代表的小微放贷机构具有跨界、混业、跨区域经营的特征，分属银保监会、证监会、央行和征信局等分支机构监管，各类业务牵涉互信办、工信部、公安部、市监局、发改委、科技部等部门，各部门间信息不对称、行动不一致，容易造成监管"真空"或者监管重叠的现象，不仅造成监管资源浪费，也不利于行业长期有序健康发展。尤其是在部门合规及风险监管目标与行业发展目标之间存在内在冲突时，常以行业的发展为目标，事前鼓励机构高风险运作，事后却缺乏协调处置能力。以蚂蚁金服为例，多头监管导致监管方对场外配资等核心指标缺乏了解，对通过交叉持牌和交叉持股等方式提供的跨市场金融产品难以精准监管到位。

2.监管的主动性和前瞻性欠缺

在互联网金融平台追求业务迅速扩张过程中，把控底层金融资产的质量和效益可能会向获取良好的用户体验和便利性妥协。监管部门如果做不到事前安排，主动出击，穿透式监管，这些因技术风险而产生的种种波动在量化和高频交易过程中将造成风险扩散速度更快、涉及面更广、溢出效应更强，给市场造成系统性风险的可能性更大，很可能将面临野蛮生长后的"一棒子打死"，这对行业发展来说是致命打击。以蚂蚁金服为代表，利润最高的贷款业务和投资管理业务都必须依靠大数据风控模型预测违约率，但这些算法背后可能隐匿着期限错配、风险低估等风险。

3.监管的数字化和智能化不足

互联网金融平台内部信用体系并不健全，平台受征信体系限制并未完全掌握借款人潜在的债务信息，平台间信息保密可能导致多平台借贷多处违约、以贷借贷/以贷还贷的风险。互联网金融平台当前主流的算法过程与结果输出的关联不为人知，计算范式中表现出来的个人偏见、历史数据误差、技术自身漏洞或者错误，都可能引发算法歧视、算法欺诈、算法垄断、算法错误、算法失灵从而导致风险发生。互联网金融平台在技术中立的外衣下其技术作为商业秘密仍未被披露且未被监管部门监管。

小微放贷影子银行高息堆积风险，监管缺失滋生乱象，业务虚化引发资金空转，对我国金融体系的稳定造成了不良影响，亟须坚决予以遏制和治理，使小额放贷影子银行走出监管的真空地带，阳光化发展，真正发挥普惠金融的作用。

四 小微放贷影子银行治理及仍需解决的问题

小微放贷影子银行作为主体银行体系以外的信用中介，掌握、调配着一定体量的社会资本，如果将风险关进笼子，则其可以成为传统金融市场的有益补充，成为推动实体经济发展、激发市场主体活力的正向力量。

（一）近年来小微放贷影子银行的系列治理安排

风险偏高是企业初创期和成长期的普遍规律，企业在成长过程中追求规模的扩张和不断试错纠错，可能导致风险较大，难以得到传统银行的支持是其面临的共同困难，为此小微放贷影子银行提供的类贷款融资服务应运而生，满足了企业的融资需求。但若监管失位，导致资金脱实向虚，陷入"以钱生钱"的空转游戏，则市场资源配置会被扭曲，金融与实体经济的良性循环会被破坏，任其发展可能演化成诸多乱象和系统风险的罪魁祸首。鉴于此，从 2017 年开始，由中国人民银行牵头，联合银保监会、证监会、外汇局开展了系列影子银行和互联网金融专项治理，出台了资管新规及配套实施细则，统一了资产管理业务监管标准，补齐了金融风险防范化解制度短板。

1.化解影子银行风险

2017~2019年，经过三年的影子银行专项治理，广义影子银行规模缩减近16万亿元，风险较高的狭义影子银行规模较其历史峰值缩减了12万亿元[1]。从2020年开始，规范互联网金融资产循环证券化业务，对高风险影子银行业务的新形式、新变种露头就打，出台"通过发行债券、资产证券化产品等标准化债权类资产形式融入的资金余额，不得超过其净资产的四倍"等监管要求，影子银行从全面整治转向重点攻关、从有序化解转向持续拆解。

2.规范网络小额贷款业务

银保监会于2020年9月正式下发了《关于加强小额贷款公司监督管理的通知》，规定开展网络小贷业务的小贷公司注册资本不低于人民币10亿元，且为一次性实缴货币资本；跨省级行政区域经营网络小额贷款业务的小额贷款公司的注册资本不低于人民币50亿元，且为一次性实缴货币资本；通过银行借款、股东借款等非标准化组合融资形式融入资金的余额，不得超过其净资产的1倍。同年11月发布《网络小额贷款业务管理暂行办法（征求意见稿）》，小额贷款公司经营网络小额贷款业务应当经监督管理部门依法批准，至少提前60日向银保监会备案，跨省级行政区域经营网络小额贷款业务应当经银保监会依法批准。该办法对联合贷款提出了相关要求，经营网络小额贷款业务的小额贷款公司的出资比例不得低于30%，资金提供方不得将授信审查、风险控制等核心业务外包，不得为无放贷业务资质的机构提供资金发放贷款或与其共同出资发放贷款，不得接受无担保资质的机构提供的增信服务以及兜底承诺等变相增信服务。

3.开展互联网金融风险专项整治工作

2015年12月，中国人民银行等十部门联合下发了《关于促进互联网金融健康发展的指导意见》。2016年10月，国务院办公厅公布了《互联网金融风险专项整治工作实施方案》，明确了互联网金融的金融属性，确立了从大力发展向规范、合规发展转变的定位。国务院组织14部门召开会议，在全

---

[1] 数据来源于《中国影子银行报告》。

国范围内启动为期一年的互联网金融专项整治，制定清理整顿的时间表，对 P2P 网络借贷、股权众筹民险、互联网保险、第三方支付、互联网资管、跨界从事金融业务、互联网金融领域广告等营销行为开展重点整治。同年 4 月 29 日，央行、银保监会、证监会等金融监管部门联合对 14 家互联网金融平台进行监管约谈，对数据安全、算法安全、滥用市场支配地位、侵害用户个人隐私等方面涉及金融业务的问题和乱象进行整改。

4. 全面整顿非法金融活动

按照稳定大局、统筹协调、分类施策、精准拆弹的基本方针，以更加主动的态度应对处置各类突出的风险隐患。针对非法集资形势严峻、非法集资案件频发、部分地区案件集中暴露并有扩散蔓延趋势等情况，对非融资性担保、P2P 网络借贷等新的高发重点领域，禁止网络平台开设线下网点，近 5000 家 P2P 网贷机构已经全部停业，使网络平台回归信息中介本质属性。严厉打击非法集资，立案查处了非法集资案件 2.5 万起。小微放贷影子银行乱象治理立竿见影。截至 2021 年末，我国小微放贷影子银行总资产占金融机构总资产[①]的 3.23%，近两年年均复合增长率达 13%，虽然略高于金融业机构资产平均增速，但与之前相比增速大幅下降。

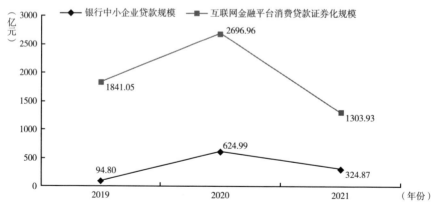

图 2　银行中小企业贷款及互联网金融平台消费贷款证券化发行情况
资料来源：Wind 数据库和中国人民银行网站。

---

① 我国金融业机构总资产达 381.95 万亿元，其中银行业机构总资产达 344.76 万亿元，数据来源于中国人民银行网站。

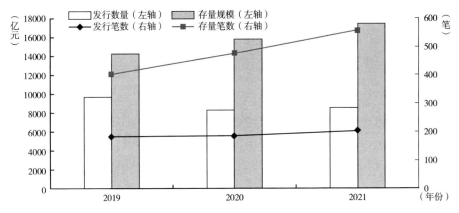

图3 2019~2021年信贷资产证券化发行及存量

资料来源：Wind数据库。

但治理带来的后果是供应不足，这一经济学困境同样考验着金融监管部门的管理策略，如何充分调动这一领域的积极因素成为当下需要深入探索的重要课题。

（二）治理后仍存在的问题

小微放贷影子银行的高利率、新业态在信用转换和高杠杆等方面存在的问题还需有效解决。

1.缺少对小微放贷影子银行常态化的、兼具一致性和多样性的监管安排

放贷价格方面，根据2020年8月《最高人民法院关于修改〈关于审理民间借贷案件适用法律若干问题的规定〉的决定》，将民间借贷利率的司法保护上限修改为全国银行间同业拆借中心每月20日发布的一年期贷款市场报价利率（LPR）的4倍。以2023年6月20日发布的LPR3.65%为例计算，民间借贷一年期利率的司法保护上限将为14.6%。虽然《民间借贷规定》明确不适用于金融机构，但最高人民法院关于小贷公司是否属于金融机构的认定仍存在异议，导致小微放贷机构放贷价格监管缺失。放贷杠杆率方面，监管部门自2021年对互联网公司的金融业务放贷杠杆倍数进行限制（不超过实缴资本的10~16倍）。各地方政府对七种类金融机构①的

---

① 类金融机构泛指没有金融牌照的金融机构，包括小额贷款公司、融资担保公司、区域性股权市场、典当行、融资租赁公司、商业保理公司、地方资产管理公司等七类地方金融组织。

监管程度普遍较低，且监管规定和要求差异较大，以小贷公司杠杆率为例，甘肃最高达5倍，上海最低仅0.5倍。核心算法方面，2022 年 3 月起实施的《互联网信息服务算法推荐管理规定》，在落实过程中缺少对算法推荐的监管细则，也未充分体现互联网金融的特殊属性。这可能削弱监管的有效性和执行效力，增加了互联网金融发展的不确定性。征信资质方面，虽然部分互联网金融平台、互联网金融巨头取得了个人征信资质，但在目前欠缺相关行业标准的前提下，判断其征信开业是否合格仍有待商榷。

对小微放贷影子银行的后续监管将从非常态的集中治理走向以市场化、法治化、国际化为原则的常态化监管，在防止各类市场乱象再度发生的同时，为其发展营造更加良好的环境。

2. 缺少对进一步促进小微放贷影子银行规范健康发展的整体规划

小微放贷平台作为支持我国实体经济和普惠金融发展的重要力量，其衍生出的创新产业形态和商业模式，对于促进技术进步、提升消费体验以及推动创业就业等都具有一定的启示，日后将在有效提高全社会资源配置效率、贯通国民经济循环中发挥越来越重要的作用。但目前我国只有针对系统重要性银行的评价细则，尚无针对包括互联网金融机构在内的系统性重要机构的评价制度，系统性重要机构的监管办法和评价细则亟待出台。小微放贷行业的健康发展需要监管部门主动作为、整体规划，这既是为行业发展保驾护航，也是防范系统性风险的必要手段。

3. 平均利率仍过高

中小企业通过小微放贷影子银行获得资金的平均成本近20%，远高于社会平均收益率。高利率扭曲了正常的市场资源配置，偏离了金融服务实体经济的本源。同时高利率可能带来的逆向选择和信用违约风险大幅提升，破坏信用体系的平衡，对金融体系和实体经济良性发展造成不良影响。

4. 数据保护问题突出

中国消费者协会发布的《中国消费者权益保护状况年度报告

（2021）》显示，在与网络交易同步的各类互联网金融产品消费过程中，个人信息或隐私泄露风险较大，不少网络借贷平台均要求用户同意并授权其向合作方共享用户各项个人信息，有平台的合作方竟多达1859家公司。互联网金融平台随意采集银行账号和消费记录等个人信息和企业信息，对用户网络交易及产生的相关数据的保护水平远未达标，信息泄露现象屡见不鲜，少数互联网金融平台的内部员工为了个人利益，甚至出现售卖客户信息的现象。

（三）加快小微放贷影子银行监管探索

小微放贷影子银行是金融体系的一部分，必须建立持续、有效的监管体系，使之成为支持服务实体经济发展和维护金融稳定的重要力量。

美国于2010年7月通过《多德—弗兰克华尔街金融改革与消费者保护法案》，提出准入、注册、退出等限制，将影子银行机构纳入场内进行监管，意在"看清楚"影子银行机构及其活动。2012年7月，欧洲中央银行发布《影子银行体系绿皮书》，全面构建影子银行体系监管框架，并于近年正式制定欧盟范围内的"影子银行"监管条例。欧元区国家的重点监管对象是全球对冲基金，其原因在于，欧洲诸国是华尔街证券化链条中的"销售地"，而对冲基金是销售主体，是美国影子银行体系的对手方、证券化产品的主要交易者和投资者。

2022年4月6日，《中华人民共和国金融稳定法》（草案征求意见稿）发布，意味着我国进一步完善金融稳定制度顶层设计的上位法出台，将为小微放贷影子银行监管提供纲领性的制度安排和法律依据。该法规定了金融稳定工作机制和金融稳定保障基金的运作方式，明确将金融活动全面纳入监管。2023年发布的《党和国家机构改革方案》对金融监管进行了顶层设计，将金融监管框架由原来的一行（央行）两会（银保、证监）调整为一委（中央金融委）、一行（央行）、一局（金融监管总局）、一会（证监会），组建中央金融委员会和中央金融工作委员会，不再保留金融稳定发展委员会，构建了中央金融委统一领导下的"一委一行一局一会"新格局。金融监管总局将负责监管非证券业金融机构。今后所有金融活动必须持牌经营、统一纳入监管，加强对非法金融活动的认定和处置，保护金融消费者权益。未来各省级人民政府（地方金融局或金融办）将按照"谁审批、谁监管、谁担责"原则，履行对七类地方金融组织的监督管理和风险处置职责，类金融机构牌照管理、准入许可、数据监管以及高管任职资格约束等将比照金融机构进行规范，如网络借贷机构比照消费金融公司、融资租赁公司参照金融租赁公司、地方 AMC 按照全国性 AMC、区域性交易场所对照沪深交易所进行规范。

我国小额放贷影子银行在功能完备、切实有效的监管下，必将脱虚向实，在服务实体、服务中小企业中发挥更大的作用。

五 对完善小微放贷影子银行监管的安排

影子银行作为金融体系的有机组成部分将与传统金融体系长期共存。小微放贷影子银行发展已经走上新的"赶考"之路，必须深刻认识到金融生态变化带来的影子银行监管的新要求和发展的新特征，统筹发展和安全，因势利导，全局性谋划、整体性推进，勇于战胜一切风险挑战，保障广大中小企业健康发展。

（一）正其制度

构建前瞻性的，且逐步完善、科学、无死角和"真空"地带的监管条例和架构，使小微放贷影子银行在新的、更加科学的监管环境下发展。

一是前瞻性。正确认识新的发展阶段所带来的内外部环境发生的深刻变化，准确把握资本的特性和行为规律，确定小微放贷机构监管的四梁八柱。从构筑国家竞争新优势的战略高度出发，营造鼓励创新、公平竞争、规范有序的市场环境。不断提高监管部门科学执政、民主执政、依法执政的能力。

二是统一性。建议由中央金融委员会统辖并明确各监管部门的风险底线；建立常态化的定期协商机制，在统一监管的推动下构建由其牵头并涵盖一行一局、网信办、发改委、科技部等的工作机制，提升监管质量及效率。

三是科学性。坚持一致性和多样性统一，规范健康是要求，持续发展是目的，努力寻求最大公约数。在备付金、杠杆率、指导价格等关键指标上要统一监管标准和监管流程，划出"斑马线"、设好"红绿灯"，另外在业务指导和行为监管上要结合地区特点，不能"一刀切"，确保资金优惠政策红利传导至小微企业。

四是法律先行。要建立健全规则制度，全面梳理制度漏洞，补齐制度短板，优化发展环境。建议由央行牵头构建中小企业征信体系，推动由民间资本有序参与的包含数字化资产交易平台在内的金融基础设施建设，保证征信系统权威性的同时提高征信信息的供给质量，确保未来主体展业只能通过对接征信机构来采集和使用借款人征信资料。完善《个人信息保护法》，明确公共数据、数据公共资源与个人数据的合理边界、权属和确权规则，加强个人数字化资产保护；同时加快公共数据的开放和共享，规范数字化权利的许可使用、交易和流转。

（二）分类治理

平台治理的关键在机制。要通过常态化、制度化的治理机制，让处于灰色地带的小微放贷影子银行在阳光下运营。

1. 风险分级

在系统摸清各主体家底的基础上，对小微放贷影子银行机构和主体进行评级，根据评级结果，结合宏观经济或金融货币情况定期为其核定放款规模、不良率、资本充足率、拨备覆盖率、投向占比和利率压降等要求。

2. 奖优罚劣

根据小微放贷平台的公司治理情况、资金资产情况、内部控制情况、风险管理情况、信息披露和数据保护情况等进行机构评级，对于评级优秀的机构，通过贴息、再贷款、专项贷款、信贷规模管控、税收补贴返还等财政、货币政策和行政手段进行奖励和激励；对高风险机构的经营予以限制，甚至关停整顿。

3. 系统安排

制定包括互联网金融平台在内的系统重要性机构管理办法和评价细则，

制定标准、分级分类、动态调整。通过监管政策引导和推动小微放贷平台提高科技创新能力、国际竞争能力，在赋能制造业转型升级、推动农业数字化转型以及提升消费创造能力上创造更大价值。

（三）固本培元

影子银行的产品结构和组织形式始终在演变，因此，小微放贷各市场主体要重塑金融服务中小企业的多层次发展体系，构建可持续发展的金融生态圈，通过线上线下等多种渠道，让金融服务更加安全、便捷地走进千家万户、走到百姓身边。

一是完善法律法规。影子银行属于一种创新性金融形式，但增长速度较快、规模扩大，由于相关法律缺失，难以有效的追究责任。我国影子银行的结构和相关创新产品种类繁多，业务范围错综复杂，需要通过立法予以约束，将影子银行纳入法律监管的范围之内。出台法律法规对国内影子银行的体系和业务范围做出详尽的规定。对各项业务加以约束，同时有针对性地设立监管部门。

二是改革价格形成机制。综合运用降准、再贷款、再贴现等政策，优化资本约束和信贷规模管控；针对小微放贷机构的市场定位和客户群体异于传统银行、违约概率和违约损失率高、风险系数大于传统银行的特点，允许其在监管范围内从正规渠道直接获得合理的风险补偿，建议通过窗口指导和行为监管等方式明确小微放贷利率不超过同期限 LPR 的 3~4 倍①，为中小微企业融资营造适宜的货币金融环境②。继续实施好两项直达实体经济的货币政策，缓解中小微企业资金压力。通过与银行共担风险和财政补贴等形式将担保公司担保费率进一步降到 1% 以下，将互联网金融平台的超额利润降至市场平均收益率。

---

① 笔者认为小微放贷影子银行放款利率不超过同期限 LPR 的 3~4 倍是比较合理的。据不完全统计，2021 年末上述机构的平均放贷利率为 18.97%，是同期 LPR 的 4 倍以上；鉴于民间借贷利率若超过 LPR 的 4 倍将不受法律保护，纳入监管的小微放贷机构利率不应超过同期限 LPR 的 3~4 倍。

② 在降低企业融资成本方面，中国人民银行网站显示，2022 年我国商业银行扶持小微企业贷款利率 4.41%，连续三年下调约 10 个百分点。

三是构建多层次、广覆盖的体系。加强与财政、工信、市场监管等部门的合作，继续强化贷款风险分担补偿、信用信息共享机制建设。监管部门和政府部门要主动消除金融资源配置过程中的垄断和不均衡现象，重塑针对中小企业金融服务的多层次发展体系。按照产业、行业、融资主体性质细化各类市场主体"必须支持"、"保障支持"和"重点支持"的对象，明确"规定动作"和"自选动作"，使各放贷主体目标清晰、定位明确、产品配套。第一，必须支持的领域。对于必须支持的行业和主体按照"资金成本+国家补贴"原则提供金融支持。国有商业银行试点采取普惠金融事业部制和扁平化等有利于发展普惠金融业务的架构和模式，充分发挥金融支持中小企业"压舱石"的关键作用。第二，保障支持的领域。对于保障支持的领域可坚持微利原则，对于金融支持创业型中小企业的保障型贷款，允许获得一定的风险补偿。第三，重点支持的领域。对于重点支持的融资业务可以按照市场化的原则进行定价。要充分发挥小微放贷市场主体的积极性和创造性，引导小微放贷平台加大对高端制造、新经济等创新型中小企业和种子、基因等"三农"领域的支持力度，鼓励小微放贷市场主体对"专精特新"小微企业提供股权加债权的资金支持，债权性资金允许按照风险收益原则开展定价。第一类由政策性银行主导，融资主体以农户为主，针对粮棉油等第一产业，采取财政贴息贷款方式，保障支持农户的融资需求。第二、三类由国有商业银行主导，主要服务于除粮棉油等行业以外的一产、二产及三产，其中，国有商业银行是支持社会生产、基础设施建设，以及服务新市民及乡村振兴等的主力军，支持的融资主体有：农户、农村龙头企业、农村创业人员、进城务工人员，用于低收入群体增收的家庭作坊，民生型、保障型中小企业。具体保障措施可按照宏观审慎监管要求，给予准备金优惠激励。第四类针对"三农"及创业型中小企业，由小贷公司等传统影子银行实施重点保障，融资价格建议不高于LPR的3倍。第五类对于融资实力较弱的个人和个体工商户，由小微放贷影子银行为其提供融资保障，市场低价不超过LPR的3倍。具体产品及保障措施见表2。

表2 引导小微放贷平台支持中小企业表

序号	市场主体	融资主体	行业	产品	贷款利率	保障措施
1	政策性银行	农户	粮棉油等第一产业	贴息贷款	1.75%	财政贴息
2	国有商业银行	农户、农村龙头企业、农村创业人员、进城务工人员，用于低收入群体增收的家庭作坊，民生型、保障型中小企业	农产品种植、生猪养殖等第一产业，基本生产设备生产改造等第二产业、民宿、养老、育儿、乡村振兴等第三产业	惠农易贷、生产经营贷、个人助业贷	不超过贷款市场报价利率（LPR）	再贷款、专项贷款、定向降低准备金的支持
3	国有商业银行等18家大型商业银行	致富和创业型的中小企业	以第二产业和第三产业为主	个人助业贷、抵押易贷、专精特新贷	不超过贷款市场报价利率（LPR）+50BP	按照宏观审慎监管要求，给予准备金优惠的激励
4	小贷公司等传统影子银行	"三农"及创业型中小企业	第一产业和第二产业	惠农贷、助业贷、专精特新贷	市场定价建议不超LPR的3倍	对于投放"三农"贷款给予激励资金和优惠资金
5	小微放贷影子银行	个人和个体工商户	第二产业和第二产业	分期、消费贷、科技贷	市场定价建议不超过LPR的3倍	

　　四是制定普惠金融融资占比提升五年规划。计划每年我国普惠金融融资占比提升不少于1%~1.5%，五年内普惠金融融资占比达到15%以上，实现普惠金融服务直接滴灌到千家万户。建立完善的供应链金融政策框架和基础设施，建设供应链票据平台，完善中征应收账款融资服务平台，提高中小微企业应收账款流转效率。

　　五是健全融资担保体系。推进政策性融资担保体系建设。通过新设、增资、参股等方式，发展一批经营规范、影响力大的政策性融资担保机构，作为服务小微企业融资的主力军，发挥代偿基金和再担保的作用，扩大小微企业融资担保规模、降低融资担保费率和反担保要求；同时，加强担保合作，分担小微企业贷款风险。积极探索"银保担"业务合作模式，由银行、保险、担保机构组成金融共同体，发挥各自在贷款利率、风险管理、担保费率等方面的优势，开展联合共担、收益共享、超额承保、业务合作等，形成完善的风险共担和闭环管理机制。

六是树立正确的发展理念。开展中小微企业金融服务能力提升工程，督促银行优化内部资源配置和考核激励机制，强化科技手段运用，加大首贷、续贷、信用贷款支持力度，推广主动授信、随借随还贷款模式，更好地满足中小微企业融资需求；契合"专精特新"和"小巨人"等科创企业的融资需求，大力推动科创并购贷款和认股权贷款等产品创新，探索科创企业融资新模式。

（四）监管转型

影子银行依托于互联网的便捷性而高速生长，最大的风险来自监管的地域限制和互联网的广泛性所形成的管理漏洞；影子银行的高额收益来源于数字化转型期生产关系重构过程中的信息不对称。世界经济正在向数字化转型，区块链、人工智能的应用加速。在工业化时代向数字化时代转型的过程中会引发一系列生产关系的重构，从这个视角观察影子银行的风险控制和监管转型会有一种全新的理解。

1.推进监管数字化蓝图发展

一是加快普惠金融信用信息平台建设，协调推进各类信用信息采集共享。便于金融机构对接小微企业融资需求，缓解银企信息不对称，降低信贷服务成本和风险。二是推动金融与科技深度融合，促进金融机构运用大数据、人工智能、区块链等前沿科技，在安全合规的前提下，赋能小微企业贷款业务智能化、快捷化转型，并积极推进股权、知识产权等抵质押流转平台建设，提升金融服务质效。三是推进金融风险监测预警监管，引导金融机构应用数字技术构建风险控制模型，并建设社会融资金融风险监测预警监管系统，实现对风险的精准识别。

2.加快监管数字化转型落地

目前，监管部门应充分运用好数据这个新兴的生产要素，构建以大数据为主线的监管框架，加强云计算、客户精准画像和大数据等先进技术在监管工作中的应用，在金融产品备案、监管流程规范、合约管理、司法追责等重要经营活动中充分发挥其可追溯、不可篡改、权责清晰、公开透明、有效防控风险的作用；进一步完善算法的核心监管细则，制定针对互联网金融业态算法和风险识别的细化标准，重点识别算法歧视、算法欺诈、算法垄断、算法错误、算法失灵；利用大数据和区块链等技术对小微放贷机构的资金流动进行全程动态监管，使监管部门随时掌握放贷主体的经营情况，将不同市场主体和金融行为深度融合，通过机器学习和人工智能提高识别风险的能力，使数据成为服务保障金融高效运行的"大脑"和"中枢"。

3. 积极推广数字货币

积极推广数字人民币可以进一步降低公众获得金融服务的门槛，增强金融服务普惠性，满足用户多主体、多层次、多类别、多形态的差异化需求。加强数字人民币在小微放贷影子银行相关业务中的应用，逐步实现将监管意志体现在每一个交易结构和标准化合约中，渗透到交易行为的每一个场景、动作，有效解决现金交易中的信息不对称问题，有效抑制影子银行的法外生存空间；使中小企业交易数据留存监管部门，其可回溯、可追踪的特性，有助于打击洗钱、非法融资、腐败等乱象，有助于金融风险监管和防控，将带来更低的隐私泄露风险和更少的金融诈骗行为。

4. 构建全面的征信体系

建议由中国人民银行主导运用大数据等技术完善个人征信系统，整合工商、税收、社保、司法、政采等各方信息，构建中小企业信用体系，近年来部分高校已经率先与地方政府合作建立了区域内的中小企业信用体系。将大数据和客户精准画像等技术应用到精准识别客户有效需求上，精准打击骗贷和脱实向虚行为。

5. 严格信息保护

加强监管机构之间的沟通与合作，实现数据共享，协调各部门的合作，完善监管体系，监管部门积极应用大数据技术规范和完善数字化权利的许可使用、交易和流转，有效解决信息披露、统计、监测、检查、保密和消费者权益保护问题。通过立法或者司法解释明确公共数据、数据公共资源与个人数据的合理边界，加强个人数字化资产保护，同时加大公共数据的开放和共享力度，充分利用数据公共资源，推动包含数字化资产交易平台功能在内的金融基础设施建设。

（五）正向激励

随着中国率先进入5G时代，我国必将成为数据大国；时代造就未来，这需要更多的中小企业勇于创新、改革和探索；政府和监管部门要创造有利条件，持续激发中小企业市场主体的活力，既要"输血"，更要注重"造血"能力建设。

金融体系和金融文化也应支持中小企业家的奋斗精神。在稳中求进工作总基调下，小微放贷影子银行要标本兼治、内外兼修，成为推动实体经济发展、激发市场主体活力的正向力量。打铁还需自身硬，小微放贷影子银行要加强管理，深化对创新发展、转型升级的重要性认识，实施高质量的成本控制，拓宽融资渠道，成为中小企业发展壮大的强劲推动力量。

小微放贷影子银行监管要适应新环境，着力推进风险应急处置常态化、长效化，完善监管制度体系，筑牢金融安全防线；要秉持系统思维、着眼长远，充分肯定小微放贷影子银行的积极作用，赋予小微放贷机构应有的市场地位，探索构建影子银行服务实体的新体系，使小微放贷机构成为传统金融市场的有益补充。金融工作者当苦练内功、有能力识别企业，敢于投出具有远见卓识的"第一桶金"，使之发展壮大。

参考文献

[1] 杨英，2012，《银子银行视角的小微企业融资博弈分析》，《浙江金融》第7期。

[2] 卢盛荣、郭学能、游云星，2019，《影子银行、信贷资源错配与中国经济波动》，《国际金融研究》第4期。

[3] 文学舟、蒋海芸、张海燕，2020，《多方博弈视角下违约小微企业融资担保圈各主体间信任修复策略研究》，《预测》第2期。

[4] 白燕飞，2020，《基于区块链的供应链金融平台优化策略研究》，《金融经济学研究》第4期。

［5］佟孟华、张国建、栾玉格，2018，《我国中小企业融资及其对影子银行的风险溢出效应研究》，《投资研究》第 37 期。

［6］李建军、韩珣，2019，《非金融企业影子银行化与经营风险》，《经济研究》第 8 期。

［7］王正位、李天一、廖理、袁伟、李鹏飞，2020，《疫情冲击下中小微企业的现状及纾困举措——来自企业经营大数据的证据》，《数量经济技术经济研究》第 8 期。

［8］高敏雪、孙庆慧、胡强、甄峰，2022，《大中小微企业规模划型统计标准的实证研究》，《数量经济技术经济研究》第 2 期。

［9］王达，2012，《论美国影子银行体系的发展、运作、影响及监管》，《国际金融研究》第 1 期。

［10］袁增霆，2011，《中外影子银行的本质与监管》，《中国金融》第 1 期。

［11］朱孟楠、叶芳、赵茜玉、王宇光，2012，《影子银行体系的监管问题——基于最优资本监管模型的分析》，《国际金融研究》第 7 期。

［12］张文尧、陈姝兴、王微，2022，《中国影子银行发展及风险控制——基于监管机制改革的视角》，《财经科学》第 10 期。

［13］吴俊霖，2019，《影子银行、资本监管压力与银行稳健性》，《金融监管研究》第 1 期。

［14］李鹏，2019，《中国式影子银行宏观审慎监管：现实挑战与框架改进》，《经济学家》第 11 期。

［15］文维虎、陈荣，2010，《重视影子银行动向避免风险隐患显现》，《西南金融》第 2 期。

［16］刘小嘉，2020，《我国影子银行风险及监管对策研究》，《商讯》第 19 期。

［17］王妍、王继红、刘立新，2019，《货币政策、影子银行周期性与系统金融风险》，《上海经济研究》第 9 期。

［18］许有权，2020，《主要商业银行的表内类信贷活动及其隐形风险》，《数量经济技术经济研究》第 11 期。

［19］张勇、阮培恒、梁燚焱，2022，《宏观经济不确定性与银行流动性创造分化》，《数量经济技术经济研究》第 12 期。

［20］中国银保监会课题组，2020，《中国影子银行报告》，《中国银行保险监督管理委员会工作论文》第 9 期。

［21］刘汉广，2022，《互联网金融系统性风险治理的法治化思考——以"蚂蚁金服"平台为例》，《社会科学动态》第 1 期。

［22］世界银行、中国人民银行，2018，《全球视野下的中国普惠金融：时间、经验与挑战》，中国金融出版社。

［23］Pozsar Z., Adrian T., Ashcraft A. B., Boesky H. 2013. "Shadow Banking. Federal Reserve

Bank of NewYork Staff Report," 458.

[24] Freixas X., Parigi B., Robert J.C.2015. "Systemic Risk, Interbank Relations and Liquidity Provision by the Central Bank."*Journal of Money, Credit and Banking*, 32(3):611–638.

（责任编辑：焦云霞）

Table of Contents & Summaries

Can Digital Economy Benefit Rural Regions: The Effect of Rural E-Commerce on Income

GAO Wenjing[1] YANG Jia[2] SHI Xinzheng[2] WANG Yuqing[3]

(1. School of Economics, Hangzhou Normal University; 2. School of Economics and Management, Tsinghua University; 3. Chinese Academy of Fiscal Sciences)

Summary: The digital economy has changed the allocation of resources, the way the market operates, and the structure of production organizations, providing opportunities for high-quality economic development. The digital economy can potentially promote the development of rural regions. Whether rural areas can seize the dividends of the digital economy to achieve leapfrog development is an important issue related to the welfare of China's 500 million farmers and the realization of rural revitalization. The extent to which rural e-commerce, as an important form of digital economy integration into China's rural areas, has exerted an income-enhancing effect has not been scientifically tested in the existing literature.

Taobao villages is an epitome and typical representative of rural e-commerce development, the number of Taobao villages is growing in tandem with the national e-commerce. In 2014, there were only 196 Taobao villages in the country, this number increased to 2701 in 2018, covering 24 provinces. In this paper, we explore the impact of rural e-commerce development on the welfare of rural residents. Specifically, we use prefecture-level city panel data from 2012-2018 do the analysis, where the welfare of rural residents is measured by their yearly disposable income, and the development of rural e-commerce is measured by the number of Taobao villages at the prefectural level. Utilizing the staggered emergence of Taobao villages, we construct a difference-in-differences model to identify the causal relationship.

The difference-in-differences estimation shows that both the emergence of "Taobao village" and the number of "Taobao village" have positive effects on rural disposable income. For a prefecture-level city with an average number of Taobao villages (18), the average annual rural disposable income is 642 yuan higher than that of a prefecture-level city without Taobao villages, which is equivalent to 5% of the average annual rural disposable income. This result holds after we consider a series of robustness tests such as the heterogeneity treatment effect of the staggered difference-in-differences model, estimation based on matched samples, and placebo tests.

Taobao villages have a heterogeneous effect on prefectures with different initial characteristics. It has a greater impact on areas with lower initial agricultural productivity and larger potential markets. This evidence suggests that Taobao villages is helpful in promoting inclusive development in China. The underlying mechanism is that Taobao villages can induce entrepreneurships. For a prefecture-level city with an average annual population (6.7 million people), the number of new business registrations in the prefecture increases by 327 in the first year of when the Taobao village emerges, and increases to 2127 in the fourth year after the Taobao village's emergence.

Taobao village also impact rural consumption and fiscal income. Taobao villages increase the consumption of farmers in a prefecture with 18 Taobao villages by about 315 yuan than that without Taobao village, which is equivalent to 2.4% of the average annual disposable income of farmers. Taobao village also lowers fiscal deficit, for a prefecture-level city with an average number of Taobao villages (18), its fiscal deficit is 48% lower than that of a prefecture-level city with no Taobao villages.

This study has important theoretical value and practical significance for how to use rural e-commerce to help rural revitalization. This paper suggests governments can push forward all-round rural vitalization by promoting the development Rural E-Commerce. Nowadays, our country has already eradicated extreme poverty, but there are still relatively poor people in some regions. Facing the new mission to revitalize the countryside and to consolidate the achievements we have gained, it is necessary for us to summarize the effect of the existing poverty alleviation methods and find the way to further use e-commerce to promote rural vitalization.

Keywords: Rural E-commerce; Taobao Villages; Rural Development; Rural Income

JEL Classification: Q13; L86; O18

The Impact of Economic Policy Uncertainty on Household Consumption: Based on Empirical Evidence from CFPS

DING Shujuan XI Changming

(School of Economics, Shandong Normal University)

Summary: The "14th Five-Year Plan" clearly proposes to accelerate the cultivation of a complete system of domestic demand, of which strengthening the fundamental role of consumption in economic development is a top priority. Today, the world is experiencing great changes that have never happened in about a century, the world economic situation is becoming more and more complex, and the policy orientation and specific initiatives of governments to cope with global changes are full of uncertainty, and thus economic policy uncertainty （EPU） is inevitable. Against the background of frequent changes in economic policies, what kind of changes will occur in the consumption behavior of residents, and what is the corresponding mechanism, requires further reflection.

In this study, we use the CFPS data of 2012, 2014, 2016 and 2018 to construct four periods of balanced panel data, combined with the economic policy uncertainty index at the provincial level, to examine the effects of economic policy uncertainty on household consumption and the relative mechanism from the perspective of macro-micro combination. The possible contributions of this paper are as follows: 1) The existing literature seldom empirically examines the impact of economic policy uncertainty on household consumption and its mechanism from the micro-household level. This study will analyze the path of the impact of economic policy uncertainty on household consumption from the perspectives of household income reduction, income uncertainty, delayed consumption, increased liquidity constraints and reduction of future expectations, and thereby enrich the relevant research. (2) This paper further discusses the heterogeneity of economic policy uncertainty affecting household consumption at the macro and micro levels, so as to provide more precise policy references for stabilizing consumption in the context of economic policy uncertainty and thus promoting healthy economic development.

The findings show that: (1) Economic policy uncertainty significantly dampens household consumption. The conclusion remains robust after endogeneity treatment and robustness tests such as replacing the explanatory variables, winsorizing, replacing the dataset, and adding indicators of policy uncertainty at the micro-household level. (2) The mechanistic analysis shows that economic policy uncertainty reduces household consumption by lowering household income, creating income uncertainty, delaying consumption decisions, and exacerbating liquidity constraints. (3) The heterogeneity analysis shows that the negative shock of economic policy uncertainty on household consumption is more significant in samples with higher levels of economic development, lower levels of financial development, lower levels of social security, and lower levels of household human capital. (4) Further analysis finds that economic policy uncertainty significantly reduces basic and developmental consumption, but the impact on enjoyment consumption and the overall consumption structure is not significant.

Based on the findings of the study, we propose the following policy recommendations: (1) The government should timely and correctly assess the role of economic policies and consider the stability and continuity of the policies themselves. On the basis of the full realization of the role of policies, the government should reduce the uncertainty due to frequent policy changes. （2） Guarantee various forms of employment and entrepreneurial opportunities for residents, attach great importance to family income security, diversify income sources, enrich risk sharing mechanisms, and improve social security such as education and medical health, thereby reducing the impact of uncertainty on family income and income uncertainty. （3） Financial institutions should further strengthen their integration with digital technology. Information asymmetry before lending can be reduced by integrating information from a large number of network users and organizing fragmented and unstructured information, so as to better meet households' financing needs in the event of future income declines or expenditure increases, thereby reducing the demand for precautionary savings by residents due to liquidity constraints. （4） More attention should be paid to households in areas with lower levels of financial development, lower levels of social security, lower levels of human capital and rural households.

Keywords: Economic Policy; Uncertainty; Household Consumption

JEL Classification: D12；F120

Trilemma or Dilemma: The Underestimated Role of Less-flexible Exchange Rate Regime

LU Jiye[1] HU Senru[2] CHEN Lihuan[3] ZHOU Zheng[4]

(1.School of Business, Shantou University; 2.Haojiang District Statistics Bureau of Shantou; 3.School of Economics and Finance, Xi'an Jiaotong University; 4. School of Economics, Harbin University of Commerce)

Summary: This paper, introducing state dependence into discrete choice model, tries to provide new empirical explanations for the phenomenon of the three policy targets which are capital account deregulation, monetary policy autonomy and exchange rate stability trying to derive together in developing and emerging economies by employing new method to identify state dependence and indirect impact mechanism in non-linear econometric model. The main findings of this paper are as follows: One, true state dependence, spurious state dependence, direct impact mechanism and indirect impact mechanism can all provide new explanations and insights for the exchange rate stabilization phenomenon in the non-developed economies. Two, economic distortions and financial frictions are the key reasons and economic mechanisms that policymakers of developing and emerging economies intend to stabilize nominal exchange rate, and the target of exchange rate stabilization can be better derived during the process of capital account deregulation by accumulating foreign exchange reserve. Three, intermediate exchange rate regimes which can effectively stabilize nominal exchange rate do not necessarily show a crisis tendency, and the classical theories of exchange rate regime choice neglect the potential role of intermediate arrangements improving the frameworks of macroeconomic policies and the performance of macroeconomy.

Compared with related literature, the main contributions of this paper are as follows: One, this paper advances the method for identifying spurious state dependence in the evolution of exchange rate regimes. This article explicitly discusses the relations between the numbers of Halton Draws and the identification of spurious state dependence in dynamic multinomial choice random effects panel Logit model. The conclusions proposed in this paper that the numbers of Halton Draws should be set to 10% of the sample size, and this finding is an important reference for related research. Two, this paper advances the theoretical method for identifying interaction effects or indirect influence mechanisms in nonlinear econometric model. We clearly point out and strictly prove that in the nonlinear econometric model of dynamic multinomial choice random effects panel Logit model, it is an unnecessary model setting to identify indirect influence mechanism by introducing interaction term. It is also pointed out that the economic implication of obtaining the theoretical expression of the indirect impact mechanism by solving cross derivatives in nonlinear model is difficult to make obvious interpretations. This paper proposes a new method for identifying the indirect impact mechanism more directly through the marginal

351

effects of nonlinear econometric models. Finally, this paper enriches and improves the theoretical identification and empirical explanation that non-developed economies have strong motivations for the nominal exchange rate stabilization. We study the motivation of the nominal exchange rate stabilization in non-developed economies from two perspectives: direct influence mechanism and indirect influence mechanism, and proposes that the economic distortions and financial frictions are the important reasons and theoretical mechanisms for non-developed economies having strong tendency to stabilize exchange rates, and the accumulation of foreign exchange reserves will help policy maker to achieve the policy goal of achieving nominal exchange rate stability during the process of capital account deregulation.

The main policy implications of this paper are as follows: One, the sustained impact of the exchange rate regimes on the macroeconomic structure itself is an important factor in the choice of exchange rate regimes, and the CPNCB regime can have a positive impact on the macroeconomic structure of non-developed economies. The estimation results of true state dependence in this paper show that the CPNCB regime can not only stabilize the nominal exchange rate level, but also have a sustained and structural impact on developing economies and emerging economies and make their macroeconomic structures more adaptable to the CPNCB regime. We believe that the intermediate exchange rate regime does not necessarily have a crisis tendency, and the related theories underestimate that the intermediate exchange rate regime which can stabilize nominal exchange rate will reshape the macroeconomic structure and promote macroeconomic stability. Two, some unobservable economic structural characteristics or the unique nature of economic shocks in non-developed economies make them more inclined to choose less-flexible exchange rate regime. The estimation results of spurious state dependence in this paper show that the unobservable economic structural characteristics of developing economies make them more inclined to choose an intermediate exchange rate regime, while the unobservable economic structural characteristics of emerging economies make them more inclined to choose fixed or intermediate regimes. Therefore, one possible economic mechanism for non-developed economies to choose less-flexible exchange rate regimes is that when there is economic distortions, financial frictions, or trade shocks in the economy, stabilizing nominal exchange rate will make other macroeconomic policy tools effective and maintain macroeconomic stability. Three, the choice of the optimal exchange rate regimes does not necessarily follow the only path from fixed to intermediate and then to floating. Policymakers should make their decisions based on the fundamentals of macroeconomic (such as capital flows, foreign exchange reserves, currency mismatches, and financial market development level), and the nature, persistence of economic shocks (spurious state dependence), and the maturity of the macroeconomic policy framework (true state dependence) to select the most appropriate exchange rate regime. An important finding of the indirect impact mechanism estimates is that while developing economies continue to increase the degree of capital account openness, they also maintain a fixed exchange rate regime by accumulating foreign exchange reserves. Therefore, classical theories are mainly based on empirical observations and theoretical research in developed economies. These theories cannot give an appropriate explanation for the exchange rate regime choices of developing and emerging economies. Four, Since the "8.11 exchange rate regime reform" in 2015, China's monetary authorities have shifted from the initial preference for a floating exchange rate regime to a managed floating, and this adjustment path has its inherent rationality. Only those developed economies with sufficient foreign exchange reserves, no currency mismatch problems, high levels of financial market development, and relatively mature macroeconomic policy frameworks can achieve good economic performance under the framework of floating exchange rate regime.

Keywords: Trilemma; Dilemma; Interactive Effect; Indirect Impact Mechanism; Exchange Rate Stabilization Tendency

JEL Classification: F31; F33; E58

Matching between Factor Endowment and Industrial Structure and Economic Grouth: An Emprirical Analysis Based on Cross-country Panel Data

HUANG Yunjue[1] YE Dezhu[2]

(1. College of Economics and Management, Zhaoqing University; 2. College of Economics, Jinan University)

Summary: Enormous research progress has been made on the optimal industrial structure, yet remaining imperfectly understood in terms of economic growth, especially at the earlier stage of economic development. From a practical point of view, so far there are none of the developed countries is dominated by labor-intensive industry; and all the developing countries with rapid economic growth have an evolving industry towards capital-intensity. But in practice, developing countries that blindly chasing capital-intensive industries all suffer failures. Even if some short-term interest has been brought by the industrial upgrading, they inevitably fall into the middle-income trap. On the contrary, as an important member of developing countries, driven by the forces of foreign trade, China has gradually transitioned its industrial structure from labor-intensity to capital-intensity and therefore achieved 40 years of rapid economic growth since the reform and opening up. Despite the extensive analysis of the relationship between industrial structure and economic development over the decades, there is limited evidence to support the idea that an advanced industrial structure universally provides the best solution for all economies. The question of what constitutes the optimal industrial structure for an economy at a specific stage of economic development remains unanswered.

As such, the primary goal of this paper is to explore whether the industrial structure matches the given factor endowment within an economy that matters for economic development. One of the major challenges faced in this empirical study is how to construct an indicator that can accurately reflect the non-linear nature of this matching relationship. To address this issue, we develop an assortative matching method to quantitatively measure the matching relationship between factor endowment and industrial structure within an economy. This measurement evaluates the level of matching between two sectors within an economy by comparing their rankings within the entire sample. This means that determining whether the matching is optimal does not solely rely on the factor endowment or industrial structure individually, but rather depends on whether the gap between the two is effectively narrowed. With this innovative technique in place, we then proceed to empirically estimate the impact on economic development of the matching based on cross-country panel data consisting of 101 countries and economies from 1990 to 2017.

Our results show that the matching between industrial structure and factor endowment has a significantly positive impact on economic development. Moreover, this matching indicator exhibits a stronger explanatory power for economic development compared to the traditional method of interaction. Additional investigations into economic development and the gap between factor endowment and industrial structure consistently support these results, indicating that optimal matching occurs when factor endowment and industrial structure are at the same level. The results also suggest that the matching carries more weight to developing countries. Lastly, To enhance the robustness of our findings, we employ dynamic GMM estimators and conduct a series of rigorous robustness tests. These additional analyses confirm the consistency and reliability of our results.

The primary methodological contribution of this paper lies in the application of the assortative matching method to measure the matching between factor endowment and industrial structure. While we acknowledge that this method has been previously utilized in measuring relationships between different economic sectors, such as financial structure and technology in previous studies, and discussions on optimal financial structures, our research seeks to bridge the gap in related literature concerning factor endowments, industrial structure, and economic growth. In this context, the impact of matching on economic growth has not been extensively explored. Furthermore, this paper goes beyond previous work by delving into the potential influence of the gap between industrial structure and factor endowment. This investigation allows us to estimate the optimal industrial structure within an economy given specific factor endowment conditions. Our findings indicate that the optimal industrial structure should be at the same level as the given factor endowment. This suggests that overly aggressive industrial policies may prove inefficient or even detrimental to economic development.

We also contribute to the existing literature by shedding light on the critical roles played by both factor endowment and industrial structure in determining economic development. Prior studies have shown that a more capital-intensive industrial structure tends to promote economic growth. However, there is also evidence suggesting an inverted U-shaped relationship between economic growth and industrial structure. These contrasting findings may stem from overlooking the essential matching relationship between industrial structure and factor endowment. Simple regressions between economic development and industrial structure provide insights into the relationship for the average country, representing a country at the average level of development. However, by introducing the matching indicator, we examine the joint impact of factor endowment and industrial structure on economic development. This provides a more comprehensive understanding of the changing relationship between economic development and industrial structure. Our findings emphasize that an advanced industrial structure is not inherently optimal on its own. Instead, its optimality is contingent upon its alignment with the given factor endowments of the economy. In other words, an industrial structure's effectiveness in driving economic development depends on how well it matches the available factor endowments within a country.

Keywords: Factor Endowment; Industrial Structure; Structural Matching; Economic Growth

JEL Classification: L16; O14; O40

How Environmental Regulation Affects the Financing of Heavily Polluting Enterprises: Evidence from the Implementation of the New Environmental Protection Law

CHEN Yili

(School of Economics, Southwest University of Political Science and Law)

Summary: The 20th National Congress of CPC report pointed out that the green transformation of the development mode must be accelerated, and the improvement of financial and other related policies for green development has become an important means. Environmental regulation is originally designed to reduce environmental pollution, but it also has important economic effects. Since the 18th Congress of CPC, the regulation of the environment has been greatly strengthened. The new Environmental Protection Law is one of the important initiatives, which is widely regarded by experts and the media as the strictest environmental protection law in history.

Strengthened environmental regulation will have strong economic effects. Environmental regulation affects the costs and performance of firms, as well as the level of environmental information disclosure of firms, and has an impact on the environmental risk of firms, which in turn affects the direction of credit by commercial banks. Through these channels, environmental regulation will have an impact on the financing of heavily polluting firms. Because the strengthening of environmental regulation may reduce the credit resources of polluting enterprises, environmental regulation may objectively cause the reconfiguration of credit resources, which makes the environmental regulation for enterprises may become one of the promoters of green credit and even green finance. However, at present, the research on whether and how environmental regulation affects the financing of polluting enterprises is not sufficient, so this paper hopes to explore this issue. Compared with the existing literature, we focus on theoretically exploring the mechanism by which environmental regulation affects corporate finance, summarizing three channels through which environmental regulation affects the financing of heavily polluting firms, and empirically analyzing the channels through which environmental regulation affects the financing of heavily polluting firms.

Environmental regulation affects corporate finance through three channels. First, environmental regulation affects firms' compliance costs and thus reduces firm performance, but it may also bring the Porter effect, which enhances firm performance, and the firm performance affects firms' financing capabilities. However, there is no consensus on the conclusions from empirical studies. Second, environmental regulation has made some provisions on environmental information disclosure, thus promoting the environmental information disclosure of enterprises, and better environmental information disclosure may bring many benefits to enterprises, thus promoting enterprises to take the initiative to disclose information. From the perspective of information asymmetry between banks and enterprises, the strengthening of environmental information disclosure will help enterprises to raise funds. Third, environmental regulation will directly affect commercial banks' credit orientation. Under the strong environmental regulation, the environmental risk of enterprises increases, and the environmental risk will be transformed into operational risk, which will directly affect the interests of commercial banks, which will lead to certain changes in the credit of commercial banks.

Based on the implementation of the new environmental protection law as a quasi-natural experiment, the empirical study using data from listed companies finds that the implementation of the new environmental protection law does bring negative impacts on the financing of heavily polluting enterprises, and multiple robustness tests show that the conclusions are robust. The mechanism test finds that the new environmental protection law does not have a significant negative impact on the cost and performance of enterprises, and also improves the level of environmental information disclosure of enterprises, but it does not bring substantial benefits to enterprise financing, and the implementation of the new environmental protection law significantly affects the credit allocation of commercial banks, which in turn adversely affects the heavily polluting enterprises.

The policy implications of the article are, first, to maintain the continuity and stability of environmental enforcement, thereby providing stable expectations for both enterprises and banks. Banks can incorporate green considerations into their market-oriented operations in the longer term, thereby facilitating the reallocation of credit resources. This will also certainly promote the greening of credit resources in a more sustainable manner, and is more market-oriented than mandatory administrative regulations or administrative intervention for banks. Second, strengthen environmental information disclosure. Only truly green companies are likely to provide more and higher quality environmental information. This information allows the market and banks and other subjects to utilize and integrate into decision-making, will in turn promote better green development of enterprises, and also better promote the development of green finance. And the cost for strengthening the information disclosure for enterprises is very limited, but the benefits are obvious, so it is a feasible policy option. Third, strengthen the environmental awareness of commercial banks, create a policy environment in which commercial banks pay more attention to environmental risk, establish support policies for green financial products, and closely combine government guidance and market-oriented promotion. At the same time, the regulation of commercial banks and the environmental regulation of enterprises are mutually complementary, which will certainly better promote the green allocation of credit resources.

Keywords: Environmental Regulation; Financing; Heavily Polluting Enterprises; Allocation of Credit Resources

JEL Classification: G38; O17; K32

Competitive Compensation Mechanism and the Polarization of Employee Strategy

WANG Zhan[1] WANG Youyou[2]

（1. China West Economic Research Institute, Southwestern University of Finance and Economics；2. School of Mathematical Science, Peking University）

Summary: Based on the heterogeneity of individual diligence, there exist differences in labor supply strategies among employees within a company. These differences are also influenced by the incentive effects of the company's compensation system. This paper discusses the strategic game equilibrium of employees in both competitive and non-competitive environments, aiming to study the impact of the company's compensation mechanism on the equilibrium strategy of employee labor supply. In a competitive environment, some employees exert efforts beyond what they would in a non-competitive environment, a phenomenon referred to as "involution". Conversely, some choose to take the opposite approach, a strategy known as "lying flat". The study finds that the incomplete information in a competitive environment leads to a more severe polarization of labor supply in the Bayesian Nash equilibrium, with both "involution" and "lying flat" phenomena being prevalent, and overall employee welfare relatively reduced. Furthermore, from the perspective of the company, this paper discusses how to maximize the labor supply of employees by adjusting the intensity of incentives, the wage gap between positions, and the number of promotions, under the premise of unchanged total compensation. It is found that when the promotion ratio is sufficiently small, a performance-based mechanism is optimal, while a tournament mechanism is optimal when the promotion ratio is sufficiently large. For a moderate promotion ratio, there exists an optimal mixed mechanism. Finally, this paper replaces the assumption of constant marginal output of labor with diminishing returns, and analyzes the differences in labor supply under time-based incentive mechanisms and output-based incentive mechanisms.

Keywords: Enterprise Labor Supply; Non-cooperative Games; Bayesian

Nash Equilibrium
JEL Classification: C72; D02

Unintended Consequences: Tax-paying Credit Rating and Corporate Investment-financing Maturity Mismatch

WANG Shuai[1] QIN Ruiqi[2] ZHANG Hui[3]

(1. School of Public Economics and Administration, Shanghai University of Finance and Economics; 2. Shanghai Advanced Institute of Finance, Shanghai Jiao Tong university; 3. School of Audit, Nanjing Audit University)

Summary: Tax collection and administration is an important basis for safeguarding national financial resources and maintaining national governance. Most of the existing tax collection and management systems are mandatory, such as tax inspection, tax evasion penalties, and the publication of illegal blacklist. However, while mandatory tax collection is a necessary tool for governments to improve corporate tax compliance, there are clear limitations in the current environment. In July 2014, the State Administration of Taxation issued the "Tax Credit Management Measures (Trial)", the purpose of which is to enhance the integrity and self-discipline of taxpayers and use positive incentives to improve tax compliance. The Measures pointed out that in each tax year, all tax enterprises should be assessed their tax grades, which are divided into four grades: A, B, C and D. For enterprises rated as A-level, the tax department jointly with A number of departments to carry out certain incentive measure. For instance, A-level taxpayers will enjoy preferential treatment or convenience in 18 fields such as project approval services and management, tax service management, land use management, import and export management, etc. The above policies greatly enhance the incentive effect for taxpayers who insist on paying taxes and complying with the tax law.

As tax credit rating disclosure system fully takes into account the interests of both the government and enterprises, many scholars have conducted empirical studies on the economic effects of this system and found that this policy can bring benefits to firms. Most of these benefits enjoyed by firms with A-level tax credit rating from this system can be attributed to the financing constraint mechanism. This is because enterprises inevitably need to hide income information when implementing tax avoidance activities, tax credit rating disclosure system can reduce the tax avoidance motivation of enterprises through clear incentives, thus reducing the degree of information asymmetry and easing financing constraints. At the same time, the result of the A-level tax credit rating also means that the financial information of the enterprise has been verified by the tax department, which releases a positive signal about the fundamentals and reputation of the enterprise to the market, which will have a positive effect on firms' access to external finance.

However, previous studies failed to consider the influence of the current financial environment which is still in the "inhibitory" state in this process. Due to the natural risk control tendency of banks, the incremental credit financing caused by the tax credit rating disclosure system may mainly consist of short-term bank credit funds of banks. When the supply of bank credit funds is fixed, the increase of short-term bank credit funds will have a "crowding out" effect on the long-term bank credit funds of firms. From the perspective of business credit, the tax credit rating disclosure system can also help enhance corporate credit and alleviate information asymmetry, which further increase the availability of trade credits for firms. Therefore, the tax credit rating disclosure system can significantly shorten the maturity of corporate debt from the aspects of bank credit and commercial credi. However, the effect of tax credit rating disclosure system on the maturity mismatch of investment and financing remains to be empirically tested.

Based on this, this paper makes use of the list of A-level tax credit enterprises published by the State Administration of Taxation from 2015 to 2020, matches the financial data of listed companies, and based on the sensitivity framework of "fixed asset investment - current liabilities", systematically examines the impact of tax credit rating on the maturity mismatch of investment and financing of enterprises and its mechanism. It is found that after the disclosure of tax credit rating results, the positive correlation between fixed asset investment and current liabilities of enterprises with A rating is significantly enhanced, which confirms the aggravating effect of tax credit rating on the maturity mismatch of enterprises' investment and financing. Further test of the mechanism of action shows that a good tax credit rating significantly increases the proportion of short-term liabilities of enterprises, reduces the proportion of long-term liabilities, shortens the maturity of corporate debt, and further aggravates the maturity mismatch of corporate investment and financing. In addition, the effect of tax credit rating on the mismatching of investment and financing term depends on the long-term capital gap, and the mismatching of investment and financing term damages the business performance of enterprises, which confirms that the mismatching of investment and financing term is a "helpless action" rather than an "intentional action". The subsequent heterogeneity analysis found that in enterprises with severe financing constraints, high R&D intensity, high risk appetite, and regions with low financial development level, tax credit rating has a more obvious effect on the maturity mismatch of enterprises' investment and financing.

The paper confirms the negative effects and hidden risks of our country's current inhibitory financial environment in tax incentive policies from the perspective of corporate micro-debt structure. Hence, in the process of implementing tax policies, the government should comprehensively consider the various impacts of the system on enterprises in the real environment, establish a more sound modern tax collection and management system, and cooperate with corresponding financial policies to gradually promote market-oriented reform and reduce enterprises' excessive dependence on the single financing channel of banks, so as to reduce the negative effects of policies.

Keywords: Tax-paying Credit Rating; Maturity Mismatch; Debt Structure

JEL Classification: F420; G38; O38

The Environmental Governance Effect of Central Fiscal Transfer Payments

MA Qiangwen[1] ZHANG Yinan[2]

(1.School of Economics, Zhongnan University Of Economics & Law; 2.School of International Economics and Trade, University of International Business and Economics)

Summary: The report of the 20th National Congress of the Communist party of China points out that we must establish and practice the idea firmly that lucid waters and lush mountains are invaluable assets. Promoting the industrial transformation of resource-exhausted cities is the key to achieving sustainable economic development and ecological environment improvement in the region. Using the panel data of 112 resource-based cities from 2003 to 2016, this paper uses the multi-period double difference method to empirically test the environmental governance effect and mechanism of the transfer payment policy in resource-exhausted cities. The research results show that: ① The transfer payment policy of resource-exhausted cities has significantly reduced the emission levels of industrial sulfur dioxide and industrial soot in the region, and improved the effect of environmental governance. This conclusion still holds after a series of robustness tests. ② The impact of transfer payment policies on resource-exhausted cities on environmental pollution has significant heterogeneity. Resource-exhausted cities transfer payment will significantly reduce industrial sulfur dioxide emissions in resource-exhausted cities in the western region, but have no significant impact on eastern and central regions. Emissions, but there is no significant impact on metallurgical and forestry cities; resource-exhausted cities transfer payment policy reduces the level of coal, oil and gas, and industrial soot emissions in forestry cities, but has no significant impact on metallurgical cities. ③ The impact mechanism test shows that the transfer payment policy of resource-exhausted cities mainly reduces the economic growth rate by realizing the diversification of industrial structure, reducing the proportion of total industrial output value in GDP, improving the level of social scientific and technological innovation, and increasing the mechanism of green invention patents. According to the research conclusions of this paper, the central government should continue to accelerate the implementation of resource-exhausted cities support policies, improve the level of innovation and entrepreneurship, and encourage industrial structure diversification, so as to realize the sustainable economic and ecological development of resource-exhausted cities.

Keywords: Resource-exhausted City; Financial Transfer Payment; Environmental Pollution

JEL Classification: H20; Q53

Change of the Agriculture Factor Price Distortion in China

LI Yan[1] FAN Xuerui[2]

(1. School of Economics, Zhejiang Gongshang University; 2. School of Economics, Lanzhou University)

Summary: Promoting the market-oriented allocation reform of factors has been the key of the marketization reform. In the process of market economic reform, there has always been the phenomenon of factor marketization reform lagging relatively behind product marketization reform. The intervention behavior of local governments on factor prices still exists, leading to the problem of factor price distortion. Factor price distortion impedes the normal operation of the price mechanism, which in turn leads to the market cannot effectively allocate factors. In the development process of industrialization and informatization, agriculture has become a relatively lagging area in marketization reform, while the low efficiency of agricultural factor allocation is not conducive to agricultural modernization. Based on the provincial-level data in China from 1995 to 2020, this paper use production method to calculate the agricultural labor and capital price distortion. In order to reveal the variation of agricultural factor price distortions more comprehensively, this paper focuses on analyzing the regional differences and convergence of agricultural factor price distortions among provinces. Regarding regional differences, this paper mainly utilizes the Thiel index decomposition method, taking into account the analysis of differences at the national level and subregional level. Regarding regional convergence, this paper mainly utilizes the spatial autoregressive model analysis method. This paper further contemplates the economic effects of the market allocation reform of agricultural factors from the urbanization development strategy and agricultural innovation development strategy. The interaction between agricultural factor price distortion and urbanization rate, as well as between agricultural factor price distortion and agricultural total factor productivity is explored using the PVAR model.

The results show that (1) From the measured results of agricultural labor and capital price distortions, labor prices show mainly negative distortions, while capital prices show mainly positive distortions, both of which show a gradual decrease. In terms of regional variability, the overall differences in agricultural labor price distortions and agricultural capital price distortions are dominated by intra-regional differences, and the overall differences improve at the end of the period. In terms of regional convergence, agricultural labor price distortions and agricultural capital price distortions show convergence. (2) From the analysis results of the PVAR model, the interaction effects between factor price distortions and urbanization rates, as well as between factor price distortions and total factor productivity in agriculture, are asymmetric. Promoting urbanization development strategy will aggravate agricultural labor price distortion, promoting agricultural labor market allocation reform will increase agricultural total factor productivity, and promoting agricultural innovation development strategy will reduce agricultural capital price distortion.

The main innovations of this paper are (1) based on provincial level data, using the production function method and stochastic frontier estimation method to measure regional agricultural labor and capital price distortions, and in order to be able to more comprehensively reveal the variation of agricultural factor price distortions, this paper also focuses on the analysis of regional agricultural factor price distortions in terms of variability and convergence. Regarding the variability of agricultural factor price distortions, it mainly utilizes the Thiel index decomposition method, and regarding the convergence, it mainly utilizes the panel spatial autoregressive model analysis method. (2) The PVAR model is used to explore the interaction between agricultural factor price distortions and urbanization rate, as well as between agricultural factor price distortions and agricultural total factor productivity, and to examine the reform of market allocation of agricultural factors from the perspectives of urbanization development strategy and agricultural innovation development strategy.

Based on the above conclusions, this paper argues that the next market-oriented reform of agricultural factors needs to pay attention to the following two aspects: First, the reform of market-oriented allocation of agricultural factors is considered in the strategic pattern of agricultural and rural modernization. Optimizing factor allocation is an effective means to improve factor productivity, therefore, improving the efficiency of agricultural factor allocation is the key to promote agricultural and rural modernization and high-quality agricultural development. Second, the market-oriented reform of different factors in agriculture needs to be treated differently. Regarding the negative price distortion of agricultural labor, the focus is still on reducing the barriers to labor mobility. As for the positive distortion of capital prices, the focus is on providing security while appropriately introducing competition mechanisms. Third, market-oriented reform of agricultural factors can adopt a combination of punches. According to the results of the analysis of the interaction effect, the reform of market-based allocation of agricultural capital can be combined with an agricultural innovation development strategy because the combination with the latter can further reduce agricultural capital price distortions, while the former does not significantly inhibit agricultural total factor productivity.

Keywords: Agriculture Factor Market; Labor Price Distortion; Capital Price Distortion; Theil Index; PVAR Model

JEL Classification: P32; Q11

Empregulatory Exploration of the Impact of Shadow Banking on the China's Economy of Small and Micro-loans

YUAN Sujing[1]   LIU Chang[1]   CHEN Xuanzhu[2]

(1.Agricultural Bank of China, Beijing Branch; 2.China Galaxy Securities Co., Ltd)

Summary: Based on China's financial practice and combined with development and supervision of the shadow banking system in foreign countries, this article comprehensively combs the types, business models, characteristics, development profiles, risk generation and current status of all kinds of shadow banking market players in our country. It analyzes the problems still existing after special governance of shadow banking, and puts forward institutional and systematic regulatory suggestions.

Although the shadow banking of small and micro loans represented by consumer finance, small loan companies and internet finance has increased the availability of financing for small and medium-sized enterprises to a certain extent, problems such as high interest rates and irregular operation restrict the process of optimizing the business environment of small and medium-sized enterprises, which has a negative impact on the transformation anddevelopment of China's economy and finance to high-quality. On the basis of analyzing the development of shadow banking for small and micro lending, this paper points out the existing problems.Through case analysis and other methods,it demonstrates the promotion effect and existing problems of shadow banking on SME financing, analyzes the institutional and systemic problems that still need to be solved in depth after special governance. Under the background of the general tone of seeking progress while maintaining stability, the governance and supervision of shadow banking for small and micro lending has entered a new road to catch up with the examination, and it is necessary to adapt to the new environment, improve the existing regulatory system in a targeted manner, implement the digital transformation of supervision, promote the use of digital RMB, and build a financiaculture that supports innovation, so as to become a strong force to promote the development and growth of small and medium-sized enterprises and surging new momentum for development.

This paper finds that small and micro lending shadow banking is a part of the financial system, which coincides with the opportunity of the internet entering millions of households. With the help of the rapid growth of financing demand of small and medium-sized enterprises, in the geographical and industrial gaps with tight and inconsistent regulatory standards, small and micro lending shadow banking takes advantage of many information asymmetries to breed chaos, bringing negative impacts to social and economic life. This paper believes that the positive role of small and micro lending shadow banking should be fully recognized, and small and micro lending institutions should be given due market status. In view of the characteristics of their customers, high default probability and default loss rate, and their risk coefficient is greater than that of traditional banks, they should be allowed to obtain reasonable risk compensation under standardized supervision, so as to become a beneficial supplement to the traditional financial market. It will become a positive force driving the development of the real economy, stimulating the vitality of market players, and surging new growth drivers.

Keywords: Shadow Bank; Supervision; Small and Medium-Sized Enterprises

JEL Classification: G21; G18

《中国经济学》稿约

　　《中国经济学》（Journal of China Economics， JCE）是中国社会科学院主管、中国社会科学院数量经济与技术经济研究所主办的经济学综合性学术季刊，2022年1月创刊，初期为集刊。《中国经济学》被评为社会科学文献出版社"优秀新创集刊"（2022），以及中国人文社会科学学术集刊AMI综合评价期刊报告（2022）"入库"集刊。

　　本刊以习近平新时代中国特色社会主义思想为指导，以研究我国改革发展稳定重大理论和实践问题为主攻方向，繁荣中国学术、发展中国理论、传播中国思想，努力办成一本具有"中国底蕴、中国元素、中国气派"的经济学综合性学术刊物。立足中国历史长河、本土土壤和重大经济社会问题，挖掘中国规律性经济现象和经济学故事，发表具有原创性的经济学论文，推动中国现象、中国问题、中国理论的本土化和科学化，为加快构建中国特色哲学社会科学"三大体系"贡献力量。

　　《中国经济学》以"国之大者，经世济民"为崇高使命，提倡发表重大问题的实证研究论文（但不提倡内卷式、思想重叠式的论文），注重战略性、全局性、前瞻性、思想性的纯文字论文，特别关注开辟新领域、提出新范式、运用新方法、使用新数据、总结新实践的开创性论文。本刊主要发稿方向包括习近平经济思想、国家重大发展战略、中国道路、国民经济、应用经济、改革开放创新重大政策评估、交叉融合问题、经典书评等。来稿注意事项如下。

　　1. 来稿篇幅一般不少于1.8万字。摘要一般不超过600字，包含3~5个关键词。请提供中英文摘要、3~5个英文关键词和JEL Classification。

　　2. 稿件体例详见中国经济学网站（http：//www.jcejournal.com.cn）下载

栏中的"中国经济学模板"。不需邮寄纸质稿。

3. 投稿作者请登录中国经济学网站作者投稿查稿系统填写相关信息并上传稿件。投稿系统网址：http：//www.jcejournal.com.cn。

4. 作者上传的电子稿件应为word（*.doc或者*.docx）格式，必须上传匿名稿（务必去掉作者姓名、单位、基金等个性化信息）和投稿首页，首页须注明中英文标题、摘要、作者姓名、工作单位、职称、通讯地址（含邮编）、电话和电子邮箱等。欢迎作者提供个人学术简介，注明资助基金项目类别和编号，欢迎添加致谢辞。

5. 稿件将实行快速规范的双向匿名审稿流程：初审不超过3周，盲审流程一般不超过2个月，编辑部电话：（010）85195717，邮箱：jce@cass.org.cn。

6. 《中国经济学》定期举办审稿快线，每届审稿快线评出1篇《中国经济学》审稿快线"最佳论文"和2~4篇"优秀论文"。

7. 本刊不向作者以任何名义收取版面费，录用稿件会按照稿件质量从优支付稿酬，每年将评出3~5篇"《中国经济学》优秀论文"。

《中国经济学》杂志诚邀广大经济学专家、学者和青年才俊惠赐佳作。

关于《中国经济学》鼓励作者
自愿公开论文原始数据及程序代码的公告

尊敬的各位作者和读者朋友：

为营造公开、透明的学术论文发表环境，传播高质量研究成果，自2023年第3辑（总第7辑）起，本刊鼓励作者自愿在《中国经济学》官网（https：//www.jcejournal.com.cn）、微信公众号和中国知网学术辑刊（增强出版）公开所刊发论文的原始数据、程序代码及因篇幅所限未能刊登的附件（如数理公式推导过程）等资料。

本刊在充分尊重和保护作者对数据、程序等原创内容的知识产权基础上做好数据自愿公开工作，旨在进一步提升论文学术质量，促进国内外学术交流和学术生态建设，为加快构建中国特色哲学社会科学"三大体系"贡献力量。

期待广大作者和读者朋友继续支持本刊，共同为繁荣和发展中国经济学做出贡献。欢迎不吝赐稿！

《中国经济学》编辑部

2023年7月27日

图书在版编目(CIP)数据

中国经济学. 2023年. 第4辑：总第8辑 / 李雪松主编. -- 北京：社会科学文献出版社, 2023.11
ISBN 978-7-5228-2766-7

Ⅰ. ①中… Ⅱ. ①李… Ⅲ. ①中国经济 – 文集 Ⅳ.①F12-53

中国国家版本馆CIP数据核字（2023）第206622号

中国经济学 2023年第4辑（总第8辑）

主　　管 / 中国社会科学院
主　　办 / 中国社会科学院数量经济与技术经济研究所
主　　编 / 李雪松

出 版 人 / 冀祥德
组稿编辑 / 邓泳红
责任编辑 / 吴　敏
责任印制 / 王京美

出　　版 / 社会科学文献出版社
　　　　　地址：北京市北三环中路甲29号院华龙大厦　邮编：100029
　　　　　网址：www.ssap.com.cn
发　　行 / 社会科学文献出版社（010）59367028
印　　装 / 三河市龙林印务有限公司

规　　格 / 开　本：787mm×1092mm 1/16
　　　　　印　张：23.5　字　数：360千字
版　　次 / 2023年11月第1版　2023年11月第1次印刷
书　　号 / ISBN 978-7-5228-2766-7
定　　价 / 128.00元

读者服务电话：4008918866